AF226814

LÉON PLÉE.

ABD-EL-KADER,

NOS SOLDATS, NOS GÉNÉRAUX ET LA GUERRE D'AFRIQUE,

ILLUSTRÉS

PAR JANET-LANGE.

PRIX : **1** FRANC **15** CENTIMES.

PARIS,

PUBLIÉ PAR GUSTAVE BARBA, LIBRAIRE-EDITEUR,

RUE DE SEINE, 31.

33.

LÉON PLÉE

ILLUSTRÉ

Par JANET-LANGE

ABD-EL-KADER,

NOS SOLDATS, NOS GÉNÉRAUX ET LA GUERER D'AFRIQUE.

CHAPITRE I.

...ion sommaire de l'Algé-
- Sa géographie, ses pro-
...ns, ses divisions politi-
ses habitants. — Autres
s préliminaires. — Ta-
chronologique de la con-
.

nt d'abord la bril-
histoire de la guerre
France a faite pen-
ingt-deux ans sur le
l'Afrique, et qui nous
la possession désor-
ncontestée d'un pays
ut un si grand passé,
développe en ce mo-
même un si remar-
avenir, il est néces-
c jeter un coup d'œil
théâtre des événe-
. Le lecteur a besoin
initié tout d'abord à
les détails principaux,
esquels il serait peut-
éduit à errer au mi-
les noms, des choses
faits, comme dans un
ble dédale. Nous pro-
ons aussi brièvement
ossible.
hématiquement, l'Al-
est située entre le troi-
degré de longitude
ntale et le sixième de-
e longitude orientale.
titude est entre le

245.

A l'aspect du jeune cavalier elle se voilèrent précipitamment.

trente-troisième et le trente-
sixième degré nord. La distance
tance légale de sa capitale,
Alger, à Paris, est de cent
soixante myriamètres ou de
seize cents kilomètres, soit
quatre cents lieues. Historiquement et géographique-
ment, la nouvelle conquête
de la France fait partie de
ce que l'on appelait autrefois les États barbaresques
ou la Barbarie. La Méditerranée, aux flots plus tran-
quilles d'ordinaire, mais
plus traîtres que ceux de
l'Océan, la borne au nord,
sur un développement accidenté et de plus de mille
kilomètres. Au sud le Sa-
hara-el-Falat ou désert; à
l'est le beylich de Tunis,
à l'ouest l'empire du Maroc
sont les autres limites de
l'Algérie. On évalue sa vaste
superficie aux deux tiers de
celle de la France, c'est-à-
dire à environ trois cent
mille kilomètres carrés.

La température est à peu
près la même que celle des
parties méridionales de la
Provence et de l'Italie. L'hi-
ver y consiste surtout en
pluies tombant par ondées
éloignées, mais considérables. Ces pluies raniment en
un instant la végétation, que
les chaleurs estivales sem-

blent arrêter. Ces chaleurs sont aussi combattues par des nuits très-fraîches et par de fortes rosées. Aussi l'Algérie réunit-elle les espèces les plus variées. L'oranger, le citronnier, l'amandier, le figuier, l'olivier, le grenadier, le pistachier y produisent, sans compter, des fruits savoureux et dont une grande partie est convertie en essences, en huiles, en conserves ou en spiritueux. La vigne y vient sur les coteaux, et donne une liqueur comparable à celle de Madère et de Malaga. La canne à sucre, suivant la tradition, y a prospéré autrefois; le coton réussit; le houblon se naturalise. Le jasmin, la rose, le laurier n'ont besoin d'aucune culture pour parer le sol. Mais ce qui fait la vraie fortune d'un pays, ces plantes modestes, ces fécondes céréales dont l'homme forme sa principale nourriture, voilà ce que l'on y rencontre en plus grande abondance, depuis la patate et le topinambour jusqu'à l'aubergine et à la tomate, depuis le froment, l'orge, le seigle et le maïs jusqu'au sarrasin, aux fèves, au millet et au sorgho. Les fourrages naturels et artificiels, les plantes qui servent aux arts de l'industrie ne manquent pas non plus, et l'indigo, le safran, les arachides, le colza, le sésame, le lin et le chanvre sont cultivés avec succès.

Les richesses sylvicoles sont considérables. Les explorations officielles ont fait reconnaître environ huit mille hectares de forêts de toutes sortes d'essences isolées ou mêlées : chêne vert, chêne liége, chêne zéen, cèdres, tamarins, micocouliers, pins, azédarac, robinier, noyer noir, févier, lentisque, orme, frêne, plaqueminier, platine, ypréau, olivier, lentisque, thuya, cyprès. Tout cela est quelquefois magnifique. Le Djebel-Amour contient des térébinthes au feuillage assez étendu pour abriter jusqu'à trente cavaliers. Le sous-sol n'est pas moins riche que la superficie. On exploite déjà des mines de cuivre, de fer, de plomb, d'antimoine. Jusqu'ici ce sont les premiers de ces métaux que l'on a trouvés en plus grande abondance. Des sources thermales, dont quelques-unes furent connues des Romains, sont répandues çà et là; plusieurs ont été analysées dans leurs principes; on les a reconnues comme étant égales en vertus aux plus renommées de l'Europe. Les indigènes en font remonter l'usage jusqu'à Salomon, qui, selon eux, avait à ses ordres tous les génies terrestres, et qui, lorsqu'il voulait jouir des délices du bain, leur ordonnait d'entr'ouvrir la terre dans les sites les plus agréables, et d'en faire jaillir des eaux qu'ils étaient ensuite chargés de tenir éternellement chaudes et préparées pour la guérison et le repos du corps.

Parlerons-nous maintenant des espèces du règne animal ? Au premier rang se présentent ces chevaux du Sahara, ces buveurs d'air qu'un général français vient de décrire avec tant de poésie [1], et dont les Arabes sont si fiers qu'ils répondent à ceux qui leur demandent l'origine de ce magnifique présent : « Ils viennent de la patrie du premier homme, où ils ont été créés un jour ou deux avant lui. » Ces rapides chevaux, qu'il n'est pas rare de voir faire cinquante ou soixante lieues en vingt-quatre heures, appartiennent, suivant M. Daumas, a plusieurs races, parmi lesquelles on distingue la race Haymour, celle de Bou-Gareb et celle de Merizigue. La première produit ordinairement des chevaux bais, la seconde des chevaux blancs, la troisième des chevaux gris. Une autre race fort estimée est celle de Rakeby, dans la partie centrale du Sahara algérien, et dont les produits sont des bais-bruns. Le chameau est aussi une des grandes ressources commerciales et militaires de l'Algérie. Le camp d'Abd-el-Kader n'en contenait jamais moins de plusieurs centaines, destinés à porter l'orge pour les chevaux et le biscuit pour les soldats. Une seule tribu en mit une fois six cents à la disposition de nos troupes. D'innombrables troupeaux de moutons, de chèvres et de bœufs formaient la principale richesse des tribus. Les populations sédentaires élevaient et élèvent encore des abeilles, dont la cire est plus renommée que le miel, et forme une des branches principales du commerce des Kabyles. Le ver à soie et la cochenille commencent à s'acclimater. On tire également un grand parti de la sangsue, et la pêche séculaire du corail occupe chaque année de cent cinquante à cent quatre-vingts bateaux, dont chaque patron paye à l'État une redevance de huit cents francs.

A côté de ces espèces utiles s'en présentent d'autres, qui attestent que la civilisation n'est pas encore toute-puissante dans ces contrées. Mais ces espèces, ennemies de l'homme ou des troupeaux, comme le lion, le chacal, la panthère, l'hyène, vont en diminuant de jour en jour. Un Français a acquis, en faisant seul, à ses moments perdus, la chasse au roi du désert, et en débarrassant plusieurs tribus du voisinage de cet hôte terrible, une renommée populaire qui ne le cède à celle de personne. Ses triomphes ont frappé l'imagination des Arabes, et quand des siècles auront passé, le nom de Gérard, le tueur de lions, rappellera aux habitants de la contrée quelque chose de grand et de puissant comme les exploits d'Hercule néméen. On se contera, on embellira la légende de Gérard; mais son traité de la chasse au lion, l'un des ouvrages les plus extraordinaires que nous connaissions, restera pour attester que le soldat de nos armées dépasse souvent en courage téméraire et froid les héros de l'antiquité, et peut rivaliser avec Appien ou Plutarque pour le nerf, l'abondance précise et le pittoresque de la narration. Le Français, en présence de choses grandes, est toujours grand.

[1] Le général Daumas, *Chevaux du Sahara.*

Si nous jetons les yeux sur la configuration du terrain, nous verrons qu'il en est peu qui soient aussi variés dans leurs formes que celui de l'Algérie. Elle fait, hydrographiquement parlant, partie du bassin méditerranéen. La chaîne de l'Atlas la sillonne dans toute sa longueur, et de l'est à l'ouest, en jetant, soit du côté de la mer, soit du côté du désert, des contre-forts séparés par des vallées différentes d'aspect, les unes d'un sauvage indomptable, les autres riantes et gracieuses; celles-ci rocheuses et arides, celles-là vertes d'une végétation admirable. L'Atlas lui-même se divise en moyen, petit et grand. L'Atlas moyen ou proprement dit s'étend du golfe de Tunis au détroit de Gibraltar, tantôt se rapprochant de la mer jusqu'à cinq lieues, tantôt s'en éloignant jusqu'a vingt-cinq. Le petit Atlas, plus voisin de la côte, est souvent parallèle au premier, et s'étend des rives de l'Adouze, près de Bougie, à celles du petit, près de Mostaganem. Le grand Atlas court derrière le moyen et le petit. On l'a souvent comparé à un mur qui protégerait l'Algérie contre l'envahissement des sables du Sahara-el-Falat.

Afin que nos lecteurs puissent se reconnaître dans les récits que nous allons avoir à coordonner, nous indiquerons quelques-uns des noms les plus célèbres parmi ceux que portent ses djebel ou montagnes. Ainsi, le grand Atlas, à partir du Maroc, prend successivement les appellations de Djebel-Labeb, El-Mergueb, Djebel-Ta..., Djebel-Zeroualen, Djebel-Dlaa, Djebel-Tazenga, Djebel-Sba, Menela, Dier-el-Kaf, Djebel-Nador, Djebel-Ben-Ammade, etc. Le Sahara algérien s'étend entre ces monts et le Djebel-Amour, et nalba. Le moyen Atlas porte, à partir du Maroc, les noms de l'el-Col, Djebel-Bou-Aïet, Djebel-Tenira, Djebel-Ghessoul, Ouarsenis, Djebel-el-Ghessu, Djebel-Dalaca, Djebel-Dira, Djebel-Me..., Djebel-Afroun, Djebel-Serra, Djebel-Ouled, Bou-Thaleb, l'Aures. Du Djebel-Meknin part le Djebel-Ouannougah; puis viennent les Djebel-Babourah, Djebel-Arhes, Djebel-Mouila, redescendant vers Constantine, le Djebel-Ouach, qui se rattache au Djebel-Hamra, enfin tout à fait à l'est le Djebel-Sedjera. Le petit Atlas s'appelle dans une certaine partie Djemel-Soumat, ailleurs *Jurjura* ou *Djerdjera*. Il est joint au moyen Atlas par le *Biban*, qui renferme les fameuses Portes-de-Fer. Les pics les plus hauts de ces diverses montagnes sont l'Edough, près de Bone; le Grand-Babour, entre Bougie et Djidgeli; le Dira, entre Delli et Bousada; le Sidi-Moussa, entre Tenès et Mostaganem; la Medjana, entre Oran et la rivière de Tafna, etc., etc., etc. D'autres, comme l'*Ouarensenis*, le *Mouzaïa*, doivent leur célébrité à de grandes actions de guerre.

Ces montagnes divisent naturellement le pays en deux versants. Celui qui est incliné au nord vers la mer s'appelle le Tell ou Thel; c'est la région des céréales. L'autre, incliné vers le désert ou le sud, forme le Sahara algérien : c'est la région des palmiers. On nomme Kabylie toute la région du moyen Atlas et du petit fleuve Adouze qui, nous le verrons plus tard, porte dans les diverses parties de son cours, comme les autres rivières de l'Algérie, des noms différents. La Mitidja et la Medjana sont, avec les plaines de Bone, du Cheliff et d'Oran, les surfaces planes les plus étendues de la contrée.

Ce nom d'Adouze nous amène à parler des cours d'eau qui sillonnent l'Algérie, et dont un si grand nombre ont dû leur célébrité à nos victoires. Les plus importants sont de l'est à l'ouest : l'Oued-Kebyr, à l'est, qui se jette dans le golfe de Bone; l'Oued-Seybouse, qui afflue au même golfe; l'Oued-el-Kerke, et l'Oued-Safsé, qui se rendent au golfe de Stora; l'Oued-Bou-Arbia, dont l'embouchure est près de Collo; le grand Oued-el-Kebir, qui débouche à l'ouest du cap Atlyah, et reçoit l'Oued-Rummel; l'Oued-Bou-Messaoud ou Adouze, qui se rend à la mer près de Bougie; l'Oued-Isser, qui débouche près du cap Djinel; l'Oued-Khamiz, qui a son embouchure près d'Alger; l'Oued-Chelif le plus grand fleuve de la Régence, et qui après avoir longtemps coulé de l'est à l'ouest, et reçu une foule de rivières, a son embouchure non loin de Mostaganem; l'Oued-Macta, qui, grossi du Sig et de la Habra, se jette dans le golfe d'Arzew; l'Oued-Tafna, qui débouche vis-à-vis Raschgoun, la Moulouia. Presque tous ces fleuves, sauf le Chélif, qui a un cours de près de cinq cents kilomètres, sont peu considérables.

L'Algérie, depuis l'origine de la conquête, a eu seize gouverneurs ou commandants généraux, dont voici la liste :

COMMANDANTS OU GOUVERNEURS GÉNÉRAUX DE L'ALGÉRIE.

1er.	1830	6 juillet.	Le comte de Bourmont, depuis maréchal de France.
2e.	—	2 septembre.	Le général Clauzel, depuis maréchal de France.
3e.	1831	février.	Le général Berthezène.
4e.	—	25 décembre.	Le duc de Rovigo (intérim du général Avizard).
5e.	1833	avril.	Le lieutenant général Voirol (intérim).
6e.	1834	26 septembre.	Le lieutenant général Drouet d'Erlon.
7e.	1835	août.	Le maréchal Clauzel.
8e.	1837	12 février.	Le général Damrémont.
9e.	—	13 octobre.	Le lieutenant général Vallée, depuis maréchal de France.

1839 31 décembre. Le lieutenant général Bugeaud, depuis maréchal de France. — Double intérim du général Juchault de la Moricière: le 1er au 15 novembre 1844; le second au 24 août 1845. — Autres intérims moins importants.

1847 11 septembre. M. le duc d'Aumale.

1848 24 février. Le général Eugène Cavaignac, depuis président du conseil des ministres et chef du pouvoir exécutif de la République.

1848 29 avril. Le lieutenant général Changarnier.

1848 29 juin. Le lieutenant général Charron.

1850 22 octobre. Le lieutenant général d'Hautpoul, ministre de la guerre.

1851 16 décembre. Le lieutenant général Randon. — Intérims du général Pélissier.

Abd-el-Kader, dont nous nous proposons de résumer en particulier la résistance merveilleuse, ne s'est révélé qu'après les premières années de notre occupation. Il a été sans le vouloir l'instrument de cette conquête, en nous entraînant partout à sa suite, et en nous forçant à tout prendre pour le dompter. Il a tenu tête à huit des gouverneurs généraux que nous avons nommés. Voici, en quelques dates principales, la chronologie de la conquête; elle sera complétée par une table plus explicite.

1830 5 juillet. Capitulation entre le général Bourmont et le dey d'Alger.
novembre. Première expédition de Médéah.
décembre. Première occupation d'Oran.

1831 25 juin. Deuxième expédition de Médéah.
18 août. Deuxième occupation d'Oran.
septembre. Relations établies avec les garnisons de Tlemcen, Mostaganem et Arzew.

1832 5 mars. Expédition de Bone.
10 avril. Destruction de la tribu d'El-Ouffia.

1833 26 septembre. Occupation de Bougie.

1834 26 février. Traité du général Desmichels avec Abd-el-Kader.

1835 28 juin. Combat de la Macta.
28 octobre. Occupation de l'île de Raschgoun.
5 décembre. Prise de Mascara. Expédition de Tlemcen.

1836 15 avril. Établissement d'un camp sur la Tafna.
mai. Occupation de la Calle.
juillet. Combat de la Sicka.
novembre. Première expédition contre Constantine.

1837 27 avril. Nouvelle reconnaissance de Blidah et de Koléah.
30 mai. Traité de la Tafna.
13 octobre. Prise de Constantine.

1838 3 mai. Nouvelle occupation de Blidah.
juin. Établissement d'un camp de Koléah.
4 juillet. Modifications au traité de la Tafna.
7 octobre. Occupation de la rade de Stora-Philippeville.

1839 27 avril. Combat de l'Afroun.
29 avril. Combat de l'Oued-Ger.
15 mai. Occupation de Djigelli.
20 mai. Combat du bois des Oliviers.
juin. Soumission des tribus des environs de Sétif.
28 octobre. Passage des Portes-de-Fer.
10 novembre. Combat de la Chiffa.
21 novembre. Combat de l'Oued-el-Aleg.
15 décembre. Déroute des Arabes à Blidah.
31 décembre. Défaite d'Abd-el-Kader sur les bords de la Chiffa.

1840 février. Défense de Mazagran par le capitaine Lelièvre.
mai. Nouveau passage du col de Mouzaïa par le duc d'Orléans, les généraux la Moricière, Changarnier, Duvivier.
8 juin. Occupation de Milianah.
19 septembre. Combat de Kara-Mustapha.

1841 mai. Expédition de Tedekempt.
30 mai. Combat d'Akbet-Kedda.
13 juillet. Défaite des Arabes à Mascara.
30 octobre. Autre défaite à Médéah.

1842 11 avril. Combat de Beni-Mered.
mai. Expédition du général Négrier à Tebessa. Combat d'El-Biss. Le général Changarnier et le colonel Cavaignac sur l'Oued-Feddha. Expédition de l'Ouarenseris.

1843 16 mai. Prise de la Smala d'Abd-el-Kader par le duc d'Aumale.
11 novembre. Défaite et mort de Sidi-Embarak, grand kalifa d'Abd-el-Kader.

1844 mars. Abd-el-Kader dans le Maroc. Campagne du maréchal Bugeaud dans la Kabylie.
mai. Guerre avec le Maroc.
12 mai. Combat de Taourgha.
17 mai. Combat d'Ouarez-Eddin.
6 août. Bombardement de Tanger.
14 août. Bataille d'Isly.
15 août. Bombardement de Mogador.

1845 mai. Expédition du général Bedeau dans l'Auress. Expédition contre Bou-Maza.
juin. Expédition du Dahra. Terrible destruction des Ouled-Riah par le colonel Pélissier.
septembre. Expédition du général Cavaignac contre les Beni-Ouersous. Abd-el-Kader reparaît en Algérie. Trahison et massacre de Sidi-Brahim (13 octobre).
octobre. Expédition des généraux la Moricière et Cavaignac contre Abd-el-Kader, qui a insurgé les Traras, les Grossels et les Beni-Amar-Garabas.
décembre. Combat de Temda.

1846 janvier. Prise de la tribu des Ouled-Riah par le général Cavaignac.
avril. Expédition du Djebel-Lazereg à la poursuite d'Abd-el-Kader. Nouvelle opération dans l'Ouarensenis.
juin. Dispersion de la deïra d'Abd-el-Kader. Combat de Djemmâ-Ghazouat.
juillet Intérim du général de Bar.
à Soumission des Ouled-Nail, des Ouled-el-Rhouini,
décembre. des Kabyles de la Mezzaia, des Harrars, des Maknas, des Hamyanes-Charagas, des Djaffras, etc., etc.

1847 avril et mai. Expédition du général Cavaignac dans le Sahara algérien.
6 mai. Expédition dans la Kabylie.
29 décembre Abd-el-Kader se rend ou est livré au général la Moricière.

1848 mars. Reddition du chérif Mouley-Mohammet.
juillet. Expédition dans la Kabylie.

1849 novembre. Combat des Ouled-Nail. Siége de l'oasis de Zaatcha par le général Pélissier.

1850 Expédition dans l'Auress.
21 mai. Combat de Trouna.

1851 mai. Expédition dans la Grande-Kabylie par le général Saint-Arnaud.

1852 décembre. Prise de Laghouat.

Nous partagerons, pour plus de clarté, la série de ces événements en plusieurs périodes, que les phases de la guerre nous serviront à établir. Il est nécessaire maintenant d'entrer dans quelques détails sur l'organisation politique. Auparavant, voici quelques chiffres qui feront comprendre les difficultés de la conquête et le grand nombre de forces militaires qu'il a fallu employer pour l'accomplir. On a mis en regard de chaque année l'effectif des troupes de l'armée d'occupation.

Armée expéditionnaire de 1830. (Voir plus loin le détail.)

1831	—	17,190 hommes.
1832	—	21,511
1833	—	26,681
1834	—	29,858
1835	—	29,485
1836	—	29,897
1837	—	40,147
1838	—	48,157
1839	—	50,367
1840	—	61,231
1841	—	72,000
1842	—	70,853
1843	—	75,034
1844	—	82,037
1845	—	95,000
1846	—	95,000
1847	—	97,760
1848	—	87,704
1849	—	75,017
1850	—	70,771

Total pendant vingt ans. 1,169,700 hommes employés.

Dans ce chiffre ne sont pas compris les contingents indigènes, dont nous parlerons plus tard.

L'Algérie est divisée en trois provinces : celle d'Oran, qui confine à l'empire de Maroc, et que l'on peut regarder comme la plus arabe; celle d'Alger, au milieu; et celle de Constantine, qui est bornée par le Beylich de Tunis. Chacune de ces trois provinces se partage aujourd'hui en deux classes de territoires: le territoire civil, qui forme un département; et le territoire militaire, qui relève exclusivement de l'autorité armée. Ce que l'on appelait la province de Tittery, nom qui reviendra souvent dans ces récits, s'étendait entre la province de Constantine et celle d'Oran. La province d'Alger la bornait au nord et le désert au midi. Sa capitale était Médéah, siége du bey. La province de Tittery ne renfermait pas moins de vingt et un southans, dont le plus important, celui de Diza, avait provisoirement pour kaïd un fils du bey. Elle n'existe plus maintenant que dans l'histoire.

Les départements formés par les trois provinces actuelles sont ceux d'Alger, dont le chef-lieu est Alger, siége du gouvernement général, et qui a pour sous-préfecture Blidah. Cinq commissariats civils et trois municipalités relèvent de ce département : ce sont les commissariats de Cherchel, de Médéah, de Miliana, de Ténès et d'Orléansville, et les municipalités de Boufarik, Douéra et Koléah. Le département d'Oran a pour chef-lieu Oran, et pour chef-lieu de sous-préfecture Mostaganem. Ses commissariats sont Arzew, Mascara et Tlemcen. Enfin, le département de Constantine a pour chef-lieu de préfecture la ville de ce nom, pour chefs-lieux de sous-préfecture Bone et Philippeville, pour commissariats la Calle, Bougie, Guelma et Sétif.

A chaque département correspond une division militaire, qui relève du gouvernement général, et qui se partage en subdivisions, lesquelles forment à leur tour des cercles dont il est nécessaire de connaître les noms, et auxquels sont attachés des bureaux arabes. Ainsi la division d'Alger contient six subdivisions : celle de Blidah, réunie au commandement divisionnaire; celle d'Alger, divisée en cercles d'Alger et de Dellys; celle d'Aumale; celle de Médéah, divisée en cercles de Médéah et de Boghar; celle de Miliana, formant les cercles de Miliana, Cherchell et Teniet-el-Ahd, et enfin celle d'Orléansville, où se trouvent les cercles d'Orléansville et de Ténès. — Dans la division d'Oran, cinq subdivisions sont formées, savoir : Oran, réunie au commandement divisionnaire; Mostaganem, divisée en cercles de Mostaganem et d'Ammi-Moussa; Sidi-bel-Ebbès, non partagée; Mascara, divisée en cercles de Mascara, Saïda et Tiaret; enfin Tlemcen, constituant les cercles de Tlemcen, Nemours, Sebdou et Lalla-Maghnia. — La division de Constantine ne renferme que quatre subdivisions : Constantine, avec les cercles de Constantine, de Philippeville et Djidjelli; Bone, avec les cercles de Bone, de la Calle et de Guelma; Batna, avec les cercles de Batna et de Biskra; enfin Sétif, avec les cercles de Sétif, Bougie et Bordj-Bou-Areridj.

Les indigènes, sauf la soumission supérieure aux bureaux arabes, ont conservé leur ancienne organisation, dont la base est le douar, ou réunion de tentes en cercle. Plusieurs douars forment une *ferka*, ou fraction de tribu; plusieurs ferkas une tribu, et plusieurs tribus réunies un grand kaïdat ou un agalik; plusieurs grands kaïdats ou agaliks réunis ont formé le gouvernement soit d'un bach-aga, soit d'un kalifat, délégué direct de l'émir au temps de la puissance d'Abd-el-Kader. Il ne faut pas confondre dans les tribus le cheik, qui est le délégué de l'autorité supérieure près de la tribu ou de la ferka, et le caïd, qui est le chef de la tribu même. Celui-ci est assisté du conseil des notables, appelé Djema, et d'un fonctionnaire chargé de rendre la justice, sous le nom de khadi.

Les impôts sont restés les mêmes qu'autrefois, et il est également nécessaire de les connaître. L'achour est la dîme sur les céréales; le zekket se prélève sur les troupeaux. Il est du centième pour les moutons, du quarantième pour les chameaux, et du trentième pour les bœufs. Le kokor est un impôt en argent, spécial à la province de Constantine. Il représente le loyer des terres qui sont censées appartenir à l'autorité, et est fixé à vingt-cinq francs par zouïdja ou djebda, c'est-à-dire par propriété pouvant être cultivée à l'aide d'une seule paire de bœufs. La lezma est la contribution en argent payée par les Kabyles de la montagne et par les tribus du Sahara.

Sous le rapport de l'origine ou de l'habitation, les indigènes se partagent en Maures et juifs, se livrant au commerce et faisant le fond de la population des villes; Koulouglis, fils de Turcs et de Mauresques, race aujourd'hui à peu près disparue; Kabyles ou Berbères, habitant les montagnes, population agricole, industrielle et guerrière; Arabes sédentaires et Bédouins ou nomades. Les événements de la conquête nous feront connaître les noms des principales tribus. On évalue l'ensemble de leur population avant 1830 à plus de trois millions cinq cent mille têtes. Ce nombre n'est pas encore rétabli.

Un mot encore, et nous en aurons fini avec les préliminaires. Nos lecteurs étant exposés à rencontrer des documents émanés des chefs arabes avec des dates dont se servent ceux-ci, nous devons leur donner sommairement la clef de ces dates. Les Arabes comptent les événements à partir de la fuite de Mahomet à Médine. Leur ère s'appelle Hégyre ou fuite; elle commence au 1er Moharrem an 1er, et correspond au 15 juillet 622 de l'ère chrétienne, et notre année 1853 est l'année 1270 du calendrier arabe. La semaine de ce calendrier est de sept jours comme la nôtre. Dimanche est *Joum-el-Had*; lundi *Joum-el-Emin*; mardi *Joum-el-Tlata*; mercredi *Joum-el-Arbuâ*; jeudi *Joum-el-Kamis*; vendredi *Joum-el-Djemâ*, et samedi *Joum-el-Sebt*. Quant aux mois, il faut distinguer les mois officiels, qui servent aux gens lettrés, et les mois vulgaires. Les premiers sont : *Moharrem*, mois sacré; *Safer* ou *Safar*, mois du départ; *Rebia-el-Aouel* ou *Rebi* 1er, premier mois du printemps; *Rebia-el-Tsani* ou *Rebi* 2, se-

cond mois du printemps; *Djemad-el-Aouel* ou *Djoumada*, pre mois de la sécheresse; *Djoumada-el-Tsani*, ou *Djoumada* 2, deux mois de la sécheresse; *Redjeb*, mois du respect; *Schdaban*, mo la pousse des arbres; *Ramadhan*, mois de la grande chaleur, Sch mois de l'accouplement; *Del-Kada* ou *Dzou'l-Cadeh*, mois de la t *Dzou'l-Hedjeh* ou *Del-Hadja*, mois du pèlerinage. Les mois vulg sont tout bonnement la traduction de nos mois romains, co l'attestent leurs noms : jennâr, foghiâr, mârs, ibrir, maiou, jounr jouliouz, groucht, chtâmber, khôber, nouâmber et djamber.

CHAPITRE II.

Origine de la guerre entre la France et l'Algérie. — La créance Busnach et l
— Le consul Deval et le dey. — Ultimatum du gouvernement français.

C'était en 1827. Beaucoup ne croyaient plus à l'étoile de la Fra et pensaient qu'enchaînée pour toujours aux traités de 1815 notr trie en avait fini avec la gloire.

Nous allions cependant prendre deux éclatantes revanches d jours maudits où, accablés par le nombre et par la trahison, il fallut subir les affronts de l'Europe coalisée. Nous allions nous ger, comme il convient à une grande nation, par deux bienfaits menses obtenus à l'humanité, d'un côté en arrachant la terre Hellènes, la reine du monde classique, la Grèce, en un mot, à pression turque, l'autre en faisant rentrer dans le domaine civilisation une partie de ces vastes contrées de l'Afrique septen nale, où la Barbarie, depuis près de quinze cents ans, avait é son siége de prédilection.

Nous raconterons peut-être quelque jour l'affranchissement compagnons de Canaris. Dans ce petit livre, c'est la conquêt l'Algérie que nous voulons dire, dire aussi rapidement qu'elle a faite; car que sont ces vingt années dans la vie d'un peuple, s n'est un éclair, un moment?

Cette conquête a cela de remarquable qu'elle est toute provi tielle; la France n'y songeait pas, ne la cherchait pas. Un tout événement en fit surgir les causes. Mais une fois que nous fûmes gagés dans l'entreprise, le pays ne regarda à aucun sacrifice, l'or, ni aux soldats. L'élan fut tel, que, malgré les mauvaises volo de l'Europe, malgré le peu de désir qu'avait notre gouvernemen créer une France d'outre-mer, malgré les efforts d'un ennemi puisait dans sa religion, dans son organisation et dans son indo table nationalité une énergie et des ressources sans cesse ren santes, les divers points de l'Algérie furent successivement empo et occupés. Si les Arabes eurent leurs héros dont nous ne rabai rons certes ni le génie ni le courage, nous eûmes les nôtres, q formèrent comme par enchantement. A un homme façonné con Abd-el-Kader dans un moule exceptionnel, homme dur comm bronze, souple et plein de ressort comme l'acier, d'un esprit a vaste que le pouvait permettre son éducation, et qui, s'il était v au temps de la jeunesse politique des Arabes, eût certainement compli des choses immenses, à cet homme nous opposâmes auss les caractères les plus variés, les talents les plus sérieux, quoique plus divers. Il sembla un instant qu'il suffisait à un régiment fr çais de toucher la terre d'Afrique pour qu'aussitôt il s'élançât de rangs un prédestiné de la gloire, qui, trouvant l'occasion, la sai sait avec éclat, qui, rencontrant un théâtre, s'y distinguait en tous, sans néanmoins pouvoir faire oublier les autres. Ceux de généraux qui avaient autrefois combattu durant l'épopée milita impériale acquirent là de nouveaux titres à la gloire. Mais ce caractérisa surtout la guerre contre les Arabes, c'est qu'elle dev l'école d'une jeune armée digne de celle que la fortune trahit à M cou. Des généraux en surgirent par centaines, comme naguère de guerres contre l'Europe. Malheureusement pour eux, le champ, qu que très-étendu, n'était pas encore assez vaste. Le sol conquis déroba bientôt leurs luttes pas. Il ne reste plus désormais qu'à ma tenir ce qu'ils ont gagné; c'est à la paix d'achever l'œuvre de guerre. Les administrateurs doivent succéder aux généraux. *Ceda arma togæ.*

C'était donc en 1827. Rien n'annonçait que la France songeâ des acquisitions lointaines; mais on l'a dit souvent, des tempé sont sorties d'un verre d'eau. Un simple coup de chasse-mouches f le principe de la seule grande conquête durable que nous ayons fa au delà de la Méditerranée. Des discussions d'argent, discussio embrouillées s'il en fût, mais où le gouvernement français preu de bonne volonté, puisque les chambres votèrent sept millions po les terminer, duraient depuis tantôt vingt-cinq ans entre la Fran et la régence d'Alger pour des fournitures faites au compte de cell ci à nos expéditions républicaines d'Italie et d'Égypte. On n'en fin sait pas, et chaque fois que nos agents se trouvaient en présence dey ou de ses grands officiers, il était question des créances Busna et Bacri, comme on les appelait du nom des deux banquiers de régence qui avaient fait les envois à nos expéditions, comme près noms de l'odjéak, laquelle s'était longtemps dissimulée derrière eux. notre consul Deval réclamait pour quelque bâtiment français ou all de la France visité, contre les traités, par les navires algériens, o

dait par des réclamations financières non moins pressantes.
 jour, les paroles s'envenimèrent entre Deval et le dey lui-
 celui-ci oublia qu'il avait affaire avec un personnage officiel,
 ppant notre consul au visage, nous y frappa tous; car telle
 idarité qui unit les nations à leurs représentants au dehors,
 e insulte faite à l'un d'entre eux est une insulte à son pays

 it une réparation éclatante ou du sang. La France demanda
 'a réparation. Le capitaine Collet, avec une majestueuse es-
 treize bâtiments, apporta au dey ce magnifique *ultimatum*,
 ve que, toute royale qu'elle fût, la France avait alors un haut
 t de sa dignité :
  les grands de la régence, à l'exception du dey, se rendront
 u vaisseau commandant, pour faire, au nom du prince offen-
 excuses au consul de France.
  signal convenu, le palais du dey et tous les forts devront
 e pavillon français, et le saluer par cent un coups de canon. »
 ent à la suite de ces articles d'honneur des clauses d'affaires
 t l'avenir. Le chef des corsaires algériens ne considéra
 s clauses. C'était un ancien topji de Constantinople, et qui
 récisément sa fortune à un outrage qu'il n'avait pas voulu
 r. Il ne vit dans notre ultimatum que les excuses à pré-
 on à un grand peuple, mais à un homme appelé Deval et
 de lui. Il répondit au capitaine Collet en faisant détruire
 lissements de la côte d'Afrique et jeter bas notre fort de la
 ussitôt nos vaisseaux formèrent, aux applaudissements de tout
 nerce européen, le blocus de ce port d'Alger, d'où depuis
 s siècles tant d'audacieux pirates étaient sortis pour la déso-
 e la Méditerranée et de certains parages de l'Océan. Hussein-
 'avait point de forces suffisantes pour rompre le blocus; mais
 or était plein. Il pouvait nous braver; il nous brava deux
 ardis par l'impunité, ses officiers firent bientôt plus que se
 r dans une résistance passive : ils défièrent nos marins. Le
 e de la Bretonnière, ayant été chargé de porter de nouvelles
 ères paroles au dey, n'eut à se plaindre que de son opiniâ-
 ais comme il se retirait sur le vaisseau *la Provence*, qui por-
 ndon de commandement au grand mât, le pavillon blanc à
 e et le pavillon de parlementaire au mât de misaine, il fut
 ar le feu des forts, et des boulets atteignirent son navire [1].
 ettre la France en demeure de convertir son blocus en une
 décisive. Hussein-Dey eut beau destituer ceux qui avaient
 'ordre de tirer, il eut beau écrire à M. de la Bretonnière
 était pour rien dans ce nouvel outrage, on ne voulut pas
 a ses déclarations, qui ne furent d'ailleurs ni assez explicites
 : solennelles, et la grande expédition d'Alger se prépara.
 it une chose immense et bien propre à frapper des imagina-
 rançaises que cette expédition. Quand il s'agit de faire la
 en Europe, la France est inquiète, non pas de la victoire,
 es principes pour lesquels elle combat. Ici point de telles in-
 les : l'entreprise avait tous les caractères d'une croisade en
 de la civilisation. La tradition la représentait comme pleine
 ls; mais de si puissants souvenirs, des émotions si palpitantes
 achaient à ces noms d'Afrique et d'Alger, que les dangers disaient devant la grandeur de la tentative.
 : comprendre ces souvenirs et ces émotions, il faut absolument
 n regard sur l'histoire des contrées vers lesquelles la fortune
 oussait, pour ainsi dire malgré nous, à travers les outrages et
 ultes de pirates sans foi ni loi. Auparavant rassurons nos lec-
 sur les difficultés même de la conquête, non de l'Afrique, mais
 capitale de ces pirates. Elle n'était point aussi périlleuse que le
 a représentait. La puissance algérienne au fond consistait dans
 ouvantail moral séculaire. Néanmoins, quand les deys ou les
 dans leur gouvernement absolu, proclamaient la guerre géné-
 oute la population virile de la régence était tenue de prendre les
 . Mais tel est le caractère des Arabes, que ceux-ci consultaient
 rs un peu les événements avant de se décider. Quant à Alger
 , sa principale force consistait en deux corps : l'un de milice tur-
 utrefois de janissaires; le second de koulouglis, c'était l'armée
 nente. La marine était loin d'être aussi formidable que la ter-
 universelle aurait pu le faire croire. L'audace de ceux qui la
 ient, leur organisation la rendaient plus à craindre que son
 iel même. Lors de l'expédition d'Exmouth, elle se composait de
 régates de quarante à cinquante canons, de quatre corvettes de
 à trente bouches à feu, et d'une douzaine de légers bricks ou
 es goëlettes. Quand notre flotte entra victorieuse dans le port,
 ptenait trois grandes frégates dont une sur le chantier, deux
 ttes, dix bâtiments moindres goëlettes ou bricks, plusieurs che-
 et trente-deux chaloupes portant chacune un canon à la proue.
 pourtant à quelle puissance maritime l'Europe entière avait
 nti durant des siècles à payer tribut! La France n'était pas
 e; mais elle envoyait un présent à l'avénement de chaque con-
 our faire agréer celui-ci. L'Angleterre, pour le même motif,
 t 600 livres sterling; l'Autriche, la Hollande, l'Espagne, le Ha-

 O juillet 1829.

novre, la Toscane, Rome, la Sardaigne, les villes libres d'Allemagne
n'envoyaient également leurs consuls qu'accompagnés d'une riche
rançon. La Suède et le Danemark ne rachetaient pas toujours leurs
navires par un tribut annuel de 4,000 piastres en munitions de guerre
et par un tribut décennal de 24,000 piastres en numéraire. Il en
était de même du Portugal et des Deux-Siciles, qui versaient cependant au trésor du dey une rançon annuelle de 24,000 piastres et un
présent consulaire d'à peu près même somme. Aussi ce trésor était-
il bien certainement l'un des plus riches parmi ceux du globe; car,
après avoir été privé de toutes ses recettes de mer, par suite de notre
blocus, durant trois ans; après avoir suffi à une levée en masse de la
régence, à un armement extraordinaire des forts de la ville et des
ports, il resta encore assez considérable pour payer les frais de notre
expédition.

CHAPITRE III.

Le passé de l'Afrique. — Carthage, les Romains, les Numides, les Maures, les
Vandales, les Arabes. — Les dynasties du Maghreb. — Histoire sommaire des
deys d'Alger.

Nous écrivons pour le peuple, et nous ne cherchons pas à faire de
la science; nous laisserons donc en paix Procope, Léon l'Africain et
les autres historiens de l'Afrique débrouiller la question confuse de
l'origine de ses premières populations. Parmi les peuples du monde
classique, les Phéniciens abordèrent les premiers sur les côtes médi-
terranéennes des contrées qui nous occupent. Ils y fondèrent, quinze
cent vingt ans avant Jésus-Christ, la célèbre ville d'Utique. La commerçante et entreprenante Carthage ne s'établit que plusieurs siècles
après, et sema bientôt de ses colonies, de ses forteresses ou de ses
comptoirs toute la côte depuis les Syrthes jusqu'aux colonnes d'Hercule. On fait remonter jusqu'à elle Alger, Bougie, Cherchell, Djidéli,
Bone, sous les noms d'Iomnium, Saldae, Iol, Ingilgilis et Ubo. On
appelait alors le pays Libye. Les habitants se nommaient Maurusiens
et Numides. Ils formaient un grand nombre de petits États sur lesquels Carthage exerça toujours beaucoup d'ascendant ou d'oppression. Les Romains, avec leur merveilleuse habileté politique, se mirent entre les Numides et Carthage pour venir à bout de celle-ci, et
entre les Numides et les Mauritaniens pour dompter les uns et les
autres. Ils réussirent à force de mauvaise foi, de patience, de trésors
répandus, de sang versé. Leur succès fut l'œuvre de plusieurs héros
et de plusieurs siècles. Polybe nous a conservé le récit de l'invasion
des Scipions et de la rivalité de Massinissa, qui régnait à Constantine,
alors Cirtha, et de Syphax, dont on croit avoir retrouvé le tombeau.
Salluste, dans un récit plus admirable encore, a immortalisé la
grande blessure que Jugurtha fit à Rome par la corruption, et la
grande guerre que Métellus, Marius et Sylla firent à leur tour au
neveu de Massinissa. La soumission des Numides sortit de cette
guerre; il restait à dompter les Maures. Ce fut l'affaire de plusieurs
siècles. On leur conserva d'abord leurs princes, comme les Juba et
Ptolémée, à condition que ces princes régneraient pour le compte
de Rome. Mais cet état de choses lassa bientôt ces populations indé-
pendantes et courageuses. Elles trouvèrent un représentant de leur
nationalité dans Tac-Farinas.

On a souvent comparé Abd-el-Kader à Jugurtha; il n'est pas sans
quelque rapport avec Tac-Farinas. Celui-ci fut comme lui élu chef
par une tribu insurgée; de même qu'Abd-el-Kader fatigua nos
troupes, il fatigua les troupes romaines. Il alla comme lui, étant
vaincu, chercher des forces dans le désert. Pendant plusieurs années, il fut, comme l'émir, insaisissable, se précipitant toujours sur
l'endroit d'où on le croyait le plus éloigné, opérant des razias sur les
colons romains et sur les tribus qui ne se rangeaient pas de son parti.
Enfin un proconsul chargé de pleins pouvoirs employa contre lui le
système qu'adopta contre Abd-el-Kader le maréchal Bugeaud. Il organisa un certain nombre de colonnes mobiles, qui de chasse en
chasse, de retraite en retraite, acculèrent le lion d'Afrique aux
ruines du fort d'Auzea, que l'on croit avoir été situé près des lieux
où s'élève Bordj-el-Hamza. Mais Tac-Farinas ne se rendit pas,
comme Abd-el-Kader; il se battit vaillamment le dernier jour
comme le premier, et fut tué les armes à la main. Après lui, un es-
clave affranchi nommé OEdemon ralluma la guerre, fut poursuivi
par Lucius Paulinus au delà de l'Atlas, et fut définitivement réduit par Hasidius Geta. On était sous le règne de Claude. La liberté
de l'Afrique céda alors complétement la place à la civilisation romaine. Celle-ci fleurit pendant trois siècles dans les contrées où la
nôtre commence à se répandre. L'archéologue en trouve à chaque
pas de curieuses traces. Avec elle se développa aussi le christianisme.
L'Afrique fut la terre classique des martyrs et des Pères de l'Église.

Cela dura jusqu'en 424 après J.-C. En ce temps une rivalité de
ministres appela la nation entière des Vandales en Afrique. Les colonies de Saie et de Toge, Sagatæ et Togatæ, furent aussitôt détruites. Les barbares poursuivirent avec une haine indicible tout ce
qui rappelait Rome. Ils régnèrent cent ans sur le désert qu'ils avaient
fait. Bélisaire les chassa des côtes, mais non des montagnes. L'Afrique septentrionale appartint alors plutôt en droit qu'en fait aux Grecs

de Constantinople; la civilisation y refleurit quelque peu, mais non pour longtemps. Mahomet parut; ses lieutenants et ses successeurs se répandirent sur le monde; l'Egypte fut d'abord enlevée; puis tout le pays, à partir d'Alexandrie jusqu'au détroit de Gibraltar, passa sous leurs lois successivement, et la période arabe commença.

Cette période n'est longtemps qu'une série de révolutions, sans intérêt pour nous, et nous ne signalons les principales de ces révolutions que pour mémoire. Elles ont toutes le même caractère. Un inspiré, un saint, un marabout paraît, prédicateur et guerrier à la fois, comme Mahomet et comme Abd-el-Kader. Les tribus le suivent, croyant toujours avoir sous les yeux celui qui doit accomplir les prophéties du Koran, et il fait dynastie jusqu'à ce qu'un nouveau saint surgisse. C'est ainsi que se forment les Edrissites à Fez, les Méquinez à Miknasa, les Abdoulouates à Tlemsen, les Badissites à Tripoli, les Beni-Hammad à Bougie, les Almoravides à Maroc, puis les Almohades ou Mahiddins, puis les Beni-Ziars à Tlemsen, les Abou-Hafs, les Mérinides, et tant d'autres dynasties ici et là, dans le Maghreb, dynasties qui sont à la fin du quinzième siècle remplacées par les Etats barbaresques de Tlemsen, d'Alger, Tunis, Tenez, Gigeri, Bougie et Tripoli.

A cette époque tout le monde se mêlait d'être corsaire, et l'Espagne, qui venait de conquérir une partie de l'Amérique, en rapportait des richesses considérables, et avait à se défendre sur tous les points. Pour maintenir la piraterie, elle s'établit à Oran, à Mers-el-Kebir, et bâtit le fort du Penon à l'endroit du phare d'Alger, sur les îles Beni-Mezegrena. Le gouverneur d'Alger, ainsi serré de près, appela l'homme de mer le plus redoutable de ce temps, Aroudj ou Horuc-Barberousse qui disposait d'une flottille d'aventuriers turcs et de renégats. Aroudj n'eut pas de peine à chasser la petite colonie espagnole; mais quand il fut au Penon, il voulut être à Alger, et il y fut bientôt. Pour s'y maintenir, il fit comme les dynasties arabes: ne pouvant lui-même jouer au marabout, il en employa un des plus renommés, Sidi-Abder-Rhaman qui sanctionna sa victoire. Alors se forma cette odjéak ou république militaire qui gouverna Alger pendant trois cents ans. Aroudj n'en était le chef qu'à la condition de la dominer par l'esprit d'entreprise et le bonheur des expéditions. L'occasion se présenta bientôt pour lui de s'illustrer dans toute l'Afrique. Charles-Quint envoya une flotte de quatre-vingts navires pour reprendre l'île du Penon et Alger du même coup. Mais le débarquement se fit mal. Francisco de Vero, qui commandait, voulut faire de la tactique européenne. Aroudj ne s'amusa point à attendre l'effet des manœuvres de son ennemi, il attaqua avec toutes ses forces le premier corps qui se présenta. Les Arabes et les Bédouins se mirent de son parti, et Francisco de Vero n'eut que le temps de se rembarquer avec une moitié de ses troupes. Comme il se retirait, une tempête brisa ou dispersa ses vaisseaux. Aroudj, resté maître d'Alger, rattacha bientôt à son odjéak Tenez, Médéah et Miliana. Il révolta ainsi les Arabes, qui se réunirent cette fois aux Espagnols, le battirent et le tuèrent près d'Oran. Kaïr-ed-Din ou Hariadan-Barberousse, son frère, lui succéda. Pour résister à Charles-Quint, il ne trouva rien de mieux que de mettre la république militaire d'Alger sous la protection du sultan. Celui-ci l'accepta pour vassal, et c'est de ce temps que date l'espèce de soumission nominale de l'Algérie aux empereurs ottomans. Hariadan prit le titre de dey, et tous les janissaires de Constantinople qui voulurent servir sous ses ordres lui furent envoyés. Il était temps; le marquis de Moncade, vice-roi de Sicile, arrivait avec une flotte encore plus considérable que celle de Francisco de Vero. Le nouveau général de Charles-Quint parvint à investir Alger; mais il perdit par une tempête la moitié de sa flotte et de ses troupes. Il prit alors le large, laissant à l'odjéak la superstition qu'Allah combattait pour la cause de la piraterie. Kaïr-ed-Din reprit tout aussitôt l'offensive contre les Arabes, et fit de rapides conquêtes; mais de suite aussi la nationalité des tribus se révolta contre lui. Il fut un instant dépossédé d'Alger même; mais il le reconquit, et plus fort que jamais chassa encore une fois les Espagnols du Penon. Puis, pour en finir avec eux, il réunit les îles Beni-Mezegrena à la terre ferme. C'est après ces succès qu'il prit le commandement des flottes ottomanes, laissant le célèbre renégat sarde Hassan-Aga à la garde d'Alger. Celui-ci fit pour ainsi dire encore mieux que son maître, et les pirates sous ses ordres ravagèrent si souvent et avec tant de cruauté les côtes européennes de la Méditerranée, que les gémissements des populations décidèrent Charles-Quint à entreprendre une troisième expédition. Cette fois l'empereur voulut commander lui-même les troupes. André Doria conduisit la flotte.

Les commencements de l'entreprise furent d'abord heureux. Charles avait des lieutenants si habiles! Que ne pouvaient Ferdinand de Gonzague, le duc d'Albe et Hugues Colonna! Mais une tempête comme celle qui avait brisé les deux premières expéditions s'éleva encore une fois. Les Turcs en profitèrent pour attaquer l'armée de siège. Ils ne réussirent qu'à moitié. Un Français, Ponce de Balagner, portant l'attaque dans la défense, les repoussa jusque près des murs de la ville. Il allait entrer dans celle-ci, quand Hassan, sacrifiant les siens, fit fermer la porte. Ponce de Balagner ne pouvait espérer de la forcer; il y enfonça héroïquement son poignard en frémissant de rage. Cependant rien n'était désespéré; Charles-Quint pouvait encore

vaincre. Malheureusement la tempête avait produit son effet. To[ute] les populations arabes arrivaient en foule pour frapper ceux que [...] pait Allah. L'empereur se retira, laissant sur la plage une parti[e de] sa flotte rompue et les cadavres de ses soldats décimés.

Dès ce moment rien ne troubla plus la prospérité extérieur[e de] l'odjéak. Elle s'éleva encore sous Hassan, fils et successeur de K[aïr-] ed-Din. Nous ne raconterons ni ses conquêtes, ni celles de ses [suc]cesseurs, ni les sanglantes révolutions au milieu desquelles se [fit la] succession des deys. Les janissaires étranglaient ceux qui leur [dé]plaisaient ou qui déplaisaient aux sultans. Pour se maintenir ils [all]èrent jusqu'à exterminer leur descendance et celle des femmes a[rabes] qu'ils avaient épousées. Les Koulouglis, c'est ainsi que l'on nom[mait] les fils de Turcs et d'Arabes, résistèrent. Cinquante d'entre eu[x se] firent sauter dans la Casbah d'Alger, et causèrent la ruine de [sept] cents maisons et de six mille habitants.

Nous avons omis de dire que des rapports s'étaient établis ent[re la] France et cette exécrable puissance de corsaires. Ils avaient c[om]mencé sous Soliman I[er], qui avait appuyé de ses flottes, comman[dé] par Kaïr-Eddin, la résistance de François I[er] à Charles-Quint. [Ces] rapports continuèrent sous Charles IX, sous Henri IV. Mais [comme] les deys permettaient à la France, les raïs, c'est-à-dire les capit[aines] de corsaires, refusaient de le tenir. Louis XIV, plus encou[ragé] qu'intimidé par le peu de succès que venait d'obtenir la Holla[nde] qui avait dirigé deux expéditions contre eux, les fit attaquer et b[attre] par le duc de Montfort, le 24 juin 1665. Il obtint un traité du [dey] d'Alors, Ali; mais les Turcs étranglèrent celui-ci, et mirent e[n sa] place Baba-Hassan, qui déchira le parchemin. Louis XIV en[voya] alors par deux fois Duquesne, qui brûla une partie de la ville, [et] l'aurait peut-être prise sans l'habileté du fameux chef de la f[lotte] algérienne, Mezzomorte, depuis successeur de Baba-Hassan. Mezzo morte obtint une nouvelle capitulation. Il y manqua dès que [Du]quesne eut disparu. Le maréchal d'Estrées, vice-amiral de Franc[e,] vice-roi de nos possessions d'Amérique, revint avec une flotte [deux] ans après le retour de Duquesne; il foudroya littéralement la v[ille] qui demanda grâce. Louis XIV, traité par l'ambassadeur turc d['A]lexandre et de Salomon, consentit à oublier le passé. Le passé rec[om]mença bientôt. A la faveur des guerres qui occupèrent l'Europe[, les] Turcs de l'odjéak purent étendre leur empire sur presque to[ute] l'Algérie. Ils arrachèrent aux Espagnols les dernières possess[ions] qu'ils y eussent gardées, et incendièrent plusieurs fois les établi[sse]ments de Collo et de la Calle, qu'ils nous avaient concédés dès [les] premiers temps de nos rapports. Enfin l'Angleterre, après avoir l[ong]temps souffert leurs injures, envoya contre eux, en 1816, lord [Ex]mouth, qui fit mettre en liberté les esclaves chrétiens. C'était [un] grand pas d'accompli dans la voie de l'affranchissement. Husse[in] Khodja ou Hussein-Dey, qui régnait depuis 1817, l'avait compris[. Si] en diverses circonstances il avait, à l'aide de sa garde maure, ar[rêté] l'effervescence des raïs, gagnant du côté de la terre ce qu'il per[dait] du côté de la Méditerranée. Enfermé dans la Casbah, il défiai[t le] poignard des Turcs. Il fallut son opiniâtreté pour le précipiter [du] trône et faire tomber avec lui l'ancienne odjéak. C'était cepend[ant] un homme de grands moyens, parti de très-bas comme la plup[art] des héros des annales turques. Car si l'Orient n'est pas le pays [des] droits politiques, il est, quoi que l'on dise, celui de l'égalité. Pres[que] tous les hommes qui s'y sont illustrés sortaient des classes inféri[eu]res. Hussein-Pacha, né en 1769, comme Soult et Wellington, av[ait] commencé par être simple topji à Constantinople; puis il s'était él[evé] de grade en grade dans l'artillerie ottomane. Trouvant néanmoins [son] horizon trop peu vaste pour son ambition, et ayant à se plaindre [de] ses chefs, il partit pour Alger et s'engagea parmi les janissaires [du] dey, qui le remarqua bientôt. Il devint successivement secrétaire [de] la régence, mir-akhor, khodja-el-key, et conseil favori d'Ali-Pac[ha] son prédécesseur. Celui-ci le désigna, en 1817, pour lui succéd[er.] Sa nomination fut approuvée par le divan. Quoique l'un des plus [ca]pables parmi les chefs qu'eût jamais eus la régence, il devait en ê[tre] le dernier. La chose était écrite, comme il le dit plus tard.

CHAPITRE IV.

Prise d'Alger. — Forces de l'expédition. — Débarquement, combats. — Prise [du] fort l'Empereur. — Capitulation et départ du dey.

Le ministère de M. de Polignac, qui avait ses vues sur l'armée d[es]tinée à conquérir Alger, crut devoir en donner le commandeme[nt à] l'un de ses membres, M. de Bourmont, ministre de la guerre. Com[me] général, M. de Bourmont avait fait sous l'empire ses preuves de [ca]pacité; mais son nom était le plus impopulaire que l'on pût chois[ir.] On l'accusait d'avoir trahi la France à la veille même de Waterl[oo.] Cette accusation l'animait du désir de se réhabiliter par un co[up] d'éclat. C'était d'ailleurs un homme froid, méditatif, prudent, [se] préoccupant beaucoup des moyens de succès, mais y comptant. L['a]miral Duperré, auquel on avait remis la direction de la flotte, ne [se] laissait point aller à la même confiance. Il entrevoyait dans l'expé[di]tion les plus graves difficultés. Ses lenteurs, que l'on ne saurait i[m]puter qu'à son désir d'assurer le triomphe de nos armes, fure[nt]

critiques amères. Il ne répondit à ses envieux qu'en dé-
...e habileté consommée, quoiqu'un peu trop méthodique et
...en rapport avec le courage ardent de nos jeunes officiers.
...s ordres du général Bourmont se trouvaient un grand
...e lieutenants distingués, comme MM. Berthezène, Poret
..., Achard, Clouet, Danrémont, de Loverdo, d'Uzès. On
...it parmi les colonels MM. de Brossard, Roussel, Mangin,
...Rulhières. Le général la Hitte commandait l'artillerie de
...le général Valazé le génie.
...e et l'armée furent prêtes dès le mois d'avril 1830. On crut
...s encourager par une revue princière et par une proclama-
...s n'avaient besoin d'aucun de ces excitants. Cependant on
...dans la proclamation la double insulte faite à la France,
...phes déjà remportés plusieurs fois par les Français sur le
...in, soit au temps de saint Louis, soit au temps de Napo-
...es crimes séculaires des pirates. On disait aux soldats avec
...e la cause de la France était en ce moment celle de la ci-
...et de l'humanité. On les exhortait à se rendre dignes de
...ion aussi bien par leur courage que par leur conduite en-
...vaincus. On leur promettait enfin, et c'était là une grande
...e les Arabes verraient en eux des libérateurs, et, s'empres-
...ompre avec les Turcs leurs oppresseurs, viendraient à nous
...que l'étendard français se déploierait à l'horizon d'Alger.
...te mit à la voile de Toulon le 26 mai. Elle comptait cent
...ments de guerre, six cents navires de commerce et trois
...iches à feu. Outre les marins, elle portait trente-sept mille
...vingt-neuf soldats et trois mille huit cent cinquante-trois
...dont cinq cents seulement de cavalerie; le reste était des-
...rain des équipages et à l'artillerie, qui venait de recevoir
...rme des plus avantageuses. Une masse énorme de vivres, de
...s, d'approvisionnements de toute sorte, des milliers de
...e couvertures, de fourneaux de campagne accompagnaient

...che de nos vaisseaux fut d'abord rapide et directe. Ils étaient
...à la hauteur des îles Baléares; le 30 ils saluaient la terre
..., et apprenaient de l'escadre formant le blocus la nouvelle
...res éprouvés par les bricks *l'Aventure* et *le Silène*, échoués
...terre dans les journées du 14 et du 15. Les équipages de
...es avaient été en partie massacrés. Nos soldats brûlaient de
...er. Ils croyaient toucher au but de leurs désirs, quand l'a-
...tourna brusquement en arrière pour rallier ses transports.
...ement rétrograde donna naissance aux plus étranges conjec-
...es officiers s'imaginèrent un instant que l'expédition était
...andée. Il n'y avait rien de fondé dans une pareille crainte.
...voir cependant à quoi tiennent les destinées des États et
...il s'en fallut de peu que la régence d'Alger ne fût sauvée.
...stigations de l'Angleterre, qui, par un pressentiment jaloux,
...empêcher le succès de nos armes, la Porte Ottomane, usant
...roit de suzeraineté, chargea secrètement un certain Tahir-
...e tâcher de débarquer à Alger, de déposer Hussein, et de
...ensuite à la France toutes les satisfactions qu'elle demande-
...ir, monté sur une frégate anglaise, se présenta bientôt de-
...ger. Ce bâtiment, ayant été aperçu par un petit croiseur que
...dait l'enseigne Dubreuil, voulut un instant forcer l'entrée.
...réussi, la régence existerait peut-être encore; mais, quoique
...s inférieur en forces, le navire français se mit audacieuse-
...travers de la frégate anglaise. Le capitaine de celle-ci re-
...vant la rupture d'un blocus déclaré. Il eut peur des suites
...vait avoir un combat; il vira de bord, et conduisit sur sa
...e Tahir-Pacha à Toulon. L'amiral le rencontra le lendemain
...où il quittait ce port.
...son mouvement rétrograde, notre flotte fut assaillie aussi par
...nutif de ces tempêtes qui avaient, si à propos pour les cor-
...arbaresques, dispersé les navires de l'Espagne. Il lui fallut
...à Palma. Elle remit à la voile le 10 juin, et le 13 se trouva en
...lger. On avait, d'après des travaux de reconnaissance, don...
...remontait à Bonaparte, désigné la baie de Sidi-Ferruch
...lieu de débarquement. Suivant l'habitude des Turcs de
..., Ibrahim, gendre de Hussein et son général en chef, ne
...point à la descente des troupes; il voulait, disait-il, que pas
...Français ne rejoignît sa patrie. Sans doute, comme ses pré-
...urs, il comptait sur les éléments, car il n'avait point avec
...es les forces que la régence aurait pu espérer. Ni le dey de
..., ni celui Tunis, ni l'empereur de Maroc ne lui avaient en-
...secours. Les beys dépendant du deylick, c'est-à-dire ceux
...stantine, d'Oran et de Tittery, étaient seuls venus avec leur
...ent de Turcs et de Koulouglis, entraînant derrière eux les
...indisciplinées des tribus, masses qui ne pouvaient devenir
...uses pour nous qu'en cas d'échec. Elles eussent alors aug-
...d'heure en heure, la guerre générale étant proclamée. Deux
...s, Siou de *la Thétis* et Fr. Brunon de *la Surveillante*, plan-
...es premiers l'étendard de la France sur le lieu du débarque-
...Torre-Chica. Les troupes de la régence et quelques milliers
...s se tenaient au loin sur les hauteurs derrière des batteries,
...général Berthezène fut chargé d'emporter. Sa division s'élança,

suivie de près par les divisions d'Escars et Loverdo. Canons, redoutes, Turcs, Maures, Koulouglis, tout céda devant cet élan. Mais alors nos troupes se trouvèrent aux prises avec de nouveaux ennemis. D'innombrables masses de cavalerie éparpillées occupaient partout le terrain. Les hommes qui formaient ces escadrons indisciplinés lançaient leurs chevaux sur nos fantassins en poussant des cris atroces, en agitant leurs burnous avec des gestes sauvages, et fuyaient comme l'éclair, après avoir déchargé leurs longs fusils, pour revenir bientôt à une nouvelle attaque. Les conscrits français ne se laissèrent point intimider. Le soir n'était pas encore venu, que déjà l'ennemi avait disparu pour aller s'établir plus loin.

On profita du répit laissé pour s'établir, s'entourer de fortifications, creuser des puits et débarquer le matériel et les vivres. On demeura ainsi jusqu'au 18, après avoir eu dans la journée du 16 à redouter encore une fois la tempête, sur laquelle comptaient les Turcs.

Ceux-ci s'enhardissaient de notre inaction. Ils résolurent d'attaquer notre camp, ce qu'ils firent le 19 avec une résolution pleine d'énergie. Trois fois le général en chef lui-même et ses meilleures troupes fondirent sur nos retranchements en essayant de les déborder. Notre feu et nos baïonnettes repoussèrent l'ennemi, et nos divisions, prenant l'offensive, attaquèrent à leur tour le camp turc situé à Sidi-Kalef. Ni les Turcs ni les Arabes, après notre inaction de plusieurs jours, n'avaient supposé une pareille audace. Le repas était prêt dans les tentes; quelques-unes regorgeaient de munitions et de vivres; les troupeaux abondaient. Devant le 20e de ligne, qui venait d'enlever les batteries de défense, tout cela fut abandonné. Nos conscrits se précipitèrent; il y en eut qui s'enrichirent du coup. Quant aux Turcs, ils s'enfuirent pêle-mêle, répandant sur leur passage et apportant avec eux dans Alger la plus affreuse stupeur. Nos régiments occupèrent le camp qu'ils venaient de quitter, et trois mille marins gardèrent celui contre lequel avait eu lieu l'attaque du matin. Il y eut alors un nouveau repos, qui donna à l'ennemi le temps de prendre haleine et de se remettre.

Il reparut le 24 juin à la pointe du jour, précédé par de véritables tourbillons de Bédouins; mais les divisions Berthezène et Loverdo n'eurent qu'à se déployer en colonnes pour que Turcs et Arabes cédassent aussitôt le terrain dans le but de s'éparpiller derrière les massifs dans les hauteurs qui couronnent la partie orientale de la plaine de Staouëli. Les divisions dont nous venons de parler les y poursuivirent, les en débusquèrent à la baïonnette, et après avoir traversé le ravin de Bœkschédéré, qui fut énergiquement défendu, ne se trouvèrent plus qu'à quelques kilomètres d'Alger.

Malheureusement le matériel manquait pour l'attaque de la place. Il ne fut débarqué en entier que le 26. Il était temps. Un vent d'ouest s'abattit sur la mer et la souleva avec furie. Pour la troisième fois, on craignit que la flotte n'eût le sort de celles de Charles-Quint.

Cependant M. de Bourmont, depuis la dernière affaire, retenait nos troupes dans leurs positions, se contentant de repousser les attaques de détail que les Turcs et les Arabes continuaient à faire sans ordre. Un de ses fils avait été frappé à mort dans la journée du 24. Surmontant une douleur qui peut se comprendre, le général en chef donna ordre le 29 que l'on reprît partout l'offensive.

Les Turcs et leurs contingents arabes s'étaient depuis plusieurs jours fortifiés sur un prolongement du Boudjaréah; il fallait les en déloger, et pour cela arriver d'abord jusqu'à eux. On n'y parvint qu'après des fatigues inouïes, et alors l'armée tout entière, sans tirer un coup de feu, monta par vingt chemins différents à l'assaut du Boudjaréah, qui lui fut abandonné. Elle salua de la paix ses cris de victoire Alger et le fort de l'Empereur, qui commença aussitôt à être investi. Il tint quatre jours, au bout desquels le dey ordonna de mettre le feu aux poudres, dans le moment même où la brèche allait être praticable. Quand le drapeau français flotta sur les décombres de cette forteresse, il ne fallut plus songer à défendre la ville, dont la marine avait déjà canonné une première fois le port. Le dey envoya dire à l'amiral Duperré et à M. de Bourmont qu'il était prêt à donner toutes les satisfactions que l'on voudrait. Le général en chef lui fit répondre que le temps des satisfactions était passé. Il fallait se résigner à subir toutes les horreurs d'un assaut ou se rendre à merci. Ces dures conditions furent portées dans la ville même par le courageux interprète Braschewitz. Alger présentait en ce moment un spectacle terrible. Voici comment l'envoyé français a depuis formulé le récit de sa mission, récit grandiose, terrible, et qui pourrait porter ce titre: *Dernier jour d'un peuple ou d'une puissance.*

« Sur les cinq heures environ, j'arrivai à la Porte-Neuve, qui ne me fut ouverte qu'après beaucoup de difficultés. Je me trouvai au milieu d'une troupe de janissaires en fureur; ceux qui me précédaient avaient à peine à faire écarter devant moi la foule de Maures, de Juifs et d'Arabes qui se pressaient à nos côtés. Pendant que je montais la rampe étroite qui conduit à la Casbah, je n'entendis que des cris d'effroi, de menace et d'imprécations qui retentissaient au loin, et qui augmentaient à mesure que nous approchions de la place. Ce ne fut pas sans peine que nous parvînmes aux remparts de la citadelle; Sidi-Mustapha, qui marchait devant moi, s'en fit ouvrir les portes, et elles furent après notre entrée aussitôt refermées sur les flots de la populace qui les assiégeait. La cour du divan où je fus conduit était remplie de janissaires. Hussein était à sa place accoutumée. Il avait debout autour de lui ses ministres et quelques consuls étrangers; l'irritation était violente. Le dey seul me parut calme, mais triste. Il imposa le silence de la main, et tout aussitôt me fit signe d'approcher avec une expression très-prononcée d'anxiété et d'impatience. Il avait à la main les conditions écrites sous la dictée de M. de Bourmont. Après avoir salué le dey et lui avoir adressé quelques mots respectueux sur la mission dont j'étais chargé, je lus en arabe les articles suivants avec un ton de voix que je m'efforçai de rendre le plus assuré possible :

« 1° L'armée française prendra possession de la ville d'Alger, de la » Casbah et de tous les forts qui en dépendent, ainsi que de toutes » les propriétés publiques, demain, 5 juillet 1830, à dix heures du » matin, heure française. » Les premiers mots de cet article excitèrent une rumeur sourde, qui augmenta quand je prononçai les mots : à dix heures du matin. Le dey réprima ce mouvement; je continuai :

Passage du Ténia, au col de Mouzaïa. — Novembre.

« 2° La religion et les coutumes des Algériens seront respectées; au» cun militaire de l'armée ne pourra entrer dans les mosquées. » Cet article excita une satisfaction générale. Le dey regarda toutes les personnes qui l'entouraient, comme pour jouir de leur approbation, et me fit signe de continuer. « 3° Le dey et les Turcs devront quitter » Alger dans le plus bref délai. » A ces mots, un cri de rage retentit de toutes parts. Le dey pâlit, se leva, et jeta autour de lui des regards inquiets. On n'entendait que ces mots, répétés avec fureur par les janissaires : « El mout! el mout! » (La mort! la mort!) Je me retournai au bruit des yatagans et des poignards qu'on tirait des fourreaux, et je vis leurs lames briller au-dessus de ma tête. Je m'efforçai de conserver une contenance ferme, et je regardai fixement le dey; il comprit l'expression de mon regard, et, prévoyant les malheurs qui allaient en résulter, il descendit de son divan, s'avança d'un air furieux vers cette multitude effrénée, ordonna le silence d'une voix forte, et me fit signe de continuer. Ce ne fut pas sans peine que je fis entendre la suite de l'article, qui ramena un peu de calme : « *On leur garantit la conservation de leurs richesses person-* *nelles; ils seront libres de choisir le lieu de leur retraite.* »

Ces mots, si nous en croyons ce brave interprète, avaient été bien habilement calculés par les chefs de notre expédition. Ils apaisèrent comme par enchantement le tumulte. En effet, les Turcs n'étaient que campés dans cette ville, qui avait si longtemps subi leur oppression, aucun d'eux peut-être n'y était né; en la quittant, ils ne quittaient pas une patrie; ils emportaient, en s'en allant, leur butin; cela leur suffisait. Hussein-Pacha se résigna le premier, et bientôt fut échangée la convention sur les bases lues par l'interprète et posées par le général en chef. Le 5 juillet, à dix heures du matin, les portes furent ouvertes aux troupes de la France; la Casbah et les forts reçurent les soldats de la civilisation, remplaçant ceux du brigandage e

de la barbarie. Le dey lui-même quitta Alger quelqu Ses beys et leurs contingents avaient regagné Oran, Const Médéah. La petite guerre d'Algérie allait commencer avant l

CHAPITRE V.

Commandement général de M. de Bourmont. — Expédition de Blid La guerre n'est plus avec les Turcs, mais avec les Arabes.

Nous faisons de l'histoire pour tout le monde, et nous n'e contre personne. On cherche bien loin les causes de la déca l'esprit public en France; cette décadence est naturelle. A de l'histoire, les partis se sont attaqués les uns les autres; n'a plus été la vérité, mais une arme politique; on s'est ac s'est jeté mutuellement de la boue; la plupart des historien les plus graves, ont eu vingt pages consacrées au mal pour sacrée au bien. Ils ont, sans le vouloir, sali leur patrie.

Nous ne les imiterons pas.

On ne trouvera donc point ici l'énumération des fautes q que tous les annalistes de l'Algérie accusent M. de Bourmon commises aussitôt après la prise d'Alger. L'art de profiter d toire est plus difficile que l'art de vaincre; on sait cela depu bal. M. de Bourmont était venu en Afrique sans instructic tives. Il y resta un mois à peine, et ce serait une injustice de sur le peu qu'il fit pendant ce temps-là. On n'organise pas quête en un mois. M. de Bourmont ne resta pas inactif; il et embarqua pour l'Asie-Mineure ceux des janissaires du n'avaient point d'établissement dans le pays. Il tint les prom la capitulation, et essaya de former une administration qui c la population d'Alger. Malheureusement des intrigants l'ento et cette administration ne fut pas ce qu'elle devait être. L rence donnée aux Maures, à la classe commerçante et aux Juif la fierté arabe. D'un autre côté, les populations de la rég surtout celles de la province d'Alger, ne sentant plus peser la main de fer du dey, commencèrent à entrer en effervescen étaient délivrées des Turcs, une liberté nouvelle leur sou fallait-il pour que cette liberté se consolidât? — Que les Fra demeurassent dans Alger, ou qu'ils prissent peu à peu en leur conquête. Enfin les tribus arabes contenaient chacune a autant d'ambitieux qu'une de nos villes pouvait en contenir. biticux voulaient profiter pour eux-mêmes de la situation chute de l'odjéak faisait au pays. De là une multitude d'e contre lesquels un génie véritable se fût vainement débattu.

Le meilleur c'était peut-être de ne pas laisser l'armée et, si l'on voulait demeurer dans la régence, de continuer p des coups retentissants. Les prétextes ne manquaient pas. A beys de Tittery, d'Oran et de Constantine avaient jeté leur gent à celui du dey. Il fallait en tirer vengeance; tant qu'ils n pas détruits, rien ne devait sembler fait. L'aigle chassé de se venait le tour des aiglons.

M. de Bourmont y songea, mais il n'y songea que timic Hussein-Pacha, en quittant la terre de la régence, l'avait aver méfier du bey de Tittery. Le général français était tout dispos vre le conseil; mais le bey se hâta de venir faire sa soumissio demanda aussitôt le prix, savoir l'annexion de Blidah à son b M. de Bourmont refusa. Le rusé Africain lança aussitôt des K qui vinrent inquiéter cette petite cité, espérant que les ha s'adresseraient à lui pour avoir un défenseur; mais ils r rent le secours des Français. M. de Bourmont accorda le implorè, et voulut le conduire en personne; il emmena a un nombreux état-major, très-curieux de voir le pays, mais duisit peu de troupes. Le bey fit répandre le bruit que ces venaient pour piller les tribus. Alors la guerre d'embusca Arabes contre les Français s'organisa sur toute la route à l rir. Les Kabyles descendirent de la montagne; arrivés trop ta cerner Blidah, où nous avions d'ailleurs été bien reçus, ils n saillirent au retour. La colonne française fut obligée de se for carré; elle eut beaucoup à souffrir, sans avoir fait beaucoup l'ennemi, qui cria bien haut victoire.

Le résultat de cette expédition tentée avec trop peu de for les conséquences les plus graves. On avait pris Alger, on se avoir échoué sur Blidah. Cela redonna du cœur aux partisa Turcs; ils conspirèrent. Il fallut recourir aux moyens de ri De là un redoublement d'excitation et un prétexte au bey de pour rompre ses engagements : ses alliés soulevèrent presque pays. C'était le moment où la révolution de juillet venait lieu en France. Le général en chef, justement dévoré d'inquié regardait plutôt du côté de la France que du côté de son co dement. Tout prit un aspect lugubre.

Cependant les officiers et les soldats français, avides d'aven de gloire, cherchaient avec vaillance à propager l'influence d pays sur la terre d'Afrique. Ainsi le capitaine de Bourmont, général, ayant été envoyé à Oran pour traiter avec le bey de ville, contre qui les Arabes du beylich s'étaient soulevés conquérir leur indépendance, et qui demandait notre secou

e la petite flottille venue avec M. de Bourmont s'emparè-
ort de Mers-el-Kébir. Puis, quand le jeune négociateur eut
aissance de l'état des choses, il obtint qu'une petite expédi-
nvoyée pour aider le vieil Hassan : c'était le nom du bey.
ine cette expédition mouillait-elle en rade d'Oran, qu'elle
'ordre de regagner Alger. Il en était de même d'une autre
n envoyée contre Bone et dirigée par le général Danrémont.
al, à peine installé dans la ville, qui le reçut amicalement,
assailli par les Arabes. Il les avait repoussés dans plusieurs
malgré l'audace et l'héroïsme dont ils avaient fait preuve.
un doute son courage, son intelligence, nous eussent assuré
ortante conquête; mais M. de Bourmont venait de recevoir
lle des événements arrivés en France. Il devait, en général
t, concentrer ses troupes. M. de Danrémont évacua Bone,
n évacuait Mers-el-Kébir. Les Arabes ne s'expliquèrent pas
ites, ou plutôt les expliquèrent par un défaut de persistance
urage chez les Français. Dès ce moment ils se crurent

était là quand le nouveau gouvernement que s'était donné
e envoya un successeur à M. de Bourmont. Ce général, qui

l'armée d'Italie sous Bonaparte, général de brigade dans l'expédition
de Saint-Domingue, général de division depuis 1805, connu par une
foule de beaux traits militaires accomplis en Autriche, en Prusse, en
Russie, en Espagne, en Saxe et dans l'immortelle campagne de 1814
en France, désigné par Napoléon comme un de ses plus prochains maréchaux, appuyé de presque tout le parti libéral, Clauzel arrivait en
Afrique précédé de la plus éclatante réputation. Cependant, avant
de chercher à la justifier par des succès de guerre, il voulut se mettre à l'abri des reproches qui avaient assailli M. de Bourmont, et s'occupa tout d'abord de l'organisation de la conquête. Il fit reconnaître
par l'armée le gouvernement qui l'envoyait; puis, songeant à tirer
parti des ressources militaires que pouvait offrir la régence, il forma
ces deux bataillons de zouaouas ou zouaves, aux ordres des capitaines
Maumet et Duvivier, bataillons qui devinrent le noyau de l'une des
plus brillantes troupes que nous ayons jamais eues. Il s'occupa ensuite d'introduire un peu d'ordre dans les revenus que la France
pouvait espérer de la ville d'Alger et de ses environs, régularisa l'action des tribunaux, s'occupa des intérêts commerciaux des industriels
qui commençaient à affluer dans la colonie, établit des postes sur les
routes aux alentours du chef-lieu, réinaugura la ferme modèle

Débarquement des Français en Algérie.

agné dans la campagne un bâton de maréchal et perdu un fils
s'éloigna en étranger, sur un bâtiment étranger. Les adminis-
rs, qui un mois auparavant eussent adoré ses épaulettes, lui
rent le passage sur un navire français. Oh! combien il dut
r, si, comme on le disait, il avait en 1815 trahi sa patrie !
combien il dut mépriser son pays et le plaindre, si sa con-
e ne lui reprochait que de l'avoir bien servi! A Marseille, un
yé des douanes eut l'infamie de visiter le cadavre de son fils,
n rapportait à la terre natale.

CHAPITRE VI.

ndement général de Clauzel. — Commencement de colonisation. — Expé-
n de Médéah. — Les Français franchissent l'Atlas. — Fin du beylich de
ry. — Relations avec Oran et Constantine.

mme on vient de le voir, la guerre s'engageait mal; il fallait
u'un pour la relever; il fallait surtout se décider à la faire, et
duire de façon à fonder rapidement l'influence française sur
re d'Afrique. Temporiser, agir timidement, devait nécessaire-
compromettre la conquête. On comptait avec raison sur le
eau général en chef.
uzel, qui remplaçait M. de Bourmont, était une des plus bril-
s figures de l'ancienne armée, et l'un des patriotes les plus dis-
és parmi ceux que la chambre des députés comptait alors. Il
depuis 1791 fait les campagnes de la République et de l'Em-
Volontaire de l'armée des Pyrénées-Orientales, officier de

(Haouth-Hassan-Pacha), et prit des mesures de police intérieure qui
permissent d'opérer au dehors avec sécurité. On lui a reproché,
comme au général son prédécesseur, de nombreuses fautes administratives; par exemple, d'avoir enlevé aux imans la gestion des biens
des mosquées et des fontaines, et autres biens *habous*, et d'avoir
réuni cette gestion aux autres attributions de l'administration des
domaines. Il ne pouvait cependant pas laisser les prêtres musulmans
conspirer en paix contre notre occupation, et répandre parmi les tribus, pour s'y faire des partisans, l'or et l'argent destinés à l'entretien
des mosquées et à la glorification du nom de Mahomet.
Le dedans à peu près organisé, Clauzel s'occupa du dehors; l'anarchie régnait en maîtresse au milieu des outhans arabes, les villes se
donnaient des chefs et les déposaient. Le bey de Tittery, Bou-Mezrag,
bravait ouvertement notre influence et formait le centre de tous les
mécontents. Il prétendait succéder au dey d'Alger, et avait sommé
le bey de Constantine d'avoir à le reconnaître. Tolérer plus longtemps ses entreprises pouvait devenir dangereux. Le gouverneur général se mit à la tête d'un corps d'armée de huit mille hommes, et
s'avança vers le beylich de Tittery.
Ce beylich était le moins important des trois qui relevaient de la
régence, mais sa soumission était celle qui nous intéressait le plus. Il
s'étendait au sud de la province d'Alger jusqu'au désert, entre les
provinces d'Oran et de Constantine. Sa capitale privilégiée était
Médéah, ville libre, quoique servant de résidence au bey. Celui-ci
avait pour principales forces les colonies militaires des Habides et
des Douers. Il avait dans son gouvernement vingt et un outhans,
dont le plus puissant passait pour être celui de Diza sur les confins

du Constantinais. La contrée formant le beylich présente d'ailleurs tous les genres d'aspect des pays les plus divers. Dans la partie septentrionale se déploient de belles montagnes boisées, habitées par les Kabyles. Au midi sont de vastes et fertiles plaines qui fournissent abondamment les marchés où viennent s'approvisionner les tribus du Sahara. Les cours d'eau distribuent partout la végétation et la fécondité. Il ne faut que savoir tirer parti de la terre.

La petite armée du général Clauzel avait pour commandant immédiat le général Borey, et pour généraux de brigade MM. Achard, Hurel et Monk d'Uzer. Les forces appartenaient à divers régiments. On se mit en marche par Bouffarik sur Blidah. On ne rencontra les Arabes que devant cette ville. Clauzel leur envoya le célèbre Jusuf, depuis général. Jusuf ramena avec lui un parlementaire qui signifia fièrement à la colonne d'avoir à respecter Blidah et de se contenter de combattre Bou-Mezrag, autrement il y aurait une sanglante résistance. La colonne reçut aussitôt l'ordre d'apprendre aux habitants de Blidah à qui ils avaient affaire. Attaqués avec ardeur, ceux-ci lâchèrent pied presque aussitôt; et la brigade Achard entra le soir dans la ville, tandis que les autres brigades prenaient position aux alentours. Le lendemain, comme l'armée allait poursuivre sa route sur Médéah, les Arabes et les Kabyles les vinrent assaillir, profitant de tous les accidents de terrain et surtout des positions qu'offraient les magnifiques jardins de Blidah pour tirer à coup sûr contre nos soldats. On ne s'en débarrassa qu'en détruisant les jardins eux-mêmes. Le général en chef ne s'en tint pas à cette exécution nécessaire pour sa défense, il fit diriger une razzia contre la tribu des Beni-Salah, et ici eurent lieu des exécutions bien autrement tristes, et dont la nécessité n'est pas aussi bien démontrée. De nombreux prisonniers furent passés par les armes. Un captif plus important que les autres allait subir le même sort, quand on l'entendit s'écrier : « qu'il était bien mal récompensé de son zèle pour les chrétiens, auxquels ils travaillait à rallier les tribus. » On le conduisit au général. Ce prisonnier disait vrai : c'était le muphti de Blidah. Mis en liberté, il revint bientôt avec plusieurs chefs kabyles qui firent leur soumission. Il en fut de même de cinq cheiks de Jouthan El-Sebt. En présence de cette pacification, l'armée put continuer sa marche, laissant à la garde de la ville conquise le colonel Rulhières avec deux bataillons. On était alors au 20 novembre.

Pour parvenir de Blidah à Médéah, il faut traverser le Tenia au col de Mouzaïa, formidable gorge de la première chaîne de l'Atlas. C'est là qu'attend Bou-Mezrag avec ses contingents et les mécontents de toutes les tribus environnantes. Ce chef a disposé ses troupes de façon que le passage des sept ou huit anneaux du défilé doive être emporté d'assaut. Les Arabes occupent chaque pli de terrain, avec ordre de quitter leur poste aussitôt qu'il ne sera plus tenable et de se rallier au poste supérieur. Cette organisation est vraiment formidable. Aussi à l'arrivée des troupes aux approches du Tenia y a-t-il un instant solennel d'attente et de recueillement. Clauzel, par une réminiscence habile et grandiose, en profite pour frapper profondément l'esprit des soldats et les élever en pensée à la hauteur presque antique de leurs pères des Pyramides; il les réunit, et, d'une voix qui retentit au loin dans le silence de la vallée, leur rappelle leur mission et les anciennes victoires de la France. « Soldats, leur dit-il, nous allons franchir la première chaîne de l'Atlas, planter le drapeau tricolore dans l'intérieur de l'Afrique, et frayer un passage à la civilisation, au commerce et à l'industrie. Vous êtes dignes d'une si noble entreprise; le monde civilisé vous accompagnera de ses vœux. — Conservez le même bon ordre qui existe dans l'armée, ayez le respect le plus grand et le plus soutenu pour les populations partout où elles seront paisibles et soumises; c'est ce que je vous recommande. — Ici j'emprunte la pensée et les expressions d'un grand homme, et je vous dirai aussi que les siècles vous contemplent! »

Après ces paroles prononcées, notre artillerie salue bruyamment et solennellement le vieil Atlas. Puis une partie de la brigade Achard se précipite pour gagner le col de Mouzaïa par les crêtes qui bordent la route sur la gauche. Une autre partie marche par la route tortueuse et difficile qui mène au col. Elle est suivie de la brigade Monk d'Uzer. Bientôt les tambours battent la charge pour animer les soldats qui gravissent les pentes. Le général Achard croit que les bataillons lancés sur la gauche ont réussi. Lui-même s'élance à la tête des troupes qui suivent la route, et qui se composent d'un faible bataillon du 37ᵉ aux ordres du commandant Ducros. Ce bataillon arrive comme la foudre sur l'entrée du col; la mitraille qui tonne contre lui ne l'arrête pas un seul instant. Les officiers sont à la tête, entraînant tout, enlevant tout. On est prêt à lutter corps à corps, et l'attaque décisive est ordonnée, quand l'ennemi abandonne en désordre sa position. Alors commence une poursuite des plus vives. Nos soldats plantent le drapeau tricolore sur tous les postes arabes, et le soleil couchant vient ajouter à l'éclat de leur victoire. Ils ont été dignes de ces légions romaines qui vingt siècles avant eux pratiquèrent ce passage célèbre. Mais que de braves atteints cruellement! Achard, Ducros, Mac-Mahon sont du nombre!

« Les feux du bivouac succèdent à ceux du soleil, qui a suivi les

Arabes dans les gorges où ils se sont cachés; alors arrivent des kabyles, qui s'empressent de reconnaître la grandeur du nom français. « Allah est avec toi! » disent-ils au général. On apprend par eux la route qu'a suivie Bou-Mezrag, qui, aidé de son fils, a dirigé la résistance en personne.

Le lendemain, on laisse la brigade Monk d'Uzer à la garde du passage, et l'on continue à s'avancer sur Médéah. La brigade Achard est toujours en avant, combattant toujours; elle a surtout à repousser les tirailleurs arabes, postés avec avantage dans un bois d'oliviers. Elle les en déloge, et à une lieue de là recueille un pauvre malheureux qui se tient caché et qui lui apporte la capitulation des habitants de Médéah... En effet, les notables de cette ville ne tardent pas à se présenter devant le général en chef. Le but de l'expédition est atteint; un nouveau bey est installé en remplacement de Bou-Mezrag qui vient enfin lui-même implorer son pardon. Il l'obtient à l'aide d'une ingénieuse flatterie. « Si je n'avais pas trahi mes serments, dit-il à Clauzel, tu n'aurais pas eu la gloire de franchir l'Atlas et de chasser mon drapeau des montagnes. »

La colonne expéditionnaire ne se reposa que deux ou trois jours à Médéah. Elle y laissa le colonel Marion pour asseoir l'autorité du nouveau bey, et reprit le chemin du Col. Aucun ennemi ne se montra à elle jusqu'à Blidah. Mais dans cette ville, le colonel Ruthières venait d'être obligé de se multiplier pour repousser des milliers de Kabyles lancés contre lui par le cheik Ben-Zamoun. Il avait repoussé leurs attaques. Les malheureux habitants de Blidah s'étaient mis de son côté. Ils ne voulurent pas rester dans la ville, où le général en chef ne jugea pas à propos de laisser une garnison, et suivirent l'armée jusque sous les murs d'Alger, dans les environs duquel on les établit.

Le retour de Clauzel put rappeler aux Algériens les triomphes des anciens deys au retour de leurs expéditions. Bou-Mezrag marchait avec sa famille et ses janissaires désarmés au milieu de nos soldats. De nombreux troupeaux pris aux tribus insoumises suivaient les colonnes; venaient ensuite les infortunés Blidiotes, traînant après eux leurs misérables pénates et les débris de leur fortune.

Le général en chef, à peine arrivé, dut d'ailleurs songer aussitôt à la garnison de Médéah, à laquelle on n'avait pu laisser que très-peu de vivres et de munitions. Le général Boyer fut chargé de la ravitailler. Ce général, parti d'Alger le 2 décembre avec deux brigades et un convoi formidable, traversa l'Atlas et le col de Mouzaïa presque sans coup férir. Il trouva le colonel Marion vainqueur de cinq ou six attaques des Arabes appartenant aux outhans de Rhigor, Hassam, Ben-Alep, Beni-Hossan, Ouzara et Aouara, et aux restes des Habides et des Douers, ainsi qu'aux tribus des Arabes et des Beni-Soliman. Malgré ces victoires, il était temps que le convoi de ravitaillement arrivât. Les bataillons du colonel avaient à peine encore de quoi tirer quelques coups de feu. On les renforça par des troupes fraîches, et le général Danlion fut chargé de garder la place. Boyer revint à Alger comme il était venu, sans avoir trouvé l'occasion d'engager ses soldats.

Les deux expéditions de Médéah eurent un grand retentissement. Elles assurèrent la soumission de l'arrondissement d'Alger et la tranquillité du beylich. Les Blidiotes regagnèrent en partie leur malheureuse cité. Un grand nombre de tribus entrèrent en relation avec nous.

Pendant que la marche du général Boyer avait lieu, nous tentâmes une autre campagne qui n'était pas sans gloire. Le général Danmont partait d'Alger le 11 décembre pour dégager le bey d'Oran toujours assiégé par les Arabes. Il s'emparait le 14 du fort de Mers el-Kebir, et le 16 du fort Saint-Grégoire; puis, à la suite de négociations assez longues, occupait le 4 janvier Oran, que quittait le vieil Hassan.

Le général Clauzel nourrissait alors des projets que l'on a jugés diversement. Il voulait lier intimement les intérêts du bey de Tunis, prince disposé à accepter la civilisation européenne, avec les intérêts de la France. Il céda le beylich d'Oran à un parent de ce bey, nommé Sidi-Ahmet, moyennant une somme annuelle d'un million de francs. Il céda aussi le beylich de Constantine à un autre prince tunisien nommé Sidi-Mustapha. Mais Hadj-Achmet, bey de Constantine, n'était guère homme à se laisser destituer. D'un autre côté, le général Clauzel fut désavoué par le ministère français; il quitta Alger le 20 février, laissant le gouvernement au général Berthezène. On était au temps où la dynastie de juillet, voulant se faire accepter par l'Europe, s'amoindrissait le plus possible. Elle disait partout qu'elle ne voulait point d'une conquête onéreuse, et que, sans les susceptibilités de la France, elle l'eût abandonnée. Par contre, à mesure qu'elle manifestait sa tiédeur, la colonisation de l'Algérie acquérait de la popularité. Mais la popularité ne suffit pas pour maintenir les conquêtes. L'armée d'Afrique étant réduite, le général Clauzel fut obligé d'ordonner l'évacuation de Médéah. Les bénéfices des expéditions contre cette ville et les avantages de l'expédition d'Oran furent perdus. Notre influence se concentra de nouveau dans l'enceinte d'Alger; à peine rayonnait-elle aux environs, tandis que les chambres françaises et la presse retentissaient de discussions oiseuses sur la colonisation.

CHAPITRE VII.

nent du général Berthezène. — Nouvelle expédition de Médéah. —
andant Duvivier. — Les Arabes bloquent l'armée expéditionnaire —
expédition de Bone. — Le commandant Houder. — Le général Boyer

si nous n'avons eu dans notre horizon aucun représentant
de la nationalité arabe; les Turcs ont seuls soutenu la
gulière et cela sans animation, comme des maîtres qui s'en
-Mezrag par exemple, a cédé après la première défaite. Has-
üté, a demandé lui-même à quitter son beylich. Ceux des
ni sont entrés en lice ont combattu sans ordre, anarchi-
Voici venir la période où l'ordre se mettra dans leur ré-
où les chefs les plus distingués, les Sidi-Embarek, les Abd-
surgiront. Le gouvernement français a reculé devant de
sacrifices, il a réduit l'armée. Douze régiments d'Afrique
né la France. Nos occupants forment à peine un total de
hommes. Les Français se fatiguent, ils s'en iront bientôt
, tel est le bruit qui circulait dans toute la régence; et pour
épart de nos soldats, les marabouts prêchaient partout le
est-à-dire la guerre ordonnée par Mahomet contre les infi-
allait jusqu'à parler du retour du dey Hussein. Le général
ce, qui vint dans ces circonstances, était un brave soldat et
le homme, ce qui est déjà beaucoup; mais il n'avait pas le
sonnel, et il manquait des forces militaires qui eussent été
r arrêter le mal. Cependant il agit avec un certain courage.
it pour lui, comme pour Clauzel, le but des efforts qu'il diri-
extérieur, après avoir opéré plusieurs marches dans la Mitidja,
e nouveau dans l'Atlas, touché Riza et reconnu Coléah.
vions, comme on l'a vu, installé dans cette ville un bey,
essez médiocre, ancien marchand, nommé Mustapha-ben-
e chef abandonné à lui-même, se vit bientôt assailli dans
ar tout ce qui nous était hostile. Il eut plus particulière-
r adversaire un fils de Bou-Mezrag, qui n'avait point suivi
en exil. Ce jeune homme ne tarda pas, à la tête d'un ra-
e Turcs, de Koulouglis, et aidé par les Arabes de plusieurs
à mettre Ben-Omar dans la plus fâcheuse position. Après
u des renforts de France, le général Berthezène se décida,
le juin 1831, à envoyer du secours à ce dernier. Son expédi-
posée de deux brigades, quitta Alger vers la fin du mois que
ons de nommer. On y remarquait les volontaires de 18 0,
même qu'une médisance réactionnaire qualifia de Bédouins
e. Les Arabes et le fils de Bou-Mezrag ne songèrent pas à for-
nouveau le Mouzaïa. On y passa sans encombre. Les Kabyles
it contre nous, et laissant entrer la colonne française à Mé-
en la reçut en libératrice, allèrent se rallier sur le plateau
, lieu consacré par l'occupation romaine, dont on y voit
es vestiges.
éral Berthezène, bien que leur position fût formidable, n'hé-
à les y chercher. L'entreprise était périlleuse et diffi-
e l'on se figure une armée occupant une sorte de forteresse
e où on ne peut atteindre que par des chemins escarpés et à
les ravins. Le général Berthezène ordonna l'assaut de cette
et l'emporta. Mais les Arabes se dispersèrent en un instant de
tés. Nos troupes victorieuses reprirent alors trop tôt le che-
Médéah. Les Arabes étaient exaspérés autant par leur dé-
e par la manière de combattre adoptée par un général qui se
récéder de l'incendie. Ils se rallièrent dès qu'ils nous virent
der, et nous suivirent en nous insultant comme des gens vic-
Cette espèce de succès enflammant leur courage, ils devin-
jour en jour plus hardis. Voyant leur nombre et leur audace
le général crut encore une fois devoir abandonner Médéah
alheureux sort. Il quitta cette place le 2 juillet, et revint par
. A peine venait-il de le franchir au rebours, que le col, n'é-
gardé, fut à son tour envahi par les Arabes qui débordèrent
sur les hauteurs que l'on avait négligé d'occuper, et par les-
la route est dominée. Un brave bataillon du 20° de ligne for-
rière-garde. Son commandant est blessé. Les Arabes le pres-
plus en plus. Le désordre se met dans ses tirailleurs disper-
uient vers le gros de la colonne. Les Kabyles voient sa terreur
écipitent à sa suite. Des cris affreux retentissent sur le der-
e l'armée et sur ses flancs, qu'attaquent les ennemis débordés
hauteurs. On croit à je ne sais quelle terrible embuscade.
a première fois depuis la conquête, au lieu de faire face au
on lui tourne le dos.
dans les circonstances les plus difficiles, il y a toujours sous
peaux quelqu'un qui sauve l'honneur de la France. Qui sera
eur? Voyez ce fier commandant du deuxième bataillon des
s et des volontaires parisiens, qui se jette avec tant de décision
ors du flanc droit de la colonne, et qui barre tout à coup la
couvrant l'ennemi d'un feu terrible, et le repoussant avec
onnettes de ses fantassins quand il veut franchir ce mur mou-
omposé de braves. Ce sauveur inattendu, c'est Duvivier! Du-

vivier, qui mourra plus tard, hélas! sous des balles françaises! Qu'on
le seconde, qu'un bataillon seulement se reforme en échelon derrière
le sien, et la défaite se change en victoire. Mais nul ne le soutient
et il suffit seul à couvrir la retraite, ramenant avec lui jusqu'à une
pièce de montagne renversée, et que l'officier chargé de la direction
de l'artillerie n'avait par voulu abandonner. Arrivé à la ferme de
Mouzaïa, il trouve l'armée occupée à se remettre, et insiste inutilement pour que l'on reprenne l'offensive. Le général Berthezène est
frappé, il ne commet plus que des fautes. On passe en désordre le gué
de la Chiffa. La marche régulière ne se rétablit que pour atteindre
Bouffarik, au delà duquel on repousse une embuscade des Beni-Khalel
et des Beni-Moussa, qui se sont emparés des ponts, des taillis et des
passages. C'est après cette petite victoire que l'on rentre dans Alger
le 5 juillet, anniversaire du jour de la capitulation.

Nous n'avons pas besoin de dire les funestes effets de cette malheureuse retraite, quand des retours si glorieux ont déjà eu de si
tristes résultats. Le prestige est rompu. Les Arabes ne craignent plus
de se mesurer avec nous. On dirait qu'ils sortent de chaque ravin,
de chaque buisson, que la terre en vomit. Nous sommes comme blo-
qués dans Alger. Deux camps arabes principaux se forment, l'un à
Bouffarik, sous les ordres du fils de Bou-Mezrag, l'autre dirigé par ce
Ben-Zamoun que nous avons vu déjà investir le colonel Ruthières
dans Blidah, et qui a pour l'appuyer les prédications du remuant et
fanatique Sidi-Sadi. Nos colons de la plaine se réfugient dans Alger.
Nos soldats tiennent seuls à la Ferme-Modèle, à Berkadem, et au
blockhaus de l'Oued-el-Kerma. Le général Berthezène serré de si près,
retrouve alors la bouillante ardeur des jours du débarquement. Il
sort d'Alger, disperse les gens de Ben-Zamoun, les rejette sur la
route de Blidah, les fait poursuivre, et rallie de nouveau par ce
succès à notre cause les tribus voisines. Il était temps. Les maladies,
compagnes habituelles du découragement, décimaient l'armée. L'agri-
culture naissante de la colonie était détruite; le commerce languissait.
Il n'y eut, grâce à la défaite de la double insurrection de Ben-Zamoun
et de Sidi-Sadi, rien de définitivement perdu.

C'est ici que pour la première fois nous rencontrons le nom d'Em-
Barek. Le chef de la famille des Em-Barek n'était pas encore le guerrier rusé et hardi qui fut si longtemps le bras droit d'Abd-el-Kader.
Les Em-Barek, adversaires décidés de notre occupation, avaient pour
cheik le cousin du futur kalifah, El-Hadj-Mohi-Eddin-el-Sghir. Ce
dernier jouissait d'une grande influence sur les tribus de l'arrondissement d'Alger; il promit de les faire tenir en repos et d'exercer sur
elles l'ascendant qu'exerçait autrefois l'agha turc, et que n'avait pu
exercer l'agha nommé par la France. On lui accorda le titre d'agha,
avec un traitement des plus riches. Nous cessâmes alors d'être pour
quelque chose dans le gouvernement des Arabes. Pendant que ceci
se passait, le fils de Bou-Mezrag rétablissait pour quelque temps sa
dynastie à Médéah. Sur un autre point, le bey de Constantine, Ahmet,
essayait d'étendre son autorité. Le général Berthezène crut combattre
son influence croissante en se rendant aux prières des habitants de
Bone, qui, mal défendus par une centaine de Turcs cantonnés dans
leur Casbah, et pressés par les tribus de leurs environs, voulaient se
donner à la France. Sur leur demande, il leur envoya cent vingt-
cinq zouaves indigènes, aux ordres du capitaine Bigot et sous la direction du commandant Houder, nommé consul à Bone. Celui qui
avait fait l'appel à la France était un Kouloughi des plus déliés,
nommé Ahmet. Cet Ahmet en demandant des troupes indigènes n'a-
vait pour but que de les corrompre après s'être défait des officiers.
Il devait à leur aide se créer une position indépendante. Ses projets,
aussitôt après l'arrivée du commandant Houder, furent éventés par
un certain Ibrahim, ancien bey de Constantine, lequel songea à en
profiter lui-même. Il dénonça Ahmet aux Français, et avec l'argent qu'il reçut pour sa trahison, corrompit la garnison de la Casbah,
qui se déclara pour lui. Le commandant Houder et le capitaine Bigot,
repoussés de la forteresse, se maintinrent un instant dans la ville,
où, de son côté Ahmet souleva ses partisans contre eux; mais ils furent bientôt obligés de songer à la retraite. Ils allaient effectuer la
leur en se retirant à bord de deux bâtiments, *la Créole* et *l'Adonis*,
qui étaient en rade de Bone, quand les Arabes fondent sur la ville,
inondent les rues, se précipitent sur nos officiers. Vainement ceux-ci
font bonne contenance. Forcés de céder au nombre, ils défendent le
terrain pied à pied. Le capitaine Bigot est égorgé. Houder reste bravement à l'arrière-garde de sa petite troupe; et comme lui dernier
il posait le pied sur une embarcation que *la Créole* lui envoyait, il
reçut le coup de mort. Au même moment deux bricks arrivaient d'Alger; ils portaient un nouveau bataillon de zouaves commandé par
Duvivier. Celui-ci voulut venger Houder et Bigot par une attaque
sur la Casbah. Les capitaines de la marine, n'ayant point d'instructions, refusèrent de lui prêter le secours de leur artillerie et de leurs
matelots. Il rentra à Alger, le cœur plein d'une douleur facile à concevoir. Dans la colonie ce fut à qui accuserait le général Berthezène
d'avoir envoyé nos malheureux officiers à la mort, en les envoyant
avec si peu de forces et seulement avec des forces indigènes dans une
ville ennemie. L'influence du bey de Constantine grandit d'autant.

La seule province où nous augmentâmes à cette époque notre domination fut celle d'Oran. Le lieutenant du bey tunisien, accompa-

gné d'un régiment commandé par le colonel Lefol, s'était emparé d'Oran ; mais on y avait à peu près oublié nos soldats. A la fin, le gouvernement, voyant que Tunis lui laissait toute la charge de l'occupation, crut qu'il valait mieux conquérir pour soi-même. Il envoya directement le lieutenant général Boyer pour prendre le commandement du beylich. Celui-ci le prit en effet, et s'occupa immédiatement de l'organisation administrative. Sa domination ferme, mais trop cruelle, fut plutôt faite pour épouvanter les tribus que pour les rallier ; aussi la résistance ne tarda-t-elle pas à s'y organiser. Elle y était facile. Cent cinquante tribus populeuses habitaient la province ; nous n'y avions d'amis qu'à Arzew, et, outre Oran, le seul poste que nous occupions était Mostaganem. Les autres villes, Mascara, Milianah, Tlemcen, etc., quoique partagées, nous étaient hostiles. Des chefs très-influents, et qui, à la faveur de la faiblesse de l'ancien bey, avaient acquis une véritable prépondérance, attiraient autour d'eux des partis puissants. De ce nombre était Mahi-Eddin, dont le fils, Sidi-Hadj-Abd-el-Kader-ben-Mahi-Eddin, allait paraître sur la scène de la guerre. On ne connaissait encore Mahi-Eddin que dans un horizon restreint, quand le général Berthezène fut rappelé, et céda la place de gouverneur général à l'un des anciens administrateurs de l'Empire, au célèbre Savary, duc de Rovigo.

CHAPITRE VIII.

Commandement général du duc de Rovigo. — Établissement de camps fortifiés. — Actes administratifs. — Massacre des Ouffias. — Jusuf et d'Armandy à Bone. — Ben-Aïssa.

Le lieutenant général Savary, duc de Rovigo, ancien aide de camp de Napoléon et son ministre de la police, réunissait à une capacité incontestable la connaissance des traditions administratives appliquées aux pays conquis. Sa renommée comme homme d'affaires était grande ; la tâche qu'il avait à accomplir était plus grande encore. Il fallait répondre à l'attente de la France, laver nos armes des affronts qu'elles venaient de recevoir, consolider notre occupation et l'étendre. Les forces données au célèbre duc n'avaient rien qui fût en rapport avec les difficultés de sa mission. L'armée algérienne se composait de trois régiments d'infanterie régulière, de deux bataillons de zouaves et de deux régiments de chasseurs d'Afrique, récemment formés. M. de Rovigo, aussitôt son arrivée, jugea qu'il n'avait que faire de ces forces dans Alger même, tant cette ville acceptait notre administration. Le séjour des cités ne vaut d'ailleurs rien pour des soldats qui peuvent à chaque instant être appelés à combattre un ennemi dangereux. Le nouveau gouverneur choisit en conséquence les emplacements les plus favorables pour la fondation de quatre camps destinés à protéger la colonisation et à tenir les troupes en haleine. Ces postes, véritables petites forteresses, furent établis à Kouba, Birkadem, Tixeraïn et Dely-Ibrahim. On traça des routes pour les relier à la métropole et aux points principaux de la colonisation. Malheureusement ces routes durent traverser des cimetières musulmans ; les indigènes crièrent au sacrilège. Ils se plaignirent aussi vivement d'une contribution en nature créée pour le coucher des soldats. On leur donna raison à Paris ; ils apprirent par là que les gouverneurs généraux n'étaient point les maîtres, et qu'en s'y prenant d'une certaine façon l'on pouvait lutter avec eux. Ce fut une circonstance très-grave, et qui retarda longtemps la conquête. En liant des intrigues en France, les indigènes étaient sûrs d'entraver en Algérie l'action des généraux. Ils y eurent souvent recours ; et bien que Paris ne fût pas, comme Rome au temps de Jugurtha, une ville à vendre, ils y réussirent plus d'une fois.

Le duc de Rovigo n'était pas homme à se décourager pour un échec. Aidé de M. Genty de Bussy, intendant chargé des services administratifs, il introduisit dans Alger toutes les lois françaises, les bonnes comme les pires. La vieille cité des corsaires eut à la fois une garde nationale, un hôpital, une église, mais aussi tout le cortége de la fiscalité de notre pays. Les propriétaires se virent forcés de justifier de leurs titres de propriété ; les industries naissantes eurent des droits à payer. Ce fut à qui joindrait ses plaintes à celles des indigènes. Un événement des plus tristes vint augmenter la défiance que l'on avait déjà contre l'ancien ministre de la police.

Le cheik des Arabes du Sahara algérien envoie une ambassade à Alger pour demander au gouverneur général de l'aider à chasser le bey de Constantine, dont les cruautés révoltent toute la contrée. Cette ambassade, après avoir été bien accueillie par le duc, se retire ; mais à peine a-t-elle quitté Alger, et se trouve-t-elle sur le territoire des Ouffias, un peu au delà de la Maison-Carrée, qu'elle est assaillie et dépouillée des présents qu'elles a reçus. Les envoyés reviennent en hâte près du gouverneur, et accusent naturellement les Ouffias. Sans se donner le temps d'instruire l'affaire, le duc part aussitôt et de nuit avec un corps de troupes, et fait passer par les armes la peuplade entière, sauf son kaïd El-Rabbia, qui est régulièrement condamné à mort. Ces exécutions sanglantes, loin de répandre la terreur parmi les tribus, ne font qu'exciter leur haine contre la France. D'un autre côté, l'agha Mahiddin-Eu-Barack,

dépouillé peu à peu de son autorité par le duc, ne les maint plus comme autrefois. La guerre sainte est de nouveau prêchée une insurrection générale de la circonscription d'Alger éclate une violence et une perfidie d'attaques tout à fait en rapport les circonstances qui l'ont amenée. Pour la dompter, M. de Ro envoie deux colonnes, l'une sur Koléah, l'autre sur Singali, fe des environs de Bouffarick. Cette dernière colonne croit surp dre les Arabes et marche de nuit. Ce sont les Arabes qui la prennent à Sidi-Saïd. Mais après un premier moment de trépida et d'étonnement nos soldats se rallient ; leur retour offensif plei vigueur a le plus entier succès. L'ennemi fuit et se disperse. La lonne rentre à Alger après avoir remporté une seconde victoire taquée qu'elle est encore à son retour. Quant au petit corps d'ar dirigé contre Koléah, il ne rencontre aucun rassemblement hos Le duc, pour achever d'étouffer l'insurrection, envoie une autre pédition à Blida et à Sidi-el-Kebir, village populeux des gorge l'Atlas. Cette expédition répand partout la terreur sur son pass La révolte est domptée. M. de Rovigo s'assure alors des tribus se soumettent en leur nommant de nouveaux aghas. Mais, cor toujours, il va trop loin dans la répression. Ayant attiré à A deux chefs accusés d'avoir pris une grande part à la guerre, i fait saisir, juger et exécuter, malgré le sauf-conduit dont ils porteurs. Cette violation de l'hospitalité inspire de nouveau Arabes la terreur du nom français, et dans les outhans on répète l'assombrissant encore, la lugubre histoire de ces deux martyrs liberté musulmane, Meçaoud et El-Arbi.

Pendant que ces choses se passaient dans la province d'Alger, grands événements occupaient l'attention de la province d'Ora de celle de Constantine.

Nous avons laissé Bone aux mains d'Ibrahim, de cet ancien qui avait avec tant de duplicité causé la mort de deux officiers tingués. A peine le pouvoir de ce misérable venait-il de s'asso qu'il eut à le défendre contre Ben-Aïssa, lieutenant du bey de C stantine. Désespérant de prolonger sa résistance, qui dura six m Ibrahim ne craignit pas de s'adresser à ces Français qu'il avait his. Le duc écouta favorablement ses envoyés, et envoya à Bone même jeune Jusuf que nous avons déjà rencontré dans l'expédi de Blidah, et un capitaine d'artillerie nommé d'Armandy. Jusuf vait chercher le moyen de s'emparer de la ville pour le compte la France ; la mission du capitaine d'Armandy était d'aider les nois à défendre leur Casbah contre le lieutenant du bey de Const tine. Jusuf, après avoir été une première fois à Bone, poussa qu'à Tunis, et ne revint dans la première ville que le 26 mars 18 M. d'Armandy n'y était plus. Arrivé le 29 février, il n'avait pu pêcher les habitants, dégoûtés du joug d'Ibrahim, de recevoir B Aïssa dans leurs murs. La citadelle seule ne s'était pas rendue. M. d'Armandy était un de ces hommes hardis et persistants à la qui n'abandonnent jamais une partie commencée. Il resta en vue Bone sur la felouque *la Fortune*, amusant Ben-Aïssa par des né ciations, et inspirant aux Turcs cantonnés dans la citadelle le c rage nécessaire pour repousser les offres et les assauts du lieuten d'Ahmet. Ben-Aïssa commençait à se fatiguer, quand le capita Jusuf revint de Tunis sur la goëlette *la Béarnaise* ; aussitôt M. d'A mandy conçoit le plus grand projet, et l'exécute avec les plus pet forces. De concert avec Jusuf, il obtient du commandant de la g lette, M. Fréart, qu'il mette à sa disposition une trentaine d'ho mes. Sûr de cet officier, M. d'Armandy et Jusuf débarquent se pendant la nuit, et au péril de leur vie, parviennent à avoir avec Turcs de la Casbah un entretien dans lequel ils leur proposent de joindre à eux, avec les marins de *la Béarnaise*, pour défendre place. Malheureusement Ibrahim, quoique M. d'Armandy eût fe d'oublier sa conduite envers le commandant Houder, Ibrahim, s'était jeté aussi dans la citadelle avec quelques partisans, intervi tout à coup, excite les siens contre les Français, et engage une r terrible. Nos deux héros ne sauvent leur vie qu'à force d'auda Mais leur départ ne met pas fin à la lutte ; les Turcs reprochent av énergie à Ibrahim tous les méfaits dont il s'est rendu coupable. sang coule. Le bey, se sentant le plus faible, s'enfuit avec ses pa tisans.

Il est à peine hors des murs de la Casbah, que l'un des défenseu de cette forteresse, parvenant à tromper la surveillance de Ben-Aïss court aux navires, et avertit les officiers que l'on est prêt à les rec voir. Ceux-ci ne se le font pas répéter deux fois. Suivis des tren marins, ils tournent la citadelle, et tandis que les Constantinais observent les portes, ils pénètrent par le côté opposé, au moyen cordes qu'on leur jette, et leur premier soin est de faire flotter s les murs le pavillon de la France. A cette vue, la fureur de Be Aïssa s'enflamme : il ordonne une attaque. Les Français, meilleu artilleurs que les Turcs, le repoussent à coups de canon. Aussitôt l matelots restés sur *la Béarnaise* apportent à leurs compagnons d vivres et des munitions pour soutenir de nouvelles attaques. Cet ap provisionnement étant fait, M. Fréart continue à stationner deva la ville avec son navire.

Bien lui en prit ; car Ben-Aïssa, forcé d'abandonner le siége, n voulut rien laisser aux Français. Il mit le feu dans Bone après l'avo

ps officiers durent se résigner à voir cette malheureuse cité
différentes reprises par les hordes des environs. Leur po-
ait alors des plus critiques. Les défenseurs de la citadelle
ent hautement d'être la cause de la ruine de Bone, et
t contre eux. Mais ils avaient affaire à des hommes, nous
d'une trempe peu commune. Tandis que M. d'Armandy,
t des trois plus mutins, les fait conduire à bord de la
le capitaine Jusuf ordonne une sortie. A peine est-il sur
qu'il s'arrête, et s'adressant à sa troupe : « Tous les traî-
t-il, n'ont pas reçu leur châtiment. Parlez, continue-t-il;
encore ceux de vous qui veulent livrer leurs officiers? »
l ne lui répondait, il vint se placer en face de deux zouaves
coub et Mouna : « Tuez-moi donc, leur dit-il, puisque
promis à Ben-Aïssa! » Ceux-ci, se voyant ainsi désignés,
fois leurs armes contre lui. Il les jette à ses pieds d'un
p de pistolet, puis court à l'ennemi et lui fait éprouver de
ertes.
cette exécution, les Français ne furent plus inquiétés dans
Cependant ils n'auraient pu y tenir longtemps, car Ibra-
éfugié à Bizerte, soulevait tout le pays et traitait avec
Mais une brigade envoyée de France, et aux ordres de
'Uzer, arriva au moment même où les Constantinais et
taient une dernière attaque. Les premiers se retirèrent
attre; le second fut chassé, après avoir eu beaucoup
tués, et Bone nous resta.
ces diverses actions guerrières, la province d'Oran était
les événements les plus graves. Abd-el-Kader surgissait.

CHAPITRE IX.

s Ghris. — Abd-el-Kader et Mahi-ed-Din. — Naissance, amours et
ments de l'émir. — Il est reconnu sultan. — Assemblée d'Ersébia.
du nouveau chef des Arabes.

ent où tout ceci enflammait la province de l'est, dans celle
la fertile plaine des Ghris, où s'élèvent habituellement
rs considérables des Hachem, et qui s'étend à quelques
Mascara, voyait se former peu à peu le noyau d'une puis-
allait tenir tête à nos armées.
tte plaine des Ghris, sur les bords de l'Oued-el-Haman,
à depuis longtemps à la recherche de l'influence un de ces
nuants de la religion de Mahomet, que les Arabes vénèrent
m de marabouts. Sidi-el-Hadj-Mahi-ed-Din c'est ainsi que
cet apôtre, était fils de Sidi-Mustapha-ben-Moctar et petit-
i-Kada-ben-Moctar, l'un et l'autre marabouts, et s'enor-
t d'une origine qu'ils faisaient ambitieusement remonter
rophète. Selon eux, leur famille avait autrefois régné sur
et notamment sur Tékédempta, ou Tagdempt, qui figurera
ans cette histoire.
Hadj-Mahi-ed-Din était déjà bien connu d'une partie de la
'Oran pour son patriotisme. Il avait dans le temps mani-
ine contre les Turcs; et quand les Français parurent, il ne
anger d'ennemis. Affranchir son pays était le rêve de sa
son ambition. Ses opinions et ses tentatives l'avaient fait
avec soin par les beys d'Oran, et s'il ne s'était point ré-
re eux, c'est que l'occasion lui avait manqué.
e ses quatre épouses, Lalla-Zohra, fille du marabout Sidi-
Douba, femme des plus distinguées par les qualités du
celles de l'esprit et par l'instruction, lui donna vers 1806
i fut l'objet de sa prédilection. Soit prévision d'un grand
t sentiments religieux, il l'appela du nom de l'un des plus
ersonnages du mahométisme, du tout-puissant Muley-Abd-
Le jeune Abd-el-Kader ne tarda pas à répondre à ses soins
de sa mère; il reçut une éducation supérieure à celle que
t alors les Arabes même les plus riches. A l'âge de seize ans,
fuyant l'inimitié de Hassan, bey d'Oran, accomplit pour la
ois le pèlerinage de la Mecque. Abd-el-Kader l'y suivit, et
surnom honorifique de Hadj ou Pèlerin. Le père et le fils,
er, soit au retour, s'arrêtèrent en Égypte. Mehemet-Ali y
ls admirèrent ses établissements, et peut-être sa gloire ne
as étrangère au développement de leur ambition. Cepen-
enus sur le sol des Hachem, ils vécurent dans une sorte de
squ'à la chute du gouvernement turc.
e de ce gouvernement fut le signal d'une émancipation pas-
s tribus arabes. Sidi-el-Hadj-Mahi-ed-Din marqua naturel-
ans ce mouvement, et devint bientôt le centre de tout ce
rtie de la province d'Oran qui avoisine Mascara comptait de
vivre en liberté. Le bey Hassan, menacé par les Français,
e recours à lui. Mahi-ed-Din voulait lui donner asile. Son
l'en empêcha, en lui représentant qu'une alliance avec les
ppresseurs de leur pays, même mahométans, compromettrait
e de la famille. Hassan se rendit à nos troupes. Dès ce mo-
marabout des Hachem et les siens regardèrent la souverai-
a province comme devant leur revenir.
rs circonstances recommandaient déjà aux tribus le jeune

fils de Lalla-Zhora et de Mahi-ed-Din. Lors du pèlerinage à la Mecque, son père ayant été arrêté par Hassan, Abd-el-Kader avait
trompé celui-ci par une ruse hardie. De plus, à la Mecque, Mahi-ed-
Din avait vu en songe Muley-Abd-el-Kader, le patron du futur émir.
Le tout-puissant Muley n'avait pas manqué d'annoncer en songe à
plusieurs que le fils du marabout des Ghris serait sultan. D'autres
prophéties circulaient. A la Mecque, un simple nègre ayant apporté
à Hadj-Mahi-ed-Din trois présents pour chacun de ses enfants, lui dit
en lui présentant les deux premiers de ses dons : « Voilà pour l'aîné,
voilà pour le plus jeune. — Et le troisième présent? demanda le marabout. — C'est pour le sultan, répondit l'Abyssinien. — Pour quel
sultan? répliqua Mahi-ed-Din.—C'est pour ton second fils, celui qui
t'accompagne; il commandera un jour aux croyants. »
Sidi-Hadj-Abd-el-Kader venait en outre de contracter une alliance qui resserrait les liens de sa famille. Cette alliance, bien que
modeste, ne s'était pas faite sans bruit. On nous pardonnera de la
raconter brièvement, quoique l'entourage appartienne plutôt à la fic-
tion qu'à la réalité; car, ainsi que tous les héros de l'Orient, le vainqueur de la Macta a sa légende qui se mêle à l'histoire.
La légende poétique d'Abd-el-Kader commence par ses amours
avec la belle Kheïra. Elle n'a rien que de simple et d'oriental, et
comme l'amour naît partout, même dans la Bible, d'une rencontre
inattendue, d'une étincelle qui jaillit de deux beaux yeux et tombe
en l'enflammant sur un cœur vierge, nous sommes tout disposé à ne
rien révoquer en doute de cette légende. La voici telle qu'on la raconte :
Hadj-Abd-el-Kader avait été envoyé par son père Mahi-Eddin à
Sidi-Aly-ben-Thaleb, son oncle, marabout des Garabas. Il cheminait
à cheval, seul, s'abandonnant à une rêverie vague, quand au détour
d'un sentier il se trouva face à face avec deux femmes qui revenaient
d'un bain pratiqué pour elles à une source voisine. Ne redoutant la
rencontre d'aucun étranger, elles laissaient leur visage à découvert.
A l'aspect du jeune cavalier, elles se voilèrent précipitamment, mais
non pas assez vite pour que le fils de Mahi-Eddin ne reconnût que
l'une d'elles était un vrai modèle de beauté; et en effet, il lui avait
été donné de voir le visage de sa cousine Kheïra, de celle dont les
femmes de la contrée vantaient les rares perfections. Il ignorait, du
reste, qu'elle fût de sa famille, quand, introduit sous la tente de son
oncle, il la reconnut, malgré son voile, à sa taille, à sa démarche, et
peut-être aussi aux battements d'un cœur de vingt ans. De retour à
la guetna paternelle, il ne goûta plus ni de jour ni de nuit aucun
repos, songeant à sa belle parente. De son côté, celle-ci se désolait.
Dans sa pensée, qui s'exagérait en ce point les naïfs préjugés de sa
race, elle était déshonorée si tout autre qu'Abd-el-Kader, qui avait
le premier vu sa figure, devenait son mari. Il ne lui restait plus qu'à
mourir. Une de ses servantes, à laquelle elle conta son chagrin, se
chargea de la tirer de peine. Elle avait souvent aperçu depuis la
rencontre le fils de Mahi-Eddin rôdant autour du douar. Elle se mit
un soir en embuscade, et le surprit qui, l'oreille collée à la tente des
femmes de Ben-Thaleb, écoutait Kheïra chanter la chanson des trois
frères qui tuent leur sœur parce qu'elle a paru sans voile devant un
étranger.
Vous aimez Kheïra? lui dit-elle. — Abd-el-Kader, tirant son poignard, voulut la tuer; elle s'enfuit en lui jetant un bouquet de la
part de sa maîtresse. — Inutile d'ajouter que le fils de Mahi-Eddin
revint le lendemain à l'heure où le silence de la nuit protège le
mystère des amours; il trouva Kheïra au rendez-vous, et lui jura de
la demander à son père. Malheureusement un homme de la tribu les
avait vus. C'en était fait de Kheïra s'il parlait. Le yatagan d'Abd-el-
Kader le mit dans l'impuissance de rien révéler; les eaux du Fken
firent le reste.
A quelques mois de là, les familles des deux frères célébraient un
mariage qui resserrait les liens de leur parenté.
Que cette légende soit vraie ou non dans ses détails, il est certain
que Kheïra est restée toujours la femme préférée de l'émir, le courageux quoique frêle soutien de ses travaux et de ses périls. L'histoire, qui ne se mêle qu'avec la plus grande réserve à la vie privée,
doit regarder comme une calomnie ce que plusieurs recueils pério-
diques ont cru pouvoir, dans un moment où les haines de la guerre
subsistaient avec tout leur fiel, raconter des relations de la sultane et
du grand kalifa Sidi-Em-Barek. Toute la vie de l'émir et de sa famille répond à cette calomnie.
D'ailleurs entre Sidi-Em-Barek, brave, entreprenant, hardi, mais
subalterne et borgne, et Abd-el-Kader, le type le plus parfait, quoiqu'un peu mignon, de la race arabe, nulle comparaison n'est possible, pas plus pour la gloire que pour la beauté physique. Le portrait
de l'émir a été tracé mille fois : front large et poétique, un peu nua-
geux; figure régulière, pâle, d'ordinaire soucieuse, mais s'animant
facilement et renvoyant avec éclat les diverses impressions venues
de l'extérieur; de beaux yeux noirs, doux et magnétiques, bleuissant
dans la colère; taille petite, mais prise avec avantage; l'allure trop
vive peut-être depuis qu'il est devenu un homme de salon, mais au
temps de sa jeunesse contenue et presque ascétique; la tête penchée
en avant comme Alexandre et Napoléon; les mains blanches et très-
soignées; la parole facile, rapide, articulée, vibrante; les manières

polies, empreintes d'une grande distinction; tel est Abd-el-Kader. Ces avantages étaient rehaussés, en 1832, chez le jeune émir, par une habitude prématurée des armes et du cheval, par une merveilleuse souplesse de corps, par une bravoure encore inexpérimentée mais à l'épreuve de tous les périls, par une sobriété tout arabe, par une générosité princière; enfin, par cet entrain si précieux chez un chef, entrain qui consiste dans un je ne sais quoi plus facile à reconnaître qu'à décrire.

Abd-el-Kader fit ses premières armes dans les attaques dirigées contre les Français maîtres d'Oran, durant le mois de juin 1832. Il paraît certain que ce fut lui qui décida les Arabes à se déclarer à la fois contre les Turcs et contre la France, et à proclamer l'indépendance de leur sol. Son père, Mahi-Eddin, voulait soutenir Hassan-Bey, Abd-el-Kader lui fit comprendre qu'il valait mieux laisser détruire l'un par l'autre deux ennemis communs.

Les attaques du mois de juin n'aboutirent à aucun succès. Mais la brillante ardeur que le marabout et son fils y déployèrent signala les deux chefs à l'admiration des tribus. Une partie des Gharabas et des Beni-Amer leur proposèrent de prendre le commandement supérieur de l'insurrection, qui s'étendait alors depuis la côte oranaise jusque dans tous les douars de l'intérieur où le nom français était parvenu. Elle comprenait particulièrement la ville de Mascara, qui s'était formée en république. La proposition des Gharabas et des Beni-Amer fut accueillie avec joie. Seulement, dans l'assemblée générale qui eut lieu à Ersebia (le 27 novembre 1832), Mahi-Eddin refusa le commandement pour lui-même. Il représenta aux délégués arabes que son grand âge l'empêcherait d'agir activement. La parole, voilà quelle était sa seule arme. Pour chasser les Français et empêcher à jamais le retour des Turcs, il fallait un chef jeune, ayant devant lui de longs jours, et portant sur son front le signe de l'avenir. Les délégués comprirent facilement qu'il désignait un de ses fils à leur choix; mais la jeunesse d'Abd-el-Kader les arrêtait. Mahi-Eddin dissipa leurs scrupules en leur racontant, avec l'autorité du saint et de l'inspiré, diverses visions qu'il avait eues. Un de ses collègues, Sidi-el-Harach, vint à son aide. Il avait vu en songe, pendant la nuit même qui avait précédé l'assemblée, une grande plaine au milieu de laquelle s'élevait un trône doré. Muley, le Tout-Puissant lui-même, se tenait près de là, et comme Sidi-el-Harach lui demandait en tremblant quel était le prince puissant qui s'assoirait sur ce trône encore vide, le saint vénéré avait répondu que ce serait le troisième fils de Mahi-Eddin, Hadj-Abd-el-Kader.

Les délégués ne furent pas aussi convaincus que l'on pourrait le croire. Le trône surtout leur déplaisait : ils voulaient un chef, et non un maître. Les marabouts virent la faute qu'ils avaient commise, et dans une autre assemblée Mahi-Eddin eut recours à un trait plus habile.

— J'ai reçu une nouvelle visite de l'envoyé de Dieu, s'écria-t-il. Le prophète nous ordonne de nous armer. Il m'a laissé le choix ou de vous guider ou de vous faire guider par mon fils. Si je vous guide, mon fils meurt, et vous êtes vaincus; si c'est lui que vous choisissez, je n'ai plus que quelques mois à vivre, et vous êtes vainqueurs. Eh bien! enfants des Nachems, je me sacrifie. A moi la mort, à vous et à mon fils la victoire!

Cette fois l'enthousiasme fut à son comble. Mahi-Eddin en profita pour s'écrier en se précipitant aux pieds de son fils : « Je salue le sauveur de la vraie prophétie! » Aussitôt chacun voulut l'imiter. Ce fut à qui baiserait les pieds du jeune émir. De ce jour on le regarda comme le sultan. Il n'y eut contre lui que le parti qui ne voulait obéir à personne et désirait vivre dans la plus complète indépendance. Mais ce parti se réduisit bientôt à peu de chose, car la ville de Mascara reçut à quelque temps de là le jeune émir en triomphe. Cependant, au sein de sa propre famille il resta des ennemis à Abd-el-Kader. Son frère aîné, Haly, essaya dans la suite de se faire proclamer sultan par les tribus du désert. Nous verrons aussi surgir d'autres rivaux de cette puissance nouvelle créée tout à coup dans la plaine des Ghris.

En attendant, Abd-el-Kader essaya vainement de nouvelle tentatives contre Oran. Le général Boyer le repoussa dans plusieurs combats où se distinguèrent entre autres officiers le général Trobriant et le colonel de l'Étang. Le général Boyer sut aussi déjouer plusieurs intrigues liées dans la place par les amis de l'émir. On lui a reproché d'avoir agi avec une excessive cruauté. Le gouvernement crut aux accusations dirigées contre lui et le rappela en France. Il fut remplacé par le général Desmichels, qui était destiné à augmenter outre mesure la puissance du fils de Mahi-ed-Din, comme nous le verrons au chapitre onzième.

CHAPITRE X.

Commandement du général Voirol. — Création du bureau arabe. — Le capitaine la Moricière. — Expédition de Bougie. — Les Kabyles.

En même temps qu'Abd-el-Kader jetait les fondements de sa fortune, celui qui devait y mettre fin s'élevait aussi. Le capitaine des zouaves, la Moricière était mis à la tête du premier bureau arabe qui ait été créé en Algérie. Ce fut le général Trézel, chef d[e] major de l'armée, qui fit ce choix pendant le commandeme[nt] maire du général Avizard auquel était échu le gouvernement d'ancienneté après le départ du duc de Rovigo.

Le capitaine la Moricière était un de ces hommes qui ouv[rent] chemins dans lesquels les autres marchent. Il lui avait suffi d[e] voir l'Algérie pour la deviner, de rencontrer l'Arabe pour [le con]naître. Se familiariser avec les habitudes, avec la langue du [pays] pour lui l'affaire d'un moment. Jeune, entreprenant, passio[nné] recommandait par un esprit plein de portée et de rectitude. dans le vide lui eût été insupportable. Nul plus que lui ne fa[isait] marché du péril; mais il voulait que le péril lui profitât, a[insi à] son pays. Il conçut, dans la modeste position qu'il occupait plus grand et le plus utile des projets, c'était de vaincre le[s] autrement que par les armes. L'assimilation, voilà quel fut s[on] Mais pour l'accomplir, il fallait bien autrement de courage telligence que pour remporter des victoires sanglantes et sa[ns] tats. Il fallait commencer par se mêler aux Arabes, par n'av[oir] besoin d'interprètes avec eux ; puis faire connaissance avec le prendre connaissance aussi des affaires intérieures des tri[bus] servir de leurs petits démêlés, les conquérir par la franchise meté des manières, leur inspirer le désir de la civilisation. Le n'étaient que le moyen extrême. Plus tard nous verrons le la Moricière, devenu général, joindre à ce plan que devaie[nt] peu réaliser les bureaux arabes, un plan de colonisation no remarquable. En attendant, il donna le premier l'exemple voyait, dit l'auteur des *Annales algériennes*, partout où il quelque trouble à apaiser et quelque conquête morale à faire.

Le lieutenant général Voirol étant venu succéder à M. de tandis que d'un côté l'on guerroyait contre les gens de Boua de Guerrouaou de l'outhan de Ben-Khalil, et que l'on puni[t] malheureux de n'avoir point voulu reconnaître un kaïd que n[e] donnions, le capitaine Lamoricière montrait par une opérati[on] modeste le parti que l'on pouvait tirer de l'Algérie. Il approvi notre armée de fourrages récolté sur les bords du Hamise, et par son influence que les Arabes ne troublassent ni les tra ni la fenaison. A quelque temps de là, il ne craignait pas de se parmi les Hadjoutes, de conférer avec eux, essayant d'entraîn chefs. Il reconduisit lui-même à Koléah le marabout Sidi-Al puis longtemps prisonnier à Alger. Rien ne lui paraissait d accomplir.

Malheureusement en France tout homme qui rend des serv ministratifs, est certain de languir dans son utile position. c'est un homme de guerre, il risque fort de voir son mérite ra Des campagnes, des campagnes, et toujours des campagnes, qu'il faut pour arriver à un grand nom. Le résultat ne fait ri chose. Le capitaine la Moricière quitte la direction du burea[u] pour suivre l'expédition de Bougie, dont il avait en partie les plans.

L'expédition de Bougie allait mettre les Français en rappo une population nouvelle pour eux, celle des Kabyles. Si elle r sait, c'était un grand coup de frappé en Algérie. Outre que est par sa position un point important, elle empruntait préci à la réputation des tribus environnantes une haute renomm force. On n'évaluait pas à moins de vingt mille hommes la pu armée que ces tribus pouvaient mettre sur pied. Parmi ces tr distinguaient celle de Mezzaïa, les Beni-Messaoud, les Beni-M les Beni-Amrous, les Ouled-Aly, les Beni-Mohammed, les Hassem, les Beni-Segrouel, les Beni-Amram, Beni-Kersilia Hidel, les Ouled-Abd-el-Djebaar, les Senadja, les Beni-I Beni-Ourgli, les Toudja, les Fenaya, les Nedjamen, les Ameriou, les Beni-Barbaches, Beni-Soliman, Beni-Gratib Djelleb, Beni-Chebana, Beni-Oudjan, les Kifser, les Msisn Adjessa, et surtout les célèbres Beni-Abbès et les Greboula. C bus sont distribuées sur le long du littoral ou sur les bo l'Adouze, qui prend les noms de Summan et d'Oued-hou-Mess et qui traverse le pays du sud au nord, ou dans l'intérieur des Elles ont une certaine industrie et quelques villes comme K Akrib. La passion de la liberté remonte chez elles à l'antiq plus haute. Elles se gouvernaient presque toutes d'une manié rement républicaine. D'ailleurs se contentant de peu, et labor absolument comme nos montagnards de l'Auvergne, mais guer au dernier point, et incapables de céder sur l'article de l'ind dance.

Le capitaine la Moricière s'était chargé de reconnaître la même de Bougie. Le chef du port de cette ville, Boncetta, l'y duisit; mais à peine y sut-on son arrivée, qu'une sorte d'émeute s duisit. La population mit le feu à la maison de Boucetta, et le officier des zouaves courut les plus grands dangers. On lui a r ché d'avoir exagéré les facilités de l'attaque. Il est permis de c qu'il les exagéra de très-bonne foi. Certains esprits regardent co faciles les choses les plus ardues parce qu'ils ont l'habitude prescience du succès.

L'expédition fut préparée à Toulon. Le général Trézel en e commandement. Il opéra son débarquement le 29 septembre;

e qui avait été prévu et écrit ne fut exécuté. Les Kabyles,
attaques impétueuses, dérangèrent tous les plans. Les forts
n'espérait pas emporter, si ce n'est avec de grandes pertes,
levés dès les premiers jours; mais les Kabyles firent de cha-
on, de chaque mur, une autre forteresse. Il fallut bientôt se
er soi-même et attendre des secours d'Alger. Ce ne fut qu'au
mois que Bougie se trouva complétement avec ses dépen-
pouvoir des Français. Le général Trézel en laissa le comman-
ent à cet héroïque commandant Duvivier, que nous avons
déjà dans plusieurs combats, et qui, avec le capitaine la Mo-
avait été l'un des héros de l'expédition. Duvivier n'eut pour
la nouvelle conquête de la France contre les tribus kabyles
ent soulevées, que trois bataillons d'infanterie et un esca-
cavalerie légère.
pation de Bougie fut le principal incident militaire du com-
ent général de M. Voirol. Nous ne saurions raconter la foule
faits administratifs ou guerriers qui signalèrent ce gouver-
On le regarde généralement comme l'un de ceux qui appor-
plus de profit à notre influence. Dans la province d'Alger,
d'expéditions partielles. les progrès du bureau arabe, une
ration conciliante et douce, quelques razzias bien conduites
nos alliés eurent leur part, amenèrent la soumission d'un
mbre de tribus. Suivant la pensée du capitaine la Moricière,
on se mêla, on alla les uns chez les autres. Les deux civi-
se tendirent plusieurs fois la main. Quant aux événements
s, les principaux sont dans les autres provinces, et cela se
ce n'est jamais dans le voisinage d'un grand centre d'occu-
que se trouve le plus fort d'une guerre d'envahissement, c'est
aux extrémités. Aussi nous faut-il retourner à Oran, où nous
ouver le général Desmichels compromettant l'œuvre entière
quête.

CHAPITRE XI.

l Desmichels à Oran — Expédition de Mostaganem. — Accroissement
el-Kader. — Premier traité avec lui. — Ligue contre son autorité dans
ince. — Fautes du général Desmichels.

lus grands malheurs en Algérie remontent au commande-
e général Desmichels à Oran. Ce général commit deux fautes
ent des conséquences terribles. Il refusa de traiter avec Mus-
en-Ismaïl, chef des douairs, et traita avec Abd-el-Kader. Ce
int que ce général manquât ni de capacité ni de courage,
vit mal les choses. Il crut qu'il valait mieux pour la France
faire à une puissance régulière qu'à plusieurs petits chefs.
voir essayé inutilement d'arrêter le progrès de l'émir, fasciné
si dire par ses grandes qualités, il traita avec lui, espérant
troublerait pas l'occupation française du littoral. Les événe-
émontrèrent la fausseté de cette espérance.
premiers coups que le général Desmichels, arrivé à Oran le
1833, frappa au dehors, on aurait pu cependant s'attendre
es les plus brillants. Dès le commencement de mai, il sort de
avec deux mille hommes, et tombe au point du jour sur la
le tribus des Garabas, dont l'émir tire son origine. Il la dis-
à la pille. Aussitôt toutes les populations des douairs environ-
soulèvent. La colonne est assaillie à son retour par des nuées
uis. Elle fait bonne contenance, ramène intactes ses riches
et Oran est ravitaillé.
Garabas ne pouvaient point ne pas être vengés par Abd-el-
Celui-ci et son père Mahi-el-Din montent à cheval. A leur
ut, dans un rayon immense, se trouve debout en un instant.
ment à la tête de ce monde s'établir au Figuier, à trois lieues
Desmichels, n'écoutant que son désir de frapper un nouveau
coup, sort comme précédemment de nuit pour surprendre le
ennemi. Mais, soit défaut de confiance, soit renseignements
sitifs sur la force des Arabes, il se laisse arrêter, et se contente
enter la bataille à l'émir en avant de la place. L'émir ne l'ac-
as. Desmichels établit un blockhaus pour lui montrer qu'il ne
s s'attendre à voir les Français reculer. L'émir se décide alors
que. Notre général rappelle toutes ses troupes, et repousse les
dans leur camp du Figuier, après leur avoir fait subir de
s pertes.
llait poursuivre ce succès, et la puissance naissante d'Abd-el-
s'écroulait. Mais il ne laissa reprendre l'offensive; il vint at-
le blockhaus, et ne se retira qu'après avoir constaté que
is se retranchaient dans la place.
autre expédition du général Desmichels, entreprise contre
pha-ben-Ismaïl, chef des douairs et ennemi d'Abd-el-Kader,
dement sans résultats. Le commandant de la province se rejeta
ur Arzew, dont il s'empara presque sans difficulté. De son côté,
l-Kader ne s'endormit pas dans l'oisiveté. Il réussit à faire
érer plusieurs actes de clémence du général Desmichels comme
d'actes de faiblesse. Il enleva jusque dans Arzew un de ses
is, nommé Bétouna, et le fit exécuter. Profitant des divisions
abitants de Tlemecen, il y fit reconnaître son autorité. Il n'y

eut que les Turcs et les Koulouglis, cantonnés dans le Méchouar, qui refusèrent de se donner à lui. Toutefois, il réussit encore dans cette entreprise à se débarrasser d'un ennemi dangereux nommé Ben-Nouna, chef de la ville, et qui se réfugia près de l'empereur de Maroc. La mort du marabout Mahiddin vint d'ailleurs confirmer en ce moment solennel pour lui les prédictions faites à l'assemblée d'Ersebia. Elle le laissa de plus maître absolu de ses actions, qui devinrent peu à peu plus téméraires et plus entreprenantes.

Le général Desmichels ne s'était pas contenté de prendre Arzew ou plutôt la Mersa : il s'était emparé de Mostaganem, où le kaïd Sidi-Ibrahim avait alors la principale influence. Les Arabes du parti de l'émir voulurent s'opposer à ces diverses conquêtes; mais ils n'agirent que tièdement, et furent facilement repoussés. Le commandant fran-çais, après avoir laissé garnison dans les nouvelles places d'occupation, revint à Oran, qui continuait à être le point de mire des attaques partielles des tribus. Ayant à se plaindre des Smela, il fit partir le lendemain même de son retour, le 5 août, une petite colonne aux ordres de M. de l'Etang pour punir cette tribu.

La colonne accomplit heureusement son expédition; mais les Arabes se rallient aussitôt qu'ils la voient commencer son mouvement pour rentrer dans la ville. Une partie d'entre eux, profitant de la lenteur avec laquelle marchent nos fantassins accablés de chaleur et portant leurs blessés, prennent les devants et incendient tout sur le chemin que nos troupes doivent traverser. Celles-ci s'effrayent, se découra-gent. Quelques soldats jettent leurs armes et se préparent à mourir sans lutter; mais la cavalerie, moins fatiguée, fait la meilleure con-tenance. Elle se range autour des fantassins, décidée à les sauver ou à périr. Pendant qu'elle combat si héroïquement et avec une si noble solidarité, un officier d'ordonnance, M. Desforges, a l'audace de ren-trer seul à Oran pour prévenir le général en chef; il réussit. Des troupes fraîches arrivent. Les Arabes s'enfuient. La colonne est sauvée.

Abd-el-Kader commençait dès lors à jouer ce fameux et difficile jeu des barres qui lui a réussi pendant tant d'années. On le voyait partout où nos généraux n'étaient pas. Il vint attaquer Mostaganem aussitôt que Desmichels fut à Oran, et l'assiégea durant plusieurs jours. Le canon d'un brick français, alors au mouillage, et l'héroïsme d'une compagnie cantonnée dans un marabout, qui fut le principal objet des efforts de l'émir, firent justice de ses attaques. Cependant ses Arabes faillirent s'introduire par surprise dans le corps de la place. Le lieutenant Giraudon évanta cette surprise, et les repoussa au moment où ils allaient faire sauter une partie des murs. Abd-el-Kader se retira.

Dans l'esprit d'un tout autre peuple que les Arabes, ces retraites continuelles lui eussent causé un tort des plus graves. Dans la pensée des populations de la province, elles attestaient sa prudence. Il bat-tait d'ailleurs continuellement la campagne, forçant les hommes des tribus à le suivre, empêchant tout commerce avec nous, punissant d'une manière terrible les relations plus suivies. Nos troupes avaient pu supporter dans les premiers temps les désavantages de cet isole-ment; mais ces désavantages devenaient de jour en jour plus sensi-bles. Les tribus s'étaient retirées de la portée de nos attaques. La ca-pitale de nos possession oranaises ne recevait plus de vivres que par mer. Au lieu de sortir de cette situation par un grand effort en atti-rant, par exemple, l'émir à un combat en règle et en le battant, le général Desmichels prêta l'oreille à des propositions que des Juifs, privés des gains de leur commerce, attribuèrent à Adb-el-Kader. Ces Juifs rapportèrent, d'un autre côté, à l'émir que le général ne serait pas éloigné de traiter. Abd-el-Kader était trop habile pour ne pas saisir l'occasion de se faire reconnaître par la France comme il était déjà reconnu par les Arabes de la province. Il envoya un de ses offi-ciers, *Miloud-ben-Harach*, pour demander sur quelles conditions on traiterait avec lui. On l'accueillit favorablement, trop favorablement. Le général Desmichels ne sentit pas la portée de ce qu'il allait faire. Il ne comprit pas qu'il créait un représentant par excellence de la liberté et de la nationalité arabes dans la province d'Oran, qu'il don-nait un centre aux tribus, et la convention ci-dessous fut conclue :

DU CÔTÉ DES ARABES.

« Les Arabes auront la liberté de vendre et acheter de la poudre, des armes, du soufre, enfin tout ce qui concerne la guerre.

» Le commerce de la Mersa (Arzew) sera sous le gouvernement du prince des croyants, comme par le passé et pour toutes les affaires. Les cargaisons ne se feront pas autre part que dans ce port. Quant à Mostaganem et Oran, ils ne recevront que les marchandises néces-saires aux besoins de leurs habitants, et personne ne pourra s'y op-poser. Ceux qui désirent charger des marchandises devront se rendre à la Mersa.

» Le général nous rendra tous les déserteurs et les fera enchaîner. Il ne recevra pas non plus les criminels. Le général commandant à Alger n'aura pas de pouvoir sur les musulmans qui viendront auprès de lui avec le consentement de leurs chefs.

» On ne pourra empêcher un musulman de retourner chez lui quand il voudra. »

« A compter d'aujourd'hui, les hostilités cesseront entre les Français et les Arabes.

» La religion et les usages des musulmans seront respectés.

» Les prisonniers français seront rendus.

» Les marchés seront libres.

» Tout déserteur français sera rendu par les Arabes.

» Tout chrétien qui voudra voyager par terre devra être muni d'une permission revêtue du cachet du consul d'Abd-el-Kader et de celui du général. »

— Et le troisième présent? demanda le marabout.
— C'est pour le sultan, répondit l'Abyssinien.

Ce traité fut, nous le répétons, une faute immense. En matière politique, tant qu'une puissance n'est pas reconnue, elle n'existe pas. Maintenant Abd-el-Kader existait; il existait comme prince des croyants, comme centre de la résistance arabe, comme protecteur suprême de l'islamisme. Il visait les passe-ports aux chrétiens; il était, en un mot, une puissance considérable. Il ne tarda pas à s'accroître encore, et cela en vertu du traité même. On va le comprendre.

Abd-el-Kader, à son passage en Égypte, avait vu le parti que le vice-roi tirait des monopoles. Les Turcs ont eu, de leur côté, de tout temps, des monopoles. Les deys en avaient, et c'était pour eux une grande source de richesses. Sous prétexte de protéger le commerce des tribus, Abd-el-Kader fixa d'abord les prix; puis il se chargea de garantir les ventes, puis enfin il paya lui-même, par l'entremise de son eukil, les prix fixés par lui, quitte à revendre à ses risques et périls. Quand les Français voulurent acheter des grains ou d'autres denrées, ils se trouvèrent en face de lui. Il faisait la loi sur tous les marchés. Instruit de ces faits, le général Voirol blâma sévèrement le général Desmichels, qui répondit qu'il ne s'était nullement engagé sur la question des monopoles. La chose était vraie; mais il n'y avait plus à y revenir, si ce n'est par les armes.

Le général Desmichels eut encore une fois l'avenir de l'Algérie entre les mains. Voici comment.

La paix étant faite avec les Français, Abd-el-Kader pesa nécessairement de tout le poids d'une souveraineté naissante sur les tribus de la province d'Oran. Plusieurs chefs de ces tribus eurent à s'en plaindre. Abd-el-Kader prétendit, par exemple, lever les impôts sans eux, et se mettre au lieu et place des beys, quant à la perception. Une ligue se forma, dans laquelle entrèrent Sidi-el-Aribi, chef de la tribu du même nom; Mustapha-ben-Ismaïl, chef de la tribu des Douers; Kadour-ben-el-Morfy, chef de la tribu des Bordjia, et plusieurs autres mécontents de marque. D'une autre part, les Beni-Amer déclarèrent qu'ils ne voulaient pas substituer un tyran à un autre. Ils refusèrent l'achour à l'émir. Celui-ci, qui ignorait la ligue des trois chefs, ordonna aux Douers et aux Smélas de les attaquer. [...]ci eurent alors une raison de se tenir en armes. Mais que fit [...]pha-ben-Ismaïl? Au lieu de marcher contre les Beni-Amer, il s[...] pendant la nuit du 12 avril 1834, le camp d'Abd-el-Kader. [...] n'eut que le temps de monter à cheval. Entouré, jeté bas de son [...]sier, il était presque déjà prisonnier de Mustapha quand un [...] cousins, et en même temps le mari de sa sœur, Mouloud-ben[...] Boutatel, espèce d'Hercule arabe, l'enlève dans ses bras, le je[...] un cheval frais et s'échappe avec lui.

L'instant était favorable pour les Français, car aussitôt les [...] se déclarent contre le vaincu; les Aribs et les Bordjia se réu[...] à Mustapha, et celui-ci demande l'appui du commandant d'Ora[...]

Mais, par une aberration politique inconcevable, le généra[...] çais s'imagine qu'Abd-el-Kader est devenu odieux aux tribus [...] qu'il a traité avec la France. Au lieu d'aider à sa défaite, il l[...] passer quatre cents fusils et de la poudre. Il va plus loin : aya[...] pris que Mustapha, ne réussissant pas près de lui, s'était adre[...] général Voirol, il fait savoir à Abd-el-Kader de ne point se d[...] rager, et, joignant l'action aux paroles, va prendre à Miserghe[...] position hostile à Mustapha. Celui-ci, menacé à la fois par deu[...] nemis, perd son premier élan; ses alliés ont peur, et au premie[...] d'Abd-el-Kader, qui l'attaque près du Sig avec de nouvelles f[...] il voit ses troupes se disperser. Alors il n'a plus qu'à implo[...] clémence de l'émir. C'est ce qu'il fait, quitte à se venger plus [...] Abd-el-Kader, ne se sentant pas assez fort pour le frapper, feig[...] le recevoir comme auxiliaire et de lui pardonner. Mustapha n[...] pas dupe de sa clémence, et chercha un asile plus sûr dans la cit[...] de Tlemcen.

L'émir ne compta plus dès lors dans la province d'Oran d'[...] ennemis que les Français et les Turcs du méchouar de Tlemc[...] demanda du canon à M. Desmichels pour les réduire. Sur son [...] il refusa à son tour d'avoir une entrevue avec lui; puis, n'aperc[...] plus de bornes à son agrandissement, maître de la province ora[...] depuis le Chélif jusqu'au désert, il commença à lier des relation[...]

Elle s'enfuit en lui jetant un bouquet de la part de sa maîtresse.

les Arabes des autres provinces, leur demandant de le reconnaî[...] et leur promettant en retour de chasser les Français. Son princ[...] agent fut le marabout de Miliana, Sidi-Ali-el-Kalati. Ce marabou[...] craignit pas de remettre au général Voirol une lettre de l'émir, d[...] laquelle celui-ci, s'annonçant comme le sauveur de l'ordre dans [...] tribus de l'Ouest, proposait au commandant général français de v[...] rétablir aussi la tranquillité parmi les tribus de la province d'A[...] et du beylick de Tittery. Sidi-Ali-el-Kalati, poussant même l'aud[...] au delà de toute limite, ajouta que désormais les Français n'aura[...] pour obtenir le respect des tribus d'autre moyen que de recour[...] l'intervention du chef des croyants. Le général Voirol se conte[...] d'enjoindre à Abd-el-Kader d'avoir à passer le Chélif. Quant à l'or[...] qu'il avait rétabli, il le félicitait de cet ouvrage.

Kalati, ainsi repoussé, revint à Mascara, et ne trouva rien
à répandre si ce n'est que le commandant d'Alger voyait
sic que le général Desmichels eût pacifié la province d'Oran.
qu'il était pourtant fort heureux que ce général et l'émir
en ensemble. Autrement, disait-il, toutes les tribus de l'Al-
oulèveraient; elles n'attendaient qu'un ordre de Mascara.
l Desmichels le crut d'autant mieux qu'il avait d'Abd-el-
plus haute opinion, et, dans les meilleures intentions qui
continua ses relations avec l'émir. Celui-ci, de son côté, le
habilement dans de bonnes dispositions, et parut ne s'occu-
l'organiser les tribus qu'on lui laissait gouverner depuis le
qu'au désert. Mais ses agents se répandaient avec activité
la régence, popularisaient son nom, augmentaient en paroles
ses exploits, et préparaient le terrain pour qu'il fût bien
d il aurait assez avancé les choses de façon à pouvoir péné-
a province d'Alger. On en était là quand le comte d'Erlon,

omme gouverneur
our remplacer le
Voirol, obtint du
le rappel du gé-
michels. Ce géné-
our successeur un
ureux encore que

PITRE XII.

e constitutive des pos-
a'gériennes. — Gou-
t général du comte
— Abd-el-Kader dans
vinces d'Alger et de
— Soulèvement des
et des Smélas dans la
a d'Oran. — Défaite de
.

ance, depuis le dé-
duc de Rovigo, les
es et l'opinion pu-
étaient en travail
ganisation de l'Al-
tte organisation fut
r l'ordonnance du
t 1834. Les princi-
ments consistèrent
gouverneur général
du ministre de la
t dans un conseil
près de ce gouver-
comprenant un of-
néral commandant
pes, un intendant
n officier général
dant la marine, un
ur général, un in-
militaire et un di-
des finances. C'était
eil des ministres au
ied près d'un roi
tionnel et responsa-
comte d'Erlon reçut
de gouverneur gé-

RETRAITE DE CONSTANTINE.

... Entre six mille Bédouins et trois cents Français la partie doit être égale...

CHANGARNIER.

'était un vieillard qui avait fait ses preuves autrefois, mais
ministère avait choisi surtout à cause de ses habitudes sou-
t prudentes. Il fallait un homme absolument différent, jeune,
'ayant point perdu l'usage des travaux de la guerre, et capable
dre beaucoup sur lui.
omte d'Erlon prit possession de son gouvernement en sep-
1834; ses actes administratifs furent en général dignes d'es-
l établit le régime municipal dans les villes soumises, divisa
ieue d'Alger en communes, commença l'organisation d'une
tion publique française, constitua des commissions provin-
pour les affaires d'Oran et de Bone, refondit les ordonnances
es à la justice et à la police; tout cela d'accord avec son con-
il le domina souvent. Mais sa conduite politique manqua com-
ent d'habileté. Il noua avec les chefs arabes des relations en
des commandants des places ou des provinces. C'est ainsi qu'à
il dégoûta le brave colonel Duvivier, et traita avec un aven-
qui se donnait pour chef des Kabyles. Si cet aventurier,
Oulid-Ourehbah, eût été comme Abd-el-Kader un homme
ie, nous eussions eu de ce côté-là un nouveau traité Desmi-
Dans la province d'Alger, il laissa commencer l'interminable
des Hadjoutes. Mais c'est dans la province d'Oran qu'il accu-
es fautes.

216.

Il fallait évidemment changer de politique à l'égard d'Abd-el-
Kader. Le comte d'Erlon était arrivé, bien décidé à opérer ce
changement. Il obtint, comme nous l'avons vu, le rappel du général
Desmichels, et le remplaça par un homme tout d'énergie et de vigueur, mais moins heureux que brave et moins habile que bon soldat, par le général Trézel. Puis, comme la province de Tittery se
trouvait comme abandonnée à elle-même, et que c'était surtout cette
province qui était convoitée par Abd-el-Kader, il voulut l'organiser
fortement. En conséquence, il résolut d'installer à Médéah un nouveau bey, qui serait soutenu par des forces convenables. Malheureusement, sachant peu prendre sur lui, il en référa auparavant au
ministère français, qui n'approuva pas l'expédition. La province de
Médéah resta donc ouverte aux entreprises possibles d'Abd-el-Kader.

Celui-ci eut bientôt l'occasion de l'envahir. Un chérif du désert,
nommé Mouça, s'alliant à Sidi-el-Aribi et à Mustapha-ben-Ismaël,
lui déclara la guerre. L'émir ne l'attendit pas. Mais pour aller jusqu'à lui il fallait passer le
Chéliff malgré la défense
formelle des généraux français. On rapporte qu'il eut
un moment d'hésitation;
mais quand il eut appris que
son compétiteur Mouça était
entré lui-même à Médéah,
à la tête des Dorkaoui, il
franchit ce nouveau Rubi-
con, et arriva à Milianah.
Ce fut alors une fête, un
enthousiasme inexprimable
dans l'ancien beylik. Les
tribus, hommes, femmes,
enfants, vieillards abandonnaient les douairs, et venaient baiser les pieds du
libérateur. L'entraînement
des populations fut bien plus
grand encore quand il eut
vaincu les Darkaoui près de
Haouch-Amoura. Eût-il en
ce moment voulu rétrograder
que cela lui aurait été impossible. Le flot populaire le
porta à Médéah; cette ville
désolée par tant d'invasions,
livrée à l'anarchie, le reçut
comme un sauveur.

Qui fut bien perplexe de
ces succès? nous n'avons pas
besoin de le dire. Le général Trézel proposait un plan
qui eût pu réussir : c'était
de répondre au passage du
Rubicon-Chéliff par une
marche hardie sur Mascara.
Mais le comte d'Erlon l'empêcha de mettre ce plan à
exécution : lui qui avait tant
désapprouvé la politique de
transaction, il l'adopta tout
à coup; il laissa l'émir installer un des siens comme
bey de Milianah, et, au lieu
de le menacer, contint son
ambition à force de caresses et de promesses. Ce fut le plus beau
temps peut-être de la puissance d'Abd-el-Kader; si les limites de
son empire étaient encore restreintes, tout le monde, dans ces
limites, le respectait. La plupart des tribus, n'appréciant que les
bienfaits de l'ordre, oubliaient leur esprit d'indépendance pour le
saluer sultan. Il répondait à leur confiance en veillant à la sûreté
des routes et des marchés. Il réformait la justice et les impôts. En
même temps, prévoyant le moment où il aurait besoin d'une force
organisée, il faisait rechercher par ses agents les ouvriers les meilleurs, fondait des fabriques d'armes à feu, et s'entourait d'une milice permanente et régulière, dont une partie l'accompagnait dans
toutes ses expéditions.

Cependant tous les Arabes ne voyaient pas du même œil sa puissance croissante. Ses monopoles lui faisaient des ennemis au sein des
tribus commerçantes, les Douers et les Smélas étaient de ce nombre; elles voulurent commercer avec les Français sans subir ses exi-
gences. Il leur ordonna de quitter les environs d'Oran, où s'élevaient
leurs tentes, et leur assigna une autre demeure dans la montagne.
Elles refusèrent d'obtempérer à un ordre qui les ruinait; il les fit
attaquer par son agha El-Mzary. Elles n'eurent plus alors d'autre
ressource que de se mettre sous la protection de la France; c'eût été
une lâcheté que de la leur refuser : le général Trézel en était inca-

pable; il sortit d'Oran, le 14 juin, repoussa l'agha El-Mzary; le surlendemain il reçut au camp du Figuier les Douers et les Smélas dans l'alliance française; enfin, poussant plus loin, il vint camper sur les bords du ruisseau de Tlélat, d'où il envoya sommer Abd-el-Kader de renoncer à inquiéter nos alliés. Celui-ci répondit avec hauteur qu'il aurait raison des tribus passées sous le drapeau français, et qu'il les reprendrait, fussent-elles abritées sous les murailles d'Oran. Puis, joignant les faits aux déclarations, il appela toute la province à se réunir sur le Sig. La guerre éclatait donc de nouveau; le traité Desmichels était rompu.

Dans ces circonstances, le général Trézel commit une grande faute : au lieu de marcher tout de suite sur le Sig, il laissa à l'émir le temps de réunir des forces deux fois plus nombreuses que les siennes. Il ne sortit à sa rencontre que le 26; à peine avait-il avec lui 2,500 hommes, et ses vivres étaient presque épuisés.

L'ordre de marche ne fut pas habile : le général, qui disposait d'un régiment de cavalerie, le morcela en trois parties, deux escadrons formant l'avant-garde, deux escadrons flanquant le convoi, et un escadron formant l'arrière-garde ; l'infanterie fut également morcelée, et Trézel n'en plaça pas assez pour soutenir sa tête de colonne.

Vers le matin du 26, à peine cette tête de colonne a-t-elle débouché du bois taillis de Muley-Ismaël, que des masses arabes, cavaliers et tirailleurs, se précipitent sur elle. L'attaque est si vive, les forces sont si nombreuses, que l'avant-garde plie et se rejette sur le convoi. Les Arabes la poussent, attaquent le convoi, et parviennent à isoler un des bataillons d'infanterie qui flanquent sa droite. Encore un peu et c'en est fait du corps entier; mais Trézel, s'inspirant du danger, parvient à enlever une partie de son arrière-garde, et à la faire passer en avant du convoi. Une compagnie d'Afrique, entre autres, se précipite avec un élan irrésistible ; aussitôt chacun reprend courage : ceux qui avaient plié les premiers sont les premiers à charger. L'ennemi cède à son tour, et nous laisse ramasser nos blessés et nos morts ; parmi ces derniers est le colonel Oudinot. On était vainqueur ; il fallait prendre un parti : poursuivre son succès, ou profiter du répit laissé par les Arabes pour faire une orgueilleuse retraite. Trézel adopte d'abord la première pensée ; après avoir laissé prendre à ses soldats un repos qui dégénéra, dit-on, en orgie, il pousse au Sig, et y arrive vers la fin de l'après-midi. Les forces arabes campent à une certaine distance, Trézel, voulant effrayer l'émir, l'envoie sommer de nouveau d'avoir à désavouer ses attaques, et à reconnaître l'autorité de la France. Mais Abd-el-Kader connaît aussi bien que le général lui-même la faiblesse numérique des Français et les pertes qu'ils ont faites. Il refuse fièrement, comme à la première sommation.

C'est peut-être le cas de tenter la fortune en appuyant les négociations par une attaque ; mais tout à coup Trézel, qui n'a d'ailleurs pas la main assez ferme pour maîtriser des soldats dont la confiance n'est pas complète, Trézel change d'avis : il campe toute la journée du 27 sur le Sig, et le lendemain se met en marche pour gagner Arzew. L'émir, qui cette fois aussi manqua de courage, puisqu'il n'osa pas venir offrir le combat à cette petite colonne française égarée loin d'Oran, l'émir, en voyant ce mouvement rétrograde, monte aussitôt à cheval, suivi d'une dizaine de mille cavaliers, qui ne tardent pas à tourbillonner autour de nos troupes et à les envelopper ; mais elles font bonne contenance et gagnent du terrain à travers la plaine de Ceïrat, sans rompre un instant leur ordre de marche.

À l'issue de cette plaine, il y a deux routes pour se rendre à Arzew : l'une par les collines des Hamian, l'autre par la gorge de l'Habra. La première offre moins de dangers, en ce qu'elle est découverte ; mais, à raison des difficultés du terrain, Trézel craint que son convoi ne puisse la franchir. Il ne réfléchit pas que si la seconde est plus facile, l'ennemi, en occupant les hauteurs qui dominent la gorge, peut écraser les troupes qui s'engageront dans celle-ci. En effet, à son mouvement oblique, Abd-el-Kader juge qu'il ne traversera pas les collines des Hamian ; il fait partir à fond de train un millier de cavaliers portant des fantassins en croupe. Cette force se déploie au-dessus du défilé au moment où la colonne française s'y présente, à l'endroit où le Habra, quittant les marais, prend le nom sinistre de Macta.

Là, un chef habile pourrait encore lutter. Il faudrait, par exemple, sans ralentir sa marche, envoyer sur les hauteurs des forces suffisantes pour contenir l'ennemi. Mais Trézel ne veut pas dégarnir son ordre de retraite ; deux compagnies seulement sont envoyées pour balayer les collines. Les Arabes en force les repoussent facilement, et, ayant l'avantage du terrain, contraignent les Français à rester dans la vallée ; puis ils attendent le passage du convoi. Au moment où la longue file des voitures chargées de blessés et de matériel s'engage dans la gorge, ils se précipitent ; notre arrière-garde voit ce mouvement : elle craint d'être coupée, et, au lieu de défendre le convoi, elle court à droite pour se réunir à la tête de colonne. Plusieurs voitures sont alors pillées ou prises, les blessés qu'elles portent sont égorgés et décapités ; d'autres sont entraînées dans les marais par leurs conducteurs épouvantés, il faut arrêter ceux-ci le pistolet au poing pour les forcer à ne point fuir. C'est

ainsi que le maréchal des logis Fournier sauve vingt blessés seuls, hélas !

Cette attaque sur le convoi est quelque chose d'affreux dans les annales de la guerre. Cependant elle est le salut de la colonne.

Tandis que les Arabes pillent, coupent des têtes ou s'enivrent, une partie des Français se rallie pêle-mêle sur un mamelon, autour d'une pièce d'artillerie qui tonne en désespérée. Abd-el-Kader fait attaquer par ses principales forces; mais ces braves se forment en carré, et, entonnant l'hymne de la république, cette *Marseillaise* qui a le don de transporter les âmes, ils résistent à toutes les attaques. Pendant leur résistance, la seconde partie des troupes qui a pu échapper du convoi cherche la route d'Arzew et au milieu du désordre ne parvient qu'avec peine à la trouver. Les défenseurs du mamelon se trouvent tout à coup complètement isolés. Ils vont tous mourir. Quelques chefs parviennent enfin à les décider à la retraite. Abd-el-Kader n'a point su leur couper le chemin. Ils rejoignent, avec leur pièce d'artillerie prise et reprise deux fois, le reste de nos fuyards.

On vit alors un spectacle véritablement héroïque. Trois ou quatre officiers, Bernard, Allaud, Pastoret, Maussion, ont formé une arrière-garde composée de quarante chasseurs, de cinquante soldats de toute arme, et soutenue par de l'artillerie. Cette arrière-garde suffit à contenir les masses arabes. Elle tiraille, charge, tiraille, charge encore. Décimée, elle n'abandonne le terrain que pour mieux résister. Les Arabes ne savent d'ailleurs profiter ni de la position ni du moment critique. Peu à peu leurs furieuses charges se ralentissent, leurs cris deviennent moins menaçants. D'une autre part, la voix de nos officiers recommence à reprendre son autorité ; l'ordre se rétablit, le courage et le sang-froid reviennent à tons, et l'on arrive à Arzew le soir, après avoir marché seize heures et combattu quatre. On avait perdu trois cents hommes ; deux cents autres étaient blessés.

C'était peu pour une pareille déroute ; mais la renommée multiplia bientôt ce nombre. Le revers de la Macta, qui, dans une guerre régulière, eût passé inaperçu, fut bientôt appelé à Alger et en France un désastre. Quelques-uns allèrent jusqu'à traiter le mais inhabile Trézel de nouveau Varus.

Quant à lui, d'Arzew, il fit ramener une partie de ses troupes par mer à Oran. Mais comme il trouva dans la première ville un renfort aux ordres de la Moricière, alors commandant, et ayant avec lui les capitaines Cavaignac et Montauban, il rentra avec l'autre partie à Oran par la même porte qui l'avait vu sortir. Le comte d'Erlon ne tarda pas à le remplacer par le général d'Arlanges. Abd-el-Kader ne sut pas d'abord poursuivre son succès, et nous gardâmes les Douers et les Smélas dans notre alliance.

Cependant en France, l'opinion publique, surexcitée par les événements de la Macta, forçait le ministère à donner de nouveau le maréchal Clausel pour gouverneur général à l'Algérie ; il y arriva le 10 août 1835.

CHAPITRE XIII.

Gouvernement général du maréchal Clausel. — Le prince royal. — Mascara. Le Sig. — Le Méchouar. — Le capitaine Eugène Cavaignac. — Expéditions diverses dans la province d'Oran.

Cinq ans s'étaient écoulés depuis la prise d'Alger, et, à la grande honte de la royauté de juillet, la France n'était guère plus avancée dans la régence que le premier jour. L'opinion publique se prononçait avec une énergie croissante contre la manière tiède et embarrassée dont on conduisait une conquête qui, en raison même des difficultés, acquérait une popularité à laquelle il fallait céder. Le maréchal Clausel était une concession faite à cette popularité. Mais pour que le nouveau gouverneur fût à la hauteur de ce que l'on attendait de lui, il fallait qu'il frappât de très-grands coups ; ceux qu'il tenta ou ne furent pas assez éclatants ou ne furent pas heureux.

On croyait à cette époque encore pouvoir gouverner les Arabes par les Arabes ou par les traditions turques. Le maréchal nomma un bey pour Titery et un autre pour Milianah et Cherchell. C'était une faute s'il n'était pas décidé à les faire reconnaître. Le général Rapatel reçut l'ordre d'aller installer le bey de Titery, Mohammed-ben-Hussein. Celui-ci avait promis que l'on viendrait au-devant de lui. On trouva en effet des Arabes au col de Mouzaïa, mais en armes et disposés à nous repousser. Le général Rapatel ne se crut pas assez fort pour enlever le passage ; il revint à Bou-Farik. Le bey nommé résolut alors de se passer de notre appui. Il franchit l'Atlas par les chemins détournés, mais on ne voulut pas de lui à Médéah. Quant au bey de Cherchell, il fallut l'embarquer de force avec ses gens. Il criait qu'on le conduisait à la boucherie. Les habitants de Cherchell n'en voulurent pas non plus. On le ramena à Alger, où les soldats, toujours disposés à voir le côté plaisant des choses, firent des chansons sur les grandes victoires du maréchal. Celui-ci, arrêté jusque-là par les ravages du choléra, résolut d'agir en personne.

Nous avons vu, sous l'administration du duc de Rovigo, se distinguer l'agha Sidi-Hadj-Mahi-Eddin-el-Sgher, chef de la famille des Embarcks. Ce chef avait été obligé de se soustraire aux persécutions

mis dans la province d'Alger. Abd-el-Kader lui donna connaissant en lui de grandes qualités, le prit pour con- una comme bey ou comme kalifah aux Milianotes. Son on habile et bienfaisante lui concilia beaucoup de tribus, oir gagna de jour en jour en deçà du Chéliff. Il voulut encore, et, réunissant une foule considérable de cava- invasion dans la plaine. Le maréchal Clausel combina ne expédition qui devait en même temps servir à punir s, dont nos colons avaient continuellement à se plaindre. tion ne réussit qu'imparfaitement; à l'approche de nos di-Hadj-Mahi-Eddin se mit en devoir de regagner les On ne sut pas lui fermer la retraite. Il échappa après assez peu de monde. Les hadjoutes éprouvèrent une plus ; mais il était évident que l'incendie se propageait. Le el-Kader retentissait jusque dans Alger, et, traversant ce même, débordait au delà dans le beylik de Constan- intrigues étaient nouées par l'émir, à la fois contre nous hmet, dernier représentant de la puissance turque. Quant c d'Oran, il y eût été le maître absolu sans les postes nous y conservions, et sans la constante inimitié des os Smélas. Le désastre de la Macta n'avait point intimidé lles faisaient de continuelles expéditions sur les terres des nir, et venaient ensuite se réfugier sous le canon d'Oran. eux pour nous que des Arabes nous donnassent l'exemple. rit à Paris, et il fut arrêté que l'on irait détruire la puis- mir dans sa capitale même. On ne savait pas que cette avait rien d'assis, rien de saisissable, qu'elle était partout lle part.

hal Clausel s'organisa néanmoins pour porter la plus rude ette puissance. Il ne s'agissait de rien moins que de pren- ire Mascara. Le prince royal, Ferdinand-Philippe, duc rriva pour prendre part à l'expédition, que l'on regardait nt avoir un grand retentissement. ince ne fut plus charmant et plus aimé que le duc d'Or- démocratiquement, il possédait néanmoins une exquise Quoique fils de roi, il ne dédaignait pas le péril. Déjà er sur le champ de manœuvre, il voulait expérimenter ce L'impopularité de son père l'affligeait; il espérait lui pinion en prenant part aux fatigues et aux dangers de nos ime tous les hommes qui doivent mourir jeunes, il avait une grande maturité d'esprit. Il voyait juste, sans préven- Providence lui eût réservé le trône, il s'y serait certai- ntré avec avantage. Il eût été patriote, libéral, exempt de e de résistance systématique, ami des arts et ami du peu- ynastie d'Orléans aurait pu, grâce à lui, se flatter de vivre. va pas en Afrique ce qu'il pouvait raisonnablement atten- dition de Mascara ne présenta rien d'héroïque ni de che- Elle fut tout bonnement une expédition sagement con- sans résultats.

hal Clausel, avant de rien entreprendre, fit occuper l'île oon, à l'embouchure de la Tafna, afin d'en imposer aux a crainte continuelle de l'arrivée de nouvelles forces. Il te d'Oran, emmenant avec lui environ onze mille hommes atre brigades et une réserve que commandaient les géné- ot, Perregaux, d'Arlanges, l'héroïque colonel Combes et t-colonel de Beaufort. On était au 27 novembre; Abd-el- voyant l'orage qui allait fondre sur lui, avait réuni des z considérables. Il s'était pourvu d'armes et de munitions. ait venu de l'Angleterre et du Maroc. Mais ses forces ne pas rivaliser avec celles des Français; aussi ne chercha-t-il ombat durant l'expédition. Il se contenta de tirailler et l'arrière-garde, manœuvrant assez habilement pour n'être ble. On vit plusieurs fois, durant la campagne, les deux rcher sur deux lignes parallèles s'observant et ne s'attaquant al combat important eut lieu le 8 décembre, quand nous é le Sig. Les Arabes furent facilement enfoncés malgré les dispositions de leur chef, et se rejetèrent dans les mon- maréchal Clausel, après avoir déployé un grand luxe de s, força alors sa marche sur Mascara, que l'émir cherchait é à gagner par d'autres chemins. Dans son impatience, il endre les devants avec le duc d'Orléans et arriva le 6 dans de l'émir. La ville était déserte, mais abondamment appro- Par une aberration inexplicable dans un tel homme, le chef tion ne crut pas devoir occuper à demeure la capitale que venu conquérir. Au bout de deux ou trois jours l'armée hemin d'Oran cherchant vainement à s'expliquer le but de qui n'était pas apparemment une simple promenade à Mas- ir put à son aise rentrer dans sa capitale. On n'en pro- moins que la province était soumise, et le vainqueur la le papier en beyliks de Tlemcen, du Chéliff et de Mos-

Abd-el-Kader, il se soucia fort peu de cette division. Aus- tour à Oran de l'expédition, il vint attaquer les Douers et jusque sous le canon de la place. Puis il dissipa plusieurs alitions de ses ennemis, qui relevaient la tête chaque fois

que nous paraissions disposés à les protéger. Enfin, ayant appris que le maréchal projetait une marche sur Tlemcen pour porter secours aux Turcs du Méchouar, il résolut de s'en emparer avant nous. Mais, quoique vainqueur des gens d'Angad, qui étaient venus prêter appui aux Turcs, il ne put pénétrer dans la citadelle. Le maréchal, à la tête de sept mille cinq cents hommes, s'étant à son tour mis en marche, vint enfin délivrer les défenseurs du Méchouar. Ces hommes héroï- ques, qui devaient avoir des successeurs plus héroïques encore, étaient au nombre de sept cent cinquante, dont la moitié désarmés. Ils te- naient tête aux Arabes depuis cinq ans. Abd-el-Kader oublia alors sa prudence habituelle. Il resta dans les environs de Tlemcen, espé- rant que, comme à Mascara, les Français ne feraient que passer. On avait résolu, au contraire, de s'établir dans la nouvelle conquête. Une partie de l'expédition, ayant dans ses rangs Mustapha-ben-Ismaïl et son ancien agha El-Mzari, sortit contre lui et faillit l'envelopper. Il s'enfuit, laissant une portion de son bagage aux mains de nos soldats. On croyait lui avoir coupé la retraite sur Mascara; il passa entre les brigades, et l'on perdit bientôt l'espoir de l'atteindre.

Cette expédition, plus heureuse que celle de Mascara, nous valut de nombreuses soumissions de tribus. Le maréchal ne commit pas la même faute que précédemment. Il fit mettre le Méchouar en nouvel état de défense. Mais comme ses instructions s'opposaient à ce que l'on occupât le pays, il se contenta de nous assurer la cita- delle. On forma dans les brigades un bataillon de volontaires pour la défendre. Le commandement en fut donné au capitaine Eugène Cavaignac de l'arme du génie.

C'était une pénible et périlleuse mission qu'acceptait le capitaine Cavaignac. Il allait avec sa petite troupe se trouver entouré d'enne- mis, ne pouvant espérer que des communications lointaines avec les corps de l'occupation d'Oran. Mais le capitaine Cavaignac était sûr de lui-même. Il savait que jamais une faiblesse ne lui traverserait le cœur. Sa solidité sur le champ de bataille, sa tenue militaire, la plus digne qui fût dans toute l'armée, ses connaissances spéciales inspi- raient à ses compagnons une confiance sans bornes. Avec un tel chef, la garnison du Méchouar n'était pas seulement assurée d'être toujours couverte. Elle savait que rien n'était étranger à l'initiative de son commandant. Cette initiative lui promettait des ressources variées. Elle y comptait. Elle y comptait, et elle avait raison. Déjà sur le front méditatif et sévère du simple officier du génie, planait ce signe qui annonce les grands hommes. Le capitaine pensait beaucoup et par- lait peu. Jamais son esprit ne restait oisif. Peu soucieux de plaisir, mais avide d'héroïsme, c'était le devoir fait homme. Cet amour du devoir, accompagné d'un désintéressemen poussé à l'extrême, d'une modestie qui lui a fait du tort quand il est arrivé au pouvoir, lui don- nait un côté antique saisissant. Ses lectures cultivaient cette grande saillie de son caractère. Plutarque, voilà le livre qui se trouvait à son chevet. Il le lisait encore dernièrement dans sa prison de Ham. Ajoutez à cela que la sévérité de ses réflexions habituelles ne lui enlevait rien de cette affabilité qui rend le chef si cher aux inférieurs. Au bivouac, au camp, partout, il s'occupait d'abord des soldats, et ne songeait à lui qu'après. Quoique faisant un dogme de l'obéissance, il comprenait une contradiction mesurée, et ne refusa jamais de s'é- clairer des avis d'un inférieur. Sobre, d'ailleurs, facile à vivre, dur à la fatigue, il ne regardait pas comme une nécessité d'imposer ses goûts aux autres. Nul ne fut jamais plus tolérant que lui, quoi que l'on en ait dit. Mais doux comme un enfant dans les relations habi- tuelles, le lion se révélait chez lui au moindre éclair de la poudre, à la moindre apparence d'un danger à dompter, d'une victoire à obte- nir. Alors avait lieu une véritable transformation. Ses yeux s'ani- maient, son nez, orgueilleusement recourbé comme celui de l'aigle, aspirait la fumée du combat. A la façon dont il posait le pied sur le sol, on sentait que cet homme de fer ne reculerait pas de la longueur d'un grain de sable. A la manière dont son regard planait sur l'en- semble, on comprenait qu'il ne négligerait aucun détail, et qu'il eût été, l'occasion échéant, aussi bien Kléber ou Moreau que le premier Bonaparte en Italie.

Le capitaine Eugène Cavaignac avait alors trente-deux ans envi- ron. De nombreux services le recommandaient déjà. Ce sera néan- moins l'un des grands honneurs du maréchal Clausel devant l'histoire de l'avoir distingué.

Puisqu'il laissait une garnison dans le Méchouar, le maréchal Clau- sel devait chercher à assurer les communications entre Tlemcen et Oran. Il résolut donc de reconnaître le cours de la Tafna, et d'asseoir à son embouchure un poste militaire qui fût en relation avec celui d'Ilaârch-Goon. Cette expédition eut un tout autre carac- tère que les précédentes. Les amis d'Abd-el-Kader lui reprochaient amèrement de n'avoir rien fait pour empêcher la prise de Mascara et celle de Tlemcen. C'était une injustice : cette injustice le piqua d'honneur. Après sa disparition des premiers jours, il revint sur la Tafna avec plus de forces qu'il n'en avait encore eu. Il espérait, grâce à sa supériorité numérique, et vu l'affaiblissement du maréchal, qui laissait à Tlemcen une partie de ses troupes, trouver l'occasion d'une nouvelle Macta.

Il se trompa; quoique trois ou quatre fois inférieur en nombre, le maréchal Clausel le repoussa dans toutes ses attaques et lui fit éprouver de grandes pertes. Mais il ne put établir les communications qu'il désirait. Il rentra dans Tlemcen sans autres résultats qu'une gloire peu fructueuse; et après avoir achevé l'organisation de la défense du Méchouar, il reprit le chemin d'Oran le 7 février. Abd-el-Kader essaya vainement de s'opposer à sa marche. A force de tactique et d'habiles manœuvres, le maréchal le repoussa encore sans perdre de monde, et atteignit heureusement Oran, où il laissa le général d'Arlanges pour commander la province avec le général Perregaux comme lieutenant. Il quitta les pays de l'ouest à la fin de février, et revint à Alger. Ces deux généraux s'occupèrent, suivant ses instructions, d'assurer les communications entre les diverses places occupées pas nos troupes, et de protéger les tribus qui étaient passées de notre côté. Le général Perregaux fit la promenade la plus heureuse le long du Chéliff. Mais, en avril 1836, le général d'Arlanges, ayant voulu obéir aux instructions du maréchal, quitta Oran avec une assez petite division ; à peine fut-il arrivé à l'embouchure de la Tafna, où il établit un camp retranché, qu'il y fut bloqué par Abd-el-Kader, tandis qu'autour de Tlemcen les tribus se soulevaient de nouveau hostilement, et qu'Oran et Mostaganem avaient aussi à repousser des attaques dirigées contre leurs abords.

Cette situation appela de la manière la plus sérieuse l'attention de la France entière. On comprit que le défaut d'une force suffisante compromettait la conquête. En attendant que l'on fît d'autres efforts, on envoya le général Bugeaud avec le 23e, le 24e et le 62e de ligne, pour débloquer le camp de la Tafna et assurer l'existence de l'héroïque garnison du Méchouar.

CHAPITRE XIV.

Le général Bugeaud. — Ravitaillement de Tlemcen. — Combat de la Sickak.

Le général Bugeaud inspirait au roi Louis-Philippe la plus grande confiance. Il avait promis de vaincre Abd-el-Kader : il devait tenir sa promesse.

Il débarqua à la Tafna le 6 juin. Avant de raconter son expédition, le lecteur nous permettra d'esquisser le curieux portrait de cet homme si remarquable.

Maintenant que Thomas-Robert Bugeaud appartient à l'histoire, on peut dire de lui la vérité.

C'était vraiment un type à part dans la galerie militaire de son temps. Quoique né à Limoges, il avait l'humeur et le sang gascons, mais gascons avec une étonnante bonhomie. Sans le duel qu'il eut avec l'infortuné Dulong, sans la part qu'il fut accusé d'avoir prise aux événements de la rue Transnonain, sans le rôle que l'on suppose qu'il avait accepté près de la duchesse de Berry, il n'y eût pas eu d'homme plus populaire que lui en France, tant, par ses saillies, son entrain et sa manière de ne douter de rien, il savait trouver le chemin si difficile qui conduit au cœur des masses. Quoi qu'il fît, sur le champ de bataille ou dans ses terres de la Dordogne, en face des Arabes comme en face de l'opposition libérale, c'était toujours le même vainqueur, sûr de lui, professant la théorie de la victoire, ne reculant jamais. On a prétendu qu'il représentait à un merveilleux degré le soldat laboureur, on s'est trompé. Il s'entendait sans doute fort bien en économie agricole; mais il n'avait rien de la résignation mélancolique du type populaire que nous venons de nommer, c'était la démonstration incarnée. Il réfléchissait sans doute, et beaucoup, mais pour rien au monde il n'eût dévoré ses réflexions. Napoléon et les généraux de son école cachaient avec soin leurs plans; Bugeaud les disait tout haut. Avant la bataille d'Isly, par exemple, il réunit ses officiers autour de quarante gamelles de punch. Sa figure noble et épanouie à la fois, mélange de sévérité et de bonhomie, respectable quoique attirante, sa figure rayonnait : « Voilà ce que nous ferons, disait-il, et nous serons vainqueurs. Vous pénétrerez au milieu de cette multitude; vous la fendrez comme un vaisseau fend les ondes, sans vous en embarrasser; vous frapperez, allant toujours en avant, sûrs que rien ne se reformera derrière vous; et tout ce monde, qui croit déjà nous envelopper, disparaîtra avec une facilité dont vous vous étonnerez vous-mêmes. » Comme si ce n'eût pas été assez que cet engagement de vaincre pris si haut et avec tant d'assurance, voici ce qu'il écrivait au ministre de la guerre : « J'ai environ huit mille cinq cents hommes d'infanterie, quatorze cents chevaux réguliers, quatre cents irréguliers, et seize bouches à feu, dont quatre de campagne. C'est avec cette petite force numérique que nous allons attaquer cette multitude qui, selon tous les dires, compte trente mille chevaux, dix mille hommes d'infanterie et onze bouches à feu; mais son armée est pleine de confiance et d'ardeur, elle compte sur la victoire tout comme son général. Si nous l'obtenons, ce sera un exemple que le succès n'est pas toujours du côté des gros bataillons, et l'on ne sera plus autorisé à dire que la guerre est un jeu de hasard. »

Tout le caractère de l'homme est, selon nous, dans ces mots. Quand un général fait preuve d'une telle confiance avant le triomphe, on doit s'attendre à un orgueil exagéré. Cet orgueil n'existait pas chez Bugeaud. Il se bornait seulement à constater par points et circonstances qu'il avait eu raison d'agir comme il avait agi. Aussi était-ce

un excellent professeur de guerre. Si tant d'officiers distingués sont formés dans nos campagnes d'Afrique, c'est que le grand chef ne gardait ni sa science ni son expérience pour lui. Il traitait la guerre sur le champ de bataille, comme il démontrait la culture au conseil général de la Dordogne. Louis-Philippe le savait, et c'est pour cela qu'il lui confiait si volontiers ses fils. Bugeaud avait encore une autre qualité précieuse : il ne voulait pas, contre certains supérieurs, tout faire par lui-même; il laissait volontiers de la gloire à ses lieutenants et n'en était pas jaloux. Il leur donnait plus volontiers une victoire éclatante qu'une simple contre ses opérations. Un grand esprit de justice le guidait sûrement. Cependant il eut quelques antipathies. Il ne sut pas en action certains caractères héroïques. Il ne reconnut que les précieuses qualités du général Cavaignac.

Au physique, Bugeaud était ce qu'il était au moral, complet, grand, robuste, le regard vif, le front haut, l'allure. Il supportait les fatigues sans les rechercher, et les épargnait que possible au soldat, dont il s'occupait beaucoup, l'interrogeant, l'encourageant, le haranguant, lui parlant de son père, du pays. Le soldat le récompensait par beaucoup de respect et confiance. Quand on marchait dans la colonne du général Bugeaud, on était sûr que rien ne manquerait, et l'on marchait gaiement, sans souci, certain de n'être exposé qu'à bon escient. Si ces mots, soldat, n'avaient pas été si prodigués, nous les appliquerions au vainqueur de la Sikkah. J'ai voyagé tout un jour avec un gendarme de nouaille, en Périgord, et qui l'avait servi. Ce brave homme, Astre, ne pouvait parler sans pleurer de son ancien chef et m'en racontait naïvement mille traits de bonté, de malicieux ou de véritable enfantillage. Un jour, par exemple, qu'étant à dîner, le général traitait sous la tente notre illustre Arago, qui s'assurer par lui-même de l'état de la colonisation et de la détourna la conversation et la mit sur le chapitre de l'astronomie. « Vous connaissez, dit-il à notre cher savant, toute la carte du ciel. Presque aussi bien que vous la carte d'Algérie, maréchal. — Si je parions que je vous fais voir un astre que vous ne connaissez, cela serait fort. — Tenez-vous la gageure? — Je la tiens. » Alors le maréchal appela son domestique. « Comment t'appelles-tu? lui demanda-t-on. — Astre, mon général. — J'ai perdu, s'écria Arago, je ne connais pas celui-là. — Eh bien! repartit le maréchal, moi non plus je ne connais pas tout en Algérie; et si chaque poste de l'armée était à chaque heure du jour, en quelque endroit que ce soit, sur ses gardes les plus complètes, Abd-el-Kader nous ferait souvent voir des astres en plein midi. — Je vous comprends, repartit l'hôte du général, vous voulez avoir ma voix à la chambre pour une augmentation. — Oui, reprit vivement Bugeaud, il me faut cent mille hommes pour finir la guerre; sur ces cent mille hommes il n'y en aura guère que deux ou trois mille qui auront à combattre. — A quoi serviront donc les autres? — A faire sentinelle; ici il faut des vedettes et chaque vedette ne doit pas compter moins d'une brigade bien commandée, faisant faction sur un espace de vingt-cinq lieues et ne souffrant dans son horizon aucun ennemi. »

Dans cette conversation, qui dura ainsi longtemps sur un ton enjoué, tantôt sérieux, l'homme de guerre expliquait tout à fait à un savant digne de le comprendre son plan de campagne. C'était d'organiser un certain nombre de corps de troupes assez forts pour ne craindre aucune surprise et qui seraient chargés chacun dans un rayon donné, puis d'envelopper, s'il y avait lieu, par des marches concentriques. Nous verrons plus tard comment ce plan réussit; encore deux ou trois détails sur Bugeaud, et nous reprendrons notre narration. Le futur gouverneur général avait passé par tous les grades de la hiérarchie; né en 1784, soldat dans les élites en 1804, capitaine en 1806 en 1809, lieutenant colonel commandant sous Suchet, en Espagne, vers 1813, colonel et licencié en 1815, il avait, après quinze ans d'interruption, repris service en 1830, avec le titre de maréchal de camp, et ses concitoyens de Périgueux l'envoyaient depuis lors à la chambre des députés. La presse, qu'il avait souvent insultée sans aucune justice, haïssait de même, mais cette haine lui plaisait. Il ne dédaignait de répondre aux attaques, et se réjouissait naïvement de hors de la guerre l'occasion d'occuper de lui le public.

Arrivé le 6 juin à la Taffna, il ne perdit pas de temps, il se mit en marche dès le 12, à minuit; et après avoir une première fois poussé les forces qui s'opposèrent à son passage, il arriva à Oran, puis alla de là tout aussitôt s'assurer de l'état de la garnison du Méchouar. Quoiqu'en parfaite situation morale sous les auspices du capitaine Cavaignac, que le général Bugeaud félicita tout haut de ses rares qualités, elle avait besoin d'être ravitaillée. Bugeaud retourna de nouveau au camp de la Taffna, et en ramena un convoi d'environ trois cent cinquante chameaux chargés de vivres et de munitions autant pour le Méchouar que pour la petite armée expéditionnaire. Arrivé, le 6 juillet, sur les bords de l'Isser, près de son confluent avec le Saf-Saf, qui s'appelle aussi Sickack ou Sikeb, il eut avec Abd-el-Kader le combat qu'il avait cherché dans ses nombreuses allées et venues. Le récit qu'il a fait de ce combat peint à la fois les choses et l'homme, nous donnerons la parole à ce

rapport qu'il adressa au maréchal Clausel sur la journée de
x.

onsieur le maréchal,

épêche télégraphique vous a fait connaître en abrégé notre
6. Mieux qu'un autre, puisque vous avez triomphé souvent,
rez du bonheur que j'ai à vous retracer un combat tel que
ionnais, à cela près qu'Abd-el-Kader n'a été ni tué ni pris;
l seul est resté sur le champ de bataille.
ire de la Sickack pourrait, sans hyperbole, s'appeler une
puisque toutes les forces dont pouvait disposer mon adver-
rouvaient.
it appelé du secours de partout pour m'empêcher de ravi-
emcen, et depuis quatre jours il était posté au Telgoat, près
ia; une reconnaissance que j'y avais poussée dans le but de
re la route pour l'avenir, et de lui donner le change, lui
penser que je voulais passer par là, tandis que je n'en eus
ccasion.
convoi devait être l'objet de son envie, et je comptais là-
ur avoir avec lui un engagement sérieux, que j'aurais peut-
ché vainement par d'autres manœuvres. Se faire attaquer
lleur moyen avec un tel ennemi et sur un tel terrain; mais
combattre dans un lieu favorable : ce fut là l'objet de toute
tude.
tis de Rachgoun (Haârch-Goon) le ı à quatre heures du soir.
i trois bataillons, aux ordres du colonel Combes, sur la route
it, et je vins camper avec mon convoi de cinq cents chameaux
nts mulets à quelque distance derrière lui. A deux heures du
mbes quitta son camp sans bruit et par un sentier à gauche;
per à deux lieues et demie de là le col de Sab-Chioulé. Une
ès, le convoi et le reste de la division s'y dirigèrent. Le col
s gardé; mais quatre ou cinq cents hommes des Beni-Ha-
rivaient par l'autre versant. Il était trop tard; à sept heures
convoi avait passé et nous descendions sur l'Isser. Abd-el-
ait trop loin pour s'opposer à notre marche. La rivière fut
ranquillement, et je campai sur la rive gauche, fort satisfait
anchi sa chaîne de montagnes sans combat.
el-Kader, instruit enfin de ma marche, se rapprocha de moi.
eures après midi, quinze cents à deux mille chevaux, aux
son lieutenant Ben-Koume, défilèrent en vue de mon camp
e droite de l'Isser, et vinrent camper à demi-lieue sur ma
e gros des forces remonta la rive gauche de l'Isser, et vint
une lieue sur ma droite. Je jugeai que cette manœuvre
r but de m'enfermer le lendemain matin dans le profond
la Sickack que je devais passer deux fois pour me rendre à
Je fis une reconnaissance pour chercher une autre route;
es présentaient des difficultés, soit pour le combat, soit pour
. Je me décidai à franchir la Sickack, et je quittai mon camp
eures du matin, dans le double objet de passer le premier
l'être plus près de Tlemcen avant d'être attaqué, afin d'y
convoi et de reprendre l'offensive dès que je serais débar-
cet énorme empêchement. J'annonçai cette résolution aux
« Vous serez attaquées, leur dis-je, demain dans votre
; vous saurez un temps souffrir les insultes de l'ennemi, et
us bornerez à le contenir. Mais dès que je pourrai jeter le
dans Tlemcen, vous prendrez votre revanche; vous marche-
i et vous le précipiterez dans les ravins de l'Isser, de la
k ou de la Tafna. »
s'est vérifié avec un bonheur inouï. Malgré ma diligence, j'ai
ué par le camp de ma gauche à quatre heures et demie du
rsque mon convoi n'avait passé qu'à moitié le premier ravin
kack; je l'ai fait contenir par les douairs, un bataillon du 24e
adron du 2e chasseurs.
olonel Combes, après avoir passé la Sickack, avait pris avec
ce une position protectrice du convoi.
çonnant que la colonne d'Abd-el-Kader ne tarderait pas à
sur les plateaux de la rive gauche, je me suis empressé d'y ar-
e la tête de la colonne du centre et ma colonne de gauche.
el-Kader y touchait avec environ trois mille chevaux, trois
byles à pied et son bataillon régulier de mille à onze cents
J'ai déployé le 62e et un demi-bataillon d'Afrique, parallè-
la Sickack, mais en arrière de la crête, de manière à n'être
le l'ennemi qui nous suivait. J'ai mis en bataille le 23e et un
taillon d'Afrique perpendiculairement à la gauche du 62e. En
23e et parallèlement, j'ai formé en colonnes doubles, éche-
sur le bataillon du centre, les trois bataillons du colonel
, et j'ai jeté en avant, sur le flanc gauche du 62e, deux com-
d'élite en tirailleurs et les spahis du 2e chasseurs. Le 2e chas-
té rappelé en entier et placé en colonne par escadrons vis-à-
des intervalles des bataillons de Combes. Le convoi a été placé
ngle rentrant formé par la ligne parallèle et la ligne perpen-
e à la Sickack. Il était gardé par deux cents hommes du bale Tlemcen et les Koulouglis. Je rappelai les douairs et les
rs qui contenaient les Arabes de la rive droite de la Sickack,
leur donner la confiance de passer sur la rive gauche. Les

douairs furent lents à se réunir, et ne purent prendre place dans
l'ordre de bataille parce que les événements marchèrent trop vite. Je
ne connais d'autres défauts à cette intrépide cavalerie, que de se lancer dans le combat avec un tel abandon, qu'on ne peut presque plus
disposer d'elle pour les événements subséquents; mais dès qu'elle
reconnaît que sa présence est nécessaire sur un point où le combat
devient sérieux, elle y accourt d'elle-même. C'est ce qu'elle a fait
avec succès durant cette journée.

• On voit par les dispositions indiquées que je vais livrer un combat double sous la figure d'une équerre.

» Contre des armées européennes, cette disposition pourrait paraître vicieuse. On peut croire faible le sommet de l'angle qui peut
être enveloppé et écrasé; mais ici cet inconvénient était racheté par ces
circonstances que l'une des lignes était couverte par le ravin, et que
l'autre appuyait sa droite au même obstacle. D'ailleurs avec les Arabes il n'y a pas de mauvais ordre, pourvu que l'on ait de la fermeté
et de la résolution. Je n'aurais pu, du reste, choisir dans tout le pays
un champ de bataille plus heureux que celui que m'offrait la fortune.
Abd-el-Kader avait derrière lui un plateau facile pour la cavalerie,
de deux à trois lieues d'étendue, et entouré sur trois côtés par la
Sickack, l'Isser et la Tafna; de sorte que j'étais presque assuré, en
le mettant en fuite, de l'acculer à un ravin où il devait éprouver des
pertes, pourvu que la poursuite fût vigoureuse.

• J'avais besoin de dix minutes de plus pour finir mes dispositions
et distribuer les rôles avec précision. Il fallait aussi donner le temps
à l'ennemi de la Sickack de la passer, afin de l'y précipiter. Abd-el-
Kader n'a pas voulu me donner ces dix minutes; il a jeté sur moi mes
tirailleurs et mes spahis, et s'est avancé en grosses masses informes
poussant des cris affreux. J'ai jugé que c'était l'instant de prendre
l'offensive à mon tour, et qu'un mouvement rétrograde pouvait tout
compromettre. Après avoir lancé des obus et de la mitraille sur cette
vaste confusion, toutes les troupes à la fois se sont ébranlées à mon
commandement et ont abordé l'ennemi avec une grande franchise.

» Le combat du plateau était le plus considérable; les trois bataillons du colonel Combes (un du 47e, deux du 17e léger) ont agi avec une
résolution et une vitesse remarquables pour des troupes si fatiguées
par les marches et par la chaleur. Les cavaliers arabes étaient si nombreux, que la fusillade avec laquelle ils nous ont accueillis ressemblait à un feu de deux rangs de notre infanterie. Ils ont plié, mais
avec lenteur. J'ai cru le moment favorable pour lancer sur eux le
2e chasseurs. J'ordonnai à ce régiment une charge à fond, qui eut
d'abord un plein succès. Les Arabes qui se trouvèrent en face furent
culbutés, et un parti d'infanterie kabyle fut sabré; mais l'aile droite
des Arabes ayant attaqué le flanc gauche des chasseurs, pendant que
d'autre infanterie sortie du ravin les fusillait par le flanc droit, ils se
sont retirés avec quelque perte, et sont rentrés sous la protection des
bataillons que je menais à leur secours presque à la course. L'artillerie, aux ordres du brave colonel Tournemine, suivait les mouvements rapides, bien que cela parût impossible auparavant avec le
matériel des montagnes. Les Arabes ont plié une seconde fois; une
seconde fois aussi je leur ai lancé ma cavalerie. Mais alors quatre
cents douairs m'avaient rejoint. Malheureusement leur aga Mustapha
venait d'être blessé d'une balle à la main. Malgré la privation de cet
excellent chef, ils m'ont rendu de grands services; eux et les chasseurs se sont couverts de gloire. Tout a été culbuté, et la cavalerie
arabe, embarrassée par son nombre même, a perdu beaucoup d'hommes, d'armes et de chevaux : ses morts et ses blessés sont restés en
notre pouvoir. Alors Abd-el-Kader lui-même, dont nous avions
aperçu le drapeau en arrière, au milieu de son infanterie régulière,
s'est avancé avec cette réserve et la cavalerie qu'il a pu ramener.
C'est la première fois, dit-on, qu'on a vu les Arabes employer une
réserve pour l'engager avec tant d'à-propos. Ce dernier effort n'a pu
nous arrêter un moment; nous nous sommes jetés sur cette troupe,
qui, malgré un feu bien nourri, a été rompue et précipitée fatale-
ment sur le point le plus difficile du ravin de l'Isser. Une pente assez
rapide aboutit à un rocher taillé presque à pic de trente ou quarante
pieds au-dessus de la plage. C'est là qu'un carnage horrible commence
et se poursuit malgré leurs efforts! Pour échapper à une mort certaine, ces malheureux se précipitent en bas du rocher, s'assomment
ou se mutilent d'une manière affreuse. Bientôt cette triste ressource
leur est enlevée; des chasseurs et des voltigeurs trouvent un passage
et pénètrent dans le lit de la rivière; les ennemis sont cernés de
toutes parts, et les douairs peuvent assouvir leur horrible passion de
couper les têtes. Cependant à force de cris et de coups de plats de
sabre, je parviens à sauver cent trente hommes de l'infanterie régulière. Je vais les envoyer en France. Je crois que c'est entrer dans
une bonne voie. L'humanité et la politique en seront également sa-
tisfaites. Ces Arabes prendront en France des idées qui pourront
fructifier en Afrique.

» Grand nombre de fusils donnés à Abd-el-Kader au temps où il
était notre allié sont restés en notre pouvoir. Indépendamment des
armes des tués et des blessés, beaucoup de soldats avaient jeté leurs
fusils pour se glisser dans les rochers où ils avaient besoin de leurs
deux mains. Nos douairs étaient porteurs chacun de deux ou trois
têtes et de trois ou quatre fusils. Je leur ai donné tout l'argent que

je possédais; mais je leur ai dit que c'était pour les prisonniers, et non pas pour les têtes, qu'à l'avenir je n'en payerais aucune.

» La cavalerie arabe avait lâchement abandonné son infanterie, et s'était enfuie vers la Tafna. Je l'aperçus faisant mine de se rallier au bord du plateau avant de descendre sur la rivière. Je marchai sur elle avec les 17e léger, le 47e, le 23e, l'artillerie, laissant à la cavalerie le soin de poursuivre les restes de l'infanterie et les Kabyles. Cette cavalerie (celle de l'émir) ne m'attendit pas; elle passa la Tafna, et je m'arrêtai sur la rive droite, mes troupes étant très-fatiguées et la chaleur excessive.

» Revenons sur le premier champ de bataille, où le 62e et un demi-bataillon d'Afrique ont dû charger l'ennemi, qui avait attaqué le convoi, et dont partie seulement avait passé la Sickack au moment où j'ai été forcé de prendre l'offensive. Cette portion fut précipitée dans le ravin et fusillée de très-près; elle éprouva des pertes énormes en hommes et en chevaux tués. Après cette charge victorieuse, le 62e, débarrassé de l'ennemi qu'il avait en face, vint appuyer mon mouvement victorieux.

» Dès que la victoire avait été à peu près décidée, j'avais fait filer le convoi sur Tlemcen. Quoique privé de mon parc à bœufs et de toute espèce de ressources pour les officiers, j'ai tenu à coucher sur le champ de bataille pour mieux constater ma victoire. »

Après ce bulletin triomphal, qui selon nous est la meilleure peinture de l'homme, le général Bugeaud signalait aux récompenses les nombreux officiers qui, dans cette circonstance comme en tant d'autres, avaient noblement fait leur devoir.

C'est ainsi que Tlemcen fut ravitaillé une première fois. Notre garnison du Méchouar avait eu de nombreuses attaques à repousser; mais son plus grand ennemi avait été l'ennui, l'ennui accompagné d'une foule de privations. Le capitaine Cavaignac, toujours digne des postes qu'il a remplis, humbles ou élevés, fut complimenté par le vainqueur de la Sickack. « Je demanderai pour vous le grade de chef de bataillon, lui dit Bugeaud. » Mais « cet officier, pour nous servir des expressions d'un livre écrit en 1836, cet officier, d'une vertu et d'un désintéressement stoïques, répondit qu'il n'accepterait rien s'il était le seul qui dût être récompensé. »

Le vainqueur de la Sickack termina sa campagne en incendiant les moissons des tribus du parti de l'émir. C'est de ce moment que date le système de guerre par lequel on a progressivement amené les Arabes à demander merci. Nous n'avons pas à juger ce système, que l'humanité condamne. La seule chose que nous ayons à en dire, c'est que nous demandons ceci à Dieu : puisse-t-il épargner à tout jamais à la France une guerre comme celle qu'elle a faite aux Arabes!

Le général Bugeaud ne fit, du reste, que passer comme un météore dans la province d'Oran. Il devait y revenir à quelque temps de là, et cette fois son passage ne devait être rien moins que glorieux. Nous verrons bientôt comment l'infatigable Abd-el-Kader allait réparer ses pertes. Mais dans le premier instant il fut affecté au dernier point. Les Arabes le quittèrent après avoir pillé ses magasins et coupé une partie de sa tente. Il rentra dans Mascara avec cinquante cavaliers et cent fantassins seulement. Mais c'était un esprit trop fécond en ressources pour que, nos généraux lui laissant du répit, il ne réparât point promptement ses pertes. Ce répit lui fut laissé par suite d'une apathie inconcevable. Il en profita pour rassembler de nouvelles forces, et bien qu'il eût prédit une grande victoire aux Arabes avant sa défaite de la Sickack, les Arabes crurent encore à lui.

CHAPITRE XV.

La conquête générale de l'Algérie est décidée. — Expéditions dans la province d'Alger. — Première expédition de Constantine. — Revers. — Le duc de Nemours. — Le commandant Changarnier. — Remplacement du maréchal Clausel. — Sidi-Embarek.

Au moment où ces événements se passaient dans la province d'Oran, M. Thiers était ministre à peu près dirigeant. Or, quand M. Thiers a été ministre, on a toujours rêvé en France, sinon exécuté de grandes choses. Le maréchal Clausel s'étant rendu à Paris, n'eut pas de peine à faire comprendre au conseil que la guerre que l'on faisait en Algérie était ruineuse et sans résultats ni pour notre puissance ni pour l'éclat de nos armes. D'après son plan, on occupait avec trente cinq mille hommes tous les centres de population, tous les points stratégiques. Clausel s'engageait, dans le mois de septembre, à refaire la conquête de ce beylik de Tittery, si souvent pris et si souvent perdu. Le mois suivant on s'emparait de Constantine, dont on avait destitué le bey sur le papier pour le remplacer par le célèbre Jusuf. Ensuite toutes les forces disponibles devaient être conduites dans la province d'Oran pour en finir avec Abd-el-Kader.

Mais, comme à son habitude, M. Thiers ne fit que passer au pouvoir; on parla de donner à Clausel pour successeur le général Damrémont : celui-ci vint même à Alger. Ces circonstances déterminèrent le maréchal à agir, si bien que son plan ne fut pas mûri. Il se lança dans l'exécution avec tant de témérité et de précipitation qu'il osa tenter d'exécuter ses projets sans recourir à la métropole, et avec

les seules forces qui lui suffisaient à peine à se maintenir dai limites si resserrées.

Il débuta par une expédition sur la Chiffa, expédition qui pour but l'établissement d'un camp sur cette rivière. Cette expéd reprise deux fois par le général de Brossard, n'eut que de très-résultats. Le camp projeté ne fut pas même fondé.

Quant à la tentative sur Constantine, il aurait fallu la mûr core plus que celle de la Chiffa. Mais le maréchal se laissa tro par des promesses et par de faux rapports. On lui représentait pitale d'Achmet comme devant être trop heureuse d'ouvrir ses aux Français, et de se délivrer à jamais du tyran qui l'opprima puis, nous l'avons dit, Clausel avait nommé comme bey de Cor tine le célèbre Jussuf. Ce jeune officier, alors à Bone, faisait d côté des préparatifs pour réaliser son gouvernement in par Plein de confiance, il faisait partager au général sa sécurité. O blia des ordres du jour où l'entrée des Français à Constantine marquée pour ainsi dire à heure fixe.

Quoi qu'il en soit, les provinces d'Alger et d'Oran furent dég pour fournir sept mille hommes, avec lesquels le maréchal cr pouvoir conquérir la province de l'Est. Ces sept mille hommes maient quatre petites brigades aux ordres du général de Rigny colonels Corbin, Lévesque et Huguet. Le colonel Petit d'Haut commandait la réserve, et les 2e, 3e et 4e brigades réunies obéiss à un général jusque-là toujours peu heureux, à Trézel. On n'e nait avec soi que pour quinze jours de vivres, dont les soldats taient la moitié dans leurs sacs. On ne s'était pas même donné le de réunir les moyens de transports suffisants. L'artillerie, peu breuse, n'emportait que de très faibles munitions. Elle avait en de quoi tirer quatorze à quinze cents volées de canon. Il est qu'un prince du sang accompagnait l'expédition, et que, san doute, sous ses yeux, les officiers s'efforceraient de se surpasser. malheureusement ce prince n'avait ni la confiance de la natio celle des troupes. Son caractère froid, sa réserve aristocratiq faisaient passer, à tort peut-être, comme dépourvu des brill qualités qui rendaient le duc d'Orléans si cher à ceux dont il entouré. Ainsi, tous les éléments de l'expédition semblaient ch pour tourner contre nos armes. Il y avait cependant dans les subalternes de vaillants hommes de guerre, entre autres, et quelques-uns de ceux que nous avons déjà vus, le commandant C garnier.

Changarnier est, comme Bugeaud, un type à part dans notre ga militaire française. Il y a en lui, quoiqu'il soit né au Nord, plu de l'humeur gasconne. Le castillan domine dans cette brillante fig Jamais on ne vit plus belle confiance en son étoile et dans les tro maniées par soi. Longtemps cette étoile fut heureuse ; nous la trouverons souvent rayonnant avec éclat sur maint champ de bat Chose remarquable ! c'était dans un revers que Changarnier alla révéler, brave à l'excès, indomptable, infatigable, doué de mag ques qualités militaires, possédant un sang-froid à toute épre dans un moment où presque tout le monde se laissait aller aux ir titudes d'une retraite précipitée.

L'expédition partit de Bone le 13 novembre, par un temps qui mauvais, devint bientôt affreux. Il y eut de fâcheux présages, et à en pareils cas, nos prédécesseurs les Romains eussent tenu con Le bruit du tonnerre, les éclairs, le vent et les rafales répandi l'effroi non dans l'armée, mais parmi les troupeaux qu'elle traîna sa suite. Ils se débandèrent, s'enfuirent, et l'on en perdit un cer nombre. Quelques jours après, on atteignit Guelma, où on laissa malades, qui commençaient à se plaindre en grande quantité dans colonnes. Le 17, la rivière de Seybouse fut franchie; enfin le 21, des fatigues inouïes, des chemins horribles, un temps presque touj semblable à celui du départ, on se trouva sur les rives de l'Ou Achminin, à deux lieues de Constantine. On n'avait vu, pour a dire, jusque-là ni amis ni ennemis.

Constantine, quand Clausel, du bas du plateau de Mansourah, en reconnaître les abords, observait la plus fière attitude. Au de la soumission annoncée, tout annonçait une rude défense. D dans son espoir, Clausel n'en laissa rien paraître. Il disposa hab ment le peu de monde qu'il avait pour emporter la place.

Celle-ci occupe un plateau que borne de trois côté un ravin esca aux berges souvent presque verticales. L'Oued-el-Rummel coule fond de ce ravin profond. Deux autres plateaux avoisinent la vil l'un est celui de Mansourah, qu'un pont de pierres réunit à la pla l'autre est Coudiat-Aty, duquel on pourrait pénétrer sans obsta dans la place si elle n'était particulièrement fortifiée de ce côté. face de Coudiat-Aty sont les trois portes du Bab-el-Djedid, El-Ou et El-Djabia. La quatrième porte ou Bab-el-Cantara, porte du po s'élève vis-à-vis du plateau de Mansourah.

On ne pouvait songer à attaquer la ville de ce dernier côté. Ce donc une faute que de n'avoir pas manœuvré de manière à y arriv par Coudiat-Aty. Il fallait maintenant porter les principales for sur ce plateau, et cela en présence de l'ennemi et par les plus gran difficultés de terrain. On le fit néanmoins avec une grande décisio et le général de Rigny s'établit à Coudiat-Aty, tandis que Clausel fa

nner le Bab-el-Cantara, espérant renverser cette porte.
partie des brigades se seraient précipitées dans la ville et
emportée par un coup de main. Mais ni cette canonnade,
ntatives plus directes du génie, ne réussirent. Pendant ce
général de Rigny repoussait les attaques des cavaliers d'Ach-
et sous ses ordres Duvivier, alors lieutenant-colonel, es-
si de faire sauter le Bab-el-Oued ou porte de la Rivière.
e tentative nous coûta des pertes funestes, comme celle du
mmandant Richepanse et du savant capitaine Grand, et n'a-
un résultat. Une attaque de nuit du côté du pont ne réussit
. Le malheureux Trézel y fut blessé.

était au 24. Les vivres, mal épargnés, commençaient à man-
froid sévissait avec intensité. On se plaignait du manque de
. S'entêter avec le peu de forces que l'on avait amenées à
impossible, pouvait devenir d'un extrême danger. Clausel
ger, et il eut la grandeur d'âme de le reconnaître. Il ordonna
à

cua d'abord Coudiat-Aty pour repartir du plateau de Man-
ette évacuation est accomplie par les troupes de M. de Rigny
vitesse que tous les soldats ne peuvent pas suivre. Divers
stes sont oubliées. Changarnier, à la tête de son bataillon
ger, se charge d'aller les rallier. Il accomplit sa tâche de la
à plus rapide et la plus heureuse. Mais quand il est de re-
de l'armée se trouve en pleine retraite. Son bataillon forme
tête arrière-garde.

côté, les Arabes, voyant, du haut des murs de la ville, nos
opérer en désordre leur mouvement rétrograde, sortent par
la place. Ils se contentent d'abord de tirailler eux-mêmes
re; puis peu à peu, voyant la faiblesse de l'arrière-garde,
trent leurs attaques. Changarnier fait comme eux, et con-
défense. Il ordonne à sa petite troupe de se former en ba-
rré. « Mes enfants, s'écrie-t-il, regardez ces drôles en face,
mille Bédouins et trois cents Français la partie doit être
us ne ferez feu que quand ils seront à portée de pistolet. »
on obéit. L'ennemi, qui charge, est repoussé avec des pertes
il renonce alors aux attaques par masse, et nous suit en
s. Il était temps; sans cette résistance, venue si à point et
quement déployée, les Arabes débordaient sur nos colonnes
e, où régna un instant le plus affreux désordre, et des mal-
ribles eussent été peut-être à déplorer. Clausel d'ailleurs se
: il relève les courages, et supplée autant que possible à
nce de ses moyens de transport pour les blessés et les ma-
un autre côté, le ciel se déclare pour la France. Le soleil re-
es chemins se sèchent. On a, malgré cela, de nombreuses
s individuelles à déplorer. Des soldats, glacés par le froid,
donnés; des blessés ne peuvent être sauvés. Un général ne
e de laisser échapper des paroles imprudentes contre le chef
dition. La démoralisation se glisse çà et là. Mais Clausel
outes les difficultés par une habileté digne d'un meilleur
uve enfin une armée qu'un ennemi plus courageux et plus
'Achmet-Bey aurait bien certainement mise en grave péril.
cembre, elle était rentrée à Bone. La perte totale qu'elle
oit par le feu et le fer arabes, soit par le froid, les fatigues,
t les maladies, est évaluée à deux mille hommes. Exemple
les suites funestes de la précipitation et de l'imprudence!
vait pourtant mieux que personne que le chef répond devant
du sort de ses soldats. Mais il y a des illusions glorieuses.
e fut de cette nature. Il l'expia cruellement. L'opinion pu-
changeante, se retira de lui. Il n'eut pas même la satisfaction
r son échec. A quelques mois de là on lui donnait un suc-
dans le général Damrémont.

nt son absence d'Alger, Abd-el-Kader avait lancé sur la pro-
neveu d'Hadj-el-Shgir, Sidi-Embarek, qui, après avoir vécu
temps dans l'intimité de nos jeunes officiers, s'était rallié à
e son oncle. Sidi-Embarek envahit à deux reprises la Mitidja,
un petit corps de spahis. Il avait dans sa troupe plusieurs
s français. L'un d'eux, qui croyait avoir à se plaindre des
dans les rangs desquels il avait servi, écrivit avec un poignard
sur le cadavre de l'un des officiers tués en cette rencontre.
al Rapatel répondit à l'expédition de Sidi-Embarek par une
pédition sur Blida. Mais cette contre-expédition ne fut guère
résultats, puisqu'un autre parent de Hadj-el-Sghir, nommé
lachi, ramena presque aussitôt un nouveau parti d'Arabes
litidja. De part et d'autre, on prenait l'habitude d'incendier.
sions des razzias accompagnées de feu chez les tribus enne-
es en faisaient sur nos alliés. Sidi-el-Hachi ne manqua pas à
e, et le général de Brossard essaya vainement de le joindre.
mps après, ce général partit pour Oran, dont le rayon s'agi-
ouveau sous les excitations d'Abd-el-Kader. Celui-ci venait,
ar enchantement, d'y rétablir sa puissance. Le désastre de
ne donnait à ses prédications un retentissement tout nou-
us que jamais ses émissaires se répandaient dans les villes et
tribus. On annonçait sa venue à Alger. Il est nécessaire que
s occupions de lui encore une fois.

CHAPITRE XVI.

L'émir essayait alors, mais en vain, de diminuer les horreurs de la
guerre que se faisaient les deux nations. Son plan était de nous ap-
paraître à nous-mêmes comme un missionnaire de la civilisation avec
lequel la France ne pouvait que gagner à s'entendre. Malheureusement son peuple défiait l'action qu'il cherchait à exercer. Il se déro-
bait à son influence toutes les fois qu'il s'agissait d'une vengeance.

Rien ne peut mieux faire connaître les mœurs des Arabes, la haine
qu'ils avaient pour nous, l'intérieur et le génie particulier d'Abd-el-
Kader, que l'histoire de la captivité de M. de France et de quelques-
uns de ses compagnons.

M. de France était en station sur le brick le Loiret à Arzew. Il
descendit à terre avec plusieurs de ses collègues pour aller ramasser
des boulets lancés dans un exercice de tir. Il fut entouré par des
Arabes cachés dans un ravin d'où ils épiaient l'occasion de surprendre le troupeau de bœufs que nourrissait la garnison de la place,
comme toutes les garnisons des places de l'Algérie. Après s'être défendu en brave, il allait peut-être échapper à force de courage. Tout
à coup il sent quelque chose de rude glisser sur sa figure; il y porte
la main, et touche une corde qui entoure son cou. En même temps
une secousse violente le renverse, et un Arabe, qui avait attaché
l'extrémité de cette corde à l'arçon de sa selle, pique des deux et
l'entraîne au galop d'un cheval fougueux. C'est ainsi qu'un grand
nombre de nos soldats avaient été lâchement surpris, entraînés, décapités :

« J'avais beau crier et demander grâce, dit M. de France, l'Arabe
de presser toujours l'allure de son cheval et de me traîner toujours à
demi étranglé à travers les rocs et les broussailles. Cet horrible supplice dura plusieurs minutes. Enfin le coursier, obligé de gravir un
tertre assez escarpé, ralentit sa course, et je parvins non sans peine
à me relever. Alors, tout étourdi par une aussi rude secousse, les
mains et la figure meurtries et sanglantes, les jambes déchirées, je
ne sais pas comment je trouvai encore assez de vigueur pour saisir la
corde et la soutenir afin que la force de traction ne portât pas entièrement sur mon cou, pour courir, attraper le cheval et me sus-
pendre à sa queue. »

Mais à peine le courageux enseigne s'est-il ainsi relevé, que les
Arabes l'entourent de nouveau, le dépouillent de ses vêtements, le
frappent, excitant le cheval qui l'entraîne à reprendre le galop. Alors
recommence pour ce nouveau Mazeppa un supplice effrayant, dont
on ne le délivre que pour procéder à sa décapitation. « Le galop in-
cessant du cheval, dit-il, les violentes secousses de cette corde, qui
me faisaient rouler au milieu des broussailles et des pierres sur lesquelles je laissais des traces sanglantes, les injures et les coups des
Arabes, tout cela dura un quart d'heure. Un quart d'heure, c'est
bien court, ajoute M. de France, il me parut l'éternité. »

Lorsque les Arabes jugèrent la distance qu'ils avaient parcourue
assez grande pour n'avoir plus à redouter la poursuite des marins du
brick, ils s'arrêtèrent pour trancher la tête du malheureux officier.
On lui lia les mains derrière le dos, et on l'attacha à un palmier
nain.

Ici, nouvelle et affreuse scène!... Les bourreaux se disputaient la
joie de trancher la tête de la victime. Ce fut son salut, salut, hélas!
plus terrible que la mort.

En effet, le bruit de la dispute attire un espion d'Abd-el-Kader,
nommé Adda, et qui était souvent venu à Arzew; il reconnaît M. de
France pour un des officiers de la station, et, au nom de l'émir, il
promet aux Arabes une bonne récompense s'ils le conduisent vivant
au camp royal. Après de longs pourparlers, les Arabes y consentent,
et voilà le pauvre prisonnier marchant, les poings liés, entre ses bourreaux. Bientôt ils osent lui proposer de porter une tête fraîchement
coupée, celle d'un de ses compagnons. Il refuse, en leur faisant comprendre qu'il préfère la mort. L'espion Adda le sauve de nouveau;
mais bientôt la troupe traverse des douars. Alors les Arabes, quittaient leurs travaux, le frappaient, l'accablaient d'injures et d'outrages;
les femmes, les enfants se montraient plus acharnés que les hommes.
La nuit, on l'enchaînait comme une bête fauve, et des fers trop
étroits lui faisaient éprouver d'intolérables douleurs. Enfin, on arriva
au camp de l'émir, près de la ville de Kaala, entre Mostaganem et
Mascara. Là, nouvelles avanies, nouvelles menaces. Ce ne fut qu'avec
peine que les chaouchs d'Abd-el-Kader l'arrachèrent des mains de la
foule ameutée pour le conduire au sultan. Celui-ci le reçut avec
bonté, lui fit donner quelque nourriture, et le garda comme prisonnier de guerre, après l'avoir longuement interrogé. Il eut tout le
temps d'observer, et il a laissé deux volumes de remarques précieuses [1].

L'émir affectait la plus grande simplicité; jamais d'or, jamais de

Cinq ans de captivité chez les Arabes, par M. de France.

broderies sur ses burnous. Il portait une chemise de toile très-fine,
aux coutures couvertes de lisérés en soie, à l'extrémité desquelles
pendait un petit gland de pareille matière Après ce premier vêtement, venait un haïck ; puis, sur ce haïck, deux burnous en laine
blanche, et sur les deux burnous blancs, un burnous de couleur noire.
Quelques ornements en soie relevaient seuls la simplicité de ce cos-
tume. Il ne portait jamais d'armes à sa ceinture. Ses pieds restaient
nus dans des babouches ; sur sa tête rasée, il mettait deux ou trois
calottes grecques l'une dans l'autre. Quand il était entouré de ses
officiers ou de ses conseillers, sa figure, alors jeune, riante et expres-
sive, formait avec la leur le plus piquant contraste. Très-fier de ses
mains et de ses pieds, il en prenait soin en public tout en causant.
Ben-About, son ancien précepteur, avait toute sa confiance ; il gardait le trésor du maître durant le combat. Miloud-ben-Harrach
commandait les troupes sous les ordres de l'émir. Ces troupes se composaient de deux cent cinquante cavaliers et de cinq cents fantassins
réguliers. Un nombre à peu près égal de réguliers campait aux environs de Tlemcen. La journée d'Abd-el-Kader au camp se passait à

Mouloud-ben-Sidi-Boutatel, espèce d'Hercule arabe, l'enlève dans ses
bras, le jette sur un cheval frais et s'échappe avec lui.

recevoir et à interroger des espions, à se faire lire des lettres inter-
ceptées, à prendre livraison de convois venant du Maroc, et dans
des exercices militaires simulant une défaite des Français, et qui se
terminaient toujours par une brillante fantasia dans laquelle le sultan
jouait le plus grand rôle par son habileté comme cavalier.
Le camp d'Abd-el-Kader était tracé en rond ; les tentes de l'infanterie en formaient les limites, celles de la cavalerie se trouvaient
au milieu. Dans chacune, vingt hommes prenaient place. On atta-
chait les chevaux en dehors par les pieds de devant. Au centre, se
déployait la tente de l'émir, entourée d'un vaste espace libre, destiné
à recevoir ses chevaux et ceux de ses gens. L'émir en avait sept à lui,
qu'il prenait plaisir à voir panser chaque matin.
Derrière la demeure portative d'Abd-el-Kader, les muletiers ten-
daient la leur. Une centaine de chameaux étaient accroupis près de
celle qui servait de cuisine.
Quant à la tente de l'émir elle-même, elle était, relativement, magnifique. Elle avait trente pieds de long sur onze pieds de haut. Des
draps de diverses couleurs, semés d'arabesques, de croissants de
toutes couleurs la garnissaient intérieurement. Trente esclaves nègres
l'entouraient de jour et de nuit. Tous les meubles contenus dans la
partie destinée aux réceptions consistaient en un tabouret servant à
l'émir pour monter à cheval, et en trois caisses remplies d'objets
précieux, et formant une sorte de sofa.
La manière dont le chef arabe rendait la justice n'avait rien que
de très-sommaire. On lui obéissait sans aucune espèce d'objection
ni de retard. Un simple signe de sa main ou de son front formait un
ordre ou un arrêt sans appel. Cependant l'ordre le plus parfait ne

régnait pas toujours au camp. Les distributions de vivr[es]
étaient le sujet de véritables émeutes ; mais l'émir n'y [prenait]
garde, et laissait ses chaouchs apaiser le tumulte. Tous [les A...]
professaient pour lui la plus grande admiration et le plus [grand res-]
pect. Il les haranguait souvent, et ses harangues produi[saient en]
eux un effet incomparable. Il cherchait particulièrement [à exciter]
leur brutalité ; mais il n'y parvenait point. Ses entretiens [habituels]
roulaient sur la guerre. Il se vantait de chasser un jour les [Français.]
Rien n'égalait son apparente dévotion. De nombreuses pr[ières oc-]
cupaient plusieurs fois le jour.
M. de France l'accompagna dans diverses expédition[s ou]
plusieurs marches, notamment aux ruines de Tékédempt, [ville qu'il]
voulait relever, et dont il prétendait faire sa capitale pour rem[placer]
Mascara. Cette ville est située sur le Oued-Mina. Le sol qu[i l'entoure]
est assez accidenté, mais sans aucune trace de végétation et co[uvert]
de pierres. A l'époque du voyage de M. de France, on y voya[it en-]
core debout quelques pans de muraille qui formaient jadis l'enc[einte]
d'une forteresse. A quelques centaines de pas s'élevaient [les ruines]
de l'ancienne Casbah, sur les ruines de laquelle l'émir en faisai[t éle-]
ver une nouvelle. Son camp s'abritait sous un petit mamel[on qui]
allait presque rejoindre l'Oued-Mina. Un cercle de montagnes en[tou-]
rait le tout. Abd-el-Kader dirigeait les travaux dans le costu[me le]
plus simple, portant pour se garantir du soleil un vaste cha[peau]
tressé de feuilles de palmier nain. « Je veux, dit-il un jour à [ses pri-]
sonniers, élever cette ville et la rendre plus florissante qu'ell[e ne fut]
jamais été sous les sultans mes ancêtres. Ce sera pour moi le ni[d du]
vautour. C'est de là que je m'élancerai contre les Français [pour]
chasser d'Alger, de Bone et d'Oran, les troupes qu'ils y ont mis[es. »]
De France osa lui répondre qu'il était fou de nourrir de telles [espé-]
rances, et que s'il reprenait même Alger, on l'en chasserait co[mme]
on en avait jadis chassé les deys.
Abd-el-Kader dès cette époque parlait un peu le français et [ap-]
prenait cette langue ; mais il eût cru déroger que de s'en servi[r de-]
vant un chrétien. Il entendait aussi quelque peu la langue itali[enne.]
M. de France n'était pas, au reste, le seul prisonnier qui fût [dans]
son camp : avec lui se trouvaient quelques compagnons de souff[rance]
et de captivité, entre autres un malheureux colon, dont la fem[me,]
la fille et la gouvernante avaient été de la part des nègres de l'[émir]
des objets du plus horrible viol qui soit dans les annales de la gu[erre]
et du brigandage, attentat demeuré impuni. Mais reprenons le fi[l des]
événements accomplis dans la province depuis la défaite de la Sick[ack.]
Le général de Létang succéda au général Bugeaud : il fit en [oc-]
tobre une expédition qui aboutit à des dévastations nombreuses ; [mais]
ayant été obligé de se dégarnir pour envoyer des troupes à l'exp[édi-]
tion de Constantine, il se vit forcé de garder le repos. Les garn[isons]
du Méchouar, de Tlemcen et du camp de la Taffna furent alor[s de]
nouveau bloquées par les populations hostiles. Il n'y eut pas jus[qu'à]
nos fidèles alliés, les Douers et les Smélas, qui ne manquasse[nt à ce]
tout.
On en était là quand le général de Brossard fut envoyé à O[ran]
pour remplacer le général de Létang. C'était un homme de gra[ndes]
ressources, et qui a été plus malheureux que coupable. Il co[nnut]
immédiatement la situation ; mais, au lieu d'agir énergiquement [pour]
la faire cesser, il eut recours aux mêmes expédients que ses préd[éces-]
seurs. Il traita avec les agents commerciaux de l'émir. Ceux-ci f[our-]
nirent des grains et des troupeaux. On leur donna en retour [du]
soufre, du fer et de l'acier. C'est ainsi que l'héroïque garnison [du]
Méchouar fut ravitaillée par les propres richesses d'Abd-el-Ka[der.]
Celui-ci, en autorisant ses agents à fournir aux besoins de cette g[ar-]
nison, avait aussi un but plus noble que celui de se procurer q[uel-]
ques munitions. Ses agents lui faisaient entendre que l'on délivr[ait]
les prisonniers faits à la Sickack par le général Bugeaud, et do[nt les]
lettres, au rapport de M. de France, pénétraient de joie le c[amp]
arabe. Des prisonniers épargnés, des prisonniers qui reviendrai[ent :]
cette double pensée produisait dans les tentes un effet indicib[le.]
Le Méchouar venait d'être ravitaillé par les soins de l'émir[;]
notre garnison avait partagé ses ressources avec les habitants pauv[res,]
quand le vainqueur de la Sickack revint en Algérie avec u[ne mission]
spéciale, indépendante pour la province d'Oran. Damré[mont fut]
cependant nommé gouverneur général en remplacement [de Clauzel.]
L'insuffisance du général de Létang et de M. de Brossa[rd avait]
donné à Abd-el-Kader le temps de respirer. S'étant fortifi[é dans l'in-]
tervalle, surtout par suite de l'insuccès de Constantine, il n[']apprit [pas]
sans un vif déplaisir le retour de son vainqueur ; mais tout [en pas-]
sant par des semblants de dispositions à la paix, il se prépa[rait à]
prendre sa revanche. Pour cela, il lui fallait de grandes force[s. Il]
résolut d'en aller chercher, et accomplit sa résolution ave[c un bon-]
heur extraordinaire.
On était en avril 1837. Descendre avec ses réguliers su[r les bords]
du Chéliff, recevoir la soumission de plusieurs tribus pu[issantes,]
percevoir les impôts, obtenir la reddition de Cherchell[, est pour]
Abd-el-Kader l'affaire de quelques jours. Regardant alors l[a province]
d'Oran comme à lui, il reparaît dans celle de Tittery, ne craig[nant]
pas d'attirer sur son petit corps d'armée les forces réunie[s des deux]
généraux. Milianah le reçoit de nouveau avec enthous[iasme.]

Chéliff, il lève la dîme. Puis tout à coup il paraît hésiter,
e sur Mascara ; mais ici son étoile reprenant le dessus, il
squement de direction en se portant avec rapidité sur
entre comme autrefois dans cette ville au milieu des ac-
les plus enthousiastes de la part des populations. Les
sont les seuls qui voient sa venue d'un mauvais œil ; il en
ne centaine prisonniers à Médéah, entre autres l'oulid ou
-Mezrag, l'ancien bey. Les Arabes battent des mains ;
r une députation nouvelle vient le trouver ; les Blidiotes
ent son pouvoir ; tout annonce une insurrection générale.
rrons dans le chapitre subséquent comment le général
t prévint cette insurrection ou en combattit les commen-
ns la province d'Alger ; nous ne quittons plus Abd-el-

B'essés égorgés et décapités dans les gorges de l'Habra.

i, craignant sans doute d'être attaqué à la fois par le gou-
général et par le chef de la division d'Oran, quitte Médéah
voir installé comme bey ou gouverneur son frère, El-Hadj-
. Il commet alors, lui aussi, une faute considérable, c'est de
s tribus qu'il a soulevées dans la province de Tittery aban-
à elles-mêmes ; mais combien il va réparer habilement cette

e est-il de retour dans la province d'Oran, qu'il offre à la
uverneur général et à Bugeaud une paix définitive. C'était
système qu'il avait suivi avec Desmichels et Rovigo. Ce sys-
réussit encore. Craignant que ce ne soit Damrémont qui ait
eurs du traité, Bugeaud se hâte de conclure, tout en prépa-
grande expédition, qui, suivant lui, ne devait pendant trois
ser aucun relâche à l'émir ; et, le 30 mai, le malheureux
la Taffna est signé, signé au moment même où Damrémont,
omme nous le verrons tout à l'heure, pacifié la province
pouvait faire sa jonction avec Bugeaud pour écraser l'émir
rt avec lui, et finir la guerre dix ans plus tôt. Voici ce traité :
CLE PREMIER. — L'émir reconnaît la souveraineté de la France
ue.
II. —La France se réserve, *dans la province d'Oran :* Mos-
, Mazagran et leurs territoires, Oran, Arzew ; plus, un ter-
nsi délimité : à l'est, par la rivière de la Markta et le marais
sort ; au sud, une ligne partant du marais ci-dessus men-
passant par le bord sud du lac Segha, et se prolongeant jus-
ed-Melad (Rio-Salado), dans la direction de Sidi-Saïd, et de
ière jusqu'à la mer, de manière que tout le territoire com-
s ce périmètre soit français ; — dans la province d'Alger :
e Sahel, la plaine de la Mitidja, bornée à l'est jusqu'à l'Oued-
au delà ; au sud, par la première crête du petit Atlas jusqu'à
, en y comprenant Blidah et son territoire ; à l'ouest, par la
squ'au coude de Mazagran, et de là par une ligne droite jus-
ner, renfermant Zoliah et son territoire.

» ART. III. — L'émir administrera la province d'Oran, celle de
Tittery, et la partie de celle d'Alger, qui n'est pas comprise à l'ouest,
dans les limites indiquées à l'article II. Il ne pourra pénétrer dans
aucune partie de la régence.

» ART. IV. — L'émir n'aura aucune autorité sur les musulmans
qui voudront habiter sur les territoires réservés à la France ; mais
ceux-ci resteront libres d'aller vivre sur le territoire dont l'émir a
l'administration, comme les habitants du territoire de l'émir pourront venir s'établir sur le territoire français.

» ART. V. — Les Arabes vivant sur le territoire français exerce-
ront librement leur religion. Ils pourront y bâtir des mosquées, et
suivre en tout point leur discipline religieuse, sous l'autorité de leurs
chefs spirituels.

» ART. VI. — L'émir donnera à l'armée française trente mille fanègues (d Orient) de froment, trente mille fanègues d'orge, cinq
mille bœufs. La livraison de ces denrées se fera à Oran par tiers ; la
première aura lieu du 1er au 15 septembre 1837, et les deux autres
de deux mois en deux mois.

» ART. VII. — L'émir achètera en France la poudre, le soufre et
les armes dont il aura besoin.

» ART. VIII. — Les Koulouglis qui voudront rester à Tlemcen ou
ailleurs y posséderont librement leurs propriétés et y seront traités
comme les Hadurs. Ceux qui voudront se retirer sur le territoire
français pourront vendre ou affermer librement leurs propriétés.

» ART. IX. — La France cède à l'émir : Harschgoun, Tlemcen, le
Méchouar et les canons qui étaient anciennement dans cette citadelle. L'émir s'engage à faire transporter à Oran tous les effets, ainsi
que les munitions de guerre et de bouche de la garnison de Tlemcen.

» ART. X. — Le commerce sera libre entre les Arabes et les Français, qui pourront s'établir réciproquement sur l'un ou sur l'autre
territoire.

Cavaignac.

» ART. XI. — Les Français seront respectés chez les Arabes,
comme les Arabes chez les Français. Les fermes et les propriétés que
les sujets français auront acquises ou acquerront sur le territoire
arabe leur seront garanties ; ils en jouiront librement ; et l'émir s'o-
blige à leur rembourser les dommages que les Arabes leur feraient
éprouver.

» ART. XII. — Les criminels des deux territoires seront réciproquement rendus.

» ART. XIII. — L'émir s'engage à ne concéder aucun point du littoral à une puissance quelconque sans l'autorisation de la France.

» ART. XIV. — Le commerce de la régence ne pourra se faire que
dans les ports occupés par la France.

» ART. XV. — La France pourra entretenir des agents auprès de
l'émir et dans les villes soumises à son administration pour servir
d'intermédiaires près de lui, aux sujets français, pour les contesta-
tions commerciales ou autres qu'ils pourraient avoir avec les Arabes.
L'émir jouira de la même faculté dans les villes et ports français. »

Il n'y eut qu'un cri d'indignation en France quand on y connut cet abandon de tous nos intérêts. On comprend vite dans notre pays les questions qui touchent l'honneur et l'avenir de la nation. Tout le monde sentait que le traité de la Tafna constituait en Algérie et y reconnaissait une puissance en ce moment-là bien autrement forte que la nôtre, et qui allait nécessairement s'accroître de tout ce qui serait abandonné par nous. Cependant le roi Louis-Philippe, esprit éminemment politique, mais qui, dans deux ou trois occasions de sa vie, a été complétement au-dessous de son rôle, soit par lui-même, soit par ses ministres, ratifia le traité. Le général Damrémont et l'armée le dévorèrent comme une honte et comme un malheur. Quant au négociateur, l'amour-propre l'aveugla d'abord ; mais dans la suite il reconnut la faute politique dont il s'était si précipitamment rendu coupable.

Une des conséquences immédiates du traité fut l'abandon du Méchouar, que Cavaignac, maintenant chef de bataillon, dut évacuer après l'avoir si longtemps fait respecter. Les braves volontaires furent réunis au corps des zouaves, et nous retrouverons l'ancien capitaine du génie se distinguant à la tête de cette troupe toute d'attaque, de vitesse, de rapidité et de coups de main.

Cependant le général Bugeaud, qui désirait voir se renouer aussitôt les relations de commerce entre les deux nations, hâta l'entrevue. Il s'y rendit accompagné de six bataillons d'infanterie, de deux escadrons de cavalerie et de quelques pièces de campagne, et arriva le premier. Abd-el-Kader, selon toute apparence, avait fait croire aux siens que les Français venaient lui rendre hommage. Il se fit attendre comme un suzerain. Douze mille cavaliers le suivaient. Quand il fut en vue de nos troupes, il ordonna aux siennes de s'arrêter et de se déployer en couronnant les hauteurs. Quant à lui, montant un superbe coursier d'un noir d'ébène, il s'avança vers nous, suivi de deux cents chefs de tribus de la plaine et de la montagne. Ce fut alors pour les nôtres un magnifique spectacle. Ces patriotes arabes que nos soldats n'avaient aperçus jusqu'alors qu'à travers la fumée des combats, composaient vraiment le cortège le plus grandiose qui se puisse imaginer. Ils arrivaient, se prélassant majestueusement dans leur blanc haïk, comme les compagnons de Saladin. Le yatagan pendait au quartier gauche de leur selle. Sous leur burnous apparaissait une veste de couleur éclatante, et leurs bottines de maroquin rouge armées de l'éperon du moyen âge pressaient le flanc de chevaux bondissant d'ardeur. Le fils de Mahi-Eddin les précédait ; son regard si fin et si étincelant semblait dévorer cette poignée de Français repliée sur elle-même dans un silence qu'il pouvait prendre pour de la peur. Cependant quand il fut près du général, il lui tendit la main et descendit comme lui de son cheval. Tous deux s'assirent. Mais dès les premiers mots qui suivirent les compliments et les promesses, l'émir demanda avant toute chose la ratification du traité par le roi des Français. Aussitôt le général se leva. Abd-el-Kader, affectant de rester assis, Bugeaud le prit par la main et le força à se lever en lui disant : *Quand un général français se lève, tu peux bien en faire autant.*

« Je pensais un instant, dit dans la suite le général, que l'émir, sur cette action de ma part, allait ordonner à ses troupes de nous charger ; mais malgré les faibles forces que j'avais avec moi, je ne le craignais pas. »

Puisque vous ne le craigniez pas, illustre vainqueur d'Isly, il fallait prendre le devant, ne pas conclure le traité qui avait amené l'entrevue !

Après celle-ci, le général Bugeaud revint en France défendre son œuvre. Damrémont continuait la sienne. Nous allons assister à sa pacification de la province centrale et à sa conquête de la province de l'Est.

CHAPITRE XVII.

Le général Damrémont dans la province d'Alger. — Ben-Zamoun. — Combat de Boudouaou. — Philippique de Clausel. — Seconde expédition de Constantine. — Prise de cette ville. — Encore la Moricière. — Le colonel Combes. — Le général Valée.

Une nation comme la France ne pouvait laisser sans le réparer l'échec de Constantine. Ce fut la principale pensée du général Damrémont. Mais avant de rien entreprendre du côté de l'est, pacifier l'intérieur était une nécessité suprême.

Damrémont avait d'éminentes qualités et pouvait accomplir sa mission. C'était un caractère prudent, patient, et de plus un homme véritablement expérimenté, habile à concevoir et habile à exécuter. Il possédait une faculté précieuse, celle de savoir attendre. Si on ne lui eût pas donné à Oran pour rival le général Bugeaud, il aurait peut-être accompli de grandes choses. A l'époque où il fut nommé gouverneur, il était encore dans la force de l'âge. Né en 1783 à Chaumont, élève de l'école de Fontainebleau à la fin du consulat, il avait passé par tous les grades, depuis celui de sous-lieutenant. C'était un des brillants colonels de l'empire. L'opinion lui reprochait d'avoir été l'aide de camp du maréchal de Raguse ; mais d'autre part, son double titre de beau-frère du général Foy et du général Bara-guay-d'Hilliers la rassurait. Il devait cependant à la res[...] d'avoir été élevé au cadre des officiers généraux. Nous l'[...] seconder avec bravoure et avec décision, en 1830, le mar[...] Bourmont. Sa conduite à l'égard de Clausel, devant qui il [...] et à l'égard de Bugeaud, dans lequel il eut peut-être le to[...] pas voir un subalterne, est digne d'estime.

Arrivé à Alger vers le commencement d'avril, Damrémo[...] avoir donné ses premiers soins à l'administration, parcouru[...] vince d'Alger. Il se montra partout où la mauvaise volon[...] fait jour, et particulièrement à Blidah et à Coléah. Le se[...] l'intendance l'empêcha seul d'établir près de cette première [...] camp fortifié qui nous en eût assuré la possession. Il aura[...] ment assuré la soumission de la seconde ville s'il n'eût com[...] le nombre de ses troupes disponibles, troupes dont il pens[...] besoin pour en finir avec Abd-el-Kader dans la province d'O[...] il était convenu qu'il seconderait les mouvements du général B[...]

Ce calcul, que dérangea le traité de la Tafna, fut aussi [...] succès incomplet qu'il remporta sur une insurrection dont l[...] s'était formé sur l'Oued-Merdjia.

Il envoya pour dissiper cette insurrection le colonel Schau[...] avec deux ou trois mille hommes. Le général Perregaux eu[...] d'appuyer les attaques du colonel en débarquant sur la côte[...] sers. M. Schauenbourg força le ténia du Beni-Aïcha, et, aprè[...] franchi, se trouva en face des tribus insurgées ayant à leur[...] même Ben-Zamoun que nous avons déjà vu commander p[...] levées d'armes dirigées contre nous. Ben-Zamoun fut repou[...] colonel marcha alors vers la mer pour faire sa jonction avec [...] ral Perregaux. Ne l'ayant point trouvé au rendez-vous, il [...] nombreux combats de détail à livrer aux Arabes et aux Kab[...] victoire lui sourit toujours. Le gouverneur, toujours dans la [...] de préparer l'expédition d'Oran, le rappela au moment où [...] soumettre toutes les tribus de la côte entre Alger et Delhys. [...] laissa campé sur le Boudouaou le commandant de la Torré av[...] cent cinquante hommes environ, dont quarante-cinq seule[...] cavalerie. A peine cet officier fut-il abandonné à lui-même, [...] rassemblements qui avaient paru se disperser se reformè[...] bientôt cinq à six mille ennemis assaillirent, avant qu'elle eû[...] temps de se retrancher, la petite troupe du commandant de la [...] Celui-ci fit ses dispositions de combat avec une habileté pe[...] mune. Il profita de tout, abrita une partie de son monde d[...] les voitures du train, une autre partie dans le village de Boud[...] et protégea le tout par une longue ligne de tirailleurs, oppo[...] poignée de cavaliers à la cavalerie arabe. Il eut d'abord l'ava[...] mais un commandement mal compris fit évacuer le village. L[...] tres troupes crurent que les compagnies qui le défendaient ha[...] en retraite, et se montrèrent disposées à en faire autant. [...] commandant de la Torré se jeta au-devant d'elles avec ses of[...] leur expliqua la méprise, et les entraîna à la baïonnette co[...] masses arabes qui se pressaient pour occuper le village. Ces [...] se croyaient victorieuses ; ainsi abordées à l'arme blanche, ell[...] un instant d'indécision. De la Torré en profite pour précipit[...] monde. Au même moment on entend dans le lointain le br[...] tambours d'une compagnie qui arrive d'un campement voisi[...] Arabes, poussés d'un côté par nos baïonnettes, de l'autre ta[...] par la peur, prennent la fuite. Le lendemain, le général Perre[...] avec des forces considérables, arrive sur le théâtre du comba[...] forces y étant inutiles, il les promena sur l'Isser, où il eut à d[...] un autre rassemblement de trois à quatre mille Arabes ou Ka[...] Cette expédition fut couronnée par la soumission de Delhys, et[...] assura la tranquillité des tribus de l'est de la province d'Alg[...] nombreuses courses contre les Hadjoutes, dans lesquelles se [...] guèrent le général Négrier et plusieurs vaillants officiers, décid[...] également les tribus de l'ouest à la soumission. Enfin, le traité [...] Tafna laissant disponibles toutes les forces que l'on destinait à [...] battre l'émir, on songea à réparer l'échec de Constantine.

Ce n'était pas une petite chose que de tenter cette entrepri[...] situation du maréchal Clausel était là pour l'attester. Ce général [...] en vain demandé qu'on lui laissât prendre sa revanche. Un [...] toyable refus ayant accueilli ses instances, il écrivit contre l'i[...] titude et la dureté des gouvernements cette philippique dign[...] temps antiques ; satire terrible inspirée par une indignation légi[...] image trop vraie de ce qui attend le plus souvent dans notre F[...] les renommées les plus populaires. Cette philippique contena[...] abrégé toute la vie du maréchal.

« Je puis vous le dire, à vous, jeunes généraux, qui rêvez [...] connaissance de votre pays ; voici ce qui vous attend, si jama[...] circonstances vous offrent l'occasion de faire ce que j'ai fait.

» Si la patrie appelle tous ses enfants, vous partirez comme sol[...] vous gagnerez tous vos grades à la pointe de l'épée. Dans l'es[...] d'une campagne, vous assisterez à cinq batailles et à soixante [...] bats ; vous obtiendrez la reddition de plusieurs villes, en enseig[...] par où et comment on peut les prendre. Après avoir apporté au [...] voir cent drapeaux pris à l'ennemi, dont quelques-uns l'ont ét[...] votre fait, vous refuserez le grade de général, pour retourner [...] l'on peut combattre ; vous irez faire la guerre partout où on [...]

; vous serez chargé de l'abdication d'un roi ; et quand ce
donne un tableau dont un empereur vous offre un million,
nerez ce tableau au Musée national. Vous négocierez la
d'un royaume à la France, et vous arriverez au but ; vous
des villes avec des garnisons inférieures ; vous sauverez les
une armée en combattant, presque seul et durant tout un
tête d'un pont ; vous assisterez à tous les combats, et vous
distinguer les troupes qui vous seront confiées. Quand les
fuient la France, vous irez les chercher au loin ; là vous
rez et vous vaincrez ; vous pacifierez les populations, vous
z l'ordre ; vous vous ferez bénir par les ennemis. Quand on
a éloignés de cette noble mission, on vous donnera une pro-
gouverner ; vous la ferez sillonner de routes, et vous fonde-
tablissements qui vivront longtemps. Si votre souverain vous
pour prendre part à une bataille, vous lui amènerez votre
armée à travers deux cents lieues de pays, et vous arriverez
ce comme un régiment parti d'une caserne qui va à un champ
; vous irez prendre le commandement en second d'une ar-
lorsque le chef qui en répondait avant vous, blessé, mis hors
at, vous la laissera cernée de toutes parts, presque perdue,
ous-mêmes, vous la rétablirez, vous la sauverez, vous la ra-
intacte et forte devant une armée plus que double en sol-
argés d'un commandement en chef, vous combattrez inces-
un ennemi vainqueur, et vous retarderez sa marche de
à mériter ses éloges et son estime. Puis, parce que vous
parti de la gloire française, on vous fera condamner à
vous vivrez dans l'exil ; de retour dans votre patrie, vous
ocierez à la résistance de l'opinion contre le pouvoir ; plus
sous un nouveau gouvernement, vous serez chargés du soin
lonie nouvelle ; là, vous ferez partout votre devoir, plus que
voir ; vous enseignerez aux soldats à combattre, vous donne-
vos soins à la grandeur et à la puissance de ce pays ; et au
tout cela, qu'attendez-vous ?
brutale destitution pour un non-succès que le pouvoir a
autant qu'il l'a pu. Restés pauvres, vous serez accusés de
ion et de vol ; on vous dira riches de déprédations, tandis
s serez obligés de vendre le patrimoine reçu de votre père,
yer des dettes contractées pendant que vous donniez des ser-
l'État. On demandera votre tête par journaux et par péti-
n vous insultera en paroles et en écrits, on vous avilira sous
rapports.
ez donc, jeunes généraux, allez ! risquez votre vie ! Consu-
tes vos belles années dans les fatigues et les privations ! Don-
re sang, sans calcul et sans mesure ; espérez la gloire, le nom,
ne ! Allez, allez ! voilà ce qui vous attend ; car voilà ce qu'on
né !
! je l'avoue, quand je suis revenu en France d'Alger, j'ai été
ment blessé de tout ce que j'ai appris. Voir qu'on n'a reculé
aucune calomnie ; que personne n'a attendu ma présence
mmencer l'attaque ; sentir que j'avais vainement derrière moi
e-quatre ans de service, et que cela n'avait pas un moment
ceux qui m'accusaient ; comprendre qu'une vie irréprochable
valait pas mieux qu'une vie de trahison ; qu'une pauvreté pa-
e comptait moins qu'une fortune volée ; regarder autour de
n'y trouver personne qui m'ait défendu, personne qui ait seu-
dit : Attendez ! qui ait crié : « Doutez ! oh ! ç'a été pour moi
ouvantable désolation.
i été triste, mais je n'étais pas désespéré.
vais encore mon épée ; on me l'a ôtée, autant du moins qu'on
me l'ôter ; on a laissé une carrière de victoires trébucher
revers, sans vouloir lui laisser prendre un dernier laurier ;
ensé sans doute que j'étais assez tombé pour m'empêcher de
ever. Non, non ! je me relève, moi ! Je me relève pour rentrer
haute dans mes foyers ! Je me relève, et, sur le seuil de cette
paternelle où je retourne, je poserai entre moi et la calomnie
ille épée de combat.
gardez-la bien ; elle n'a ni or ni diamant à sa monture : elle
e du sang sur sa lame ; c'est le sang des ennemis de la France. »
gré l'exagération de cette douleur échappée à l'homme de
mis dans l'impossibilité de venger un affront, Clausel disait
a France est beaucoup comme Athènes. Miltiade y est souvent
t. Mais l'ingratitude du pays a le rare privilége de n'arrêter
dévouement ; quoique la parole de Clausel se soit vérifiée,
e Cavaignac vive aujourd'hui dans l'isolement, quoique Duvi-
it mort par des balles françaises, quoique la Moricière, Chan-
r, Bedeau soient en exil, il y aura toujours en France des cœurs
pour tous les dangers, des courages disposés à tous les sacrifices.
i qu'il en soit, le général Damrémont veilla avec un soin
e à ce que tout vînt concourir au succès, se promettant bien
pas se survivre comme le général Clausel, et de vaincre ou de
r. Un instant, il se résigna même à ne point supporter tout le
de l'expédition, et à n'être que le major général du duc d'Or-
qui serait le général en chef ; mais il n'entrait point dans les
de Louis-Philippe de mettre trop en relief l'héritier du trône.
c de Nemours fut désigné pour prendre part à l'entreprise, avec

le titre de général de brigade. Il était juste qu'il prît sa revanche ;
mais si cela était juste pour lui, ne l'était-ce pas pour Clausel ?

La première tentative sur Constantine n'avait pas été tout à fait
sans résultats. Laissé à Guelma, le colonel Duvivier, avec ses capa-
cités peu communes, eut bientôt étendu notre influence sur les tribus
des environs. Il repoussa toutes les attaques, et fit plusieurs sorties
aussi habiles qu'heureuses. A Bone et aux alentours notre puissance
s'affermit aussi.

De son côté, Achmet-Bey fit valoir dans le reste de la province le
succès négatif qu'il avait remporté. Il augmenta ses troupes, amassa
des provisions et des munitions ; et en même temps qu'il préparait
tout pour une résistance désespérée, il négocia. Ses négociations eurent un instant la chance de triompher ; car à quoi bon le renverser,
puisque l'on venait d'élever Abd-el-Kader? Ne valait-il pas mieux
le conserver et consolider sa puissance pour l'opposer à ce dernier,
dont il était d'ailleurs l'ennemi? A la fin l'honneur de nos armes l'emporta sur l'intérêt du moment, et, tout étant préparé pour l'expédition, elle quitta Bone, ou plutôt Medjez-Amar, le 1er octobre 1837.

L'armée comprenait trois mille hommes de plus que la première
fois. Ses dix mille combattants formaient quatre brigades aux ordres
du duc de Nemours, des généraux Trezel et Rulhières, et du colonel
Combes. Un lieutenant général des plus distingués, le comte Valée,
commandait l'artillerie, composée de dix-sept bouches à feu. M. Rohaut
de Fleury dirigeait le génie. Les vivres abondaient. On n'avait pas
oublié la désastreuse faute commise à cet égard en 1836.

Achmet, instruit du départ, donna ordre aux tribus de tout incendier sur notre passage ; mais elles exécutèrent cet ordre sans zèle et
sans ensemble. Cependant la route fut difficile. De temps à autre des
pluies furieuses défonçaient les chemins. On investit la place le
6 octobre par une de ces ondées terribles. Ben-Aïssa, lieutenant
d'Achmet-Bey, défendait les remparts de son maître, et celui-ci tenait
la campagne. Comme la première fois, on attaqua par Coudiat-Aty,
tout en occupant le plateau de Mansourah, et en y établissant des
batteries de siège. Ces batteries et celles de Coudiat-Aty canonnèrent
la ville pendant les journées du 7 et du 8, journées pendant lesquelles
on eut à repousser deux sorties des assiégés ; mais leur feu n'ayant
point produit l'effet que l'on en attendait, on les concentra toutes,
sauf une, à Coudiat-Aty. Cette concentration fut extrêmement pénible :
il fallut, tant le terrain était mauvais, atteler à plusieurs pièces jusqu'à quarante chevaux ; mais quand on l'eut opérée, tout prit une
nouvelle face. Le général Damrémont sut, par des mesures énergiques, empêcher une sortie générale, et bientôt notre canon eut fait
aux murailles une brèche ouverte à nos soldats.

Sûr désormais de vaincre, puisqu'il allait pouvoir lancer ses zouaves,
ses chasseurs d'Afrique et les héroïques fantassins de la ligne et de
la légère à travers cette brèche, le commandant de l'expédition envoya sommer les habitants de Constantine pour qu'ils eussent à se
rendre. Voici la proclamation qu'il leur adressa. Ce fut son dernier
acte, pour ainsi dire :

« Habitants de Constantine,

» Mes canons sont aux pieds de vos murs ; ils vont être renversés ;
et mes troupes entreront dans la ville. Si vous voulez éviter de grands
malheurs, soumettez-vous pendant qu'il en est temps encore. Je vous
garantis par serment que vos femmes, vos enfants et vos biens seront
respectés, et que vous pourrez continuer à vivre paisiblement dans
vos maisons. Envoyez des gens de bien pour me parler, et pour con-
venir de toutes choses avant que j'entre dans la ville ; je leur donne-
rai mon cachet ; et ce que j'ai promis, je le tiendrai avec exactitude. »

Le parlementaire qui se chargea de porter cette proclamation fut
d'abord retenu. Au bout d'un jour, il revint avec cette réponse ver-
bale de Ben-Aïssa : « Si les Français manquent de munitions ou de
vivres, nous leur en enverrons, car Constantine en a plus qu'il ne
lui en faut ; mais nous ne savons pas ce que c'est que de capituler :
ou vous nous égorgerez tous jusqu'au dernier, ou nous serons vainqueurs. »

Achmet-Bey fut moins confiant, et voici ce qu'il écrivit au général
en chef.

« De la part du très-puissant, notre seigneur et maître, El-Sid-el-
Hadjy, Achmet-Pacha :

» Nous avons appris que vous aviez envoyé un message aux habitants de la ville, qui a été retenu par les chefs principaux, de peur
qu'il ne fût tué par la population, par suite de son ignorance dans les
affaires. Les mêmes chefs m'ont fait part de cette nouvelle pour avoir
mon avis. Si votre intention est de faire la paix, cessez votre feu,
rétablissez la tranquillité : alors nous traiterons de la paix. Attendez
vingt-quatre heures, afin qu'un personnage intelligent vous arrive de
ma part, et que, par suite de notre traité, nous voyions éteindre cette
guerre, d'où il ne peut résulter aucun bien. Ne vous inquiétez pas de
votre messager, il est en sûreté en ville. »

Avant de répondre à cette lettre, le général Damrémont, qui depuis l'arrivée des troupes se multipliait avec une activité juvénile,
qui veillait aux points menacés avec une prudence consommée, qui
payait dans toutes les occasions de sa personne, sortit pour observer
les progrès de la brèche. Afin de mieux voir, il mit pied à terre, et

s'arrêta près de la batterie de Nemours, à un point très-découvert, d'où sa vue embrassait sans obstacle le travail de nos artilleurs. Le général Rulhières voulu le faire retirer, en appelant son attention sur le danger qu'il courait : il continua à observer. En ce moment un boulet arabe le frappe, il tombe. Le général Perregaux, qui l'accompagne, s'élance pour le relever : il est atteint d'une balle entre les deux yeux.

Dans un autre temps, dans une autre armée, cette mort inattendue que l'on a souvent comparée avec raison à celle de Turenne, aurait amené la ruine de l'expédition. Elle ne causa qu'une vive et universelle douleur, qui fut partagée par la France entière. Le lieutenant général Valée, commandant en chef de l'artillerie, prit le commandement général de l'expédition. Il répondit à Achmet-Bey la lettre suivante :

« Je vois avec plaisir que vous êtes dans l'intention de faire la paix, et que vous reconnaissez qu'à cet égard nos intérêts sont les mêmes. Mais, dans l'état où sont les opérations du siége, elles ne peuvent être suspendues, et aucun traité ne peut être signé par nous que dans Constantine. Si les portes nous sont ouvertes par vos ordres, les conditions seront les mêmes que celles déjà consenties par nous, et nous nous engageons à maintenir dans la ville le bon ordre, à faire respecter les personnes, les propriétés et la religion, et à occuper la ville de manière à rendre le fardeau de la présence de l'armée le moins dur et le plus court possible; mais si nous y entrons par force, nous ne serons plus liés par aucun engagement antérieur, et les malheurs de la guerre ne pourront nous être attribués. Si, comme nous le croyons, votre désir de la paix est le même que le nôtre, et tel que vous l'annoncez, vous sentirez le besoin d'une prompte réponse. »

La réponse s'étant fait attendre, le général Valée fait reconnaître la brèche, dans la matinée du 13 octobre, par les capitaines Boutault et Garderens, qui la déclarent entièrement libre. Il prépare alors ce terrible assaut dont le bruit retentira longtemps dans l'histoire.

Trois colonnes sont disposées. La première est commandée par le brillant la Moricière. Elle est composée de quarante sapeurs du génie, de trois cents zouaves et de deux compagnies d'élite du 2e léger. Elle attend l'instant décisif dans la place d'armes formée auprès de la batterie de brèche, et dans un ravin qui y attient. La seconde colonne d'assaut, qui attend aussi dans cette enceinte, est aux ordres de l'héroïque colonel Combes. Elle est plus massive, et consiste en quatre-vingts sapeurs, deux cents hommes du 2e et 3e bataillon d'Afrique, cent hommes de la légion étrangère, et trois cents hommes du 47e de ligne. La troisième colonne forme une sorte de réserve, comprenant deux bataillons de troupes mêlées prises dans les diverses brigades. A sept heures l'assaut commence; aussitôt le signal donné par le duc de Nemours, sur l'ordre de Valée, la Moricière, escorté d'une héroïque petite troupe d'officiers de génie et de zouaves, s'élance hors de l'enceinte. Les soldats des premières compagnies d'attaque le suivent au pas de course, frémissant de se voir ainsi devancés par leurs jeunes chefs. On arrive au pied de la brèche; là il faut gravir, en s'aidant des mains, une pente des plus roides, sur laquelle, au milieu des décombres, la marche glisse et se dérobe à chaque instant. Cette pente est rapidement escaladée sous le feu général de l'ennemi; car, dit un témoin oculaire, dès que les premières têtes des Français s'élançant de la batterie s'étaient montrées hors de l'épaulement, le couronnement des remparts avait comme pris feu, une fusillade continue s'était allumée le long de cette ligne, et tout l'espace que nos soldats avaient à parcourir de la batterie à la brèche était couvert d'une pluie de balles. Cependant quelques minutes venaient à peine de s'écouler, que déjà le drapeau tricolore, abrité du vieux coq des Gaules, flottait fièrement sur le haut de la brèche. Le capitaine de Garderens, des zouaves, l'avait planté. L'armée le voyait et applaudissait.

Mais là commencent des obstacles bien plus sérieux. Où aller? On se trouve en présence de constructions incompréhensibles, dit-il même témoin, d'enfoncements qui promettent des passages et qui n'aboutissent pas, d'apparences d'entrée qui n'amènent aucune issue. C'est une ligne continue de maisons qui forme comme une seconde enceinte parallèle au rempart et que les assiégés ont fortifiée. Mais l'instinct de nos soldats ne les trompe pas. Ils se portent là où le feu de l'ennemi est le plus vif, car c'est là aussi que doivent être les postes importants, et par conséquent les vrais passages. Alors commence un terrible combat de détail; on attaque les maisons les mieux défendues; on monte sur les toits, on fait des percées dans les murs; on court à toutes les barricades que l'on aperçoit, et on les enlève. La Moricière, dont le sang-froid et l'audace, jointe au courage des officiers qui le suivent, entraîne les compagnies à mesure qu'elles arrivent; les dirige, prend part à leurs attaques, brise, escalade, comme un simple soldat, et chaque fois la balle frappe la place qu'il vient de quitter. C'est ainsi que le brave capitaine Sanzai est tué sur la terrasse d'une maison où le colonel a placé lui-même des tirailleurs, disposant, dit le capitaine de la Tour-du-Pin, au-dessus des combats de terre ferme, comme une couche de combats aériens. D'autres braves aussi sont frappés, comme Leblanc du génie, comme Desmoyen des zouaves. Des accidents terribles nous font encore plus de mal que les balles ennemies. Un passage étroit se trouvait engorgé d'une foule de soldats. Un pan entier des murailles qui forment ce passage s'écroule

sur les hommes du 2e léger. Leur chef de bataillon est pris so[us] décombres. Il implore vainement du secours, vainement, comm[e] celade, il soulève les masses qui l'oppriment et qui retombent tou[jours] il meurt dans une agonie désespérée, car on ne peut veni[r à son] aide : un autre événement a bouleversé la face du combat.

Voyez tous ces hommes qui se choquent en tumulte, tomba[nt les] uns sur les autres, ceux-ci brûlés, ceux-là frappés de cécité ; ce[ux] ayant perdu l'usage de leurs jambes ou de leurs bras, ceux-là s[e] battant vainement contre la flamme qui les enveloppe. Une expl[osion] vient d'avoir lieu dans un magasin à poudre de l'ennemi. Tou[t est] embrasé. Le feu a gagné de proche en proche chaque cartouch[e]. Jamais scène plus épouvantable n'eut lieu. La Moricière tombe b[lessé] et momentanément privé de la vue. Une foule de soldats se t[ord] sous le feu. L'ennemi profite de leur agonie pour revenir dan[s les] positions qu'il a quittées; il tire à mitraille sur les mourants, e[t] voyant incapables de défense, vient les charger à coups de barre[s,] haches et de yatagans.

Mais il ne faut pas oublier que la brèche est ouverte, et que cette porte glorieuse entrent à chaque instant et deux par deu[x de] nouvelles compagnies. Or, à peine l'explosion qui a décimé le ba[tail-] lon d'Afrique vient-elle d'avoir lieu, que Combes succède à la M[ori-] cière; il prend le commandement. A son cri : A la baïonnette! baïonnette! le courage revient à tous ceux qui peuvent encore [mar-] cher. Les compagnies fraîches du 17e léger et de la légion étran[gère] soutiennent ce mouvement, enlèvent les barricades intérieures; [tout] va nous appartenir. Mais à son tour Combes est frappé de deux ba[lles.] Il résiste dans les premiers moments à sa blessure, promène su[r le] théâtre du combat un coup d'œil satisfait. Puis, ramassant toute[s ses] forces, il quitte la ville, et vient annoncer au général en chef qu'i[l] a plus qu'à tenter un dernier effort. « Ce sera, dit-il, un beau su[ccès] et dont jouiront ceux qui ne seront pas blessés mortellement. » [Ces] mots prononcés, il s'affaisse sur lui-même; on l'emporte. Deux j[ours] après il n'était plus, mais il avait conquis une gloire éternelle.

Pendant que cet homme, digne par sa belle mort des plus b[eaux] jours de l'antiquité, se trouvait forcé d'abandonner le champ de [ba-] taille, les compagnies d'attaque, privées de chefs, s'engageaient [dans] les rues de la ville et chassaient de poste en poste ceux des enne[mis] qui résistaient encore. M. Valée, pour leur donner une direction, centralisât tous les efforts, charge le général Rulhières de prendr[e le] commandement des troupes qui sont dans la place. Ce général [exé-] cute son ordre. Il ordonne les mesures que lui commande la circ[on-] stance, reconnaît le terrain, et fait occuper les principaux édifi[ces,] cherchant à chasser les défenseurs de la ville vers les remparts [op-] posés au côté de l'attaque. Mais ces mesures deviennent bientôt [inu-] tiles. Un parlementaire se présente au nom des notables de Cons[tan-] tine, et demande grâce. « Les habitants, dit-il, ne sont pas coupabl[es,] ce sont les Turcs et les Kabyles qui ont organisé et soutenu l'éne[rgi-] que et presque sauvage défense dont les Français ont à se plain[dre.] On promet au reste la soumission la plus entière. » M. Valée n'é[n]coute plus alors que la voix de l'humanité. Il ordonne qu'on cess[e le] feu.

Il était temps, et la ville avait chèrement expié sa résistance. Sa[isie] d'épouvante au bruit de l'assaut, une partie des habitants avait cher[ché] à s'enfuir en descendant au milieu des précipices qui entoure[nt la] Casbah du côté extérieur. Mais chacun voulant passer le premier, [les] fugitifs avaient roulé presque en masse dans les abîmes au fond d[es-] quels on apercevait leurs corps amoncelés. Une autre partie av[ait] choisi des chemins moins périlleux pour se rendre au camp d'A[ch-] met-Bey. Nos obus les forcèrent d'abord à ralentir leur fuite. [Puis] on eut pitié de ces malheureux et on les laissa s'échapper. Ben-A[ïssa] fut du nombre de ceux qui parvinrent jusqu'à Achmet.

Le général Valée, après avoir pris possession de la ville, y ma[in-] tint l'administration arabe, et assura la nouvelle conquête [à la] France par une forte garnison confiée au général Bernelle.

Les restes mortels de Damrémont furent rapportés en Fran[ce;] ils eurent les honneurs du glorieux mausolée des Invalides. Per[re-] gaux, blessé grièvement, mourut au retour, et la Sardaigne reç[ut ses] dépouilles. La Moricière devait vivre pour d'autres combats et p[our] d'autres événements. Parmi ceux qui s'étaient distingués avec lui[, le] général Valée cita, dans son rapport officiel, le chef de batail[lon] Bedeau de la légion étrangère, les capitaines Marulaz, de Garde[rens,] Canrobert, et beaucoup d'autres braves moins connus.

CHAPITRE XVIII.

Développement de la puissance d'Abd-el-Kader. — Annexes au traité de la Taff[na.] — Guerres de l'émir contre les tribus. — Ses menées dans la provi[nce de] Constantine. — Gouvernement général du maréchal Valée. — Expédition d[es] Bibans. — Le duc d'Orléans.

Du temps où Achmet-Bey était encore sur le trône de Constant[ine,] nous avions deux ennemis, mais qui se neutralisaient l'un par l'autr[e.] Maintenant telle est l'audace d'Abd-el-Kader, que la défaite du p[a-] cha de l'Est va lui sembler un véritable coup d'Allah opéré da[ns] l'intérêt des Arabes. « Les Français ont fait l'œuvre de Dieu, va-t-[il]

x tribus, ils ont renversé les derniers Turcs. Allah s'est servi
les pour chasser les tyrans, il faut maintenant se réunir
s infidèles. » Ces paroles ne seront que trop entendues.
endant, ce fut un spectacle curieux que de voir l'émir orga-
provinces que nous lui avions données. Les tribus s'assou-
t sous sa main; il leur faisait sentir les avantages de l'ordre
centralisation. Le commerce et les routes se remplissaient
ité. Les Arabes devenaient un peuple, tout en conservant
urs et leur antique organisation fondée sur la famille et sur
Mais adieu l'indépendance d'autrefois! La tribu n'était même
e dans ses propres affaires; les officiers de l'émir y interve-
chaque instant. Sauf cette intervention, tolérée avec peine,
es bénissaient un gouvernement qui les rendait tous égaux,
civilisation, du moins en droits. Les tribus de la province
sans cesse agitées, troublées, menacées, soupiraient après le
où elles pourraient jouir des mêmes bienfaits que leurs
l'Ouest. L'émir entretenait avec soin ces aspirations. Quand
t se plaindre à lui : « Passez de mon côté, » disait-il. Lors-
gents du gouvernement français l'accusaient de ne rien faire
ager nos sujets à la paix : « Restez dans Alger, répondait-il,
-moi gouverner les Arabes; je vous réponds d'eux. »
qua cependant une belle occasion. Durant la campagne de
ine, le choléra décimait nos troupes. Le général Négrier,
Alger, n'aurait pas pu mettre sur pied deux mille hommes
Abd-el-Kader se contenta de s'affranchir à petit bruit des
du traité de la Tafna. Après avoir organisé la province de
sous les ordres du kalifat El-Berkani, il parut dans les mon-
ui séparaient cette province de celle d'Alger. Nous dûmes
arrêter cette espèce d'invasion sur notre territoire. Il argua
é signé par le général Bugeaud. Nos agents l'expliquèrent
nt. On finit par conclure, le 4 juillet 1838, une contre-
on ou annexe dont voici le texte :

CLE PREMIER. — Dans la province d'Alger, les limites du ter-
ue la France s'est réservé au delà de l'Oued-Kaddarah sont
e la manière suivante : le cours de l'Oued-Kaddarah jusqu'à
e, au mont Tibbiarin; de ce point jusqu'à l'Isser; au-dessus
de Ben-Hini, la ligne actuelle de délimitation entre l'Outhan
bna et celui de Beni-Djaah; et au delà de l'Isser jusqu'au
la route d'Alger à Constantine, de manière que le fort de
la route royale, et tout le territoire au nord et à l'est des
indiquées, restent à la France, et que la partie du territoire
-Djaah, de l'Hamza et de l'Ouannougha, au sud et à l'ouest
mêmes limites, soit *administrée* par l'émir.

s la province d'Oran, la France conserve le droit de passage
oute qui conduit actuellement du territoire d'Arzew à celui
aganem ; elle pourra, si elle le juge convenable, réparer et
ir la partie de cette route à l'est de la Macta qui n'est pas
erritoire de Mostaganem ; mais les réparations seront faites à
s, et sans préjudice des droits de l'émir sur le pays.

r. II. — L'émir, en remplacement des trente mille fanègues
et des trente mille fanègues d'orge qu'il aurait dû donner à
ce avant le 15 janvier 1838, versera, chaque année, pendant
, deux mille fanègues de blé et deux mille fanègues d'orge.
rées seront livrées à Oran, le 1er janvier de chaque année à
e 1839. Toutefois, dans le cas où la récolte aurait été mau-
'époque de la fourniture serait retardée.

r. III. — Les armes, la poudre, le soufre et le plomb dont
ura besoin seront demandés par lui au gouverneur général,
lui fera livrer à Alger, au prix de fabrication et sans aucune
tation pour le transport par mer de Toulon en Afrique.

r. IV. — Toutes les dispositions du traité du 30 mai 1837 qui
pas modifiées dans la présente convention continueront à re-
pleine et entière exécution, tant dans l'Ouest que dans l'Est. »
un ennemi tel qu'Abd-el-Kader, traiter n'était rien. Le ma-
Valée appuya la convention en se montrant décidé à la faire
r. Il forma un camp sur le Khamis, occupa Blidah et Coléah,
vrit par des postes considérables, et accordant au système du
la Moricière une prédominance qui avait été longue à triom-
l opposa politique à politique. Par ses ordres, on se mit par-
vec les chefs arabes influents; on chercha à leur faire com-
e que la France ne voulait que le règne de la civilisation et
dre, qu'Abd-el-Kader était un maître bien plus dur et bien
ngereux. Cette politique eut un grand succès dans la province
stantine. Les kaïds trouvèrent bientôt entre la domination de
nce et celle des Turcs une différence immense. Quelques-uns
èrent d'eux-mêmes des meurtres commis sur des Français.
llent général Négrier ayant été chargé de rechercher la meil-
et la plus courte voie pour se rendre de Constantine à la mer,
Stora, et par une région non encore parcourue et réputée
e, une reconnaissance qui fut à peine troublée. La route de
ntine à l'ancienne Russicada fut alors projetée, et une ville
ise, Philippeville, prit la place de la vieille cité romaine. Phi-
ille devint promptement le port d'Alger.
maréchal Valée fit aussi occuper Djigelli, et fortifia notre garde Djimilah, qui pendant sept jours venait de résister à une

attaque générale des Kabyles de la contrée ; il résolut enfin de lier
par terre des communications entre les provinces de Constantine et
d'Alger en franchissant les Bibans par le célèbre passage des Portes
de Fer.

Pendant ce temps, Abd-el-Kader faisait de son côté de grandes
choses. C'était peu pour lui que d'étendre sa domination au détri-
ment de la France. Presque toutes les tribus du désert dans lequel
va se perdre la province d'Oran lui étaient hostiles. S'il tolérait cette
hostilité, il pouvait se trouver pris à un jour donné entre ces tribus
et la France maîtresse des principaux points du littoral. D'une autre
part, tant que ces tribus ne lui seraient pas soumises, il lui était impossible de pousser à fond de train la guerre contre les Français. Il
résolut d'agir en conséquence; mais avant de se porter sur le désert,
il eut à s'occuper de Médéah.

Un inspiré, Sidi-Jahia-el-Churgi, avait paru dans cette ville. Lui
seul, disait ce prophète, était l'envoyé de Dieu, et Abd-el-Kader
n'était qu'un imposteur. Comme preuve de sa mission, Sidi-Jahia-
el-Churgi affirmait que si l'émir marchait contre lui, *sa poudre ne
partirait pas.* Le fils de Mahi-Eddin ne tint pas compte de la prophétie. Il fut en outre servi à point. Un renégat italien, qui exerçait
un commandement dans sa petite artillerie, ayant reçu les propositions de Sidi-Jahia, demanda la faveur de charger lui-même la première pièce et d'y mettre lui-même le feu. Sidi-Jahia, comptant l'avoir
gagné, se présenta audacieusement avec les tribus qu'il avait rassemblées. La poudre ayant pris feu, il s'enfuit. Abd-el-Kader profita de
cette circonstance pour augmenter son influence dans la province de
Tittery, et, ne craignant plus de rival au Nord, se porta vers le Midi.

Son principal adversaire sur ce point était le cheik Tedjini, chef
ou djouat des Ouled-Moktan, dont la famille commandait à Laghouat
et à Tadjmout, et qui lui-même concentrait ses forces à Aïn-Mahdi.
Tedjini, habitué à vivre dans l'indépendance, ne voulait payer à l'é-
mir que ce qu'il payait autrefois aux Turcs, c'est-à-dire un droit
d'investiture. Il envoya le montant de ce qu'il se croyait obligé de
solder. Abd-el-Kader lui retourna ses présents, exigeant une soumission absolue, et exigeant qu'il le vint joindre avec ses cavaliers disponibles. Tedjini refusa. L'émir le fit d'abord investir par son frère
Sidi-Mustapha; puis il marcha lui-même à la tête de ses forces principales. Tedjini, assiégé par un ennemi nombreux, résista avec courage. Il fit plusieurs sorties; mais il lui fallut enfin abandonner sa
ville patrimoniale. Il se réfugia plus au midi, armant contre l'émir les
tribus du Sud; mais Abd-el-Kader ne se fatigua point à le poursuivre.
Ce ne fut qu'après longtemps menacé qu'il regagna Tédékempt, qui
devint le principal marché du Midi. On le vit bientôt se présenter
de sa personne, sous prétexte d'accomplir des actes religieux, jusque
dans la grande Kabylie, et jusqu'à Bougie, puis lier des relations
suivies dans la province de Constantine. Tel était l'état des choses
quand le maréchal Valée tenta l'expédition des Bibans.

Deux divisions, l'une sous les ordres du duc d'Orléans, auquel on
n'avait pas voulu accorder la gloire de l'expédition de Constantine,
l'autre commandée par le général Galbois, furent chargées de franchir ces redoutables montagnes, devant lesquelles s'était arrêtée l'audace romaine. Ces divisions, parties de Djimilah, s'avancèrent par
Aïn-Turc, l'Oued-Bou-Selam et le plateau de Dar-el-Hammar, gui-
dées par notre kalifa Mokrani; de là, elles se portèrent sur l'Oued-
Bou-Kheteun. Ici, la division de Galbois reçut l'ordre de rentrer
dans la Medjanah, où sa présence était nécessaire pour arrêter les
progrès des partisans de l'émir. Elle obéit en frémissant d'une dou-
loureuse impatience. Les régiments aux ordres du duc d'Orléans
continuèrent seuls la route. C'étaient le 2e et le 17e légers, le 1er et
le 3e chasseurs; quelques spahis, du génie et de l'artillerie les accompagnaient.

Le génie eut fort à faire quand on se fut engagé dans la vallée de
l'Oued-Bou-Kheteun. A mesure que l'on s'avança, la vallée devint
plus étroite, les montées et les descentes furent plus rapides. Enfin
on se trouva dans le voisinage des Portes de Fer, chacun cherchant
vainement à pénétrer des yeux dans ces célèbres passages, à travers
les masses perpendiculaires qui se dressèrent tout à coup en face de
l'armée.

Ces portes sont au nombre de quatre; elles consistent en des ouvertures naturelles qui donnent successivement passage entre des
rochers gigantesques sur lesquels croissent, défiant la main de
l'homme, les plus belles fleurs de la flore méditerranéenne et des
palmiers séculaires. La première se trouve à la suite d'une sorte
d'immense entonnoir dans lequel on descend par une pente abrupte.
Cette porte franchie, la route s'élargit un peu, puis, toujours sur-
plombée par des rochers dont la vue n'aperçoit point le faite, elle se
rétrécit promptement jusqu'à un second, puis à un troisième passage
fort rapprochés. La dernière de ces portes donne accès dans un défilé
obscur, mais moins étroit, au bout duquel est la quatrième, à travers
laquelle on aperçoit, comme le paradis au bout de l'enfer, une vallée
dans laquelle continue à couler l'Oued-Bou-Kheteun, mais cette
fois sous le nom d'Oued-Biban, et embellissant ses rives de perspec-
tives qui, à l'œil fatigué et terrifié par les obscurités des portes,
semblent véritablement délicieuses.

Ce fut un moment magique quand la division déboucha dans cette riante campagne aux sons retentissants d'une musique joyeuse. Mais cette magie dura peu. On était au 28 d'octobre. Le tonnerre commença à gronder comme si le ciel eût vu d'un mauvais regard une armée française franchir ces portes infranchissables. Il fallut faire halte à El-ma-Kalou. Dire ce que nos soldats souffrirent alors serait difficile. On comprendra une partie de ce qu'ils supportèrent quand on saura que le chemin qu'ils parcouraient est appelé le chemin de la soif. Pénible et cruel chemin en effet, car l'Oued-Ben-Sellam, maintenant appelé Oued-Maleh, comme il s'appelait tout à l'heure Oued-Biban, y coule dans un lit tout imprégné de sels de magnésie qui en rendent les eaux insupportables.

Après la soif, le combat ! A peine s'est-on remis en marche le 29, que l'on saisit des éclaireurs arabes, par lesquels on apprend que le commandant arabe de Sebaou, le bey ou kalifa Ben-Salem, s'est levé pour le compte d'Abd-el-Kader, et que celui-ci invite toutes les tribus des Bibans à se mettre en armes. Ben-Salem lui-même, à la tête de ses forces, campe sur l'Oued-Nava, et s'avance pour nous barrer la route du fort de Hamza, qui est le but de l'expédition. Le rapport des éclaireurs se vérifie. Le 30 octobre, on aperçoit le kalifa s'avançant comme ils l'avaient annoncé ; mais le duc d'Orléans, qui conduit une forte colonne d'avant-garde composée de troupes légères, les lance avec rapidité au-devant de l'ennemi, sans rien négliger néanmoins pour s'assurer des positions qui dominent les passages. Ben-Salem ne juge pas à propos de les attendre ; il se retire vers Médéah. Le fort d'Hamza, qui commande aux trois routes d'Alger, de Bougie et des Portes-de-Fer, et qui date des Romains, est en conséquence occupé sans coup férir, puis détruit. Il ne reste plus alors qu'à franchir les contre forts du Djebel-Hammal, pour atteindre le camp du Foudouck, où le général Rulhières a ses positions sur l'Oued-Kaddarah. De là on rentrera à Alger. Cette nouvelle et difficile marche s'exécute encore avec bonheur, malgré l'opposition de quelques partis arabes. Le 2 novembre, on est à la Maison-Carrée, et bientôt après la division est reçue dans la capitale de nos possessions au milieu des acclamations d'un peuple enthousiaste.

Ce fut assurément le plus beau moment de la vie du duc d'Orléans. Le courage dont il avait donné l'exemple, la décision et la rapidité de ses mouvements, la facilité de ses relations, le rendaient, dans toute la force du mot, l'idole de l'armée d'Afrique. Prince et soldats s'unissaient dans une même pensée, le premier promettant solennellement que désormais toute cette terre que l'on venait de parcourir resterait française, les seconds jurant de verser leur sang pour la conserver. Prince et soldats devaient tenir parole ; seulement l'exécution de la promesse du duc d'Orléans allait être bientôt interrompue par la mort et léguée à ses frères.

Personne ne songeait à une mort si prématurée lors des brillants discours de l'héritier de la couronne à la Maison-Carrée, lors de son magnifique toast à l'armée d'Afrique, quand il s'écriait :

« Au nom de l'armée, messieurs, à cette armée, qui a conquis à la France un vaste et bel empire, ouvert un champ illimité à la civilisation dont elle est l'avant-garde, à la colonisation dont elle est la première garantie !

» A cette armée, qui, maniant tour à tour la pioche et le fusil, combattant alternativement les Arabes et la fièvre, a su affronter avec une résignation stoïque la mort sans-gloire de l'hôpital, et dont la bouillante valeur conserve la tradition de nos légions les plus célèbres !

» A cette armée, compagne d'élite de la grande armée française, qui sur le seul champ de bataille réservé à nos armes doit devenir la pépinière des chefs futurs de l'armée française, et qui s'enorgueillit justement de ceux qui ont percé à travers ses rangs !

» A cette armée, qui loin de la patrie a le bonheur de ne connaître les divisions intestines de la France que pour les maudire, et qui, servant d'asile à ceux qui les fuient, ne leur donne à combattre pour les intérêts généraux de la France que contre la nature, les Arabes et le climat !

» Au chef illustre qui a pris Constantine, donné à l'Afrique française un cachet ineffaçable de permanence et de stabilité, et fait flotter nos drapeaux là où les Romains avaient évité de porter leurs aigles !

» C'est au nom du roi, qui a voulu que quatre fois ses fils vinssent prendre leur rang de bataille dans l'armée d'Afrique, que je porte ce toast !

» C'est au nom de deux frères dont je suis justement fier, dont l'un vous a commandés dans le plus beau fait d'armes que vous ayez accompli, et dont l'autre s'est vengé au Mexique d'être arrivé trop tard à Constantine, que je porte cette santé !

» C'est aussi, permettez-moi de vous le dire, comme lié d'une manière indissoluble à l'armée d'Afrique, dans les rangs de laquelle je m'honore d'avoir marché sous les ordres de deux maréchaux illustres, que je porte cette santé ! A la gloire de l'armée d'Afrique et au maréchal Valée, gouverneur général ! »

Cette noble improvisation contenait toute l'histoire de la colonie, toute l'histoire du règne. Chaque mot portait et annonçait une ère nouvelle pour le jour où le prince qui le disait serait le chef d'un gouvernement vraiment français, libéral et populaire. Le destin allait se jouer de tant d'heureux présages ! Cependant le duc d'Orléa[ns] encore de la gloire à recueillir en Afrique.

CHAPITRE XIX.

Rupture des traités entre la France et Abd-el-Kader. — Proclamation de [la guerre] sainte. — Nouveau passage du col de Mouzaïa. — Mazagran. — Fin [du gou]vernement du maréchal Valée.

On a vu que, d'après la convention annexe au traité de la [Tafna,] le fort de Hamza devait nous appartenir. Mais, sous prétext[e qu'il] n'avait pas ratifié la convention, l'émir déclara considérer la d[estruc]tion de ce poste comme une atteinte à la paix signée par le g[énéral] Bugeaud. Il écrivit au maréchal Valée d'avoir à se préparer, [la] guerre sainte allait soulever d'un bout à l'autre de l'Algérie tou[tes les] tribus arabes.

Le véritable motif d'Abd-el-Kader en prenant un rôle ou[verte]ment hostile était tiré de ses véritables intérêts. En effet, le [maré]chal Valée avait donné force et vigueur en Afrique à deux pol[itiques] nouvelles : la première, c'était celle de l'administration des [Arabes] par les Arabes sous le gouvernement de la France ; la seconde, [sui]vant le mot du duc d'Orléans, c'était celle de la permanence de [notre] occupation. S'il laissait ces deux politiques, par lesquelles on v[enait de] commencer, prendre décidément pied, l'émir devait se résig[ner à] perdre son influence et son renom dans l'universalité de l'A[lgérie.] Au plus languirait-il quelque temps encore dans ses possessi[ons du] Tittery et d'Oran jusqu'à ce que les Français l'écrasassent c[omme] ils avaient fait d'Achmet. Son avenir lui faisait donc une loi [de] prendre l'offensive. Il s'y était préparé de longue main. Par le[s moyens] de ses espions et de ses envoyés, une vaste conspiration emb[rassant] de son réseau délié toute la surface des quatre provinces. A[près avoir] convenu d'avance, elle éclata sur cent points à la fois. Nos [faibles] postes furent surpris jusque dans les environs d'Alger, nos [soldats] massacrés, nos camps assaillis.

En présence de ce soulèvement aux cent têtes, le maréchal V[alée,] quoique homme de décision, ne se crut pas assez fort. Il dem[anda] des secours en France. Les petits postes se replièrent sur les g[rands,] et, en attendant l'arrivée de nouvelles troupes, on se borna à [une] bonne contenance. Mais comme on se bornait à garder ses posi[tions,] les Arabes s'enhardirent. Les tribus fidèles furent entraînée[s. La] situation devint critique, elle exalta au plus haut degré l'op[inion] publique en France ; et l'opinion publique se montrant avec u[ne in]descriptible énergie, il fallut lui obéir. L'armée d'Afrique fu[t ren]forcée, et le maréchal Valée tint immédiatement la campagne.

On était aux premiers jours de décembre 1839. Nos colonnes [em]portent coup sur coup trois grands avantages. Une d'entre [elles,] composée du 62ᵉ de ligne et du 1ᵉʳ chasseurs, atteint entre le [fort] de l'Arba et l'Arrouch un millier de cavaliers hadjoutes, qu'ell[e dis]perse. Une autre colonne, conduisant un convoi de Bou-Farik [à Bli]dah, est attaquée par les bataillons réguliers de l'émir. Elle les rep[ousse] avec de grandes pertes. Enfin, le maréchal Valée lui-même a[tteint] entre Blidah et la Chiffah, sur le ravin de l'Oued-el-Kebir, les f[orces] réunies des kalifas de Milianah et de Médéah soutenues par plus[ieurs] bataillons de réguliers et par cinq ou six mille cavaliers de d[ivers] contingents. Malgré la puissance naturelle de la position et l'en[thou]siasme des combattants arabes, le maréchal culbute toute cette a[rmée] et lui prend cinq cents fusils, quatre drapeaux et une pièce de [ca]non. C'est plus qu'il n'en faut pour redonner l'ascendant à notre [in]fluence.

Le maréchal profite de l'indécision que cette victoire jette da[ns le] mouvement des tribus, et organise un plan général d'expédition[s par]tielles. Il s'agit d'en finir avec les Hadjoutes, et de donner le li[en] par la possession de Cherchell ; il s'agit de reprendre Médéah et [Mi]lianah, et de les mettre en communication directe avec Alger [par] une route conduisant de la Métidjah à la vallée du Chélif ; il s'[agit,] cette grande opération une fois faite, de se mettre en rapport av[ec les] troupes qui gardent Oran et Mostaganem ; enfin, quand on aura [ac]compli ces quatre choses si considérables, on opérera directe[ment] contre l'émir en détruisant ses établissements et en le poursuiv[ant à] outrance.

Ce plan, qui demande plusieurs années pour être mené à b[onne] fin, reçoit aussitôt un commencement d'exécution ; mais avan[t de] nous occuper de ce qui est fait pour cela, disons les événements [dont] les deux provinces de l'Est et de l'Ouest sont le théâtre.

Dans celle de Constantine, toute la partie méridionale est en [in]surrection. Les Kabyles assiègent nos garnisons de Bougie et de [Dji]gelli. Dans celle d'Oran, les Douers et les Smélas sont de nouv[eau] pressés par l'émir. Ils ne se défendent qu'avec la plus grande pe[ine.] Oran et Mostaganem repoussent plusieurs attaques ; mais la pri[nci]pale attaque est dirigée contre Mazagran, petit fort dépendan[t de] cette dernière place.

Cent vingt-trois hommes de la 10ᵉ compagnie du 1ᵉʳ bataillon [de la légion] d'Afrique, aux ordres du capitaine Lelièvre, occupaient ce poste. Ils s[ont] investis le 2 février par les forces de Ben-Thami, kalifa de Maska[ra.] A combien s'élevaient ces forces, nous ne saurions le dire. L'hist[oire]

capitaine Lelièvre d'avoir trompé la religion de son pays
le chiffre des assaillants et les faits de la défense. Tou-
que la faible garnison de Mazagran se maintint dans son
dant plusieurs années nul n'a contesté la vérité des faits.
eur dans laquelle ils ont été transmis à la connaissance

i fit d'abord reconnaître les abords de la place par une
éclaireurs. Le 2 janvier, il investit le fort avec environ
hommes appartenant à quatre-vingt-deux tribus. Avant
assaut, il le canonna et eut bientôt opéré une brèche dans
einte. Les Arabes se précipitèrent aussitôt par cette brè-
leurs attaques furent repoussées. Ils les recommencèrent
se portant à la fois sur la brèche et contre la porte du
i, défendue seulement par quinze hommes aux ordres du
Durand, résista. A la brèche, on ne se défendit pas avec
oïsme; mais les soldats commencèrent à perdre courage
que la garnison de Mostaganem ne faisait rien pour les
ndant la nuit, le capitaine Lelièvre leur inspira cepen-
lution de mettre le feu aux poudres, et de sauter avec le
que de se rendre. On n'eut pas besoin d'exécuter cette
xtrême. Après une nouvelle journée d'assauts inutiles,
se retira au matin du cinquième jour, comptant un mil-
s ou de blessés. Quand la garnison de Mostaganem arriva
champ du combat, elle trouva la petite troupe du capi-
re plus que décimée, mais prête à combattre encore.
t tous ces faits d'armes n'avançaient que bien peu la pa-
Abd-el-Kader avait adopté un système de guerre qui dépendant longtemps les efforts de nos troupes impuissants.
nt que l'armée française ne pouvait sans s'éparpiller à
per que certains postes considérables, il tenait le pays
Les chefs qui reconnaissaient son autorité, ceux qui étaient
s ou seulement les ennemis de la France, avaient pour
d'entretenir l'insurrection sans la compromettre par des
portants. En conséquence, lorsque nos soldats sortaient
pour une expédition, il était rare qu'on les attendît, à
'on ne fût très en force. On fuyait devant eux, leur aban-
campagne; mais à peine reprenaient-ils le chemin des
ue l'on se reformait sur leurs derrières, et nos coups por-
dans le vide.
pourtant obtenir quelque chose de décisif. Comme les
forces d'Abd-el-Kader sillonnaient la province de Tittery,
Valée résolut une expédition qui, si elle ne les dissipait
tiendrait du moins. Il s'agissait d'occuper de nouveau la
Beylieh et de ne plus la quitter, et d'en faire autant pour
t pour Milianah.
'Orléans s'était rendu si populaire à la suite de l'expé-
Bibans, que les soldats le demandaient cette fois encore
Le jeune duc d'Aumale voulut aussi faire ses premières
son frère. Le corps expéditionnaire partit de Bouffarik le
10.
comme nos lecteurs le savent, pour gagner Médéah, tra-
ouveau le fameux col de Mouzaïa. Les Arabes avaient ré-
point nous y laisser arriver. Nos troupes, après un jour
venaient à peine de s'établir autour de ce fameux tom-
chrétienne qui a donné lieu à tant de légendes, et qui
pointe orientale du lac Kalloulah, quand tout à coup les
s hauteurs se couvrirent d'ennemis dont rien n'avait an-
nue. Hadji-el-Sghir-Embarach et Ben-Salem commandent
ents, qui, se réunissant soudainement en files serrées, fon-
op de leurs chevaux sur la petite armée française à moitié
lais des chefs solides sont là : Duvivier, la Moricière,
Changarnier, d'Houdetot, Cavaignac secondent Ferdinand-
Nos troupes affermies par ceux tiennent bon, gagnent du
is se précipitent à leur tour, et les contingents arabes
oin, poursuivis par le jeune duc d'Aumale, qui gagne ses

aque, au commencement de l'expédition, annonçait que
e céderait pas facilement le passage du col de Mouzaïa. En
ontingents chassés de l'Afroum se réunissent à la colonne
e par El-Berkani et qui garde le défilé. Là sont rassemblées
lusieurs tribus considérables se rattachant toutes à la grande
Mouzaïa. Abd-el-Kader a pourvu lui-même à la défense du
rte redoute est construite dans l'endroit le plus propice
te d'un piton. Des batteries sont établies sur les points qui
nt à la route. De plus, de grandes récompenses ont été
ant aux tribus qu'aux troupes régulières. Les Mouzaïa en
ont reçu des priviléges importants. Tous les Arabes comp-
re la défaite des Français.
nt ceux-ci s'avancent au matin du 12 mai. Le plan d'atta-
mple, il ressemble à tous les plans par lesquels on veut
les défilés. Trois colonnes ont été formées. L'une, conduite
icière, doit se porter par la droite sur les retranchements
les prendre à revers; tandis que la seconde colonne, aux
Duvivier, se portant sur la gauche, attaquera directement
retranchements. La troisième colonne, formant une sorte

de réserve, observera un instant, et aussitôt qu'elle verra l'ennemi
faiblir elle se portera de front sur le col.

Ceux qui ont la passion des armes auraient pu entrevoir alors l'un
des plus magnifiques combats qui nous aient assuré la terre d'Afrique; nous disons entrevoir, car à peine la première colonne française
s'est-elle, par un élan rapide, présentée au pied de la redoute, que
tous les pitons du col s'allument, vingt mille fusils s'embrasent à la
fois, puis la fumée enveloppe les montagnes, et c'est à travers ce
nuage que l'on s'attaque, que l'on se poursuit de ravin en ravin, de
pic en pic. Cette lutte dure sans résultats pendant plusieurs heures.
Enfin vers midi, le clairon fait entendre, au milieu de la fusillade,
sa voix aiguë. Sa fanfare joyeuse annonce que la colonne qui a été
lancée la première a conquis une véritable position, et qu'il est temps
d'agir avec ensemble pour la seconder. Aussitôt les deux autres colonnes envahissent à leur tour les hauteurs. Celle qui marche de
front sur le col est attaquée par une masse d'Arabes retranchés dans
un ravin; elle lutte corps à corps, officiers et soldats. Le général
Schramm lui-même est blessé. Un moment d'indécision a lieu; mais
un bataillon du brave 23e, tournant ce formidable ravin, charge par
derrière les Arabes à la baïonnette; ils fuient dans toutes les directions, et le chemin de la redoute et des derniers retranchements est
balayé.

Mais il reste à enlever les ouvrages eux-mêmes; et, depuis trois
heures du matin qu'elles marchent et combattent, nos troupes sont
à jeun. Elles meurent littéralement de soif et de faim. Elles voudraient se reposer; mais ralentir l'attaque, ce serait faire croire aux
Arabes que l'on hésite. Les généraux le comprennent. L'un d'eux,
Changarnier, qui s'est mis à la tête du 2e léger, par un de ces mouvements dont le succès est toujours certain, appelle à lui les officiers
de ce corps, et, mettant froidement son épée sous son bras, comme si
l'entreprise n'eût présenté aucun péril : — Faites marcher vos hommes, leur dit-il; — en avant! — A sa voix sonore les soldats retrou-
vent leur énergie, on se précipite sur la redoute, on l'investit, on
l'assaille; repoussé, on revient à l'assaut; enfin un soldat plante le
drapeau tricolore sur les retranchements; il n'en faut pas davantage
pour donner à tous une nouvelle ardeur. La colonne de Duvivier,
celle de d'Houdetot, pressent leur marche; et tandis que la colonne
de la Moricière chasse devant elle les défenseurs de la redoute, les
poursuit jusqu'au bois des Oliviers, le col est occupé, le passage est
franchi.

Cinq jours après on arrivait à Médéah, et c'était Cavaignac que
l'on choisissait pour commander la garnison. Avec lui, on était sûr de
ne pas perdre un pouce de terrain. Il fit mesurer ce terrain dès le
premier jour. Ayant pointé lui-même un canon, il fit observer à ses
officiers la place où le boulet allait au loin frapper : — Voilà nos limites, s'écria-t-il. — Les Arabes ne franchirent pas cette frontière
d'un nouveau genre, mais lui la dépassa dans plusieurs expéditions
que nous aurons lieu de signaler.

Médéah emporté, on s'établit à Milianah, dont Changarnier prit le
commandement. Ce fut l'objet d'une autre expédition, qui ne présenta point les mêmes péripéties. On croyait qu'Abd-el-Kader défen-
drait cette place, où il avait ses principaux magasins. Mais une telle
défense n'entrait point dans ses plans, il abandonna la ville après
qu'elle eut été complétement ruinée par lui-même.

Ces succès furent les derniers du gouvernement du maréchal Valée. Un successeur venait de lui être donné sur sa demande.

CHAPITRE XX.

Gouvernement du général Bugeaud. — Première période de ce gouvernement. —
Cavaignac à Médéah. — Ravitaillement de cette ville. — Combat du 3 mai 1841.
— Défense de Coléah. — Expédition de Tékédempt. — Le général Changarnier et Cavaignac sur l'Oued-Foddah. — Le général Négrier dans la province
de Constantine. — Le colonel Noël

Nul n'a jamais contesté les rares talents militaires du maréchal
Valée. A une grande expérience il joignait des connaissances pro-
fondes en matière de stratégie. Mais comment utiliser ces connaissances avec un ennemi insaisissable? Le maréchal Valée se dégoûta
trop tôt peut-être. Au lieu d'exiger qu'on lui fournît assez de troupes
pour agir contre Abd-el-Kader de manière à l'enfermer dans une
muraille de fer ou à le rejeter hors de l'Algérie, il se borna à demander un successeur. Ce successeur, ce fut le général Bugeaud,
avec lequel nous avons déjà lié connaissance.

Le vainqueur de la Sickah arrivait en Algérie dans les meilleures
conditions. Les deux expéditions dirigées par le duc d'Orléans avaient
eu le retentissement le plus grand en Afrique et en Europe. D'un
autre côté, la parole de celui que l'on appelait alors l'héritier du trône
était engagée. On ne devait plus abandonner la conquête, cela avait
été dit. Les Arabes le savaient, et, malgré tous les efforts d'Abd-el-
Kader, commençaient à le croire. Il ne faut pas perdre de vue non
plus que le général Bugeaud avait à cœur de faire oublier par tous les
moyens possibles son funeste traité de la Tafna. Enfin ce gouvernement français, dont il avait la confiance, faisait pour lui ce qu'il n'avait
encore consenti en faveur d'aucun général. Non-seulement on lui

accordait de pleins pouvoirs, mais on mettait à sa disposition l'effectif le plus considérable. Soixante-treize mille hommes d'infanterie et treize mille hommes de cavalerie, voilà de quoi se composait l'armée qui allait agir sous les ordres du nouveau gouverneur. Avec de telles forces, si l'on n'arrivait à aucun résultat, c'est qu'évidemment il n'y en avait pas à obtenir.

Le général Bugeaud ne doutait pas du succès. Dans son gasconage héroïque, il devançait de quelques années la fin de la guerre. Sa proclamation aux troupes atteste toute sa confiance en lui-même. Voici cet acte officiel.

« Soldats de l'armée d'Afrique,

» Le roi m'appelle à votre tête. Un pareil honneur ne se brigue pas, car on n'ose y prétendre ; mais si on l'accepte avec enthousiasme

Bugeaud.

pour la gloire que promettent des hommes comme vous, la crainte de rester au-dessous de cette immense tâche modère l'orgueil de vous commander. Vous avez souvent vaincu les Arabes, vous les vaincrez encore ; mais c'est peu de les faire fuir, il faut les soumettre. Pour la plupart, vous êtes accoutumés aux marches pénibles, aux privations inséparables de la guerre ; vous les avez supportées avec courage et persévérance dans un pays de nomades, qui, en fuyant, ne laissent rien au vainqueur. La campagne prochaine vous appelle de nouveau à montrer à la France ces vertus guerrières dont elle s'enorgueillit. Je demanderai à votre ardeur, à votre dévouement au pays, au roi, tout ce qu'il faut pour atteindre le but : rien au delà.

» Soldats ! à d'autres époques, j'avais su conquérir la confiance de plusieurs corps de l'armée d'Afrique ; j'ai l'orgueil de croire que ce sentiment sera bientôt général, parce que je suis bien résolu à tout faire pour le mériter. Sans la confiance dans les chefs, la force morale, qui est le premier élément du succès, ne saurait exister. Ayez donc confiance en moi, comme la France et votre général ont confiance en vous. »

Les premiers événements répondirent à la certitude de vaincre dont cette proclamation est tout imprégnée.

Nous avons parlé déjà du système auquel le général Bugeaud s'arrêta. C'était de poursuivre l'émir dans tous ses alliés ; de le chasser lui-même de position en position ; de l'attirer, si l'on pouvait, à des engagements décisifs ; de ne laisser ni à lui ni aux siens aucun répit. Pour mettre ce système en œuvre, le général voulait être d'abord sûr de la province d'Alger et d'une partie de celle de Tittery. Après avoir concentré ses forces dans ces deux provinces, il voulait procéder dans les autres par voie de rayonnement.

En conséquence, il prépara une première expédition qui avait un double but : ravitailler Médéah et Milianah, et, chemin faisant, châtier toutes les tribus rebelles des deux provinces.

Le blocus de Médéah n'est pas moins célèbre que celui de Tlemcen.

Deux bataillons de zouaves, commandés par MM. Renaud [...] sous les ordres du lieutenant-colonel Cavaignac, composaien[t] [...] nier lieu la garnison. Le casernement était dans un état aff[...] zouaves montrèrent là comme ailleurs toutes les ressource[s] imagination pour l'améliorer. Ils firent eux-mêmes leurs [...] et leurs couvertures. On les vit, pour s'éclairer, retirer l'h[uile] pieds des bœufs, et souvent filer des étoupes comme d[es] femmes. Cela se faisait au milieu de prises d'armes continuel[les] sieurs fois on dut croire dans la place à une attaque génér[ale] Cavaignac avait pour système de faire sortir ses zouaves t[outes] fois que l'ennemi se présentait. On le poursuivait jusqu'à [...] du fameux canon qui avait tracé les limites. Puis, comm[e] pouvait songer à être ravitaillé par l'armée d'Alger, il fallai[t] tailler soi-même. Le colonel Cavaignac sortit le 29 décemb[re] et alla chercher ce qu'il fallait à ses hommes dans la vallée d[e] Cette expédition eut un plein succès. Elle amena, il est vrai[,] Médéah des représailles. L'ancien kalifa de la ville, El-Ber[ka]saya, le 5 février 1841, de la reprendre ; il fut repoussé, [...] dix fois supérieur en forces. Enfin la petite garnison des [...] fut relevée le 3 mai. Le général Bugeaud chargea Cavaign[ac de] féliciter : elle l'avait bien mérité. Celle de Milianah avait e[u] plus à souffrir. Mais revenons à l'expédition du ravitaillem[ent lui-]même.

Ayant organisé ses convois à Blidah, le général Bugeaud [...] le 27 avril. Il avait envoyé en avant le général Baraguay-d['Hilliers] qui avait, par un sentier nouvellement découvert, su tourn[er la po]sition du col de Mouzaïa. En conséquence, il n'y eut que d[es enga]lements sans valeur au passage du col, et l'on ravitailla Médé[ah.] Le même jour, la colonne, rentrant au bois des Oliviers, fut [attaquée] par douze ou quinze cents chevaux. Cavaignac conduisait ave[c un] demi-bataillon de zouaves. Ennuyé des attaques de l'enne[mi, il] chargea avec ce demi-bataillon, et le força à la fuite. Le len[demain]

Bugeaud s'occupait beaucoup du soldat, l'interrogeant, l'encourage[ant,] le haranguant, lui parlant de son père, de sa mère, du pays.

le convoi de Milianah rallia le bois des Oliviers. Changarni[er fut] blessé à l'épaule d'une balle kabyle. On en fit aussitôt l'ext[raction] et aussitôt il se remit à cheval. Les colonnes réunies arrivè[rent le] matin du 1er mai devant la gorge qui remonte vers la ville. [...] douze mille cavaliers arabes encombraient la plaine. Le gén[éral en] chef échelonna l'infanterie de ses deux ailes à droite et à gau[che de la] gorge, afin de protéger l'entrée du convoi dans la place. Q[uelques] centaines de Kabyles en disputèrent faiblement l'entrée.

Il paraît que la colonne de gauche ne comprit pas ou exéc[uta mal l']ordre qui lui avait été donné. « Ma colonne de gauche, dit [le gé]néral Bugeaud dans son rapport, au lieu de s'échelonner [sur] Milianah s'étendit sur des crêtes éloignées, d'où elle ne p[ut] couvrir les transports, et là s'engagea un combat dont la v[...]

le voisinage d'un ennemi sérieux. Une compagnie de
n instant enveloppée, fut dégagée par une charge à la
que fit bravement le commandant des zouaves Saint-
ec deux compagnies. Au même instant, et comme j'arrivais
ville à la tête du convoi, deux mille Kabyles environ m'at-
ur le flanc gauche. Le bataillon du 18e, qui devait relever
, était déjà entré à Milianah, dont le chemin très-étroit
de rochers se trouvait encore encombré par l'ambulance;
rte que je ne pouvais communiquer que très-difficilement
aillon. Je n'avais donc sous la main, pour repousser l'at-
Kabyles, que les cavaliers, qui conduisaient à pied leurs
argés de farine. La moitié d'entre eux se précipitèrent en
avec beaucoup de résolution, et repoussèrent les assaillants
vins d'où ils étaient sortis. Je pus ensuite parvenir de ma
a la place. J'en ressortis immédiatement avec le bataillon
une partie de la garnison. Ces forces, échelonnées sur les
minants, assurè-
ée du convoi, qui
moins de six heu-
r. »
ral passa le reste
ée à examiner le
ensant bien que
i se trouvait en
taquerait le len-
prit ses mesures,
a pendant la nuit
anah le colonel
vec ordre de tom-
errière sur l'en-
nd il verrait le
rmée aux prises

côté, Abd-el-Kader
s perdu un seul
mouvements de
ans la place. Il se
ailleurs en face de
qui l'avait vaincu
ah, et il voulait
a revanche.
ndit pas qu'on lui
ataille : le 3 mai,
du jour, il vint la

oint du jour, dit le
ugeaud dans son
on vit s'avancer
oite deux colonnes
es, fortes, selon
n générale, de six
mmes au moins.
lles était suivie de
llons réguliers, qui
alués à huit cents
chacun. Ces trou-
rigeant de manière
r tous mes vœux,
se masser derrière
s, au pied de la po-
upée par ma droite,
ant presque le dos
bataillons cachés

— Tenez, lui dit-il (Changarnier), mon cher colonel (Cavaignac), après de
si glorieuses fatigues, vous devez avoir besoin de vous rafraîchir.

anah. Bientôt les Arabes passèrent le ravin et commencèrent
la position. Pour mieux faire croire à une retraite, j'éloignai
peau et mon état-major, où leur feu très-vif avait déjà blessé
chevaux. »
me temps le général fit sonner la retraite par ses tirailleurs;
Kabyles prirent cette sonnerie pour celle de la charge, et
dèrent. Bugeaud ordonna alors que tous les commandements
à la voix. Le silence des clairons et des tambours enhardit
, mais pas assez pour qu'il osât une attaque décisive.
dant Abd-el-Kader avait, lui aussi, son plan, qu'ignorait le
Tandis que les colonnes dont nous avons parlé tenaient les
n échec, une autre colonne très-forte filait à couvert par un
manière à tourner la gauche des Français. Un faux mou-
la mit bientôt face à face avec cette gauche et avec le centre,
mandait le duc de Nemours. Ce jeune général n'avait point
rdre de céder le terrain par la meilleure des raisons, savoir
geaud ne prévoyait point qu'il pût être attaqué. En consé-
, voyant les Arabes venir à lui, il ordonne de les charger.
s'enfuient. On les poursuit, l'élan gagne quelques bataillons
lonne du général en chef lui-même, et voilà tout son ordre
lle compromis; car entendant les cris de ceux de leurs amis
fuient, et voyant les réguliers de la colonne du ravin se dis-
218.

perser, les Kabyles qui faisaient tête au général n'osent plus s'engager.
Ils lâchent pied à leur tour, et les bataillons embusqués dans Milianah
ne réussissent qu'à en couper plusieurs centaines.

Abd-el-Kader, désespéré, voulut en vain retenir ses troupes : il fut
entraîné à son tour. Le célèbre commandant de spahis, Joussouf, le
reconnut, et se mit à sa poursuite. Comme il était très-bien monté,
il se trouva bientôt seul derrière l'émir, qui criait aux siens : « Lâ-
ches! retournez-vous donc! il n'y a qu'un homme derrière vous. »
L'homme ne ralentit pas pour cela son ardeur; mais son cheval, fatigué d'un élan trop rapide, refusa de le servir, et l'émir ne fut pas
pris. Il revint à la charge quelques jours après, en attaquant le corps
expéditionnaire, au retour de Milianah. Il fut encore battu.

Le général Bugeaud poursuivit alors avec énergie son plan de campagne. Il donna ordre au général Baraguay-d'Hilliers d'opérer sur le
bas Chéliff, et de ramener les tribus à l'obéissance par la terreur.
Pendant ce temps-là, lui-même irait ruiner et détruire pour jamais
les dépôts d'armes et les
places fortes qui restaient
encore à l'émir. Parmi ces
places figurait surtout cette
Degedempta ou Tagdempt,
qu'Abd-el-Kader avait re-
levée quand il avait vu que
Mascara était trop exposée
aux coups des Français.
Nous allons laisser le général Bugeaud raconter lui-
même comment il détruisit
la capitale de l'émir. Son
rapport sur l'expédition est
ainsi conçu :

« Je suis parti le 18 mai
de Mostaganem, ainsi que
j'avais eu l'honneur de vous
l'annoncer.

» Les prolonges de l'artillerie et du génie étaient
chargées de munitions, d'ou-
tils et autre matériel, pour
le siége présumé de Tag-
dempt.

» Les moyens de transport
qui étaient à ma disposition
ont été employés pour l'organisation de ce service et
pour celui des ambulances;
j'ai ajouté à ces moyens tout
ce que mes ressources me
permettaient de faire : chaque soldat portait des vivres
pour huit jours, et les chevaux de la cavalerie étaient
chargés d'un sac de soixante
kilos de riz.

» Le dévouement de ma
cavalerie a rendu un service
signalé à l'armée. Des cavaliers ont porté leurs sacs
jusqu'à Mascara, tour à tour
soldats du train et des équipages et cavaliers quand il
fallait combattre.

» Après plusieurs petits
combats d'arrière-garde et de flanc, nous sommes arrivés devant
Tagdempt le 25 mai, et nous en avons pris possession pendant un
engagement très-vif entre les zouaves et la cavalerie ennemie qui
était sur les hauteurs voisines. Ce combat fait beaucoup d'honneur
aux zouaves, corps vraiment d'élite.

» La ville et le fort étaient évacués par les habitants, qui avaient
tout enlevé; quelques maisons couvertes en chaume brûlaient incen-
diées par les Arabes eux-mêmes. Celles en maçonnerie, recouvertes
en tuiles, étaient intactes, ainsi que la fabrique d'armes, une scierie
et des magasins. L'armée a travaillé immédiatement à la démolition,
et les soldats du génie à pétarder le fort. Le lendemain à huit heures
nous avons pris la route de Mascara, et des hauteurs voisines Abd-
el-Kader a vu sauter la citadelle qui lui avait coûté tant d'efforts et
d'argent à édifier, et dans laquelle il plaçait ses principaux dépôts
d'armes et de munitions de tout genre.

» Comme je présumais que les cavaliers arabes ne manqueraient
pas de venir à l'instant de notre retraite examiner la destruction que
nous avions accomplie, j'embusquai derrière les décombres du fort
les zouaves, et dans les ruines des maisons de la ville un bataillon
du 41e de ligne. A peine la colonne était-elle à une portée de canon,
que sept à huit cents cavaliers inondèrent la place et les rues. Le
bataillon du 41e sortit brusquement de son embuscade, et leur fit une

fusillade qui en mit quinze sur le carreau et qui leur tua plusieurs chevaux. Les zouaves n'eurent pas la même occasion.

» Le même jour et les jours suivants, jusqu'à Mascara, Abd-el-Kader nous a toujours flanqués par deux grosses colonnes de cavalerie, pendant qu'un millier de chevaux tiraillaient sur notre arrière-garde. Ses principales forces se tenaient à une distance et dans des positions telles, qu'il était impossible de les engager au combat contre leur volonté. J'ai tenté vainement plusieurs moyens qu'il serait trop long d'expliquer. A Fortassa, l'ennemi réunit toutes ses forces sur les hauteurs que nous devions franchir. Ce lieu était célèbre dans l'histoire des Arabes, puisqu'ils y ont défait, il y a quarante ans, le bey Bou-Cabous. Je crus qu'ils avaient choisi ce lieu pour me livrer bataille ; je massai aussitôt mon convoi ; la cavalerie déposa ses sacs à côté, et sans presque aucun retard dans notre marche, nous nous portâmes vivement vers l'ennemi, heureux de trouver enfin l'occasion d'obtenir un succès qui pût décider de quelque chose. Nos espérances furent encore déçues. Dès que nos bataillons, échelonnés par les deux ailes et couvrant la cavalerie, furent à portée du canon, l'ennemi se retira au galop et alla prendre position sur de hautes montagnes à environ deux lieues. Je renonçai à le poursuivre, pour ne pas fatiguer inutilement les troupes, et je revins coucher au lieu où j'avais laissé le convoi sous la garde de quatre bataillons. Il y avait de l'eau, du fourrage et du bois.

» Nous retrouvâmes Abd-el-Kader le 30 sur les hauteurs qui environnent Mascara ; il était renforcé par quatre mille chevaux que lui amenait Bou-Hamedi, kalifa de Tlemcem. Tout annonçait qu'il voulait défendre les approches de la ville. Nous fîmes la même manœuvre qu'à Fortassa ; elle n'eut pas de beaucoup meilleurs résultats. Cependant on nous attendit d'un peu plus près, et nos tirailleurs et nos obus tuèrent quelques hommes et quelques chevaux. Nous prîmes alors possession de Mascara, et je fus agréablement surpris quand je vis qu'on s'était borné à briser les portes et les meubles en bois.

» Grand nombre de maisons sont en ruines depuis longtemps ; mais comme la ville est très-grande, car elle a contenu autrefois vingt à vingt-cinq mille habitants, il nous a été facile de trouver des locaux pour l'hôpital, les magasins et le casernement de la garnison. »

Le général Bugeaud raconte ensuite son retour à Mostaganem. Ceci fut plus difficile que l'expédition elle-même, car on prit pour abréger la route le défilé d'Akket-Kredda. Notre arrière-garde y fut attaquée par six mille Arabes. Telles étaient les difficultés du terrain, que le général en chef ne put lui porter aucun secours. Quoiqu'elle ne fût forte que de trois bataillons, elle se suffit à elle-même. Le général Levavasseur la commandait. Les Zouaves étaient aux ordres de Cavaignac, que Bugeaud cita à l'ordre de l'armée avec MM. Daumas, Esterhazy, Berthois, Charron, Bizot, Saint-Arnaud, de Barral, Baudens, Bertin, Chard, Travot, Vergé, de Clonard, etc., etc., etc.

L'expédition de Borar et de Thaza ne fut pas moins heureuse. Il s'agissait de ravitailler Médéah et de détruire plusieurs établissements importants de l'émir. Le général Baraguay-d'Hilliers dirigea cette expédition avec intelligence. Sous ses ordres, Changarnier, usant de la rapidité qui le distingue, tomba sur les Mouzaïa, occupa le col, et permit ainsi au corps d'armée de franchir l'Atlas sans coup férir. Après avoir jeté des vivres dans Médéah et avoir emprunté à sa garnison quelques compagnies d'élite, on occupa successivement Borar, Cassar-Boreri, ancienne station romaine, et Thaza, fort où Abd-el-Kader avait renfermé plusieurs prisonniers, et qui fut entièrement rasé. De là on revint par Milianah, où l'on ravitailla aussi la garnison ; et après avoir touché de nouveau à Médéah, où furent réintégrées les compagnies du 25ᵉ, on rentra le 2 juin à Blidah, que l'on avait quitté le 18 mai.

Cette expédition si rapide eut cela de remarquable que toujours les Arabes fuirent devant nos troupes. On aperçut des réguliers de l'émir à Thaza et au Téniah ; mais ils n'osèrent entrer en lice. A ce propos, le général Baraguay-d'Hilliers s'exprimait ainsi : « Les Arabes, disait-il, ne se lasseront-ils pas enfin de voir les réguliers les pousser au combat sans s'engager eux-mêmes, d'être dans l'obligation continuelle de se sauver à notre approche, de voir incendier leurs tribus, et surtout de donner leur argent pour bâtir des châteaux que nous raserions en vingt-quatre heures, fussent-ils encore plus éloignés de nous que ne l'étaient Borar et Thaza ? Jusqu'à présent, ils ne pouvaient se figurer que nous oserions aborder le désert d'Angad ; aujourd'hui, ils doivent être convaincus que nous irons détruire les établissements d'Abd-el-Kader partout où il pourra en fonder de nouveaux. »

Il n'y eut pas un homme de tué dans cette expédition.

Pendant que tout cela avait lieu dans les provinces de Tittery et d'Oran, l'armée divisionnaire de Constantine remportait de grands succès ; il en était de même aussi d'un petit corps aux ordres du général la Moricière, et qui, opérant à l'extrémité sud-ouest de l'Oranais, détruisait la gethna d'Abd-el-Kader et le fort de Saïda, résidence de son beau-père Mustapha-Ben-Thamy. Nous parlerons plus tard des avantages obtenus dans la province de Constantine par les troupes aux ordres du général Négrier.

Ce n'est rien que de vaincre en pays conquis, il faut administrer. Le gouverneur chercha dans l'élément arabe un moyen d'administration ; et voulant donner dans la province de Mostaganem un centre arabe aux tribus qui se rallieraient à nous, il établit un Mostaganem et à Mascara. On n'était pas alors encore revenu tème des feudataires.

Abd-el-Kader profita habilement de la faute qui était commise. Le bey des Français était le fils de l'ancien bey Osman ; l'émir exploita la répugnance qu'inspirait cette origine à beaucoup de Quelques-unes se soulevèrent ; il y eut de grands mouvements celle des Hachem, et Abd-el-Kader lui-même fit irruption dans le pays, au sud de Mascara. Le général la Moricière fut chargé de le poursuivre ; mais il n'eut affaire qu'aux lieutenants de l'émir. Thamy et Ben-Aïssa essayèrent de défendre contre lui le Bardj. Ils avaient avec eux sept mille hommes, parmi lesquels bataillons de réguliers et quatre cents cavaliers rouges. Le général la Moricière les attaqua avec son impétuosité accoutumée : en une heure, à la baïonnette, il dispersa cette foule. Un peu plus tard, divisant son corps d'armée en plusieurs colonnes mobiles, il opéra sur divers points du pays, toujours avec les mêmes avantages. Le système du général Bugeaud était dès lors arrêté. Il avait ce qu'il appelait deux lignes d'occupation. La première était maritime et passait par sept points principaux : Oran, Mostaganem, Cherchell, Alger, Philippeville et Bone. La seconde était intérieure ; elle s'appuyait également sur sept places fortes : Tlemcen, Mascara, Milianah, Médéah, Sétif, Constantine et Guelma. Des quatorze places de ces deux lignes, des colonnes mobiles, dans lesquelles on avait, pour les transports, le soldat et le cheval, devaient rayonner dans tous les sens, et servir à la fois à l'occupation, de sentinelles et de garnisons. Pour que ces colonnes rayonnassent avec moins de difficulté, des reconnaissances de toute sorte, des routes, des ponts étaient nécessaires ; ce fut l'affaire du génie. La colonisation venait en même temps. On avait de plus maintenant le droit de compter que le repos répandu, que les travaux faits, ne le seraient pas en pure perte : dans son discours du trône, la royauté de juillet, dont les enfants combattaient sur la terre d'Afrique, venait de s'engager formellement à considérer désormais cette terre comme à jamais française. C'est sous ces auspices que s'ouvrirent les diverses campagnes de 18...

Au commencement de 1842, les provinces d'Alger et de Titteri jouissaient d'une tranquillité momentanée. Celle d'Oran revenait aussi, de même que celle de Constantine, où un assez grand nombre de tribus, situées à l'ouest de Philippeville, avaient fait leur soumission. C'est assez dire que la campagne multiple de 1841 avait d'importants résultats. Abd-el-Kader n'était plus dans la position toujours redoutable de l'offensive, il se défendait.

On mit à profit ce repos pour assurer les communications entre les places de Milianah, Mascara et Tlemcen, pour activer nos relations commerciales avec les tribus soumises, pour construire des villages dans le Sahel, et pour frapper ici et là des coups aussi hardis que retentissants. Ainsi, le gouverneur général se mit en marche au mois de juin, emmenant avec lui, entre autres troupes, trois mille cavaliers arabes ; il parcourut la vallée du Chéliff, et opéra dans le Sahel. Toute la chaîne, depuis Cherchell jusqu'à l'Arrach, reconnut nos lois. Ainsi encore, en mars, une campagne de vingt-deux jours, accomplie par la division d'Oran, eut pour résultats la soumission de trois portions de la tribu des Flittas, de presque la totalité des Hachem de l'est et de l'ouest, des Sidi-Ali-Bou-Thaleb, des Zbir, des Haouata, des Kallafa, et des habitants de Fremdah, si bien que quand l'émir essaya de se montrer dans les massifs, entre Mostaganem et Mascara, il fut reçu à coups de fusil par ses coreligionnaires. Il n'en réussit pas moins à entraîner avec lui les Beni-Shasen, pénétrer ainsi accompagné sur le territoire des Trara. Une marche du général Bedeau sur Hénaïa suffit pour l'arrêter.

Malgré cette tendance générale vers la paix, plusieurs faits de guerre remarquables eurent lieu sur le territoire de Tittery. Par exemple, on réprima les Hadjouth, les Beni-Ménad et les Beni-Ménasser. Une colonne, partie de Milianah le 6 juin, se porta sur les crêtes du Zakkar sur le territoire de cette dernière tribu. Les Kabyles, qui essayèrent de la repousser, laissèrent deux cents morts sur le terrain. Les gouvernements des kalifa Embarek et Berkani furent également renversés par la colonne de l'ouest. D'autre part, à Télemsil, le colonel Korte fit aux Kabyles trois mille prisonniers, leur enleva quinze cents chameaux, trois cents chevaux et mulets, environ seize mille têtes de bétail. Pendant ce temps, une colonne aux ordres du colonel Comman, dans l'est de Tittery, fondait sur le territoire des Beni-Seliman. A son approche, Ben-Salem s'enfuit dans le désert, et son aga Mahi-Eddin, se détermina à faire sa soumission avec six cents cavaliers. Un autre aga, mais de notre parti, Ben-Ferhat, ayant été attaqué par les Kabyles, s'adressa au général Changarnier, qui quitta aussitôt l'Oued-Fouddah, où il opérait.

Quand le général Changarnier reçut la lettre de l'aga Ahmet-Ferrah, ses troupes se reposaient de leurs fatigues à quatre lieues de Milianah, dans la vallée du Chéliff. Le général avait avec lui quatre cents hommes d'infanterie, trois cents chevaux réguliers et quelques cents cavaliers arabes. Deux colonels, MM. Cavaignac et Morris, et le commandant Forey étaient sous ses ordres.

Pour aller au secours de l'aga, il y avait deux routes, revenir à Milianah ou suivre la montagne. Par la première on perdait du

la seconde on les gagnait. Le général n'hésita pas. On lui
t, au reste, qu'il ne rencontrerait pas d'ennemis. Se fiant
ent à cette garantie, il ne marchait qu'en bon ordre. C'est
rejoignit au matin du 19 septembre la rivière de l'Oued-
'endroit où elle reçoit un petit affluent. Rien n'annonçait
e des Kabyles. Néanmoins, le général, en envoyant au four-
a l'ordre de garder le silence, et de ne pas tirer un seul
usil.
ant à peine la cavalerie est-elle partie, que la plus vive
éclate. On se porte à la reconnaissance, et l'on découvre
ement des milliers de Kabyles qui, avertis du passage de la
se sont embusqués pour la surprendre. Ils couvrent toutes
des montagnes, et poussent déjà des cris de victoire.
e résolution s'arrêter? Battre en retraite, c'est s'exposer à
certaine, car les Arabes sont ainsi faits, qu'ils n'ont tout
ge que pour l'attaque. Franchir le défilé de l'Oued-Fodda,
t l'espérer que par de véritables prodiges de valeur. Le
mpte sur ces prodiges. Il donne l'ordre d'aller en avant, et
de sa personne à l'arrière-garde, il se prépare à ne laisser
r qui que ce soit, si tant il est qu'une pareille idée puisse
elqu'un. Alors s'engage un de ces combats homériques dont
r se garde des siècles.
bien comprendre cette lutte terrible, il faut, dit l'un de
l'ont racontée avec le plus de poésie [1], il faut se rendre un
xact du terrain. Cent pieds de large pour se battre, une
able, sillonnée par le lit du torrent; à droite et à gauche
ements à pic, grisâtres et schisteux, garnis de pins mari-
s pitons des montagnes se dressant comme des pyramides
geaient les balles : tel est le théâtre du combat.
'on se figure cette ravine, ces rochers, ces montagnes, cou-
ne multitude s'excitant de ses cris, s'enivrant de la poudre,
ssant plus le danger, et se ruant sur une poignée d'hommes
saient un sang-froid énergique et l'action toujours régulière
ipline à cette fureur désordonnée.
eusement, ajoute le même auteur, les tribus de l'Est ne
point part à la lutte, et l'on n'eut à se défendre que sur les
outefois la colonne n'avançait qu'avec peine, quand on arriva
ces passages qu'il était nécessaire d'occuper. Des escarpe-
cheux surplombaient le lit de la rivière en avant d'un mara-
uré de lentisques; la compagnie de carabiniers des chasseurs
s fut chargée d'enlever ces rochers; pleins d'ardeur, ils s'é-
; mais les pentes étaient affreuses, et huit jours de vivres
rude charge. Aussi, M. Ricot leur lieutenant, qui s'était
vant, sans s'inquiéter s'il était suivi, arriva le premier sur le
plateau. Deux balles le frappent à la poitrine; le lieutenant
deux carabiniers se précipitent pour le dégager, ils tom-
ts; M. Rouffiat, le dernier officier qui reste, vole à leur
une blessure affreuse l'arrête; la compagnie n'a plus d'offi-
us de sergent-major; une avalanche de balles s'abattait sur
s guide, sans chef; les carabiniers furent ramenés, emportant
ne M. Martin, qui vivait encore. Pour les autres, ils sont
à la vue de la colonne au milieu des cris féroces des Kabyles. »
t de les venger. Les zouaves et les chasseurs d'Orléans sont
de cette périlleuse mission, qui ne pourra être accompli
position est emportée. Le général et ses deux colonels n'hé-
s à se mettre à la tête de cette charge qui doit avoir lieu
s temps que la cavalerie refoulera, si elle le peut, l'ennemi
lit de l'Oued-Foddah. Le clairon sonne; on s'élance, on se
rps à corps. D'excellents officiers tombent les premiers. Le
ui-même ne doit la vie qu'à l'adresse d'un de ses hommes [2].
prix de ces pertes et de ces dangers, l'obstacle est franchi.
yles se retirent un instant à leur tour, d'autant plus ivres de
ce, que la charge opérée sur les contingents échelonnés le
l'Oued-Foddah a balayé les rives.
ut d'une sorte de trève de quelques instants, le combat re-
une ardeur nouvelle. « Les officiers, dit M. de Castellane,
iers au danger, étaient les premiers frappés. Cinq officiers de
trois officiers de chasseurs d'Orléans avaient déjà succombé,
'était qu'au milieu du jour. Le colonel Cavaignac, avec ses
, s'acharnait à venger ses officiers; c'était plus que du cou-
aque homme un rempart vivant, se multipliant pour faire face à
périls. Quant au général, les balles et le danger semblaient
ter encore son audacieux sang-froid; son œil rayonnait, et
sur son passage, il répandait une énergie nouvelle. La co-
vançait toujours au milieu du fracas de la poudre, que les
s ces montagnes répétaient comme le roulement d'un orage;
erie marchait en tête, ayant ordre de ne s'arrêter que vers la
premier terrain favorable.
troupes avaient atteint un endroit de la rivière où les deux
se rapprochant davantage, formaient un nouvel étrangle-
es Kabyles des tribus de la rive gauche occupaient alors aussi
droite, et les capitaines Magagnoz des zouaves, et Castagny des

Pierre de Castellane, *Souvenirs de la vie militaire en Afrique.*
Clairon Brunet.

chasseurs d'Orléans, furent chargés de les débusquer, tandis que le
capitaine Ribains du même corps, eut l'ordre d'occuper la position
de droite. C'était une cascade verticale de roches et de terrains
schisteux, couverts de pins et de broussailles; un ruisseau traversait
ces terres qu'il détrempait, et se jetait ensuite dans la rivière. Le
capitaine délogea les Arabes, occupa la position, assurant ainsi le libre
passage de la colonne; mais lorsqu'il fallut rejoindre, les Kabyles se
ruèrent sur la petite troupe; quelques hommes, les premiers, essayèrent de descendre en ligne droite; le pied leur manqua sur ces terrains rendus glissants par l'eau, et neuf d'entre eux furent précipités
d'une hauteur de quatre-vingts pieds. Ils roulèrent de rocher en
rocher, d'escarpement en escarpement, bondissant sur les arêtes,
cherchant en vain à se raccrocher aux broussailles, et tombèrent enfin dans le lit de la rivière; le reste de la compagnie s'était sur-le-
champ jeté à droite par une ravine, se laissant couler entre les arbres
pour rejoindre la colonne. Un de ces chasseurs, Calmette, est séparé
de ses compagnons, entouré de Kabyles, poussé sur le bord d'un pré-
cipice; d'un coup de carabine il en abat un, sa baïonnette en tue
deux autres; mais enfin il va tomber : alors s'accrochant à deux
Kabyles, il cherche encore en les entraînant à venger sa mort. La
roche était à pic, ils tombèrent de ces hauteurs; et, par un bonheur
inouï, le Kabyle que le chasseur tenait étroitement serré, se trouva
dessous lorsqu'il toucha la terre, et par sa mort lui sauva la vie. Le
capitaine Ribains descendait le dernier de tous, semblant défier les
balles ennemies, quand trois Kabyles s'élancèrent sur lui, et, le tirant
à bout portant, lui fracassèrent l'épaule; ses hommes heureusement
purent le dégager. Tous se le rappellent encore lorsqu'il passa devant
le général, qui le félicitait de sa glorieuse conduite; son énergique
figure respirait le légitime orgueil du devoir accompli; on sentait en
lui la juste fierté d'un sang noblement répandu.

» La lutte, continue le remarquable écrivain militaire, sembla
alors redoubler d'acharnement. La rivière s'élargissait un peu, et un
escadron de cavalerie fut mandé à l'arrière-garde. Il n'y avait pas
d'artillerie; les chasseurs d'Afrique la remplacèrent; le général les
lançait comme des boulets pour écarter les Kabyles furieux et permettre d'enlever les blessés. Bientôt mis hors de service, cet escadron fut remplacé par la division du capitaine Bérard. On les lança
encore, et en dix minutes un peloton entier, à l'exception du brave
officier qui le commandait, le lieutenant Dreux, eut tout son monde
hors de combat. MM. Sébastiani, Corréard, Paër, Fraiche, des zouaves, furent blessés ou tués à peu de distance. La troupe tenait bon
pourtant. Comment d'ailleurs aurait-elle pu faiblir, commandée par
de tels officiers, lorsqu'elle voyait le capitaine Corréard, une balle
dans le bras, menant encore ses hommes au feu, et M. Paër, le cou
traversé, ne pouvant plus parler, mais frappant toujours? Les heures
s'écoulaient, la nuit n'était pas loin, et la tête de la colonne, ayant
atteint un endroit où le lit de la rivière formait un emplacement
circulaire, s'était arrêtée pour le bivouac. Toutes les dispositions de
sûreté furent prises immédiatement, puis l'on déposa les blessés dans
les tentes de l'ambulance, que l'on avait dressées non loin de la
tente du général. »

Il faut lire, dans M. de Castellane, le récit de la nuit qui succéda
à cette journée; nuit qui fut remplie de l'héroïsme des blessés, comme
le jour avait été rempli de l'héroïsme des combattants.

A deux heures du matin, le général Changarnier fit occuper sans
bruit diverses positions qu'il avait reconnues la veille; puis la diane
battit, et la colonne se mit en marche. Les Kabyles ne s'attendaient
pas à tant de promptitude. Ils s'appelaient les uns les autres pour
recommencer le combat de la veille; mais le terrain n'était plus le
même. Les positions étaient prises, et l'insouciance de nos soldats
commença à narguer l'ennemi. On traversait des vignes magnifiques;
ce fut à qui se désaltérerait aux dépens des Kabyles. Le général
Changarnier ne dédaigna pas de faire comme les chasseurs et les
zouaves. Cavaignac ayant passé auprès de lui, il lui tendit une des
plus belles grappes : « Tenez, lui dit-il, mon cher colonel, après de
si glorieuses fatigues, vous devez avoir besoin de vous rafraîchir. »
Ce ne fut pas tout que les glorieuses luttes de l'Oued-Foddah : à
peine nos troupes venaient-elles d'y être victorieuses, que Changarnier, pour bien constater sa victoire, eut l'audace d'opérer une razzia
sur les tribus qui l'avaient attaqué. Cette entreprise eut un plein
succès, comme toutes celles que, dans une campagne de plusieurs
mois, le même général fit dans l'Ouar-Senis.

A la même époque, la Moricière poursuivait les smalas d'Abd-el-
Kader et de ses kalifas, et les rejetait sur le désert. En un seul et
brillant combat, il prit à l'émir plus de cent cinquante chevaux.

Cependant, il fallait tirer vengeance de Ben-Salem. Le gouverneur
général se chargea lui-même de cette mission. Il rasa les forts de
Bel-Kheroub et d'El-Arib, où ce chef avait concentré ses forces. Le
gouvernement de Ben-Salem fut ainsi à peu près dissous.

Mais Abd-el-Kader restait debout. Il se rejeta dans l'Ouar-Senis, et
sa position dans ces montagnes pouvait devenir menaçante. M. le
maréchal Bugeaud conduisit de ce côté ses forces disponibles, en
prescrivant au général la Moricière des manœuvres propres à faire
diversion dans la division d'Oran. Trois colonnes rayonnant autour
de Milianah soumirent et frappèrent d'exécution dix tribus voisines.

D'un autre côté, la guerre contre les Kabyles amena la soumission de la ville de Matmata et de celles de Meknès et de Besnès. Les populations envahies se réfugièrent dans les hautes montagnes des Beni-Ouragh. Elles y furent forcées. Les tribus des deux rives du Chéliff firent alors leur soumission. Cependant tous ces succès semblaient enflammer le zèle des amis de l'émir au lieu de le réprimer. Dans la province de Constantine, Ben-Amar, kalifa d'Abd-el-Kader, attaqua Msilah et échoua. Bougie fut assaillie deux fois par les Kabyles, qu'excitait Sy-Zeghdoud, et deux fois heureusement et brillamment dégagée. Le camp de l'Arrouch repoussa aussi par les mains du colonel Lebreton et de ses soldats de nombreux assaillants. Le camp de l'Aïn-Roumel se vit également menacé par l'ancien bey de Constantine Achmet. Le général Sillègue sortit le 16 septembre contre ce chef, qui se retira sans faire énergiquement tête.

Mais le plus fort de la guerre était où se trouvait Abd-el-Kader. Une petite révolution venait de s'accomplir sur les bords de la Tafna. Le marabout Ould-Sidi-Cheikh ayant repoussé l'autorité de l'émir, celui-ci le menaça. Aussitôt le gouverneur général et le colonel Tempoure marchèrent pour le défendre. Nos troupes entrèrent à Tlemcem, s'emparèrent du fort Sebdou, et en trois semaines soumirent tout l'Ouest depuis le Habra jusqu'à la frontière du Maroc. Abd-el-Kader, de son côté, ne resta pas inactif. Suivi d'un corps de cinq à six mille hommes, il parvint deux fois à envahir les environs de Tlemcen. Deux fois le général Bedeau le battit. Ne pouvant plus tenir la campagne, privé des secours du Maroc, l'émir regagna par le désert sa triste capitale de Tedekempt, où il avait laissé sa famille et ce qui lui restait de réguliers. Ses fidèles Hachem continuèrent seuls la guerre, sur la rive droite de la Mina. Le général la Moricière soumit ceux de l'Ouest. Quelques-uns des Hachem de l'Est suivirent la fortune de l'émir au delà de Tedekempt, puis l'abandonnèrent. Il en fut de même quant à l'abandon des Ouled-Sidi-el-Arabi, qui entraînèrent dans leur défection les tribus de la basse Mina. Le chef des Ouled-Sidi-el-Arabi avait été mis à mort par ordre d'Abd-el-Kader.

Cependant il fallait en finir avec les tribus de l'Atlas entre Milianah et Médéah. Un grand mouvement fut combiné pour les envelopper. Ce mouvement réussit à merveille, le gouverneur général remonta le Chéliff pendant que le général Changarnier pénétrait dans l'Atlas par l'ouest des Beni-Manasser. Toutes les tribus à l'Est et à l'Ouest firent leur soumission.

Quant à la province de Constantine, des faits considérables y avaient lieu. Le principal fut l'expédition du général Négrier à Tebessa. Elle eut lieu dans le courant de mai et de juin 1842. Nous ne l'avons réservée jusqu'ici que pour ne pas la mêler aux autres événements.

Les tribus de l'Est, situées à l'extrémité de nos possessions, du côté de la régence de Tunis, ayant manifesté l'intention de se soumettre, le général Négrier résolut de les visiter avec sa colonne mobile, et de frapper aussi un grand coup sur les esprits. Il fut déterminé d'ailleurs à son entreprise par une députation des principaux de la tribu des Nmammchas, des Ouled-Jahya-ben-Thalel et de ceux de la ville de Tebessa, qui vinrent lui demander de rétablir l'ordre dans leur pays, lui jurant d'accepter d'avance toutes les conditions des Français.

Le général partit le 27 mai d'Aïn-Bbouch; il traversa le 30 l'Oued-Tourouch, franchit le Djebel-Hammamah, passa ensuite au col de Grechioun, et arriva le 31 à Tebessa, sans avoir eu à repousser aucun ennemi. Sept coups de canon tirés à l'avant-garde annoncèrent à toute la colonne que le drapeau français flottait sur la vieille forteresse romaine.

Les populations qui avaient quitté la ville y revinrent quand elles virent que les Français n'apportaient avec eux ni le pillage ni l'incendie. Négrier les organisa, investit plusieurs chefs de fonctions importantes, reconnut quelques places des environs, entre autres Beccuria, et ne quitta Tebessa que le 3 juin.

Selon leur habitude, les Arabes l'attendaient au retour. C'est là leur grande tactique. Ils croient en se portant sur une colonne qui vient de faire une expédition, couvrir l'échec qu'ils ont reçu et changer leur défaite en triomphe.

La colonne française venait de quitter Tebessa et se portait sur la Meskiana, suivant la rive droite de l'Oued-Chabro. Elle allait passer cette rivière et s'établir sur la gauche, quand on vit plusieurs centaines de cavaliers descendre du Djebel-Kradid et déboucher des ravins qui avoisinent le Bordj de Basaoud-el-Keber. Ces cavaliers, après avoir d'abord échangé avec nous des paroles de paix, prirent bientôt une attitude hostile, et, aux coups de fusil qu'ils tirèrent, trois cents fantassins environ se joignirent à eux.

Négrier n'était pas homme à s'occuper d'une troupe aussi misérable. Enhardi par son dédain, le contingent arabe commença à se rapprocher et à devenir fatigant. Le brillant colonel des chasseurs du 3e d'Afrique, Noël, qui venait d'être récemment placé à la tête du corps et qui voulait lui prouver ce qu'il savait faire, demande alors au général la permission de les charger. Il ne lui faut, dit-il, que trois petits pelotons de vingt-cinq hommes chacun. En effet, il s'élance, arrive le premier à la charge, porte le premier coup de

sabre, et en un seul instant frappe cinq ou six Arabes. L'inf[anterie] de la colonne s'était arrêtée et avait formé les faisceaux pou[r jouir] du spectacle de ces soixante-quinze braves chassant, poursuiv[ant un] ennemi huit fois plus fort en nombre. Ce fut un des plus [beaux] épisodes de la guerre d'Afrique. Après cette rude leçon, l'enn[emi ne] reparut plus dans la plaine.

Négrier revint ensuite par le Djebel-el-Marrah sur la Mes[kiana] et se trouva à bivouaquer le 5 juin sur l'Oued-Tourouch. Un[e] rassemblement d'Arabes, mais bien plus considérable que [le pre]mier, l'y attendait. Ce rassemblement obéissait à El-Hasnaoud[i, chef] des Nemenchas, lequel avait prêché la guerre sainte et su r[allier à] lui les Guersa, les Achach, les Beni-Oudjena, les Sodrata, les [...] Sy-Kalifa, les Oulad-Daoud, les Sallaoua, les El-Arbaa et les [...] d'Hann. La cavalerie de ces tribus était véritablement form[ée]. Elle attaqua la colonne le 7 au matin, sans que celle-ci rale[ntît sa] marche. Le colonel Noël, avec ses chasseurs, fut chargé de ten[ir tête] à l'ennemi. Il le fit avec son audace et son aplomb accoutumé[s; son] régiment, entraîné par lui, eut les honneurs de la journée. [Le ba]taillon du 31e de ligne, aux ordres de Damesme, se distingua [beau]coup aussi, de même que le goum arabe, conduit par le kaï[d ...] et qui combattait sous nos drapeaux.

Le général Négrier prit ensuite position sur l'Oued-Meknè[...] continuer d'autres opérations où il réussit également.

CHAPITRE XXI.

Evénements de 1843. — Efforts de l'émir. — Le général la Moricière [dans la] province d'Oran. — Prise de la smala d'Abd-el-Kader. — Le duc d'Au[male.]

On s'est demandé souvent pourquoi Abd-el-Kader avait ch[oisi la] province d'Oran comme théâtre principal de sa lutte contre [la do]mination française. Un étranger qui a suivi avec intérêt nos [opéra]tions militaires en Afrique, M. le général major de Decker, [a ré]pondu avec simplicité à cette question : « Les causes de la préf[érence] d'Abd-el-Kader pour la province d'Oran sont, dit-il, faciles à [mon]trer. D'abord, cette contrée étant son pays natal, il pouvait c[ompter] avec raison d'y rencontrer plus de sympathie, ainsi que cela e[ut lieu] effectivement. Les autres considérations sont toutes locales; [la pro]vince d'Oran étant beaucoup moins montagneuse que les autre[s, le] terrain se prêtait ainsi plus favorablement à l'exécution de la [grande] guerre que l'émir projetait de faire en premier lieu. Plus rich[e que] les autres parties de l'Afrique septentrionale, plus fertile, s[urtout] dans la vallée du Chéliff et dans les vallées adjacentes, ce pays [offre] aussi plus de ressources pour la guerre. Il y existe en outr[e plus] d'Arabes que de Kabyles; la population est plus nombreuse [et plus] puissante, plus guerrière, et surtout plus fanatique; de là pr[ovient] que la guerre y porte un caractère tout particulier d'excessiv[e vio]lence et même de cruauté. Quoique l'époque de la dominati[on de] l'Espagne fût déjà bien éloignée, la haine que cette nation [y a] fait naître subsiste encore toujours dans l'esprit des habitants[; les] idées religieuses y sont également plus vivaces, et presque tou[tes les] familles se trouvent en lien de parenté avec quelque marabo[ut de] distinction. »

Cependant la position n'était plus guère tenable dans la pro[vince] d'Oran pour Abd-el-Kader. Si nous faisions une biographie pa[rticu]lière du général la Moricière, nous dirions avec quelle tén[acité, et] avec quelle continuité ce général, qui commandait la province, [et qui] poursuivi l'émir, ne lui laissant aucune position, et malgré le [faible] nombre de troupes qu'il avait à sa disposition, se faisant fort [vis-à-]vis du gouvernement général de suffire à toutes ces circonstance[s; ce] résultat est d'autant plus remarquable, que dans la province [où] Abd-el-Kader ne disposait pas seulement des ressources locales, [il se] tenait là en communication avec le Maroc, qui, comme nous le [ver]rons plus tard, lui fournissait depuis longtemps déjà de l'argent, [des] munitions, des armes et des hommes. Dans toutes ses renco[ntres] avec l'émir, la Moricière fut habile et heureux, et, si nous n[e les] racontons pas, c'est pour ne point fatiguer le lecteur des mêmes [his]toires. Le combat de Sidi-Jousef, livré contre l'émir le 22 septe[mbre] 1843, est surtout célèbre, grâce à l'acte héroïque d'un simple so[ldat.] Un de nos meilleurs officiers, le capitaine adjudant-major de Co[tte] venait d'avoir son cheval tué en abordant l'infanterie arabe. [Cotte] avait le dessus. Retardé par une ancienne blessure à la hanche, M. [de] Cotte ne pouvait s'éloigner assez vite pour ne pas tomber au pou[voir] de l'ennemi. Le trompette Escoffier le force à prendre son p[ropre] cheval en lui disant : « Ce n'est pas moi, mais vous, capitaine, [qui] rallierez l'escadron. » Le capitaine eut l'héroïsme difficile de c[om]prendre son devoir. Il accepta le cheval du trompette. L'esca[dron] fut sauvé, mais Escoffier resta dix-huit mois prisonnier d'Ab[d-el-] Kader. Il a laissé des mémoires sur sa captivité.

En somme, telle fut la ténacité, la vélocité de mouvements [du] général la Moricière, que l'émir ne pouvait plus guère song[er à] continuer la guerre comme il le faisait. Il se résolut à un grand co[up;] c'était de porter l'attaque dans la défense; et, sortant de la prov[ince] d'Oran et de l'élément arabe, d'aller révolutionner l'élément ka[byle] aux frontières même de la province d'Alger, et de changer à la [...]

t les moyens de la lutte. Les tribus ne se soumettaient la
temps que pour éviter des désastres. Abd-el-Kader avait,
cipe des soumissions, entretenu des intelligences actives
us soumises. La contrée la mieux disposée pour ses vues
ul doute, cette partie de l'Atlas qui s'étend de Cherchell
s de Tessey, et qui est bornée au nord par la mer et au
allée du Chéliff. Là surtout les soumissions n'avaient pas
l caractère de franchise.

es rapports mêmes du général Bugeaud, l'émir connaissait
t cette situation. Il résolut donc de faire du pays que
s d'indiquer le foyer de l'insurrection. Arrivé du Sud à
n millier de chevaux réguliers et irréguliers, il grossit
e troupe en entraînant après lui, de tribu en tribu, tous
ts. Ses partisans devinrent bien plus nombreux quand
la terreur chez nos alliés les Atafl et les Kosseir. Il les
core en allant fanatiser les Kabyles des hautes montagnes
des Beni-Zioui, des Larhall, des Aghebel et des Gouraya.
ces imposantes qu'il réunit ainsi, il se présenta au milieu
tribus des Beni-Menacer, dont ceux de l'Ouest se joigni-
Un simple lieutenant-colonel, M. l'Admirault, qui com-
Cherchell, dissipa un rassemblement de ces tribus, celle
mme Beni-Menacer-Gharabas. Le général de Bar étant
tenir par plusieurs bataillons, ils se portèrent ensemble
Abd-el-Kader n'hésita pas à les attaquer le 3 janvier 1843.
s, il fut obligé de céder ce terrain. Le général de Bar
on tour et le refoula dans les montagnes de Gourayas;
ortit bientôt, et, redoublant d'audace, vint camper dans
ni-Menacer, inquiétant jusqu'à la plaine de la Mitidjah.
s Sidi-Embarek l'y vint joindre avec l'agha des Hadjoutes
r et le kaïd des Chenouas.

généraux se mirent aussitôt en mouvement. Le général
r se porta avec un renfort sur Milianah, et couvrit contre
de Sidi-Embarek les aghalicks des Beni-Zug-Zug et
Ayad. D'un autre côté, le duc d'Aumale eut ordre de
s environs de Médéah dans le plus large rayon possible.
ec le colonel Jusuf, tomba sur les tribus qui donnaient
l'hostilités, et se maintint constamment de façon à mena-
rières de l'émir. Le colonel Jusuf s'empara de la kasna
, et faillit surprendre aussi la smala d'Abd-el-Kader.
ce temps-là, le gouverneur lui-même entra sur le terri-
ni-Menacer à l'ouest. Le lieutenant-colonel Saint-Arnaud
joindre chez les Gourayas et les Beni-Ferrah; mais un
ux arrêta la colonne du gouverneur, et il lui fallut ren-
chell. M. Saint-Arnaud opéra quant à lui son mouvement
lheur qui a jusqu'ici secondé toutes ses entreprises. Ses
tièrent sévèrement les Beni-Ferrah, qui avaient sacrifié
nce de l'émir leur kaïd Sidi-Moktar. Ils auraient égale-
s d'autres alliés de l'émir sans un temps affreux qui les ar-
antara.

d-el-Kader, après des efforts surhumains au milieu de
colonnes, favorisé d'ailleurs par les tempêtes, il se retira
s de l'Ouarenseris. La tranquillité se rétablit autour d'Al-
héliff au Jurjura.

endit surtout pour l'émir cette campagne malheureuse,
on commit en son nom ou par son ordre des cruautés
les tribus qui n'étaient pas de son parti. Les rôles chan-
tôt. Il ne fut plus le libérateur. Les Français se présen-
ni ces tribus en cette qualité; et nous voyons par un rap-
ne duc d'Aumale que des réunions eurent lieu dans les
mêmes où se trouvait l'émir, et qu'un grand nombre de
s prirent des engagements solennels contre lui.

'Aumale commandait alors la province de Tittery. Des
aient à la famille de Louis-Philippe, famille véritablement
ar la mort du duc d'Orléans, le jeune maréchal de camp
e naissance, quoiqu'il eût passé par les grades immédiate-
eurs, était assurément le plus brillant. Le duc de Nemours,
qualités qui ont été trop diminuées, n'avait pas su se con-
eur de l'armée. Le duc de Joinville, très-populaire comme
vait malheureusement dans sa spécialité qu'une carrière
ps n'était pas encore venu.

contraire ne semblait alors borner l'horizon du duc
Doué d'une grande intrépidité personnelle, exalté par le
de son rang, rang qui fixait sur lui les yeux de tous, il
arrivé en Algérie dans une période excellente. On avait
e plus fort de la besogne. Les Arabes, quittant l'offensive,
eut. Cette situation donnait à nos soldats et à nos géné-
n considérable. Il régnait de plus une émulation immense
ces officiers si capables que réunissait alors la terre d'Afri-
c d'Aumale ne voulut pas rester en arrière. La fortune lui
es plus heureuses occasions.

nous arrêterons pas à l'expédition qu'il fut chargé de faire
ettre et châtier les Nezliouna. Cette expédition fut cepen-
rtante, et le colonel Cavaignac, avec ses zouaves, s'y dis-
s Nezliouna avaient été fanatisés par Ben-Salem, qui se trou-
ux avec le reste de ses réguliers. Le 11 mars 1843, le jeune

général se présenta au pied des montagnes de cette populeuse tribu.
Un capitaine [1] avec cent vingt spahis, apercevant des cavaliers postés
sur ce mamelon du Dra-el-Abbas, qui commande tout ce pays, se
jette sur eux et pénètre dans les massifs. Mille à douze cents Kabyles
ne tardent pas à l'y entourer. L'infanterie court à son secours; une
compagnie de zouaves, entraînée par le colonel Cavaignac, et ayant
à sa tête le capitaine Klever et le sergent Ceccaldi, tombe à l'improviste sur les Kabyles, les précipite dans un ravin profond. Ce mouvement, habilement appuyé, décide de la victoire, et dans ce reste
de la petite campagne les tribus de la contrée viennent avec des paroles de paix à nos bivouacs. Nous ne raconterons pas non plus l'expédition du duc d'Aumale contre la grande tribu des Rhaman. Cette
tribu, des plus batailleuses, était en querelle continuelle avec ses voisins. Plusieurs fois ses prétentions avaient failli entraîner une con-
flagration générale. A la suite d'une marche de nuit habilement
déguisée, les Rhaman se virent enveloppés; on leur prit douze mille
moutons et cinq cents chameaux. Les femmes, les vieillards et les
enfants n'eurent point le temps de fuir. On leur rendit aussitôt la
liberté. La pacification de la province de Médéah parut alors complète.

La province d'Alger était pendant ce temps-là le théâtre d'événements très-importants. Le général de Bar, pour établir les communications entre les deux établissements que l'on venait de fonder à
Tenez et à El-Esnam, entreprit de dompter la tribu des Sbihh, qui,
par sa puissance et son esprit belliqueux, dominait tout le Dahara.
La tribu, avertie à temps, émigra en masse. On l'atteignit après une
rapide mais rude poursuite, et on lui fit dix-neuf cents prisonniers.
D'un autre côté, le général Changarnier rentra dans l'Ouarensenis,
pacifiant les chaînes de l'Ouest. Trois petites colonnes sous ses ordres
opérèrent heureusement. Le kalifa Sidi-Embarek tint tête avec beaucoup d'ardeur à celle de droite. Il engagea par trois fois son bataillon
de réguliers. Les compagnies du 64e le mirent en fuite.

Quant à Abd-el-Kader, sa position devenait des plus critiques;
mais il redoublait de courage et d'audace avec le malheur. Embarek
et El-Berkani l'imitaient.

Après les événements que nous avons résumés et dans lesquels
l'émir avait couru de si grands dangers, il se rejeta dans la province
d'Oran. Un coup de main tenté par lui sur quelques tribus des environs de Mascara ne lui réussit point. Il se porta alors sur les Sédamas; mais au moment où il allait les enlever, notre colonne se
montra dans le lointain. Les Sédamas prirent aussitôt l'offensive; et
tuèrent à leur ancien sultan cinquante cavaliers.

Poursuivi alors de très-près par le général la Moricière, Abd-el-
Kader réussit à passer sur les derrières de nos troupes, et pénétra
dans le pays des Flittas par l'Oued-Menalsa. Son intention était de
se venger de la trahison de Djelloul, chef des Ouled-Belaya, que
nous avons récemment vu se déclarer pour nous. Djelloul échappa
comme les Sédamas; ayant appris que le convoi de Mascara était
dans ses environs, il partit à sa recherche. Abd-el-Kader ne lui
laissa pas le temps de le joindre, et l'investit avec sa rapidité ordinaire. Heureusement le commandant du convoi était averti. Avec
cinq cents hommes, il parvient à couvrir la masse inoffensive de la
tribu qui s'enfuit. Djelloul, voyant les enfants, les femmes et les
troupeaux des Belaya protégés par les Français, attaque avec fureur
les cavaliers de l'émir, les pousse dans un terrain difficile, et en tue
une trentaine.

Cet échec fut suivi de plusieurs autres, parmi lesquels il faut distinguer ceux que le général Bedeau fit éprouver aux Djaffras, tribu
des plus importantes, et qui venait d'accepter d'Abd-el-Kader un
kalifa nommé Sidi-Seitoun-Oulid-bou-Chareb. On les surprit dans le
plus complet repos. Ils laissèrent quarante morts sur la place.

Dans la province de Constantine, les succès continuaient. Cependant cette province avait pour ainsi dire trouvé, elle aussi, son Abd-
el-Kader dans la personne de Sy-Zegdoud. Le général Baraguay-
d'Hilliers fut chargé de mettre un terme aux entreprises de ce prédicateur de guerre; il y réussit complétement. Sy-Zeghdoud, atteint
par nos troupes, se réfugia vainement dans le marabout d'Ackeïcha.
Il s'y défendit vaillamment, et fut tué. D'autres expéditions contre
les Zerdezas et les tribus des environs de Collo achevèrent la pacification. Nous trouvons dans un rapport du lieutenant-colonel Daumas,
alors directeur des affaires arabes, des paroles qui attestent à quel
point on en était arrivé. « On peut dire, écrivait cet intelligent officier, dont nous aurons bientôt occasion de parler en détail, qu'en
laissant de côté les Bibans et en passant chez les Ounoughas, les
communications d'Alger avec Constantine sont presque sûres. » Sur
les autres points, la même tranquillité régnait.

Cependant l'émir ne se tenait pas pour vaincu. Sans doute, il ne
lui restait plus de villes, plus de camps fortifiés, plus de tribus qui
pussent devenir pour lui un centre de résistance sérieuse; mais il
lui restait son esprit supérieur à l'adversité, il lui restait l'espérance
qu'avec une meilleure fortune, l'esprit changeant des Arabes revien-
drait à lui. Ce qu'il avait de mieux à faire jusque-là, c'était de pro-

[1] M. Piat.

téger contre la rapidité des colonnes acharnées à sa poursuite ce noyau mourant de sa puissance, si connu sous le nom de smala.

La smala se composait de la famille du chef, des principaux lieutenants ou marabouts assez compromis dans son parti pour ne le pouvoir quitter; elle avait pour défense la partie des réguliers que le fer des Français n'avait pas détruite, ou qui n'était pas soit avec Sidi-Embarek, soit avec El-Berkani. Il fallait joindre à cette force les goums de plusieurs tribus, qui, par habitude autant que par fidélité, suivaient la fortune de l'émir. Sous cette protection erraient à l'aventure de la guerre sept à huit mille personnes, femmes, enfants, vieillards, serviteurs, réfugiés, transfuges, n'ayant d'autre ligne de conduite que d'échapper aux poursuites de nos colonnes, et de déployer leurs tentes là où le drapeau de la France ne flottait pas. Ce qui donnait à l'existence nomade de cette smala quelque sécurité, c'est que rarement Abd-el-Kader se trouvait avec elle. Comme la perdrix qui, pour sauver sa couvée, entraîne au loin le chasseur, l'émir, en se montrant sur un point, était sûr d'entraîner avec lui les poursuites, et, par ce seul fait, famille et amis se trouvaient en sûreté.

Cependant un coup terrible allait lui être porté.

Le 9 mai, le général Bugeaud apprend par des éclaireurs attachés aux bureaux arabes qu'Abd-el-Kader est revenu dans l'Ouarenseris. On lui a signalé son campement à quelque vingt lieues de Boghar. Aussitôt le gouverneur donne ordre à la Moricière et au jeune duc d'Aumale de combiner leurs mouvements entre eux et avec ceux de la tribu des Arars, sur laquelle ils devaient rejeter l'émir. L'opération était difficile. Il fallait affronter les plus grandes fatigues, parcourir à marches forcées des contrées où l'eau manque souvent, et sur lesquelles, malgré les excellents travaux des bureaux arabes, les données n'étaient pas toujours complètes. Quant au succès, rien n'était moins certain. Il y avait, selon toute apparence, à craindre les efforts les plus terribles d'un ennemi tel qu'Abd-el-Kader, s'il se voyait acculé aux dernières extrémités. Un général expérimenté n'aurait peut-être pas réussi; un coup de fortune livra les dernières espérances de l'émir aux mains d'un général de vingt ans qui sut se rendre digne de la rencontre.

Le jeune duc d'Aumale était parti de Boghar avec treize cents baïonnettes et six cents chevaux. On était au 10 mai. Il apprit bientôt par l'agha des Ouled-Aïad que la smala devait se trouver dans les environs du village de Goudjilat. On surprit deux de ce village, et l'on y sut la véritable position des tentes de l'émir; elles s'élevaient à quinze lieues à l'ouest à Oussek-on-Rekaï. Le jeune duc précipita sa marche de ce côté; mais en même temps la Moricière opérait dans une autre direction, et serrait de près Abd-el-Kader, si bien que celui-ci d'Ouessek-on-Rekaï se jeta vers Taguin, pour de là gagner le Djebel-Amour, où des grains déjà mûrs lui promettaient la nourriture des siens. Le duc d'Aumale apprit cette nouvelle, et sans hésiter se porta vers Taguin avec la partie la plus mobile de sa petite troupe. Un coup de fortune, comme je l'ai dit, lui était réservé.

Le 16 mai, après une matinée passée en recherches inutiles, on se trouva tout à coup, sans le savoir, près de la smala. Sur une étendue de plus de deux cents kilomètres, trois cent soixante-huit douars de quinze à vingt tentes chacun se déployaient au loin.

L'aga des Ouled-Aïad, Ahmar-Ben-Ferrath les vit le premier. Il rebroussa aussitôt chemin avec ses cavaliers qui formaient l'avant-garde, et vint avertir le jeune général, en le suppliant d'attendre ses zouaves, qui ne pouvaient tarder. Mais on était trop avancé; il fallait boire le vin tiré, c'est-à-dire vaincre. « Jamais nul de ma race n'a reculé », s'écrie héroïquement le prince; et il donne l'ordre à Jusuf de commencer l'attaque avec ses spahis. Lui-même, à la tête des chasseurs, se prépare à charger. Jusuf part comme une flèche sur laquelle cent autres flèches seraient lancées.

On nous avait vus de la smala, et le cri de terreur : *Er roumi! er roumi!* ébranlait les échos. Les femmes, qui commençaient à faire cuire les aliments de la journée, fuient les premières. Mais déjà les spahis sont au milieu des tentes d'où s'élancent les réguliers. Ils sabrent tout devant eux. Cependant il est évident que leur petit nombre ne pourra longtemps vaincre un si grand nombre d'ennemis. Le prince le comprend, et s'ébranle alors avec ses chasseurs, divisés en trois groupes, l'un à gauche, commandé par le lieutenant Delage, le second au centre, entraîné par le lieutenant-colonel Morris, le dernier à droite, sous les ordres du capitaine d'Espinay. Les Hachem essayent vainement de les arrêter. Toute résistance cède à l'impétuosité de nos cavaliers, à la fougue de leurs chefs. Alors ont lieu mille épisodes saisissants. C'est une mère qui, portant ses enfants dans ses bras, demande et obtient le passage à travers nos soldats; ce sont les femmes et les filles des cheiks qui fuient emportées par des dromadaires rapides, tandis que leurs maris ou leurs pères se font tuer au-devant des tentes. Ailleurs des troupeaux s'échappent pêle-mêle et sont ramenés vers les douars par les spahis, toujours avides de butin.

Mais laissons le vainqueur lui-même raconter cette mémorable surprise, dont on a voulu en vain rapetisser la portée. Nous disons que l'on a voulu vainement en diminuer la portée, car voici ce qu'écrivait dernièrement à ce sujet notre illustre Alexandre Dumas :

« Hélas! tant de calomnies, tant d'indifférence, tant d'oubli suivent les exilés, qu'il faut bien que, de temps en temps, quelqu... rappellent au pays qui les a nommés ses enfants bien-aimés... n'étaient pas indignes de cet amour!

» Un officier ne m'a-t-il pas répondu un jour, — il est v... cet officier avait reçu ses premières épaulettes du duc d'Aum... un officier ne m'a-t-il pas répondu, à moi qui vantais en sa p... la bravoure de ce pauvre banni :

» — Brave!... parbleu! brave comme tout le monde!

» — Brave comme tout le monde! quand j'ai entendu dire à... — on ne contestera pas la bravoure de celui-là, j'espère! — j'ai entendu dire à Jusuf, qui est prêt à le répéter, j'en suis s...

» — Lorsque nous nous sommes trouvés, avec nos deux ce... quante hommes, en face de quarante mille âmes dont se cor... la smala; que j'ai demandé au prince : « Monseigneur, que » faire? » et qu'il m'a répondu : « Entrer là dedans, pardieu! qu'il m'a répondu cela, me disait Jusuf, j'ai cru avoir mal en... je l'ai fait répéter; et lorsqu'il eut répété : « ENTRER LA DEDANS » DIS-JE! » *le frisson m'a pris;* j'ai mis le sabre à la main, par... je suis un soldat, mais je me suis dit à moi-même : « C'est fini » sommes tous flambés! »

» Brave comme tout le monde! quand Charras, — on n'ac... pas celui-là d'être orléaniste; on ne l'accusera pas non plus... peur : c'est un de ces rares tempéraments qui aiment le dang... le danger, un *soldat de nuit,* comme les appellent les c... seurs; — quand Charras me disait en parlant de cette mêm... de la smala :

» — Pour entrer, comme l'a fait le duc d'Aumale, avec deu... cinquante hommes au milieu d'une pareille population, *il falla... vingt-deux ans, ne pas savoir ce que c'est que le danger, ou bie...* LE DIABLE DANS LE VENTRE! *Les femmes seules n'avaient qu'à ten... cordes des tentes sur le chemin des chevaux pour les culbuter,... jeter leurs pantoufles à la tête des soldats pour les exterminer depuis le premier jusqu'au dernier.*

» Non, le duc d'Aumale n'a pas été brave comme tout le m... il a été brave comme personne ne l'eût été, même les plus bra...

On va voir, par le rapport qui suit, si le jeune prince joigna... bravoure la modestie :

    « Au bivouac de Chabounias sur l'Oued-Ouerk, le 20 mai 184...

» MON GÉNÉRAL,

» La smala d'Abd-el-Kader est prise, son trésor pillé, les... sins tués ou dispersés. Quatre drapeaux, un canon, deux aff... butin immense, des populations et des troupeaux considérabl... tombés en notre pouvoir. Voici le résumé de nos opérations :

» J'avais, d'après vos ordres, rassemblé à Boghar, dans les pr... jours du mois, des grains, des vivres et des moyens de transp... 10 mai je quittai ce poste avec treize cents baïonnettes des 61e de ligne et des zouaves, six cents chevaux tant spahis que... seurs et gendarmes, une section de montagne et un approvis... ment de vingt jours en vivres et en orge porté par un con... huit cents chameaux et mulets. Je laissai à Boghar des vivres... ravitailler au besoin la colonne, et une petite garnison de deu... cinquante hommes, commandée par le capitaine du génie M... officier plein de ressources et d'intelligence. Le but que vous... indiqué était d'atteindre la smala d'Abd-el-Kader, soit en ag... de concert avec M. de la Moricière, soit en opérant seul, si d... constances politiques retenaient cet officier général dans la pr... de Mascara. Des renseignements dignes de foi, fournis par l'ag... Ouled-Aïad, plaçaient la smala dans les environs de Goudjilat... déterminer sa position d'une façon exacte. Il importait donc,... tout, d'atteindre ce point le plus promptement possible, en tâ... de dissimuler à l'ennemi la direction que nous suivions; no... pouvions pas espérer qu'il ignorerait notre sortie. Grâce à d'... lents guides, nous pûmes, en suivant une vallée étroite et paral... celle de Narh-Ouassel, arriver à Goudjilat sans qu'on y fût pr... de notre approche; et le 14 mai, à la suite d'une marche de n... petit village fut cerné.

» Goudjilat est peuplé de gens de métier, que leur profession... tait en rapports continuels avec la smala : on en arrêta quelques... Nous sûmes par eux que la smala était à Ouessek-on-Rekaï, à... ron quatorze lieues au sud-ouest.

» Dans la nuit du 14 au 15, la colonne se remit en route ve... point. Quelques individus surpris dans les bois nous apprirent... l'ennemi avait levé son camp la veille au soir, et s'était dirigé... Taguin, pour de là gagner le Djebel-Amour. Cette montagne... ferme des grains déjà mûrs dans cette saison, et qui devaient n... pendant quelque temps les nombreuses populations qu'Abd-el-K... traînait à la suite de son douar. Je fus informé, en même temps... le général de la Moricière était à quelques lieues dans le sud-o... et que sa présence avait décidé ce brusque mouvement. L'émir... servait avec vingt-cinq chevaux, afin de pouvoir mettre sa su... couvert; mais il ne craignait rien de la colonne de l'Est, qu'il cr...

----

¹ *Mémoires d'Alexandre Dumas,* troisième partie.

Boghar. Cette nouvelle ne me laissait qu'un parti à prendre,
gagner aussitôt Taguin, soit pour atteindre la smala, si elle
core, soit pour lui fermer la route de l'Est, et la rejeter
sur le Djebel-Amour, où, prise entre les deux colonnes de
t de Médéah, il lui était difficile d'échapper ; car, dans ces
ines, l'eau est si rare, que les routes sont toutes tracées par
s si précieuses qu'on y rencontre.
an était simple ; mais il fallait, pour l'exécuter, une grande
dans le dévouement des soldats et des officiers. Il fallait
'une seule traite un espace de plus de vingt lieues, où l'on
pas rencontrer une goutte d'eau. Mais je comptais sur l'é-
troupes ; l'expérience a montré que je ne m'étais pas trompé.
divisai la colonne en deux : l'une, essentiellement mobile,
de la cavalerie, de l'artillerie et des zouaves, auxquels j'a-
é cent cinquante mulets pour porter les sacs et les hommes ;
l'autre, formée de deux bataillons d'infanterie et de cin-
evaux, devait escorter le convoi sous les ordres du lieute-
nel Chadeysson. Le 16, à la pointe du jour, nous avions
ontré quelques traînards de la smala. Sur des renseigne-
xacts qu'ils donnèrent, je fis, avec la cavalerie, une recon-
de quatre lieues, droit au sud, qui n'aboutit à rien. Crai-
fatiguer inutilement les chevaux, je persistai dans mon
rojet ; et je repris la direction de Taguin, où toute la co-
ait se réunir. Nous n'espérions plus rencontrer l'ennemi de
née, lorsque, vers onze heures, l'agha des Ouled-Aïda, en-
vant pour reconnaître l'emplacement de l'eau, revint au
prévenir que la smala tout entière (environ trois cents
ait établie sur la source même de Taguin.
en étions tout au plus à mille mètres ; c'est à peine si elle
à aperçue de notre approche. Il n'y avait pas à hésiter ; les
que le lieutenant-colonel Chasseloup amenait rapidement
bulance du docteur Bouret et l'artillerie du capitaine Au-
pouvaient pas, malgré toute leur énergie, arriver avant deux
et une demi-heure de plus, les femmes et les troupeaux
rs de notre portée ; les nombreux combattants de cette ville
auraient eu le temps de se rallier et de s'entendre ; le suc-
ait improbable, et notre situation très-critique. Aussi, mal-
ières des Arabes, qui, frappés de notre petit nombre et de
quantité de nos ennemis, me suppliaient d'attendre l'in-
je me décidai à attaquer immédiatement.
valerie se déploie et se lance à la charge avec cette impé-
i est le trait distinctif de notre caractère national, et qui
pas un instant de douter du succès.
uche, les spahis, entraînés par leurs braves officiers, atta-
douar d'Abd-el-Kader, et culbutent l'infanterie régulière,
fend avec le courage du désespoir. Sur la droite, les chas-
versent toutes les tentes sous une vive fusillade, renversent
'ils rencontrent et vont arrêter la tête des fuyards, que de
nombreux cavaliers cherchent vainement à dégager. Ici,
éral, ma tâche devient plus difficile. Il faudrait vous raconter
ts de courage, mille épisodes brillants de ce combat indivi-
dura plus d'une heure. Officiers et soldats rivalisèrent et se
rent pour dissiper un ennemi si supérieur en nombre. Nous
que cinq cents hommes, et il y avait cinq mille fusils dans
On ne tua que des combattants, et il resta trois cents ca-
r le terrain.
ad les populations prisonnières virent nos escadrons qui
poursuivi au loin les cavaliers ennemis, elles demandaient
urs vainqueurs ne pouvaient croire que cette poignée
s eût dissipé cette force immense dont le prestige moral et
si grand parmi les tribus.
s avons eu neuf hommes tués et douze blessés. »
uite de ce modeste exposé, le duc d'Aumale citait ceux de
agnons d'armes qui, comme Jusuf et le lieutenant-colonel
l'avaient le mieux secondé. Son esprit de justice n'oubliait
, ni les officiers ni les soldats [1]. Mais ce qui lui fait encore
onneur, c'est la manière prudente dont il met à couvert les
sa victoire. Ce n'était pas une petite affaire que de ramener
res les premières familles de la suite de l'émir et de celles de
us. On y réussit cependant sans brûler une seule amorce.

[1] nce citait dans l'état-major : le commandant Jamin, son aide de camp ;
nes de Beaufort, Durrieux et de Marguenat ; l'interprète de première
in. Dans le 33e, le capitaine Du[j]in, de l'état-major. Dans la gendar-
Gros-Jean, lieutenant ; le maréchal des logis Chambert, le brigadier
gendarme Fermeau, blessé. Dans le 1er de chasseurs, le lieutenant
blessé ; les maréchaux des logis d'Orvinsy et Pobeguin. Dans le 4e de
les capitaines d'Espinay, Granvalet et Cadix ; le lieutenant Paulze-
sous-lieutenants Marchand, Draix, Canclaux et de Laye ; les maréchaux
reux, Carrel, Laroche, Cambriel, Monphoux ; les brigadiers Masson,
Boissenay, Briout ; les chasseurs Magnin, Morel, Delacour, Perray,
et Desprez ; le trompette Ardouin.
s spahis, le chef d'escadron d'Allonville ; les capitaines Offroy et Piat,
nants Fleury, Jacquet, Frontville et Legrand ; les sous-lieutenants Du-
outeau, Bréautés, de Breteuil, Piat, Saïd ; les sous-officiers Olivier,
et d'autres de noms arabes.

Le coup moral fut immense. On s'en aperçut aux soumissions des
tribus. Parmi ces tribus, il faut distinguer celles qui habitaient
au sud de Thaza et de Boghar. Nous copions, comme donnant une
excellente idée du caractère arabe, la lettre de Djelid, chef des
Ouled-Chaïl.

« A l'Excellence que Dieu a préposée au gouvernement des peuples, et dont il a étendu l'autorité sur les nations !

» A Son Altesse le fils du roi de France ! etc., etc., etc.

» Vous n'ignorez pas que nous sommes des Arabes, et que nous
servions celui qui était sultan antérieurement.

» Vous savez aussi que la crainte seule nous avait forcés à nous
soumettre à lui, car nous étions exposés à ses coups ; et il pouvait
nous traiter comme il a traité les tribus qui ont demandé la paix et
se sont soumises.

» *Mais puisque Dieu vous a donné le pouvoir, nous devenons vos
serviteurs et les serviteurs du gouvernement français.*

» Je vous envoie le fils de mon frère, que je regarde comme un
autre moi-même. Je vous prie de m'accorder l'aman, et de me couvrir de votre protection.

» Pour le fils de mon frère, *je vous demande une dignité* qui soit
aux yeux de tous la preuve de la protection que vous lui accorde-
rez. Je vous l'envoie avec l'espérance que mon attente ne sera pas
trompée. »

La naïveté de l'intérêt et de la personnalité qui présidaient aux
soumissions arabes éclate trop dans cette pièce pour que je la fasse
ressortir.

La victoire du duc d'Aumale fut d'ailleurs complétée par le général de la Moricière.

Nous avons vu que ce général opérait de son côté pour surprendre
la smala. Moins heureux que son jeune rival, malgré l'habileté de ses
manœuvres, il n'avait pu la joindre. Il apprit le 19 à son bivouac de
Tiaret le glorieux coup de fortune du commandant de Tittery. Sans
en éprouver la moindre jalousie, il ne songea qu'à seconder les mouvements de l'autre colonne. Il fit presser le pas dans la direction qui
lui était indiquée comme étant celle qu'avaient dû suivre les tribus
de la smala. Bientôt des spahis lui ramenèrent des prisonniers ; puis,
un peu plus tard, il rencontra toute la tribu fugitive. Abd-el-Kader,
avec ses réguliers, couvrait la fuite ; mais tel était le découragement
des Hachem, qu'ils se rendirent dès qu'ils virent nos soldats. Ceux
de l'émir tirèrent sur eux au dernier moment, comme pour les punir
de leur lâcheté.

Alors commença pour le général de la Moricière une œuvre de générosité. Une population de deux mille cinq cents âmes était entre ses
mains. Qu'allait-il en faire ? Laissons-le parler lui-même, son cœur
est tout entier dans ces lignes que l'on va lire :

« A deux heures du soir, après une course de huit à neuf lieues,
nos cavaliers, écrivit-il au gouverneur général, ramenèrent vers le
camp une population d'environ deux mille cinq cents âmes, avec
ses troupeaux, ses chevaux, et ce qu'elle a pu sauver de deux cata-
strophes.

» Je ramène à ma suite toute cette population ruinée, et je vais la
faire reconduire dans la plaine d'Égris, d'où elle est partie il y a un
mois à peine. Malgré leur défection récente, je ne puis enlever à ces
gens tous leurs troupeaux, qui forment leur unique ressource. Ils
sont exténués de fatigue et de faim ; j'ai été obligé de leur donner
aujourd'hui un jour de repos, et de leur livrer un peu de biscuit.
Les Sedamas et les Kallafas, d'après mes ordres, viennent de leur
envoyer quelques provisions. On viendra au-devant d'eux de Mascara,
et on les aidera sur la route.

» Rendus chez eux, ils y trouveront quelques ressources, et bientôt
les moissons que j'avais fait saisir, et dont on leur rendra une partie. »

Il n'y a rien à ajouter à une page aussi magnifique ; rien, si ce n'est
que, sans nul doute, la guerre contre les Arabes n'eût point autant
duré avec un pareil système de générosité.

Pendant que ces succès étaient remportés dans le Sud, les généraux de Bar, Changarnier, Gentil, Bedeau, et le colonel Cavaignac,
obtenaient sur d'autres points de brillants avantages, notamment
contre les Flittas et dans l'Ouarenseris. Le général Changarnier, en
particulier, enferma dans les gorges de la pointe est de ces montagnes
plusieurs milliers de Kabyles qu'il força de se rendre, et qu'il épargna
comme le général la Moricière avait épargné les Hachem. Le colonel Cavaignac en fit autant de deux fractions des Sendjass.

Une perte sensible diminua toutefois la joie que répandit parmi
nos troupes l'ensemble de ces nouvelles. Nous voulons parler de la
mort du vieux Mustapha-Ben-Ismaïl. Un mot sur ce compagnon fidèle
de nos armes ne sera pas déplacé ici.

CHAPITRE XXII.

Mustapha ben-Ismael. — Sidi-Embarek ; sa mort. — La nationalité arabe. —
Le général Tempouro. — Le colonel Tartas. — Le brigadier Gérard.

Mustapha-ben-Ismaïl, bien qu'Arabe, puisqu'il appartenait à l'ancienne famille des Bacteïa, originaire du Maroc, est, à part le général Jusuf, le plus brillant représentant de cette race chevaleresque

de gens de guerre que l'on qualifie de Turcs, comme ayant été au service des beys de la régence. Il était né à Aïn-el-Amriah, sur le Rio-Salado, et l'on n'a jamais bien su comment il était arrivé aux fonctions d'agha des tribus de commandement, c'est-à-dire des tribus guerrières formant le maghzen ou réserve des beys d'Oran. Ce fut le bey Mustapha-el-Manzali qui lui confia ces fonctions à la mort de son frère Kaddour-ben-Ismail. Il se distingua particulièrement sous le successeur de Mustapha-el-Manzali. Il aida ce successeur, nommé Mohammed-el-Mukallech, à chasser de sa province la secte des derkaoua qui s'en était emparée. Il joua aussi un rôle glorieux sous le dernier bey Hassan. C'est lui, dit-on, qui détermina ce prince à épargner Mahi-Eddin, père d'Abd-el-Kader, lors de ses premières entreprises. C'est lui aussi qui reprit aux tribus insurgées par Mohammed-Tedjini, père du chef du même nom, devenu depuis notre allié, la ville de Mascara.

Duvivier, général de division, mort à Paris le 8 juillet 1848.

A la chute des beys, Mustapha-Ben-Ismail, ralliant autour de lui les Douers et les Smélas, repoussa les entreprises de l'empereur de Maroc sur la province d'Oran. Il s'opposa de même à celles de Mahi-Eddin et d'Abd-el-Kader. Nous l'avons vu se réfugier dans le méchouar de Tlemcen, et s'y soutenir des années entières contre les attaques incessantes de l'émir. Si les généraux, chargés du commandement de la province avaient su l'apprécier et l'investir d'un titre réel, il aurait, sans nul doute, neutralisé la puissance du jeune sultan d'Eghris, qui représentait dans la province l'élément démocratique religieux, tandis qu'en lui, Mustapha, s'incarnaient les souvenirs aristocratiques militaires du pays. Alors les choses eussent bien changé de face. Il se serait formé autour du vieil agha un noyau qui eût résisté à tout l'élan d'Abd-el-Kader. Quand on écouta du côté de la France la voix de l'ancien lieutenant des beys, la puissance de l'émir était fondée. Mustapha, qui aurait pu être notre lieutenant à nous aussi, ne fut plus qu'un auxiliaire important.

On peut dire de lui qu'il était la tête et le cœur des Douers et des Smélas. Dès qu'il combattit avec nos troupes, il devint bien vite populaire parmi elles. Dans toutes les rencontres, il se montra à la fois d'une sagesse digne de son âge et d'une ardeur complétement juvénile. « Il y avait en lui, dit un de ses meilleurs biographes[1], du Nestor autant que de l'Achille. Jamais il ne permit à aucun des siens d'ouvrir le feu avant qu'il eût donné lui-même l'exemple. » Son maghzen sous sa main était aussi souple et aussi discipliné que peut l'être une troupe arabe.

Au blocus de la Tafna, à la Sickah, dans toutes les occasions, il se montra comme nous venons de le dépeindre, plein de prudence et plein d'élan. On crut devoir, après la victoire de la Sickah, lui donner le titre de maréchal de camp. Il prouva qu'il était à la hauteur du grade. Louis-Philippe le voulut voir en 1839. Il ne craignit pas de

[1] M. Félix Mornand.

lui dire que la France ne pourrait se flatter de dominer en Al tant qu'Abd-el-Kader ne serait pas complétement détruit. C son *delenda Carthago*. Il comptait pour l'accomplir sur le d'Orléans.

Lorsque les opérations militaires recommencèrent dans la vince d'Oran, le vieux Mustapha se montra partout où il y eut gloire à conquérir. Il accompagnait encore le général de la Mori lorsque celui-ci acheva la destruction de la smala d'Abd-el-K Ses Douers et ses Smélas avaient eu comme toujours la plus part des prises; il demanda pour eux au général la permissio retourner à Oran pour mettre en sûreté leur butin. Comme il versait le territoire des Flittas, il tomba dans une embuscad voyant frappé d'une balle ennemie, le maghzen fut saisi d'une table épouvante. Cette troupe, qui sous lui n'avait jamais re s'enfuit, laissant le corps de son chef aux mains d'une poignées nemis. La Moricière, pour punition, la priva de son drapeau. E su le reconquérir depuis.

La mort de Mustapha-ben-Ismaïl causa dans l'Algérie les se tions les plus diverses. Elle fit oublier aux partisans d'Ab-el-K leurs échecs consécutifs. L'émir, auquel les Flittas envoyèrent sa et sa main droite, n'avait pas eu parmi les Arabes d'ennemi plus gereux. Il l'accusait avec raison de l'avoir empêché de faire l' dans la province d'Oran, et de ne pas lui avoir été moins fu dans les négociations que sur les champs de bataille. Il se réjou sa mort comme d'un bienfait d'Allah. Les tribus des environs d'C au contraire, pleurèrent pendant plusieurs jours l'ancien agh leurs beys. Depuis tantôt demi-siècle il commandait parmi elles on l'avait toujours vu allier à la plus étonnante bravoure tou qu'un Arabe peut, dans l'état de sa civilisation, avoir de généro Mustapha était quand il mourut âgé de plus de quatre-vingts « Impossible, dit M. Mornand, de se représenter autrement que les traits de cet homme remarquable ces puissants patriarches parle l'Écriture, souverains absolus, sans palais et sans trône;

De la Moricière, général de division.

semblables aux fleuves dont le lit va sans cesse en grandissant, n taient jamais plus majestueux ni plus respectés qu'au déclin de l vie. A son approche, on ne pouvait se défendre d'une profonde nération. Sa stature était imposante, et l'âge n'avait point courbé haute taille. Il avait le visage très-ovale, peu plein et d'un extrê relief, le front haut, les yeux noirs, le nez fièrement arqué, la bou fine et dédaigneuse. Une barbe blanche comme la neige encadr sa noble figure, dont l'expression habituelle était d'une gravité h taine. »

Son neveu et son émule, Hadj-el-Mezari, lui succéda dans le co mandement du maghzen.

Mais Abd-el-Kader n'eut pas lieu de s'applaudir longtemps de mort de Mustapha-ben-Ismail. La fortune lui réservait la cont partie de cette mort. Il allait perdre un *alter ego*, un homme qui av

ce que Mustapha avait été à la France, nous voulons parler
Embarek. Interrompons-nous un instant pour résumer ici
de ce chef éminent, que les accidents multiples de la guerre
fait perdre de vue.

ohamed-ben-Hamlam, vulgairement Ben-Allal, neveu de ce
Mahi-Eddin-el-Sgher que nous avons vu commander les
ns la province d'Alger, puis passer du côté de l'émir après
ction des Ouflias, descendait des Beni-Zian, anciens rois de
Il demeura quelque temps en otage à Alger, où il se livrait
ociété de nos jeunes officiers à des excès que ses compatriotes
eprochés. Une querelle de femmes le rejeta hors de notre
la mort de son oncle El-Hadj-Mahi-Eddin-el-Sgher, Abd-
le nomma kalifa de Milianah. L'émir voulait alors se dé-
de l'espèce de tyrannie que les Hachem faisaient peser sur
ne étant, pour ainsi dire, les premiers instruments de son
. Il leur ôta la garde de sa famille, et la donna pendant son
n contre Tedjiny, chef d'Aïn-Madhy, au kalifa de Milianah.
ce temps-là, si nous en croyons quelques biographes, qu'au-
lieu les relations dont nous avons réfuté dans un de nos

» vous. Maintenant, c'est à vous à voir si vous vous sentez le courage
» de vaincre la frivolité de votre sexe, et si le titre d'épouse honorée
» et unique d'un souverain suffit à vos désirs et peut vous faire sup-
» porter l'ennui des veilles solitaires. Réfléchissez bien à ceci, et
» parlez-moi à cœur ouvert. Il se peut qu'une telle destinée soit au-
» dessus de vos forces; en ce cas, je vous autorise dès ce jour à aban-
» donner ma maison et à chercher un autre époux. »

» Lalla-Kheïra, émue par ces nobles paroles, jura à son mari qu'aucun sacrifice ne pourrait la détacher de lui, et qu'il la trouverait
toujours digne du rang glorieux où son génie et sa vertu venaient
de la faire monter. Elle ne tint point son serment. Après huit mois
de fatigues et de périls extrêmes passés devant Aïn-Madhy, l'émir
revit enfin sa smalah, où son arrivée ne causa qu'une sensation
d'épouvante. Il trouva sa demeure en proie à un tumulte inexprimable. Un nègre et une négresse, spécialement attachés au service
de la sultane, en avaient disparu peu de jours avant son retour. Ses
autres serviteurs, inquiets, abattus, osaient à peine lui parler. Sa
femme enfin parut devant lui, pâle, tremblante, les yeux baissés;
tout dans son maintien semblait demander grâce au jeune sultan.

MONTS AURÈS.

Le colonel Noël s'élance, arrive le premier à la charge, porte le premier coup de sabre, et en un seul instant frappe cinq ou six Arabes.

s chapitres jusqu'à la possibilité. Voici comment la *Revue de*
u 11 mai 1844 raconte le fait :
quelques mois de là, Abd-el-Kader entreprit l'aventureuse
ion d'Aïn-Madhy, et pendant ce temps il confia sa femme, ses
et sa mère à la garde de Sidi-Embarek. Il partit sans inquié-
lein de foi dans la vigilance et la loyauté de son ami, plus
dans la vertu et l'affection de sa compagne. On raconte que,
emain du jour où les Arabes lui avaient d'une commune voix
é le titre de sultan, il était entré sous la tente de cette dernière,
vait tenu ce langage :
volonté et le choix de mes frères viennent de me placer à la
des musulmans de ce pays. Hier encore, je n'étais rien qu'un
umble serviteur d'Allah. Aujourd'hui ce n'est plus seulement
é époux, c'est un souverain qui vous parle. La haute mission
n'est confiée m'impose des devoirs tout nouveaux. Mes veilles,
travaux, mes pensées ne m'appartiennent plus; ils sont le bien
euple qui m'a désigné pour son chef. Ne vous étonnez donc pas
'avenir le soin des affaires publiques me contraint à vous né-
r, et si les graves intérêts dont je suis chargé nécessitent entre
de longues et fréquentes séparations. Songez que je dois compte
a virilité à la malheureuse nation qui a remis entre mes mains
estinées; et quant à vous, sachez que mon cœur n'est et ne
jamais pour rien dans l'isolement où je serai souvent forcé de
laisser. Que nulle jalousie ne se mêle à vos regrets; vous êtes
compagne bien-aimée, et je n'aurai point d'autre femme que

Elle n'eut pas besoin de confesser sa faute, il suffit à l'émir d'un
regard jeté sur elle pour pénétrer le motif de cette attitude suppliante.....

» La générosité de cet homme vraiment grand et la tendresse que
lui inspirait l'infidèle le portèrent à épargner l'épouse adultère; mais
il ressentit une vive douleur de cette trahison, douleur bien plus
amère encore lorsque Lalla, cédant à ses demandes réitérées, lui eut
avoué le nom de son complice.
» Le coupable était Sidi-Embarek. »
Avons-nous besoin de dire que rien ne nous autorise à regarder
ce récit comme basé sur des faits réels, malgré l'incontestable bonne
foi de son auteur, qui ajoute que l'émir fit tomber sa colère sur le
nègre et la négresse dont il est parlé plus haut? Ces malheureux,
apprenant le retour de leur maître, s'étaient enfuis à Alger. Abd-el-
Kader demanda et obtint leur extradition, à propos de laquelle le
commandant Pélissier, directeur des affaires arabes, aurait donné sa
démission. Ils furent mis à mort par l'émir.
Quant à Sidi-Embarek, nous le voyons au mieux avec son maître
dès la rupture de la paix en 1839. C'est lui qui se jette sur la
Mitidja; c'est lui qui est battu à l'Oued-el-Aley avec El-Berkani;
c'est lui qui plus tard est chargé par l'émir d'échanger cent vingt-
quatre prisonniers français contre les familles arabes que lui ramena
le célèbre évêque d'Alger, M. Antoine Dupuch.
A la suite de cet échange, Sidi-Embarek lia plusieurs négociations
avec nos généraux. Il demandait trop; on ne lui accorda rien. Nous

l'avons vu, dans d'autres chapitres, attaqué par les troupes du duc d'Aumale, laisser tomber sa khazna aux mains du colonel Jusuf. Un peu plus tard, malheureux dans toutes ses entreprises, il fut encore battu par le colonel Saint-Arnaud et par le général Changarnier. Enfin sa famille tomba avec la smala d'Abd-el-Kader aux mains du duc d'Aumale. On a de lui la remarquable lettre qu'il écrivit à ses parents prisonniers en réponse à des supplications de leur part. Nous transcrivons cette lettre comme étant de nature à faire connaître quelle puissante résistance l'armée d'Afrique a eue à dompter. Parmi ses parents se trouvaient les femmes, le fils, le frère et les tantes du kalifa.

« Mohammed-ben-Hamlam-Oulid-Sidi-Embarek (que Dieu le traite avec bonté dans ce monde et dans l'autre, lui, ainsi que tous les musulmans!) à ses frères prisonniers, capturés sous le drapeau du Prophète.

» J'ai reçu vos lettres et en ai compris le contenu. J'ai rendu grâce à Dieu du bon état de santé dans lequel vous paraissez être, car la santé est le plus précieux de tous les biens; je l'ai remercié aussi de la manifestation de sa haute puissance qui a amené votre captivité.

» Oui, ce qui est arrivé n'est que l'accomplissement de sa suprême volonté. C'est ainsi que sa toute-puissance s'est manifestée lorsque, sans le concours de personne, il a créé le ciel et la terre par la seule force de sa volonté et de son pouvoir. Dieu est unique; il n'a point d'aides; il n'a pour alliés ni les Français ni aucun autre peuple de l'univers. Votre captivité est aussi le résultat de ses immuables décrets. Plein de cette idée, je vous engage à n'occuper votre âme que de lui. C'est lui qui fait vivre, c'est lui qui fait mourir : il réduit en esclavage, il rend la liberté, il abaisse, il élève; la mort et la vie, la pauvreté et la richesse, le bien et le mal, la tristesse et la joie, en un mot tout ce qui compose l'existence de l'homme sur la terre dépend uniquement de lui.

» Je n'ai pas le pouvoir de vous accorder ce que vous me demandez; notre auguste prophète a seul ce privilége. Invoquez-le donc, car c'est lui qui intercède pour les hommes. Dites : O Dieu! c'est par l'entremise de notre bien-aimé prophète que nous vous conjurons. O Mohammed! veuillez supplier pour nous l'Éternel; ô le plus pur des envoyés! employez votre influence près de Dieu pour obtenir notre délivrance!

» Faites une fois cette invocation dans vos prières, et n'oubliez pas que le saint prophète a dit : Que ceux qui désirent des faveurs prient, car c'est à l'aide des prières que l'on atteint le but de ses vœux.

» Ainsi priez sans cesse et surtout le vendredi. Choisissez à cet effet un iman que vous désignerez parmi vous.

» Je vous conseille aussi d'être très-réservés dans vos discours. N'adressez la parole aux étrangers que rarement et dans le cas de nécessité absolue. Ne tenez pas de propos indignes d'un mahométan; c'est ainsi que vous conserverez vos noms purs de toute souillure. Que la concorde et l'harmonie règnent entre vous; soyez bons les uns pour les autres; consolez-vous réciproquement, et ne désespérez pas de la bonté de Dieu, car l'impie seul doit renoncer à l'espérance. Ne formez entre-vous tous qu'une seule et même personne, afin que votre désunion ne fournisse pas à l'ennemi un prétexte de se railler de vous.

» Je vous adjure également de vous armer de patience. Le prophète a dit : C'est par la patience que notre peuple échappera à la persécution. Dieu lui-même vous a prescrit la patience dans toutes les pages du Koran. Ali a dit : La patience est inséparable de la foi; elle est à la religion ce que la tête est au corps. Omar a dit : J'ai patienté, et les décrets de la Providence se sont accomplis. Ils doivent nécessairement recevoir leur exécution.

» Au reste, comme je vous l'ai dit, votre captivité et notre séparation, qui en est le résultat, sont des décrets providentiels. Résignez-vous, soumettez-vous à la volonté de Dieu, et vous aurez en partage toutes les félicités promises. Ce Dieu a dit : Ceux qui quitteront leur pays pour marcher contre les infidèles, je les introduirai au sein du paradis.

» Que les maux dont vous êtes atteints ne vous affligent pas. Considérez ce qu'ont souffert Joseph et Jacob, et cela durant tant d'années. Eux aussi ont eu à pâtir de la captivité et à vider la coupe de l'absence. Ah! rendez grâce à Dieu, qui, en sévissant sur vous, vous a traités encore avec plus de bonté que les pharisiens ces rois d'Égypte.

» Prenez exemple sur les Sohabas. Que n'ont-ils pas eu à souffrir! Ils ont cependant patienté, et tous leurs maux ont eu un terme.

» Imitez jusqu'au bout leur fermeté et soyez inébranlables comme l'un d'entre eux, Ben-Kedama-el-Sohabi, qui fut ainsi que vous prisonnier, sous le kalifat de Sidi-Amer. Les chrétiens, voulant faire de lui un prosélyte, firent bouillir beaucoup d'huile dans une chaudière puis lui dirent : Sois chrétien, ou nous te précipitons dans cette huile. Sur son refus, ils se saisirent d'un autre prisonnier musulman et le jetèrent dans la chaudière, où il fut brûlé jusqu'aux os. Ils renouvelèrent alors leur proposition à Kedama, qui les rejeta, et l'instant d'après expira martyr de sa foi.

» Faites bien attention aux conseils que je vous donne et s[uivez-] les, car Dieu saura vos actions.

» Pour ce qui est de me rendre près de vous chez les infidèle[s] de mettre un terme à votre captivité, n'y songez pas! Vous [m'avez] dit d'aller à vous, et moi je vous réponds : Oui, sans doute, [un fils] nous est plus cher ici-bas que les auteurs de nos jours, nos [frères,] nos proches, nos enfants. S'il s'agissait de vous racheter avec [l'ar]gent au prix de ma vie, je le ferais; mais me rendre près de [vous] parmi les chrétiens, est une démarche que réprouve la loi de [Dieu] de son prophète; ce serait les quitter tous les deux pour all[er aux] impies. J'espère que je ne ferai pareille chose, je ne mourra[i, s'il] plaît à Dieu, que musulman. Je ne suis pas disposé à renier [la foi] pour l'amour de vous, et je souhaite que ces sentiments soie[nt les] vôtres. On retrouve toujours les parents dont on a été séparé; la foi et le Très-Haut, jamais.

» Le mieux est donc de vous en tenir à la patience. Priez, l[isez le] Koran, suivez tous mes conseils. Il est probable que je ne re[cevrai] plus de vos lettres; j'ai récité sur vous l'oraison des morts. Re[n]dez grâce à Dieu, qui fait ici-bas ce qu'il veut, et dites avec J[ob : O] Dieu! vous êtes le seul savant, le seul médecin capable de gué[rir mes] maux.

» Je vous informe que j'ai pris en mariage la fille de Ben-el-Berkani, kalifah. J'ai formé une smala plus considérable que [celle] dont vous faisiez partie.

» Abd-el-Kader notre seigneur se porte bien; il est victorie[ux, il] s'est emparé de Benaïch, d'Aziz et d'Abran. *Il a actuellement plus de sol*dats *qu'auparavant. Si Dieu continue à favoriser ses armes, vous en*tendrez *bientôt parler de lui, fussiez-vous à Paris.* »

Il suffit de lire cette lettre, de peser les expressions qu'elle con[tient] pour voir à quels hommes de fer notre armée d'Afrique livra[it depuis] huit ans de bataille. Vaincus, jamais domptés, confiants dans [leur] cause, ingénieux en ressource, incapables de se lasser, pleins de courage, tentant de grandes entreprises au moment où on les croit isolés, méprisant les pertes personnelles, instruits dans leur religion, fiers d'imiter les grands exemples de la Bible, tels que la lettre nous révèle les patriotes arabes qui soutinrent Abd-el-Kader.

Voilà pourtant l'homme dont le commandant Saint-Arnaud, trompé sans doute par de faux rapports, écrivait qu'après sa défaite dans l'Ouarensenis, il pleurait toutes les nuits.

De tels caractères rompent, mais ne ploient pas. Leur cœur ne sait point de larmes. Si jamais, ce qu'à Dieu ne plaise! la France est envahie, que ses défenseurs prennent exemple sur les Arabes! qu'ils disputent le terrain pied à pied! qu'ils meurent Français, mais qu'ils ne se rendent pas!

On va voir, au reste, comment mouraient les chefs de ces partis arabes que nous ne saurions trop admirer, tout en déplorant une résistance qui a fait tant de mal à notre pays, qui nous a coûté tant de sang et tant d'or.

Le général Tempoure, qui venait de se distinguer en obtenant l'alliance du fameux scheik Mohammed-Ouled-Sidi-Chiqr, régnant sur le territoire compris entre le désert d'Angad et les montagnes du Trara, opérait alors dans le rayon de Mascara, dont il commandait la subdivision. Il apprit par un déserteur espagnol que Sidi-Embarek avait en effet reformé sa smala. Ce chef avait avec lui huit ou neuf cents hommes d'infanterie régulière que l'on disait être la dernière ressource de l'émir; chose fausse d'après la lettre ci-dessus transcrite.

Quoi qu'il en soit, le général Tempoure, guidé par les indications du déserteur, espère en finir avec la puissance de l'émir. Il quitte Mascara le 6 novembre, ne tarde pas à apercevoir au loin les tentes des réguliers. Il les suit malgré toutes leurs feintes et leurs marches dérobées, et les atteint le 11 près de l'Oued-Malah. Le colonel Tartas commandait la cavalerie de la colonne française. Les réguliers de Sidi-Embarek l'attendirent cette fois de pied ferme. Quatre cents laissèrent leurs cadavres sur le champ de bataille. Les porte-drapeaux ne livrèrent leurs étendards qu'avec la vie.

Le combat tirait à sa fin. Un cavalier de haute taille parmi les Arabes avait combattu avec une vigueur remarquable. Le sabre français l'avait jusque-là respecté. Voyant tous ses compagnons tombés autour de lui ou faits prisonniers, ce cavalier se décide enfin à fuir. Un capitaine de spahis, nommé Cassagnoles, le poursuit. Il est accompagné du brigadier Gérard et de deux autres sous-officiers Labossay et Sicot. Tout à coup le fuyard, arrivé sur une crête nommée Kef, se retourne dans une attitude suppliante. Il tend la crosse de son fusil comme pour indiquer qu'il se rend à discrétion. Labossay a l'imprudence de croire à ce mouvement, il tend la main pour recevoir l'arme de l'Arabe; celui-ci l'abat roide mort à ses pieds. Aussitôt le capitaine Cassagnoles enlève son cheval avec un juron terrible. En une seconde il est proche du meurtrier et va lui fendre la tête. Mais le musulman a tiré de ses fontes deux pistolets. Des balles de l'un il brise la tête du cheval de son adversaire. Le capitaine Cassagnoles tombe avec son coursier. Sicot arrive en ce moment et réussit à blesser l'Arabe. Mais celui-ci d'une autre balle le met hors de combat. Il n'a plus alors affaire qu'au brigadier

'attaque à lui corps à corps. Gérard résiste, réussit à jeter
cheval son adversaire, qui l'entraîne avec lui. Ils se rou-
'un sur l'autre. Mais le musulman perd son sang par la
e Sicot lui a faite ; Gérard réussit à poser son genou sur
et à le tuer.

moment le capitaine Cassagnoles se relevait tout meurtri
— Est-il à vous ? crie-t-il à Gérard. — Je le crois, ca-
Regardez s'il est borgne. — Il l'est, capitaine. — Alors,
réjouissez-vous ; vous voilà chevalier de la Légion d'hon-
ous avez *tué le grand kalifa Sidi-Embarek.*

poque, beaucoup de nos spahis avaient encore les mœurs
n arriva sur le lieu du combat qui tranchèrent la tête du
le l'émir. Elle fut envoyée au général Bugeaud, et d'Al-
e à Milianah, où, après avoir été exposée pendant trois
egards effrayés des musulmans, elle reçut les honneurs
e la part des Français et sur l'ordre formel du gouverneur.
jours après la mort du kalifa, Abd-el-Kader vint de sa
ui aussi, sur la colline de Zef. Le tronc mutilé de son
it, abandonné aux oiseaux de proie. L'émir s'agenouilla
restes du patriote arabe, et après les avoir embrassés, les
ter à Tagdempt. Ses proclamations, adressées à ses parti-
démentirent pas moins la mort de Sidi-Embarek, et en-
rd'hui beaucoup de tribus croient que le grand kalifa,
quelque retraite, n'attend qu'un moment favorable pour
uveau le drapeau de la nationalité.

nt le gouvernement français a agi à son tour avec une
ui devait dissiper toutes les illusions à cet égard. Pour
lon la parole du général Bugeaud, un ennemi qui avait su
ennemi, il fit mettre en liberté la malheureuse famille de
ek, dans les premiers mois de l'année 1844. Et cependant
e son vivant, avait commandé la décapitation de quatorze
igionnaires, accusés d'avoir vendu des œufs à une colonne
.a cruauté de la résistance arabe dépassa toujours celle de
ançaise.

CHAPITRE XXIII.

ale dans la province de Constantine. — Ahmet-Bey. — Combat du
s. — Première expédition dans la Kabylie par le général Bugeaud.
lem. — Les deux manières de conquérir. — Le colonel Daumas. —
la conquête.

rde unanimement la campagne multiple de 1843 comme
es résultats décisifs pour l'avenir de l'Algérie. La coloni-
chait alors également d'un pas rapide, et néanmoins plus
écédemment. Elle suivait les progrès de nos soldats, et là
plantaient notre drapeau, elle ne reculait plus. Cependant
s de la France ne perdaient pas courage. Abd-el-Kader,
trefois Jugurtha, se préparait à aller chercher des auxi-
lauritanie. D'un autre côté, des résistances considérables
aient. Une partie de la province de Constantine était en
ous la double influence d'Ahmet-Bey et des partisans de
nt à leur tête Mohammed-el-Sgher. La Kabylie grondait
t.

l'Aumale, qui venait d'accomplir de si brillantes choses
ommandement de Tittery, venait de recevoir le générala t
le la province de l'Est. Il s'agissait d'en finir avec la dou-
nce dont nous avons parlé. Mohammed-Sgher, kalifa pour
der, régnait sur le Zab, c'est-à-dire sur cet ensemble de
e et de villages situés sur la limite du Sahara, et dont
t la capitale. Quant à Ahmet-Bey, il était rentré dans les
entre le Zab et le Tell, et plusieurs tribus soulevées par
, en insurrection. On ne pouvait arrêter leurs progrès par
trop rapides.

une destinée à cette expédition, une des plus laborieuses
nt faites en Algérie, se mit en marche vers la fin de fé-
atteignit promptement Biskara, établit une petite garnison
t indigène dans cet important marché des tribus du désert,
voir successivement visité Sidi-Okba, Tebessa et Bouçaia,
rta sur les Ouled-Sultan, autour desquels, dans d'âpres
on l'expression du duc d'Aumale, sur la virginité des
rès.

l au 24 avril, la colonne venait de s'engager à travers les
d'un pays tourmenté, boisé, difficile. Le général avait par-
disposé son monde. Sur les deux ailes, un bataillon d'in-
anquait le convoi, qui était en outre protégé, à droite, par
on de chasseurs et de spahis, et à gauche par les différents
és. Tout à coup une brume épaisse se fait ; la colonne con-
nuoins sa marche ; elle aborde une gorge profonde. A peine
pénétré, qu'une vive fusillade éclate sur la gauche. Saisis
eur inexplicable, les goums alliés, qui ne combattaient que
x les Ouled-Sultan, regardés comme invincibles, au lieu
er à l'ennemi se replient au galop sur le convoi, le coupent,
rallient qu'à la droite près des chasseurs et des spahis. Leur

kalifa seul ne lâche pas pied ; avec une poignée de tirailleurs français, il contient un instant les assaillants.

Cependant l'ennemi qui nous attaquait si inopinément à la faveur
de la brume était des plus nombreux. Les Ouled-ben-Aour, les
Ouled-Chelih, et plusieurs autres tribus, avaient réuni leurs contingents à ceux des Ouled-Sultan. Une partie de ce monde court en
poussant des cris sauvages au convoi que la retraite des goums alliés
a laissé découvert à gauche ; une autre partie attaque la tête de la
colonne, tandis qu'une troisième masse presse notre arrière-garde.
Un brave chef d'escadron, nommé Gallias, meurt en sauvant ce convoi. D'un autre côté, le colonel de chasseurs Noël, que nous avons
vu se distinguer si vaillamment lors de l'expédition de Tebessa, fait
sur l'ennemi, qui arrête la marche de la colonne, une de ces charges
qui l'ont fait surnommé le Murat de Constantine. Avec lui, se précipitent le duc d'Aumale, ses aides de camp, la plupart des officiers.
L'ennemi laisse une cinquantaine de morts sur la place, et, frappé à
son tour de la même panique qui a débandé les goums, il ne se montre
plus qu'à distance. Le prince va poursuivre son succès ; une pluie
terrible l'arrête. Ses guides déclarent qu'ils ne savent plus la route.
Il retourne sur ses pas en bon ordre. Telle est la frayeur des Ouled-
Sultan, qu'ils n'osent pas inquiéter la marche rétrograde de la colonne
sur le bivouac qu'elle a quitté le matin.

Après avoir fait évacuer ses blessés sur Sétif, et tiré des vivres de
cette place, le prince rentre dans la montagne le 1er mai. Les Ouled-
Sultan avaient à venger la mort de cent des leurs, parmi lesquels
dix-sept marabouts ou tolbas, prédicateurs de la guerre sainte. Ils
étaient en force comme la première fois. Mais ce jour-là, selon l'expression du duc d'Aumale, le ciel était clair. Il vit la prompte défaite des Kabyles. Pour la constater, la colonne alla faire son bivouac
de nuit à Bir, position inexpugnable, où n'avaient jamais osé se présenter les troupes turques.

Rien n'était fini. A quinze lieues de là s'élevait le camp de Batna,
sous le commandement du colonel Lebreton. Le duc d'Aumale est
informé que, pour faire une diversion en faveur des Ouled-Sultan,
toutes les tribus non soumises de l'Aurès vont attaquer cette position. Aussitôt il lève son bivouac, et, dans le soir du jour qui suit, il
arrive à Batna avec sa cavalerie. L'énorme rassemblement ennemi se
dissipe. — Après être resté à Batna quelques jours pour éviter qu'il
ne se reformât, le jeune commandant de la province reprit encore
une fois le chemin de l'Aurès.

L'ancien bey de Constantine, Achmet, était parmi les tribus. Mais
après deux échecs, n'espérant plus de victoire, il dirigeait leur fuite.
Elles se sauvaient vers les grottes, qui passaient, comme le puits de
Bir, pour être inaccessibles. La colonne atteignit, le 8 mai, vers le
soir, la queue de l'émigration. Les tentes d'Ahmet-Bey étaient encore déployées. Ses bagages restèrent entre nos mains. Deux petites
colonnes mobiles, aux ordres du colonel Noël et du commandant
Bouscarins, furent alors chargées de poursuivre les tribus dans leur
retraite. Elles le firent avec succès, aidées par les contingents arabes
alliés qui, voyant nos succès, accouraient maintenant en foule. Un
peu plus tard, les soumissions se firent.

Pendant que ces événements avaient lieu, la petite garnison française de Biskara, trahie par une partie de la garnison indigène, était
presque entièrement massacrée, et le kalifa d'Abd-el-Kader en avait
repris possession. Le sergent Pélisse réussissait seul à s'échapper.
Averti à temps, le duc d'Aumale revint à marches forcées sur Biskara.
Mais intimidé par le sergent, qui rassemblait du monde dans les tribus
fidèles pour reprendre la place, le kalifa d'Abd-el-Kader avait déjà
abandonné celle-ci. On y mit une garnison capable de se maintenir
contre toutes les entreprises.

La rapidité de ces événements acheva de terrifier les montagnards.
Ahmet-Bey, malade, abandonné de ses serviteurs, dénué de tout,
disparut dans le Djebel-Aurès, où il fut impossible de le poursuivre.
Mais quant à la partie des montagnes que l'on nommait le Belezma,
et qui est séparée du Djebel-Aurès proprement dit par le défilé de
Batna, elle fut entièrement soumise. En quelques jours, les tribus
versèrent aux mains du colonel Lebreton une riche contribution de
guerre.

Quatre kaïds, nommés par la France, furent en outre acceptés
par elles.

En même temps, on opérait également avec succès dans l'ouest de
la province. Les chefs des montagnes de Bougie, et autres, manifestaient leur envie de se soumettre à la France. Le général Randon
pacifiait la subdivision de Bone, et couvrait notre frontière du côté
de Tunis, qui, bien que notre allié, devait être observé ; il apaisait
des différends entre les tribus, et faisait aimer le nom français.

A la même époque, Bugeaud, devenu maréchal de France, songeait à achever la conquête de la province d'Alger. Il n'y avait pas,
selon lui, à compter sur cette conquête tant que la Kabylie ne serait
pas réduite. Mais l'expédition qu'il projetait trouvait en France la
plus grande opposition. Beaucoup de gens craignaient qu'une guerre
contre les Kabyles ne remît tout en question. Ils disaient que ces
montagnards nous respecteraient tant que nous n'irions pas les chercher dans leurs montagnes. La chose n'était qu'à moitié vraie. Déjà,
à plusieurs reprises, Abd-el-Kader était venu de sa personne au mi-

lieu des Kabyles. Il y avait trouvé toutes sortes de ressources. D'un instant à l'autre, on pouvait craindre qu'il n'y soufflât le feu de la guerre sainte, et que les populations, descendant des montagnes, où on ne les était point allé chercher, ne se ruassent sur les environs d'Alger. Les Kabyles de l'Est surtout manifestaient de fâcheuses dispositions. Les marabouts y colportaient des lettres de Ben-Salem, ainsi conçues :

« Fils des montagnes, vous aviez un chef qui a longtemps combattu les chrétiens et qui s'est vendu à eux. Il voudrait vous livrer à l'ennemi comme des bêtes de somme, en vous disant qu'Abd-el-Kader n'attend que le jour de la grande lutte pour reparaître plus grand et plus terrible que jamais. En attendant, moi, son kalifa, j'ai été choisi pendant les jours de la poudre pour défendre votre nationalité qui n'a jamais fléchi sous aucun maître : avec vous, je combattrai pour le tombeau de vos pères, et le champ nourricier de vos enfants. Je le jure au nom du prophète : je m'enseveliraï avec vous sous les ruines de vos villages incendiés, plutôt que de vous voir lâchement soumis à des chrétiens, à des ennemis de vos frères et de votre religion. »

N'ayant point ses préparatifs achevés, et le ministère français manifestant de la répugnance pour l'expédition, avant de répondre par les armes, Bugeaud crut pouvoir faire à Ben-Salem une petite guerre de proclamations, attribuant à sa parole une influence qu'elle n'avait pas. Il lança la lettre suivante :

« Habitants du Djerjerah,

» Beaucoup de vous ont été séduits pas de fausses promesses et entraînés, malgré eux, dans une guerre qui leur devient de jour en jour plus préjudiciable, et dont ils attendent impatiemment le terme. Je serai indulgent et bon envers ceux qui se repentiront avec franchise et sincérité; mais je me montrerai intraitable et sans pitié pour ceux qui persévéreront dans la malveillance et la rébellion.

» Abd-el-Kader a fait preuve de mauvaise foi et de trahison : je ne prendrai de repos qu'il ne soit ruiné et anéanti, dussé-je le poursuivre jusque dans les sables du désert. Vous avez eu à souffrir de ses exactions et de ses cruautés; plusieurs de vos tribus ont même refusé de reconnaître son autorité. Voici le moment de secouer le joug qu'il a prétendu vous imposer. Il a rompu vos relations commerciales; il a exigé de vous des amendes considérables. Et à quel droit et à quel titre?

» Cultivez en paix vos terres, échangez vos produits; cette dernière situation ne vous semble-t-elle pas préférable à une guerre contre un peuple grand et puissant, qui n'aurait qu'à vouloir pour vous détruire ?

» Il ne me serait pas difficile de parcourir vos plaines et de pénétrer dans vos montagnes si vous m'y contraigniez par des démonstrations hostiles. Les défilés des Beni-Aïcha et les sentiers de Cherob ne sont pas inconnus aux Français. Rappelez-vous le combat de Drane; interrogez les Beni-Dijounad, ils vous en donneront des nouvelles. J'irai bien plus loin quand j'en prendrai la résolution. Malheur alors à vos troupeaux, à vos arbres, à vos champs, à vos habitations, qui ont été préservés depuis trois ans! Mais, s'il plaît à Dieu, il n'en sera pas ainsi : vous ne me réduirez pas à cette extrémité.

» J'ai d'autres intentions que Dieu m'a inspirées dans l'intérêt de tous, je vais en commencer l'exécution; j'ai déjà donné l'ordre à mes soldats de quitter le camp du Fondouk; je ne veux pas vous révéler encore tous mes projets, l'avenir vous les fera connaître : c'est à vous de ne pas leur donner une fausse interprétation.

» Gardez-vous donc d'écouter des insinuations perfides, et de concevoir des espérances dont le passé doit vous faire comprendre toute l'illusion. Vous voyez bien qu'Abd-el-Kader lui-même n'a pu résister davantage. Songez donc à vos véritables intérêts; cessez de vous confier aux vaines paroles de Ben-Salem, qui vous conduit, comme des aveugles, à une ruine inévitable, et qui vous abandonnera quand il aura accumulé sur vous les maux de la guerre.

» Ainsi, ne soyez plus insensés, et reconnaissez enfin le doigt de Dieu, qui nous protège et nous a choisis entre toutes les nations pour vous délivrer du despotisme et de l'anarchie et vous rendre heureux. Que son nom soit glorifié et béni! Adieu! »

La principale des tribus à laquelle s'adressait cette proclamation si peu propre à la toucher était celle des *Flissas*. Cette tribu, composée de dix-sept fractions, pouvait mettre sur pied de huit à dix mille fantassins. Autour d'elle se groupaient d'autres tribus fort importantes, comme la confédération des Guetchoula, et celle des Nezliouna, ou comme les Amaroua, les Maatka, les Beni-Kalfoun, etc.

Toutes ces tribus, habituées depuis des siècles à être menacées par les Turcs et à n'en être point attaquées, regardèrent comme non avenues les menaces du gouverneur général. Cependant Bugeaud avait concentré à la Maison-Carrée une force d'environ huit mille hommes, laquelle devait marcher, divisée en trois colonnes, sous les ordres des généraux Gentil et Corte et du colonel Schmitt. Le pays dans lequel la France allait faire invasion était inconnu aux Français. Mais les chefs des bureaux arabes, et particulièrement le lieutenant-colonel Daumas, avaient recueilli sur les routes à suivre, sur la force réelle des tribus, une foule de renseignements précis.

On quitta la Maison-Carrée le 27 avril. Le 29 on campa sur les bords de l'Oued-Cebro, où l'on fut rejoint par quelques cent cavaliers indigènes appartenant aux Beni-Djaad, aux Beni-Se et aux Aribs-Hamza, qui ne rapportèrent rien de favorable intentions des montagnards. Ce ne fut que le 30 que l'on s' dans les premières gorges qui mènent au Djurjurah; on trave coup férir le col difficile des Beni-Aïcha, où souvent les furent forcés de marcher un à un, et l'on campa sur les b l'Isser. Là, les chefs kabyles des Guechtoulas, des Nezliouna Beni-Kalfoun, vinrent demander à rester neutres.

Nous ne répéterons pas les descriptions emphatiques qui faites du passage de l'Isser. Nous faisons peu de cas de ces tri où il n'y a pas d'ennemi. Le pauvre soldat qui lutte contre ments est alors le seul héros.

Pendant que l'Isser débordé arrêtait nos troupes, les Kab Djurjura, et principalement les Flissas, s'étaient mutuelleme voqués en djemaâ. Ils tenaient leur assemblée générale à Time Jamais réunion ne fut plus orageuse. Deux partis s'y manife dès l'ouverture. Le premier se composait de l'aristocratie, qu instruite et mieux renseignée sur les forces de la France, cr qu'en définitive tout le fardeau de la guerre ne portât sur ce possédaient. En effet, Bugeaud, adoptant un système de gue nous ne saurions assez condamner, avait menacé de couper viers et d'incendier les villages. Il ne devait que trop teni odieuse promesse. Le peuple kabyle, ayant moins à perdre, for second parti. Il avait à sa tête Ben-Salem, l'artisan de toutes ce res, et s'élevait avec fureur contre les chefs. Il demandait le à grands cris. Les femmes se montraient surtout acharnées; el maient et armaient de force ceux qui paraissaient vouloir céo exhortations des chefs. Cependant on demeurait indécis, quan tervention de la religion entraîna l'assemblée. Sid-el-Djoudi, influent des marabout de la montagne, lança l'anathème sur les qui préféreraient au paradis de Mahomet l'alliance avec les infid n'y eut plus alors à reculer. On se dispersa pour mettre ce q avait de plus précieux en sûreté, et, ce soin accompli, de toute on se prépara à combattre. Outre une multitude de petits détach indisciplinés, trois grands corps se formèrent pour tenir tê colonnes françaises. Ils étaient aux ordres de Ben-Salem, de Kassem et de Sid-el-Djoudi. Malheureusement pour eux auc ces chefs n'était expérimenté. S'il y eût eu là Abd-el-Kad Sidi-Embarek, les choses eussent d'autant plus changé de fac les éléments étaient contre nous.

Il fallait agir avec une prudence extrême. On n'évaluait moins de vingt mille le nombre de gens en armes que conte les montagnes. Pour montrer leur décision les Kabyles éparg au général français la peine de mettre à exécution les termes lettres. Ils brûlaient çà et là ce qu'ils ne pouvaient cacher.

Bugeaud établit à Bordj-Henaiel, non loin de l'Isser, dans u sition autrefois occupée par les Turcs, un très-fort camp ret qu'il fit soigneusement garder; puis il alla se ravitailler à Dellys avait fait préalablement occuper pour en imposer aux tribus cette ville était le principal marché. De Dellys, il revint sur se remontant l'Oued-Nissa pour s'établir au camp de Bordj, et att là que la première furie des ennemis fût tombée.

Les Kabyles ne lui laissèrent pas le temps d'accomplir son p Ils se mirent en mesure de l'attaquer au passage de la rivière nous venons de parler. Ses habiles dispositions paralysèrent bie leur élan. On les débusqua en détail de toutes leurs positions. rejetèrent alors dans la vallée de Taourgha, au nombre de hu dix mille, et se fortifièrent dans quatre villages appartenant aux raouas. Cinq bataillons et le goum des Arabes alliés que comma le lieutenant-colonel Daumas furent lancés sur eux. Une comp de voltigeurs, embarrassée dans un chemin difficile, faillit Le plus fort du combat s'engagea autour d'elle. Il fut prompte funeste aux Kabyles. En quelques heures le rassemblement étai persé sans que nous eussions perdu plus de trois hommes L'e en laissait près de cinq cents dans les ravins et dans les villages s'était défendu.

C'est à ce propos que le général Bugeaud écrivait ce principe taire digne d'être retenu, il disait : Voilà une preuve de plus, passé un certain chiffre relatif, il ne faut pas se laisser arrêter p force numérique de masses sans organisation et sans discipline, q que braves que soient les hommes qui les composent individuellen

Les tribus qui avaient donné dans l'affaire de Taourgha ét étrangères aux Flissahs. Ceux-ci essayèrent d'arrêter par des n ciations le général prêt à pénétrer sur leur territoire; mais ces u ciations n'avaient pour but que de donner le temps à Sidi-el-Dj de réunir ses contingents. De son côté, Bugeaud attendait le gé Gentil avec une colonne. Quand celui-ci l'eut rejoint, il se mi mesure pour frapper un coup qui décidât la soumission du pays

Les tribus lui prêtèrent pour ainsi dire le flanc en se rassemb dans des proportions tout à fait démesurées. Dès qu'il eut vu dispositions de ces masses immenses, éparpillées sur les montag Bugeaud n'eut pas de peine à concevoir le plan qui devait lui d ner la victoire. Il fallait simplement s'emparer de la ligne domina couper ainsi l'ennemi en deux, et le balayer à droite et à gauche

t sur des corps postés pour le recevoir. Ce plan si simple
é avec le courage et l'entrain ordinaires à nos troupes.
neuf fractions des Flissahs couronnaient, sur une assez grande
r, une longue ligne de crêtes protégées par un ravin pro-
ortifiées çà et là dans les endroits non abrupts par des redans
s sèches. De nombreux villages, disséminés çà et là, for-
mme autant de forts détachés.
r cette longue ligne en face eût été une courageuse folie;
de la promptitude, on pouvait, pour accomplir le plan du
ourner la position, gravir les crêtes supérieures à celles
ient les Kabyles, et tomber de là sur elle de façon à les
i les Kabyles, que l'on passât à leur droite ou à leur gauche,
s'y opposer, on ne devait avoir à leur livrer qu'un combat
colonne à cause du ravin dont nous avons parlé.
ral fit partir les troupes d'attaque à trois heures du matin,
les Kabyles, fatigués d'une longue veille, commençaient
nt à reposer. Le général Korte, commandant une colonne
ut ordre de menacer la droite de l'ennemi, et de se poster
l-Kesseub ou Ksab, petite rivière vers laquelle Bugeaud se
de précipiter l'ennemi du haut de sa ligne.
ivement d'attaque fut très-bien exécuté. L'avant-garde
sser devant le village d'Ouarez-Eddin; elle l'emporta dans
r sommeil des habitants, dont une partie fut massacrée.
ée par ce succès, elle se laissa entraîner un peu trop avant.
e, guidée par le général lui-même, ne la rejoignit que quand
urs avaient déjà subi des pertes assez sensibles. Cette co-
ablit promptement le combat, et de crête en crête arriva
dominer la position des Kabyles. Aussitôt fut exécuté le
nt projeté par le général.
upes d'attaque fondent comme des oiseaux de proie sur la
yle, la coupent à son point culminant, et poussent surtout
qu'elles ont à leur gauche vers le lit de l'Oued-Kesseub.
tie cède elle-même au mouvement. Elle s'effraye, et se
vers l'endroit où Bugeaud a prescrit au général Korte de
r; mais des accidents de terrain ont empêché celui-ci d'y
à temps, si bien que les fuyards vont se rallier au delà de la
D'une autre part, les Kabyles restés sur les crêtes inférieu-
nt descendre les Français, s'empressent d'abandonner des
qui leur deviennent inutiles. Ils se jettent en masse au-
s assaillants pour les arrêter. On les maintient avec peine,
tits combats s'engagent à la fois. Croyant à un avantage, le
n chef ordonne à l'un de ses lieutenants, le général Gentil,
une diversion décisive en allant incendier à la base des crêtes
villages qui doivent être abandonnés. Les Kabyles, qui voient
du général Gentil quitter le théâtre du combat, s'imaginent
rançais battent en retraite. Ils s'enhardissent à une nouvelle
'ensemble. Bugeaud ordonne qu'on les attende du plus près
pourra. Quand ils sont à la portée de la baïonnette, le cri :
! retentit de notre côté. Aussitôt la masse kabyle, chargée
e, se débande de nouveau. On la poursuit, on l'écrase en

y a déjà bien des heures que ce va-et-vient d'attaques con-
général rappelle ses troupes pour aller camper en arrière,
a fontaine de Sidi-Ali. Au même moment, un contingent
es sur lequel on ne compte pas, et qui vient d'arriver par
rengage le combat tandis que tous les montagnards qui
rallier tentent sur notre droite un assaut désespéré. C'est
ne nouvelle bataille qui recommence. Elle est encore heu-
r nous. Notre artillerie qui tonne achève la victoire, et balaye
es plateaux et les crêtes. Il est cinq heures du soir. Depuis
heures, personne n'a pris de repos; mais qui pourrait en
? Le général lui-même donne l'exemple. « Debout sur un
eau découvert, il dirigeait lui-même le combat, dit un té-
laire [1], et animait du geste et de la voix l'ardeur des soldats.
e de balles tourbillonnait autour de lui, sans qu'il parût
cevoir. Les pentes et les ravins étaient jonchés de débris
s; nos obusiers faisaient d'affreuses trouées dans les masses
; une vapeur de sang s'élevait des broussailles, et des cris
répondaient aux décharges de nos braves soldats ; c'était une
out portant, sans merci, entre des assaillants désespérés et
queurs qu'exaltait la présence et l'exemple d'un chef intré-
maréchal était admirable dans ce moment suprême. »
eure après, le feu de notre artillerie s'apaisa. Les Kabyles
rent, emportant leurs morts lentement, avec une sorte de
. Ils avaient fait ce qu'ils avaient pu pour conserver à leurs
es le renom d'invincibilité. La discipline avait vaincu le
Douze cents montagnards étaient morts en défendant le sol
rie. Nous n'eûmes que cent cinquante tués ou blessés. Nos
aptisèrent leur sanglante victoire du nom d'Ouarez-Eddin.
ait alors au 17 mai. Le lendemain se passa sans combats;
ant que les tribus vaincues ne venaient pas faire leur sou-
le général crut devoir appuyer son succès de la veille par
utions que l'histoire est obligée de condamner. Il fit brûler

Galibert, *L'Afrique française.*

tout autour de lui les villages abandonnés. Quelques montagnards
essayèrent aussitôt un retour offensif qui fut chèrement expié par eux.

Enfin, le 20 mai, ne comptant plus sur la protection d'Allah, les
vaincus s'inclinèrent. Le fils du chef des Flissah, le jeune Ben-Zamoun, accompagné de plusieurs kaïds, se présenta aux avant-postes
français. Le colonel Daumas, prévenu par des émissaires, l'y attendait. Il l'introduisit près du général. Un des secrétaires de celui-ci
a raconté comme il suit ce qui se passa alors [1] :

« Que veux-tu ? dit le maréchal au jeune chef.

— La fin des maux que tu nous as causés.

— M'apportes-tu la soumission des tribus qui combattaient?

— Elles demandent la paix.

— Elles ne l'obtiendront qu'à la condition d'une soumission complète et sans délai. Pourquoi, après ma victoire de Taourgha, vous
êtes-vous obstinés à lutter contre moi? Je vous avais invités, dans
votre intérêt, à chasser de votre pays Ben-Salem, le partisan d'Abd-
el-Kader, que j'ai juré de poursuivre jusqu'à la dernière extrémité.
Je vous offrais l'alliance et la protection de la France, pour prix
d'une loyale soumission à son autorité; pourquoi avez-vous préféré
les maux de la guerre à mes bonnes intentions?

— La paix, répondit Ben-Zamoun, était pour vous et pour nous
le parti le plus avantageux, et je la désirais moi-même sincèrement;
car la victoire est partout avec toi, et nous savions que rien ne peut
te résister. Mais il y a, dans les montagnes, des marabouts, dont l'influence domine plus sûrement le peuple que la voix de ses chefs.
Nos alliés du Djerdjerah sont aussi des hommes sauvages qui ne connaissent que la guerre et qui méprisent la mort; ils nous menaçaient
du pillage si nous laissions les Français pénétrer sur notre territoire.
Nos femmes elles-mêmes nous reprochaient la faiblesse de nous soumettre avant d'avoir été vaincus. Aujourd'hui même, après la grande
journée de la poudre, qui nous a coûté tant de pertes, nous ne sommes pas sans ressources contre toi. Toutes les montagnes d'alentour
sont remplies de guerriers, qui ne se rendraient pas si je les appelais à
verser tout le sang qui nous reste pour le salut de notre indépendance. Mais Ben-Salem, qui nous avait fait croire qu'Abd-el-Kader
viendrait à notre secours avec une grande armée, Ben-Salem nous a
lâchement abandonnés au commencement de la bataille. Quand il a
su que tu conduisais toi-même les Français à l'assaut de nos crêtes,
que nous jugions inaccessibles, il a fui avec ses trésors. Maintenant
les Flissahs le méprisent et le maudissent; il ne trouvera plus d'asile
dans leur pays. Tu es le plus fort; Dieu l'a voulu ainsi ; accepte donc
notre soumission.

— Je suis le plus fort, mais vous êtes tous de nobles et courageux
adversaires, répondit le maréchal, et cette journée de poudre doit ci-
menter entre nous une estime réciproque : la paix n'en sera que
plus solide. Voici mes conditions : Tu renverras sur-le-champ tous
tes alliés dans leur pays ; tu recevras de moi l'investiture en qualité
de kalîa de la France; tu t'engageras à faire payer régulièrement
l'impôt; tu ouvriras ton territoire aux échanges du commerce, et tu
en protégeras la sécurité.

— Je ferai tout cela, » reprit Ben-Zamoun...

D'autres historiens affirment, au contraire, que ce ne fut pas le maréchal, très-mauvais négociateur, qui fit ses conditions. Ben-Zamoun
lui aurait demandé avant tout que les razzias cessassent, que les in-
cendies s'éteignissent, et que les troupes françaises redescendissent
dans la plaine. A ce prix, il promit la soumission de sa tribu, dont il
représentait déjà cinq fractions considérables. Bugeaud était pressé
d'en finir. On recevait de la province d'Oran des nouvelles qui prou-
vaient que le génie d'Abd-el-Kader, toujours actif, survivait à tous
les échecs. D'un autre côté, nos troupes ne pouvaient poursuivre
leurs succès dans la Kabylie qu'en pénétrant de plus en plus dans les
montagnes. D'autres tribus que les Flissahs seraient entrées en lice.
Le général se décida à investir Ben-Zamoun au milieu de la pompe
ordinaire. Le 30 mai il rentra à Alger. Fier de son expédition, voici
ce qu'il en écrivait au ministre français :

« Les résultats de cette courte campagne, disait-il, sont d'avoir
étendu de plus de vingt lieues le rayon d'Alger dans l'Est; d'avoir
ajouté à notre domination un territoire fertile et très-peuplé qui sera
un nouvel aliment pour notre commerce et pour les revenus colo-
niaux; d'y avoir conquis de vastes et bonnes terres pour la colonisation européenne; enfin, d'y avoir détruit l'influence d'un lieutenant
d'Abd-el-Kader. »

Inutile d'ajouter que, selon sa coutume, Bugeaud nommait tous les
braves dont il avait eu le plus à se louer, soit à Taourgha, soit à
Ouarez-Eddin. Tels étaient les généraux Gentil, Korte; les colonels
Charron, de Schmitt, Regnaut et Gachot; les lieutenants-colonels
Daumas, Pélissier, de Chasseloup-Laubat, Forcy, et une foule d'autres
officiers, de sous-officiers et de soldats, comme Pellé, Corréard, Jac-
quin, Bess, Féry, Léautey, et la Nouë, Ducasse, Paër, Fraîche,
Rampon, Merlet, Marion, Guichard, Rohan, etc., etc., etc.

Il y a certes beaucoup de ces noms qui mériteraient une étude
particulière. Nous ne nous arrêterons qu'à un seul, lequel est intime-
mement lié à l'histoire de l'armée d'Afrique; c'est celui de Daumas.

[1] P. Christian, *Souvenirs du maréchal Bugeaud.*

Il y a deux manières de conquérir, l'une par les armes, l'autre par l'administration; il y en a même une troisième, par la plume. Certains écrivains font quelquefois plus pour la popularité d'une conquête que les meilleurs soldats. Quand ces trois manières de conquérir se résument à un degré quelconque dans un homme, qu'il soit ou non votre ennemi politique, il lui faut rendre hommage. C'est ce que nous faisons pour M. Daumas, quoique la proscription n'ait point frappé sur lui.

A lire ses brillants ouvrages sur les chevaux du Sahara, sur la Kabylie, on serait tenté de croire que Daumas est sorti le premier de quelque savante école. Il n'en est rien. Fils de général, il s'enrôle en 1822 au 2e chasseurs, passe laborieusement par tous les grades sans exception. Nous le trouvons sous-lieutenant en 1827. Son élévation comme officier n'est pas moins laborieuse; en 1835, il commence à rendre des services à l'armée d'Afrique. Il est capitaine instructeur au 2e de chasseurs. Comme tel il prend part à diverses campagnes importantes; chef d'escadron, lieutenant-colonel au corps de cavalerie indigène, il commence alors ses études de mœurs, de langue arabe et des intérêts spéciaux de l'armée et de la colonie d'Afrique. Imitant la Moricière, Pélissier l'annaliste et quelques autres, il se met en mesure d'être doublement utile à son pays en devenant l'intermédiaire de nos relations avec les indigènes. De 1837 à 1839, pendant la paix qui suivit le traité de la Tafna, on lui confia les fonctions délicates et difficiles de consul auprès d'Abd-el-Kader à Mascara. A la rupture du traité, il est directeur des affaires arabes dans la province d'Oran. Le général Bugeaud, en 1841, le choisit comme directeur central de ces mêmes affaires pour toute la conquête. C'est alors qu'il organise de nouveau les bureaux arabes, dont l'institution avait été trop négligée. Travailleur infatigable, il recueille les renseignements nécessaires à une foule d'expéditions; il dresse des itinéraires que le général Bugeaud proclame admirables. Il fonde l'administration de la province de Tittery confiée au duc d'Aumale. Il recueille une foule de renseignements précieux pour l'avenir de notre conquête, et qui serviront plus tard à la populariser. Enfin, malgré tant de labeurs, il prend part à toutes les campagnes qui sont à sa portée.

On voit que nous aurions manqué à nos devoirs d'historien en ne rendant point, en passant, hommage à une vie si bien employée. Nous retrouverons plus tard et dans de plus hautes position l'écrivain brillant, l'administrateur habile, sous les auspices duquel le régime économique de l'Algérie a été assimilé en partie à celui de la France. Il nous suffira de n'avoir pas été arrêté, pour être juste envers lui, par l'homme politique. Nous revenons aux événements.

De grandes rumeurs, comme nous l'avons dit, se faisaient alors à l'extrémité de la province d'Oran. La guerre avec le Maroc allait s'engager par le fait d'Abd-el-Kader. En attendant, nous étendions notre conquête et notre influence sur tous les points. Une colonne dirigée par le général Marey faisait reconnaître la France par les tribus du petit désert. Le célèbre marabout, le grand ennemi d'Abd-el-Kader, Tedjini, chef d'Aïn-Maadhi, nous envoyait sa soumission. Puis avait lieu la première expédition de Laghouat ou El-Aghouat. Le kalifa Ahmet-ben-Salem y recevait de nous l'investiture. Quand le général Marey revint sur ses pas, il s'était avancé jusqu'à cent vingt lieues au sud d'Alger.

On nous permettra maintenant de nous interrompre quelques minutes pour parler plus spécialement de nos soldats; la guerre d'Afrique allait entrer dans une nouvelle phase.

CHAPITRE XXIV.

Nos soldats.

Aujourd'hui que l'Afrique est conquise, il est de mode de diminuer les difficultés de l'entreprise et de rapetisser les services de l'armée d'Afrique. On n'est pas seulement oublieux pour les généraux, on est injuste aussi pour les soldats. Certains publicistes, commodément assis au coin de leur feu, déclarent la guerre à la guerre. Ils voudraient, et nous voudrions aussi de grand cœur, qu'une civilisation pût conquérir une autre civilisation sans qu'il y eût une goutte de sang versé. Un soldat pour eux est une sorte d'être antiphilosophique, réprouvé par le progrès, et qui n'est bon qu'à tuer partout la liberté.

Sans doute, le rôle des armées dans la politique intérieure des États modernes a été souvent fatal aux institutions libres. Mais c'est là le sort de toutes les choses humaines. Elles ont toutes leur côté mauvais. Les armées ont le leur.

Mais, quand je songe à ces bandes héroïques qui sauvèrent vingt fois la France, soit sous Henri IV, Louis XIII et Louis XIV, soit sous l'immortelle république issue de 1789; quand je songe à l'abnégation qu'il faut pour être un digne soldat, je ne sais pas médire de l'armée, de mon pays.

Le voici qui part, le pauvre enfant. Sa vingt et unième année vient à peine d'aller rejoindre d'autres années de paisible bonheur. Il vivait de cette vie de famille dont on n'apprécie bien la douceur que quand on ne l'a plus. Au dehors de la famille, son cœur cher-

chait déjà peut-être et s'était déjà peut-être fait une idole. quitter tout cela. Que de fois son âme sera brisée soit par l'acntalgie, soit par la fatigue morale d'une discipline inaccoutumée ce n'est rien encore, ou plutôt c'est encore le paradis du jeudat. Tout à l'heure, du sol de la France, il sera vomi avec un de vapeur sur la terre d'Afrique. Les privations commence chaud, le froid, la soif, la faim, la fièvre se disputent tour à tou proie qui leur arrive. Tout homme qui n'est pas d'un tempér robuste meurt ainsi tiré à cinq ennemis contraires. S'il survit, la balle arabe qui siffle dans l'ombre, voici le yatagan qui sép tête du tronc, voici le croc qui traîne les corps! Il n'y a souve de sépulture pour celui auquel le pied a glissé sur la pente d'un D'ailleurs, qu'il y ait sépulture ou non, pour qui tant de sac accomplis, pour qui tant de dangers méprisés, pour qui cette vi séparation du milieu où l'homme se développe normalement? une patrie qui ne saura pas même votre nom. On sait que l' mourir, on meurt. Pourquoi? Pour l'honneur d'un pays qui jusqu'à votre existence!

Et il n'y aurait pas là quelque chose de profondément admi J'appellerais ce soldat une machine parce qu'il se résigne ains bien je l'appellerais un brigand parce qu'il a répondu à la balle par une balle française, au yatagan par la baïonnette! Non, je n résous pas. Je déplore que Dieu permette la guerre; mais je n m'empêcher de reconnaître que si elle nourrit de mauvais inst elle fait surgir aussi les plus nobles et les plus retentissantes qu Je dis plus, j'affirme que les seules nations qui sachent faire la g sont les nations vraiment capables de liberté. La France l'a pr comme la Grèce, comme Rome, comme l'Amérique unie.

Parlons maintenant de nos soldats. A l'Oued-Foddah Changa n'avait pas d'artillerie; mais, lançant à travers les ravins, les taies, les gorges et les mamelons, sans qu'ils rencontrassent j une difficulté de terrain insurmontable pour eux, les zouav régiment de Cavaignac, alors sous ses ordres, il disait en les trant : Voilà mes boulets. Ce mot n'était pas seulement héroïq était juste. Lancez le soldat français, lancez-le après avoir habile pointé, et il fera la trouée que vous aurez voulue. Si votre comma ment contient une dose suffisante d'élan et de poudre, ayez confia le boulet arrivera. Parfois il n'arrivera qu'en ricochant: patienc core, le but n'en sera pas moins frappé.

Mais c'est surtout quand à l'énergie, au sang-froid et à l'éla commandement se joint la force toute-puissante de l'exemple du que l'action du soldat français est certaine. Il ne regarde pas se ment au drapeau, il regarde à l'officier. Où va l'officier, le sold aussi sans se demander s'il en reviendra. Les fatigues que l'of supporte lui sont légères; il oublie ses privations en voyant cell ses chefs, et les oublie bien mieux encore quand il est en fac l'ennemi.

La bonne condition du soldat français est donc le bon comma ment. Dans la guerre d'Afrique, guerre de marches et de co marches, de campements de nuit, de surprises, le bon comma ment a toujours fait le bon soldat. Ce n'est pas que ni le si cavalier ni le simple fantassin de nos recrues manquent d'initia Bien loin de là : l'un et l'autre en ont trop. Chez le soldat angla faut soutenir le flegme et l'esprit de résistance; chez le soldat r ou allemand, il faut exciter l'attaque; chez l'Espagnol et l'Itali faut précipiter le dénoûment, et pour entretenir la confiance la la porte ouverte à la retraite. Chez le Français, il faut contenir, n et diriger l'exubérance des qualités personnelles. Laissez-le à même : il va parler, discuter, diriger, commander. Chacun, dan rangs ou hors des rangs, aura son plan, son idée, et voudra alle ou là, frapper ainsi ou autrement. Mille tracés de bataille ou de c bats surgiront à la fois. Si, dans des circonstances données, ces q lités ont leur prix, si elles sauvent quelquefois l'individu, elles en général pleines de danger en face de l'ennemi. Mais rien n' été plus dangereux en Afrique; car l'Arabe a précisément des c analogues. Appelé à chaque instant à défendre ses troupeaux, douair, sa tente, il s'est habitué à s'inspirer du péril et à ne pas tendre la voix du chef. Où en serait-il si à toute heure il ne co tait pas sur la force et la rapidité individuelles, si à toute heur n'était prêt à ne prendre d'avis que du salut?

Le Français, qui est l'assaillant, ne vit pas comme l'Arabe d l'isolement du douair. De son côté, il y a une sentinelle comm toujours attentive, constamment éveillée. Cette sentinelle, qui doit pas dormir une seule seconde sous peine de mort, non pa seulement pour un seul, mais quelquefois pour tous; cette sentine c'est la discipline. Elle faisait la force des légions romaines; elle celle de nos régiments. Entendez dans cette colonne en marche, a que l'ennemi est loin, les propos, les critiques, les saillies, les ri qui éclatent sur toute une ligne. Il y a là une foule d'intelligen d'élite, capables d'apprécier les ordres, d'en avoir leur sentiment, le produire. Eh bien! le tambour a battu, le clairon a sonné, l'e nemi est présent. Aussitôt plus de paroles, plus de critiques : les p indépendants tout à l'heure dans leur langage sont les plus obéissan Le chef est tout; bons ou mauvais, ses ordres sont exécutés. Person ne conteste, et encore moins ne recule. On murmurera peut-ê

mbat, surtout si l'on n'est pas vainqueur, mais jamais penon.
nt, que le chef disparaisse, que l'inférieur soit abandonné
e, que le soldat ait à chercher son salut dans ses propres
s, n'en soyez pas en peine. Il se tirera de toutes les diffi-
s'en tirera dans le combat comme il s'en tire dans la gar-
route et au bivouac.
ait appris un métier ou qu'il n'en ait pas, il les sait tous.
on la nécessité, terrassier, bûcheron, charpentier, tisseur,
illeur, cordonnier même. Rien ne l'embarrasse. A Médéah,
ouaves se firent des matelas, du fil, préparèrent des peaux
chaussures. A Tlemcen, ils se fabriquèrent jusqu'à du

le bon esprit comptant au milieu de toutes les privations!
llies! que de peintures piquantes et faites en un seul mot
seule phrase! Lorsque le général Bugeaud, avec ses idées
eut imaginé de faire porter aux troupes une partie de leurs
bien qu'il était à peu près impossible de combattre sans
s sacs, le soldat d'infanterie pesamment chargé se donnait à
le surnom de soldat-chameau. Si encore, disait-il, on vous
avantages *de la chose*: mais le soldat-chameau doit avoir
de cerf, un cœur de lion et... un estomac de fourmi! —
dat! c'était tout bonnement le soldat-phénix qu'il définis-
et souvent on trouva cette merveille sur le sol de la France
.

les qualités militaires mises de côté, on ferait un long et
recueil des actions dévouées qui ont été faites au sein de
Afrique. Quelques-unes seulement sont devenues popu-
ame celle du trompette Escoffier, comme celle de Guichard
n capitaine. Ces dévouements n'ont pas été isolés. Malheu-
ce ne sont pas les bonnes actions que l'on redit. On parle
tiers des mauvaises. Nous ne nous en plaignons pas ; c'est
de la France que le mal soit de la sorte stigmatisé; mais il
ussi tenir compte du bien; et à côté des massacres de Blidah
ez-Eddin, à côté des exécutions terribles du général Pélis-
e devrait pas se permettre d'oublier la générosité déployée
oupes en tant d'occasions. Après la prise de la smala, elles
t leur biscuit avec les prisonniers. Plusieurs fois, souvent
eut des enfants recueillis et adoptés.
rtout reproché à l'armée d'Afrique un système que la rai-
manité réprouvent, c'est celui des razzias.
a n'est pas une invention française. Les Arabes l'ont em-
tout temps, même du temps de la Bible. Ils en firent usage
premières tribus qui se soumirent à nous. On les leur
représailles.
t le plus fréquent et presque quotidien de la vie arabe, dit
Daumas dans un livre que nous avons déjà cité, c'est la
gloire est une belle chose sans doute, ajoute le célèbre
et à laquelle on a le cœur sensible dans le Sahara comme
lleurs. Mais là on met sa gloire à faire du mal à l'ennemi,
ses ressources en augmentant les siennes propres. La gloire
de la fumée, c'est du butin. Le désir de la vengeance est
mobile; mais est-il plus belle vengeance que celle de s'en-
dépouilles de l'ennemi?
ple besoin de gloire, de vengeance et de butin ne pouvait
our se satisfaire un plus expéditif ni plus efficace procédé
zzia (incursion), envahissement par la force ou la ruse du
pé par l'ennemi, du dépôt de tout ce qui lui est cher, famille
e.
azzias sont de trois sortes :
d'abord la *téhha* (proprement le *tombement* : du verbe *tahh*,
hé); elle se fait au point du jour (*fedjeur*). Dans une *téhha*,
pas venu pour piller, on s'est rué pour massacrer; on ne
pas, on se venge.
a *khrotefa*, qui a lieu à (*el dasseur*) deux ou trois heures de
idi. C'est la rapine.
fin la *terbigue* ; ce n'est pas la guerre, ce n'est pas un coup
ni de brigand, ce n'est guère qu'un tour de voleur tout au
erbigue se fait à *nous el leïl*, à minuit. »
nous besoin de dire que jamais nos troupes ne firent des
aucune de ces trois sortes? Ce n'a jamais été dans une vue
ou de massacre qu'elles en ont entrepris. Si dans des cir-
s exceptionnelles elles se sont nourries aux dépens de l'en-
plupart du temps, presque toujours, elles ont abandonné
ngents alliés le butin fait sur leurs concitoyens. Ce que l'on
e notre côté par la razzia, c'est forcer l'Arabe à soumission:
ne sorte de loi martiale, très-mauvaise assurément; mais ce
s été que cela.
urs il ne faut pas croire qu'au sein même de l'armée d'Afri-
stème de la razzia n'ait pas soulevé les plus vives protesta-
gène Cavaignac, dans ses observations sur la régence d'Alger
écrivait ce qui suit : « Ce n'est point par des apparitions pé-
au milieu des Arabes que l'on peut espérer les réduire.
des de guerre ne sont bons, tout au plus, si rien ne leur
qu'à entretenir la haine de ce peuple et à aiguiser ses appé-

tits belliqueux. Ce serait nous présenter à eux comme les plagiaires
de leurs précédents maitres, avec moins de résolution et de force.
L'hostilité permanente est un acte d'un autre siècle ; et puisque
nous avons rendu la guerre nécessaire, elle doit perdre au moins ce
caractère agressif qui l'éterniserait. En usant de nos armes, nous ne
devons avoir pour but que de prévenir, par un déploiement de forces
imposant, une guerre de détail qui ne produit que des massacres et
ne promet aux Arabes que des malheurs, au lieu d'être l'appui d'une
politique pacifique et protectrice du travail. »
Ce que disait Eugène Cavaignac était répété par les meilleurs esprits de l'armée. Des officiers de la plus haute distinction signalèrent
souvent comme monstrueux le système des razzias.
Dans tous les cas, la faute doit remonter à ceux qui en ordonnè-
rent l'application ; et non au soldat, lequel dut obéir. Quand il fut
bien commandé, le soldat en Afrique ne recourut jamais au pillage.
Il se maintint exactement dans les liens les plus étroits de la discipline. Ce fait n'échappa point aux Arabes, et partout où il se produisit nous eûmes des alliés fidèles. Nous citerons la longue et laborieuse expédition que dirigea le général Marey; le soldat y fut
exemplaire.
« Il n'a pas été, dit le général dans son rapport, porté une seule
plainte contre nos soldats; leur discipline a fait l'admiration de tout
le pays, qui avait toujours vu les camps du bey et d'Abd-el-Kader
piller les maisons, les jardins, et tous les gens qui ne pouvaient se
défendre. A Aouta, notre bivouac était placé contre les murs délabrés
de jardins où se trouvaient de beaux arbres, des légumes, de l'orge
et des blés mûr ; on manquait de bois et de vert : cependant les propriétés furent complétement respectées. L'impression laissée dans le
pays par notre opération a été certainement celle d'une organisation
sociale et militaire supérieure, ayant une grande puissance d'ordre
et de discipline envers nos sujets, devant être fort à craindre pour
nos ennemis... A Tedjemont, où nous parûmes d'abord, tout le monde
voulut s'éloigner; il fallut toute l'autorité du kalifa pour rassurer.
Mais quand on vit que les propriétés étaient respectées, que nul
n'était maltraité, que tout était payé exactement, que nous avions
une mission non de destruction, mais d'ordre, personne ne songea à
fuir. »
Mais, pourquoi ne pas s'exprimer avec franchise? l'armée d'Afrique, comme toute notre armée, a éprouvé un grand malheur : elle a
été mêlée à nos luttes politiques; elle a été un instrument social.
Elle a sauvé, puis elle a servi à détruire une république. Si d'aventure elle eût pu rester neutre, personne ne contesterait ses services.
Il faut aussi, pour juger nos soldats combattant sur le sol algérien,
tenir compte des éléments dont furent composés quelques corps de
l'armée d'Afrique. Lorsqu'au dehors d'une grande nation il se fait
une guerre longue et considérable, les aventuriers y courent; et il
ne faut pas se le dissimuler, en général l'aventurier est brave. Il sert
bien, mais il faut pour le dompter une discipline de fer; pour l'entraîner, il faut être encore plus brave que lui. Le colonel Noël, au
retour de l'expédition de Tébessa, n'eut d'autre moyen de se rendre
maître de ses chasseurs que de charger hors de son tour, et pour
ainsi dire hors de son grade, avec eux.
Mais de tels hommes se retiennent difficilement après la victoire.
Toutefois, nous en sommes persuadé, avec un autre système de
guerre il en eût été partout de nos soldats comme de ceux de la
colonne du général Marey. La cruauté n'est pas dans leurs âmes; elle
ne passera pas dans les mœurs militaires. Les laboureurs de la douce
Touraine, les vignerons de la Bourgogne, les Bretons, dont le regard est toujours tourné vers le pays; les cultivateurs de l'Alsace,
les laborieux enfants de l'Auvergne et du Limousin, toutes les recrues de France en un mot, sont d'une origine bonne et civilisée.
Les excès ne sont chez eux que les accidents d'un mauvais commandement. Ainsi que l'écrivait Duvivier dans sa *Solution de la question
d'Algérie*, les bulletins officiels, les rapports qui ont tiré vanité des
récoltes détruites, des arbres coupés, des villages incendiés, resteront à tout jamais comme pièces accusatrices. Mais seulement, ajou-
tons-nous, contre ceux qui les ont rédigés. Maintenant, un autre
système était-il possible avec des ennemis qui n'en avaient pas d'autre?
Grand problème! problème à faire détester la civilisation, si vraiment elle ne peut être répandue au sein d'un peuple déjà formé, que
par le fer et le feu !
N'essayons pas de le résoudre, et reportons plutôt nos regards sur
les rangs inférieurs de notre armée d'Afrique.
Une des plus belles choses descriptives qui aient jamais été écrites
est le *Traité de la chasse au lion*, par Jules Gérard. Poésie grandiose,
style à la fois concis et large, images pittoresques, saisissantes, tout ce
qui constitue l'écrivain de génie, est là renfermé en quelques
pages.
Un simple sergent du génie, Henri Lardy, qui n'a pas eu comme
Gérard le bonheur de franchir les premiers degrés de la hiérarchie,
et qui commande aujourd'hui, comme sergent d'infanterie de marine,
le poste de la Trinité dans les Antilles, a relevé les ruines de Tébessa, suivant les expressions du savant Letronne, de façon à déses-
pérer nos meilleurs architectes et à rendre fiers nos officiers les plus
instruits.

Nos administrations publiques, celles des chemins de fer sont, dans les rangs subalternes, peuplées d'anciens sous-officiers d'Afrique. Ce sont les meilleurs employés.

Que d'hommes de lettres, que d'artistes distingués ont fait leurs premières armes dans les zouaves ou dans les spahis! Que d'honorables chefs d'entreprises, que de dignes chefs d'atelier ont appris à cette école de discipline l'ordre, le travail et l'économie!

Puisque nous parlons de zouaves et de spahis, disons un mot de ces corps célèbres, qui furent d'autant plus utiles à la conquête, que les Arabes mêlés parmi eux annonçaient par leur seule présence que toute la conquête n'était pas à faire. Le général Bourmont prit à la solde de la France une partie des anciens cavaliers du dey. On les appela les mameluks. Les mameluks augmentèrent promptement en nombre, et après l'expédition de Médéah ils formèrent deux escadrons que l'on nomma chasseurs algériens. Un peu plus tard, à Bone, le général Monck d'Uzer organisa un autre escadron d'indigènes auxquels on donna le nom d'*otages*. Pareille institution eut lieu dans la province d'Oran.

•A mesure que notre conquête se fortifia, le nombre des indigènes qui voulurent servir sous nos drapeaux alla en devenant chaque

capitaine inclusivement, le grade supérieur après deux ans de s en Afrique. On ne tint pas cette promesse, mais les chasseurs t tout ce que l'on s'était promis d'eux.

Nous aurions encore à parler ici des bataillons d'infanterie d'Afrique, de la légion étrangère. Leurs services, peut-être brillants que ceux des corps indigènes, n'en furent pas moins

On comprendra l'utilité de ces derniers quand on aura le de la pensée qui présida à leur formation.

« Si l'on avait voulu, disait un homme spécial, si l'on avait seulement de braves soldats, nul doute que les régiments fr n'eussent parfaitement et préférablement rempli cette mission. on s'était de plus proposé, en instituant les zouaves et les spa faire servir à la conquête une partie de cet élément arabe qui avant nous, vivait de la guerre. On voulait de plus y mêler des çais, qui, vivant avec les Arabes, s'instruisant dans leurs mœurs, leur langue, découvrant tous leurs petits secrets, deviendraie véritable pépinière d'interprètes, d'administrateurs, d'hommes e tiellement utiles à la cause française en Algérie. Il n'était pa non plus d'imiter les Romains, en s'assimilant les armes et la ma de combattre des ennemis.

Prise de la smala d'Abd-el-Kader. — 16 mai 1843.

jour plus considérable. On songea à leur donner une organisation régulière, et, le 10 août 1834, le lieutenant-colonel Marey reçut à Alger le commandement de quatre escadrons de spahis. Deux autres escadrons furent mis à Bone sous les ordres du chef d'escadron Jusuf. On en constitua bientôt quatre autres à Oran. Les escadrons d'Alger furent ensuite portés à six, et ceux de Bone à quatre. En 1839, le gouvernement ordonna qu'un de ces escadrons fût attaché à chaque régiment de chasseurs d'Afrique. Cette ordonnance ne fut pas exécutée. Une autre ordonnance répartit en vingt escadrons toute la cavalerie dite indigène. Dix-huit de ces escadrons formèrent en 1845 trois régiments distincts.

Les zouaves sont les contemporains des spahis. Ils datent comme eux de 1830. En ce temps-là, le général Clausel chargea le commandant Maumet de recueillir et d'organiser un premier bataillon d'infanterie indigène. On appela les soldats de ce bataillon les zouaves du nom de la célèbre tribu montagnarde des Zouaouas, que la pauvreté forçait à fournir des fantassins aux troupes du dey. Duvivier organisa un second bataillon qui reçut le même nom. Les deux bataillons furent, en 1832, réunis en un seul, sous le commandement de cet homme remarquable, qui légua bientôt les zouaves au commandant Kall, puis au capitaine de la Moricière. D'autres bataillons de zouaves furent ensuite créés; nous citerons particulièrement celui qui se composa des volontaires, défenseurs du méchouar de Tlemcen sous Cavaignac. Les zouaves formèrent ensuite des régiments, comme les spahis.

Les chasseurs d'Afrique ne doivent pas être oubliés à côté de leurs compagnons de combat. On les forma en novembre 1831. Ils ne pouvaient se recruter que parmi les Français. L'ordonnance du 17 novembre garantissait aux officiers qui y entreraient, jusqu'au grade de

Comme ces corps devaient, précisément à cause du mélange deux races, toujours servir d'avant-garde et d'éclaireurs, ch de nos officiers voulut passer par les zouaves ou par les spa Duvivier, la Moricière, Cavaignac, le Flô y passèrent les prem Là les plus grands noms côtoyaient les noms les plus obscur Caroubet-el-Ouzeri le vieux sergent Razin mourut avec le jeune du duc d'Harcourt. Ce dernier fut tué comme il arrivait le pren pour reprendre une position. Le vieux sergent Razin accourut p le venger. Son fourrier le suivit, un brave dont nous regretton ne pas savoir le nom. Mais Razin n'avait plus depuis longtemp jambes de vingt ans, le fourrier le devança bientôt. — Ah çà! crie Razin, est-ce que le conscrit aurait la prétention de passer vant son ancien! fais place, et vivement! Le fourrier se rangea; à peine fut-il derrière, qu'une balle frappa le sergent. — Me v devant, mon pauvre vieux! lui dit en passant le fourrier; mais il to à son tour. Un des zouaves voulut le relever. —Occupe-toi de Ra lui dit-il, je me sauverai bien seul. Le zouave relève son sergent au même instant est, comme lui, frappé à mort. Le fourrier ra alors sur ses mains, détache la croix du vieux brave, et, lais un long sillon de sang dans les broussailles, il vient remettre au c mandant la croix du mort. — Je n'ai pu rapporter que cela. — il. En effet, un de ses bras pendait horriblement mutilé [1].

Cavaignac, grand jusque dans les actions les plus simples, ré d'Harcourt et Razin, le duc et le vieux routier de guerre, dans même et courte oraison funèbre. « Dans la journée du 10 novem écrivit le commandant à l'ordre du jour du bataillon, le jeune Rich d'Harcourt, sous-lieutenant au corps, et le vieux sergent Razin, d

[1] Voyez ce fait raconté par M. le comte de Castellane, page 78.

Paris. Typographie Plon frères, rue de Vaugirard, 36.

ompagnie, sont morts en abordant l'ennemi et en devan-
s braves. Le lieutenant-colonel recommande leurs noms
e des officiers, sous-officiers et soldats du corps. Il les
eunes gens pour exemple et pour glorieux modèles. »
s, arme plus spéciale que les zouaves, comptèrent peut-
l'illustrations ; mais ils furent également utiles. Les Mon-
d'Allonville, les Joussouf-Bey, les Dubarrail, les de la
uld ne sont pas des noms à dédaigner. Bedeau passa par
rangère. Une foule d'officiers distingués ont figuré aux
Afrique.

indigènes n'ont point, du reste, tout grand que fût leur
pâlir le renom de tant de beaux régiments d'infanterie de
ère qui ont laissé le plus pur de leur sang sur la terre
Faut-il nommer le 3e, le 29e, le 38e, le 9e, le 35e, le 21e,
3e de ligne, le 47e, le 17e de ligne, le fameux 2e ! Faut-
encore le 23e, le 58e, le 1er, le 41e, le 56e de ligne, le
e 58e, le 26e de
3e léger, le 43e,
, le 32e, le 41e de
e léger, et tant
i sont successi-
ignés aux bulle-
née !
26e et au 4e de
l'Afrique qu'ap-
ette poignée de
combattit entre
et Beni-Mered
nuée d'Arabes,
gouvernement a
souvenir par un
ortant cette in-
Aux vingt-deux
eni-Mered. Là se
Leclair, Giraud,
, Lecomte, Lau-
sier, Michel, La-
e, Girard, Estal,
Monnot, tous
26e, sous le
ment du sergent

ns pas non plus
oner ici les ser-
urs peut-être,
on ne prisera ja-
ceux du génie,
rps médical mili-
de l'artillerie.
prenons le récit
notre conquête
s.

CHAPITRE XXV.

— Abd-el-Kader et
aman. — La politi-
se.

aurait trop admi-
a peut-être pas
raindre le génie
Kader. Le fils de Lalla-Zohra n'a plus temporairement
ces en Algérie. Nos colonnes mobiles lui ont tout pris,
entes, ressources et influence. Les chefs nationaux, fati-
es continuelles défaites, ne veulent plus agir, ou n'agis-
que languissamment en sa faveur. Beaucoup se sont tournés
la France. En vain il a cherché à se refaire une force
ités du côté du désert. On l'y a poursuivi, on l'y a détruit.
us rien qu'un grand nom. Mais tout cela peut changer si
a la volonté, et si le dieu de sa croyance vient en aide à
tisme et à son ambition.
, rien de plus mobile que le caractère arabe. Un événe-
reux peut le soulever de nouveau contre la France. Par
province d'Oran confine à un empire immense, en état de
pied cent mille soldats ; que cet empire, au nom de la renom de la politique, se déclare pour la cause arabe en
u que cet empire prenne seulement, d'une manière décidée,
de hostile à la France : aussitôt les tribus oranaises, celles
, celles des Kabylies, celles de Constantine même, remuent,
se soulèvent peut-être. Qui affirmerait ce qu'il adviendra
veau soulèvement ? Abd-el-Kader commence à connaître
ic européenne ; il sait que la France a des ennemis qui ne
pas s'agrandir sans jalousie. Or, l'empire dont nous venons
se déclarant pour la cause arabe en Algérie, il doit, dans
9.

Abd-el-Kader.

la pensée profonde d'Abd-el-Kader, se produire deux faits : ou le
Maroc, car c'est du Maroc qu'il s'agit, ou le Maroc sera vainqueur,
et alors les Français perdant tout leur prestige, l'émir regagnera le
sien, ou le Maroc sera vaincu, et alors la France ira en avant dans sa
conquête ; elle se fera de nouveaux ennemis en Afrique, et ses ennemis d'Europe, de plus en plus jaloux, lui déclareront la guerre. Alors
elle sera forcée de dégarnir ses nouvelles possessions. De toutes fa-
çons donc la nationalité arabe sera sauvée.

Raisonnement puissant, et dont la logique devait échouer à la fois
contre la fortune de nos armes et la faiblesse de notre diplomatie.

Outre ce raisonnement, Abd-el-Kader pouvait former un autre
projet.

En ce temps-là, de violents dissentiments politiques et religieux
agitaient les populations du Maroc. Quels que fussent les événements,
victoire ou défaite, l'émir ne pouvait-il pas profiter de ces dissentiments pour se faire, à l'ouest de l'Afrique, une position que sa
patrie lui refusait ?

L'ancien sultan de la
plaine d'Eghris y pensa ; ce
fut même par là qu'il semble avoir commencé.

Depuis longtemps, il en-
tretenait des relations avec
le Maroc. Déjà cette puissance lui avait fourni,
comme à un coreligion-
naire, toutes sortes de secours et de ressources durant sa bonne comme du-
rant sa mauvaise fortune.
Nos prisonniers, au temps
où il relevait Tagdempt, virent souvent arriver à son
camp des convois maro-
cains, et c'est en vain que
l'on a nié officiellement le
fait.

« On a dit qu'Abd-el-
Kader ne tirait de l'empire
de Maroc ni argent, ni poudre, ni effets d'habillement,
ni biscuit, ni armes, écrivait M. de France en 1837 [1].
Les renseignements recueillis à Maroc sont contredits
par les faits que Maurice
et moi avons vus de nos propres yeux. »

Le 7 août 1836, il est
arrivé de Maroc au camp
d'Abd-el-Kader un convoi
apportant des chemises, des
calottes, des babouches, des
culottes et des capotes pour
six cents hommes.

Le 15 août, il est arrivé
un convoi de quinze cha-
meaux chargés de poudre et
de balles venant de Maroc.

« Lorsque le dernier con-
voi eut été déchargé, ajoute
M. de France, Ben-Faka me
fit appeler, et me dit en comptant les ballots que des esclaves emportaient dans les magasins : Regardez si le sultan n'est pas grand !
Sa puissance s'étend au loin. Ses alliés ne l'abandonnent pas. »

Ailleurs, le captif d'Abd-el-Kader encore que toutes les fois
que les Arabes voyaient arriver au camp un convoi du Maroc, ils
laissaient éclater leur allégresse, et rendaient au chef de la caravane
les mêmes honneurs qu'à l'émir.

Celui-ci pouvait donc, avec raison, espérer que cette bonne alliance
pourrait devenir plus étroite, et se changer en un appui plus considérable et plus décisif.

Il ne se trompait pas.

Il se trompait d'autant moins, que la politique anglaise était fort
opposée alors à celle de la France. Les Anglais, qui vendent des fusils
à tout le monde, ne se contentaient pas d'en avoir vendu à l'émir. Il
est positif que leurs intrigues excitaient alors le Maroc à se mêler
de la guerre des Arabes avec la France. La conquête était devenue
nationale chez nous ; l'Angleterre l'avait nécessairement prise en
haine.

Appuyé par le cabinet de Saint-James, le Maroc n'était pas une
puissance à dédaigner. Plaçons ici quelques détails sur cet empire.

Les musulmans n'appellent pas, comme nous, Maroc l'empire qui

<hr>

[1] Second volume, page 434.

s'étend sur la côte nord-ouest de l'Afrique; ils lui donnent le nom
de Belad-moula-Abd-er-Rhaman, c'est-à-dire pays du seigneur Ab-
derame. Cet empire se divise plutôt historiquement que politiquement
en deux royaumes, ceux de Fez et de Maroc. Le premier a pour
capitale Fez, et pour villes principales Tanger, Tétouan, Larach, les
deux Saleh, etc., etc. Les premières cités du second sont Maroc ou
Marach, Mogador, Aghader, Tarou-Dan, Tafileh, Draha, Akkaha
et Tartah. Mogador est la propriété personnelle de l'empereur, qui
tire ses plus gros revenus des monopoles commerciaux et des douanes
Cette ville, dans cette seule spécialité, rapporte 700,000 piastres à
elle seule, et Tanger 400,000.

L'Atlas, que l'on y appelle Djebel-Dyris, avec ses ramifications,
parcourt le Maroc du nord-est au sud-ouest. Ses cours d'eau les plus
renommés sont la Malouïa, qui se rend à la Méditerranée après
avoir reçu la Taffna et l'Isly, le Sebou, la Morbeja, le Tensift, qui
affluent à l'Océan; la Draha, le Siz, qui se perdent l'un dans les sables,
l'autre dans le lac du Siz.

Sous le rapport géographique, le Maroc se partage en trois régions,
celle de l'Atlas, le Riff ou massif méditerranéen. C'est là que s'élèvent
Meknès, Fez, Maroc, Ouezzan, Souïra ou Mogador, Mazagan, Slâ ou
Saleh, et Rhât ou Rabat. La troisième région est la région transat-
lantique ou de Gezoula, qui comprend le pays des Sous, celui de
l'Oued-Noun et le pays des Oasis.

Historiquement le Maroc correspond à la Mauritanie Tingitane. La
dynastie actuelle est une branche de la dynastie des scheriffs, fondée
par Mohammed-ben-Ahmet au commencement du seizième siècle,
et affermie en 1578 par la bataille d'Al-Kasar, où périt Sébastien de
Portugal.

Si cette puissance ne s'était pas montrée aussi terrible sur la mer
que les corsaires d'Alger, elle n'en avait pas moins, comme ceux-ci,
forcé l'Europe à un tribut. Tous les États européens, sauf la France,
la Russie et la Prusse, lui payaient des présents annuels. L'Espagne
payait 1,000 douros chaque année, et 12,000 aux changements de
consul; l'Autriche donnait 10,000 sequins par an; la Hollande, le
Danemark, la Suède versaient au trésor du scheriff qui 15,000, qui
25,000, qui 20,000 douros annuels. Les États-Unis envoyaient environ pour 15,000 dollars de présents. La fière Angleterre avait à
elle seule enrichi le Maroc de 2 millions en vingt ans. Seule, elle a, dit-
on, continué à verser le tribut déguisé sous le nom de cadeaux minis-
tériels.

Seize mille hommes soldés formaient la force régulière ou le maghzen de l'empereur de Maroc quand Abd-el-Kader se tourna vers
lui. Ce maghzen comprenait d'abord la garde des scheriffs, composée
de quinze cents Ondaïas ou Arabes choisis du désert, de quinze
cents Abid-Bokaris, nègres renommés pour leur haute stature et leur
force herculéenne, et combattant à pied, et deux mille cavaliers
choisis avec soin parmi les meilleures tribus nègres combattant à
cheval. A cette garde s'agrégeait quatre mille réguliers de cavalerie
et neuf mille réguliers d'infanterie. Les tribus fournissaient en outre
au premier appel de nombreux contingents. Les places fortes, surtout les places maritimes, étaient abondamment pourvues d'une assez
puissante artillerie et servies par des Topchis constamment exercés.
On n'évaluait pas le nombre de ceux-ci à moins de deux mille.

Telle était la puissance du côté de laquelle l'ancien sultan de Mascara tournait maintenant ses espérances.

Pour que ce dernier espoir ne le trompât point, il agit avec une
suprême habileté.

S'adresser au divan du Maroc n'eût peut-être pas été prudent. Abd-
el-Kader n'était pas sans savoir qu'un traité [1] fort important liait les
scheriffs et la France. En effet, il y en avait un qui disait : « En cas
de rupture entre l'empereur de France et les régences d'Alger, Tunis
et Tripoli, l'empereur de Maroc ne donnera aucune aide ni assistance
auxdites régences en aucune façon, et il ne permettra à aucun de
ses sujets de sortir ni d'armer sous aucun pavillon, pour courir sur
les Français; et si quelqu'un desdits sujets venait à y manquer, l'empereur le châtiera et répondra des dommage causé par son sujet. »
On avait souvent parlé de ce traité à l'émir pour s'excuser de ne
point se déclarer ouvertement pour lui.

Abd-el-Kader ne s'adressa donc pas directement au gouvernement
marocain. Affilié à la principale des sectes religieuses qui du Maroc
avaient reflué sur la province d'Oran, il alla chercher un refuge
dans les massifs du Riff. Son arrivée fut bientôt connue des montagnards. Les marabouts, les chefs de tribus le vinrent visiter. Il leur
parla avec cette éloquence qui l'a rendu si fort contre ses ennemis.
Il leur raconta la guerre de destruction que le général Bugeaud faisait aux champs, aux figuiers, aux oliviers, aux troupeaux, aux moissons. Bien sûr, les Français ne s'arrêteraient pas à la frontière oranaise; ils la passeraient bientôt, et le Riff serait exposé à la même
guerre que les plaines de Mascara et de Tlemcen. Alors, il n'y aurait plus ni paix, ni trêve pour l'islamisme; les chrétiens le chasse-
raient de l'Afrique. Ces discours enflammèrent bientôt les sauvages
Riffains. Ils nourrirent l'émir, l'accablèrent de présents, s'offrirent
en foule pour marcher sous ses ordres.

[1] Celui de 1767.

Les voyant ainsi disposés, Abd-el-Kader écrivit à Abd-er-
Il lui représenta que les habitants du Riff n'avaient jamais
soumis aux empereurs; qu'ils étaient les Kabyles du Maroc.
pour les dompter et pour les civiliser. Quant à lui, il prou
plus entière docilité aux ordres du scheriff, et ne demandait
compense que le titre de kalifa.

Une circonstance particulière donnait à Abd-er-Rhaman
de s'occuper des affaires d'Abd-el-Kader. L'empereur de Ma
l'on nous pardonne la comparaison, est le pape de l'Afrique
mane, et dans l'islamisme la politique et la religion sont int
unies. La dynastie du sultan puise une autorité exclusive en
de scheriff ou de descendant de Mahomet. Ce n'est pas tout;
cérémonies annuelles du pèlerinage de la Mecque, c'est l'e
de Maroc qui représente l'Afrique. Ses drapeaux y sont porté
étant ceux de l'islamisme africain.

La demande si habile de l'émir fut appuyée à Maroc
agents de l'Angleterre. Abd-er-Rhaman s'y refusa longt
craignait de rompre avec la France; il redoutait aussi, vu
esprits dans son empire, d'y introduire un homme comme
Kader, qui déjà, lors de la chute des beys, l'avait, par le fait,
de s'étendre sur la province d'Oran. Enfin les instances de
terre l'emportèrent. Il investit l'émir par les armes et les
d'usage. Mais Abd-el-Kader n'avait pas attendu. Il s'était mi
session du kalifat, il en exerçait toute l'autorité, et de là,
tenait des correspondances avec ce qui lui restait de part
Algérie; il leur promettait une armée du Maroc. Cette arm
annoncée dans la Kabylie quand Bugeaud attaqua les Flissah

La situation, comme on voit, devenait grave pour la Fr
traité de 1767 était rompu. Nos envoyés réclamèrent près d'
Rhaman. Mais la diplomatie maure, turque ou arabe, a touj
la première diplomatie du monde. On répondit par des prot
d'amitié très-vive. On se rejeta sur la force des choses. On
en particulier que ce n'était pas le Maroc qui avait le premie
gressé les vieux arrangements. C'était la France qui, en s'a
chaque jour davantage dans la province d'Oran, avait foulé
mière sous ses pieds un territoire relevant de l'autorité des s
Un nouveau traité devenait donc nécessaire, et pour conclu
fruit ce traité nouveau, il fallait commencer par décider
dans la province d'Oran devait appartenir au Maroc, et ce qu
appartenir à la France.

Abd-er-Rhaman alla plus loin. Deux causes le portèrent e
La première fut l'envie d'être agréable à la démocratie religi
son empire; la seconde fut l'influence de l'Angleterre. Il s'i
sur quelques propos diplomatiques peu certains, que cette pu
interviendrait entre lui et les Français. En conséquence, il
à une partie de ses contingents de se porter sur la frontière
pour appuyer le traité de délimitation. Le général de la M
qui commandait la province de l'Ouest faisait alors constr
cette frontière le fort de Lalla-Maghnia. Il vint aussitôt campe
ce qu'il avait de troupes disponibles, en face de ces conti
parmi lesquels Abd-el-Kader se montra également, entouré de
mes qu'il avait recrutés chez les Riffains, et de ceux qui de
points de l'Algérie commençaient à le venir rejoindre.

Il était évident qu'une guerre allait commencer, si l'on ne
pas un coup terrible pour l'arrêter au début. Tout était en qu
Un demi-succès seulement, et l'émir, entraînant à sa sui
partie des Berbères du Riff, débauchant peut-être des batail
Maghzen des schériffs, se précipitait de nouveau sur l'Algérie
L'Angleterre n'en doutait pas; elle observait avec une jo
dissimulée.

CHAPITRE XXVI.

Négociations armées du général la Moricière et du général Bedeau. —
Tanger, Mogador, Isly. — Le prince de Joinville.

J'ai été républicain sous le régime monarchique, et me
nions ont survécu à la chute de la république; cependant
puis me défendre d'un vif sentiment de douleur quand
trouve en face de certaines pages de la guerre d'Algérie, et
ces pages mon souvenir se reporte naturellement à cette ma
triste de Claremont. Quoi! tant de brillants fils n'ont pu r
d'une heure la chute d'une dynastie! Quoi! tant de gloire ac
tant de services rendus par eux n'ont pas même sauvé de l'e
jeunes princes qui voulurent mêler leur sang au sang plébéien
soldats; ces jeunes généraux qui, nés d'un roi, s'identifiaient
avec la nation, que l'armée caressait comme des idoles, et auxqu
si magnifique avenir semblait réservé!

Après le duc d'Orléans, dont la mort fut le triste présage
chute paternelle, après l'aristocratique commandant des troupe
tagne de Constantine, après le rapide vainqueur d'Aïn-Tagguin
venir maintenant une autre figure princière, c'est celle du pri
Joinville. Celui-là aussi se montra à la hauteur de son rang.
de sa personne comme ses frères, populaire comme eux
surtout qu'il avait ramené en France les cendres de Nap

de Joinville possédait de plus que ses frères l'esprit po-
Vivant avec des gens sérieux, — les marins le sont, — il avait
le bonne heure à réfléchir, et il réfléchissait prématurément
e sorte de sagesse. Il connaissait en outre très-bien son mé-
Providence le destinait, lui aussi, à être un des soutiens
es ornements du nom français. Mais avant de dire ce qu'il
st nécessaire de revenir au fort de Lalla-Maghnia.
néral de la Moricière, en voyant Abd-el-Kader parmi les con-
marocains, sentait bouillir son sang de zouave; mais tous
l'ont connu ont pu le remarquer, la pétulance du vainqueur
de l'émir cache une prudence à toute épreuve, excepté à
s manœuvres, que sa franchise ne saurait toujours deviner. Il
voulu, ni par une bravade inutile, ni par une action d'éclat,
nettre la France et engager la guerre. Il campait sur l'Oued-
non loin de la frontière marocaine, et se contentait de né-
Mais le pacha El-Gennaoui repoussa par son adroite diplo-
outes les avances du général français, et se grossit chaque
nouveaux contingents. Il fut même, à la fin de mai (1844),
par un prince de la famille impériale, Sidi-el-Mahmoun-Ben-
Celui-ci vint camper à Ouchda. Sa présence enflamma les
marocaines déjà postées sur la frontière; elles sortirent de
leurs tentes, et vinrent inquiéter les travailleurs de Lalla-
. Pour le coup, la Moricière n'y tint plus. Il quitta ses tentes
ur. Les fusils partirent d'un côté, et répondirent de l'autre;
s Marocains n'étaient ni assez forts ni assez habiles pour
ntre nos tirailleurs. Engagé à onze heures, le combat était fini
un peu plus tard, Sidi-el-Mahmoun rejoignait en désordre
dont il avait eu l'imprudence de sortir.
qu'il en fût, la guerre était déclarée. Le maréchal revenait de
dition de Kabylie; il était à Dellys, quand il apprit le combat
la. Il s'empressa de partir pour la province d'Oran. Des ren-
rent avec lui; d'autres furent amenés de France.
e continua cependant pas tout de suite les hostilités. La guerre
Maroc, c'était l'inconnu. Malgré son appétit de gloire et sa
rie gasconne, le maréchal Bugeaud ne voulait pas prendre cet
sur lui. Il essaya de négocier avec Gennaoui, et, se méfiant
e du général qui avait combattu déjà sans son ordre, il char-
es pouvoirs le général Bedeau.
e mots feront connaître cet officier.
ssage du col de Mouzaïa, sous le prince royal, Bedeau com-
le 17ᵉ léger. Boitant d'une blessure qu'il avait reçue quel-
rs auparavant, le nez mutilé par une balle qui venait de l'at-
le visage inondé de sang, il était resté debout au milieu de
épides tirailleurs, qu'il animait du geste et de la voix. A di-
eprises, quand il les vit faiblir, il se mit à leur tête, et les
en avant. Les Arabes ayant abandonné leurs positions, Bedeau
a à lui que lorsqu'il fut sûr qu'aucun de ses soldats ne gisait
blessé ni mort. Comme un capitaine qui ne quitte que le
son vaisseau naufragé, il ne voulut abandonner que le dernier
champ de sa victoire. On ne le pansa qu'après tous les

néral Bedeau était donc un officier solide dans toute la force
, à la fois très-ferme et très-prudent. Il avait dans la province
partagé les principaux travaux du général la Moricière.
iva à l'entrevue convenue à mi-chemin entre les deux camps,
atre bataillons. Le pacha Gennaoui y vint, suivi d'environ
mille cavaliers et de six cents fantassins.
larocains se crurent en force. S'agitant, tourbillonnant, chan-
e place malgré les ordres de Gennaoui, ils entourèrent bien-
bataillons. Ceux-ci ne sourcillèrent pas un seul instant, jusqu'un grand nombre de coups de feu fussent dirigés contre
allaient répondre. Bedeau leur ordonna seulement de mettre
au bras, et rompant la conférence, reprit le chemin de Lalla-
a.
contenance froide produisit le plus grand effet sur les Ma-
; mais au bruit du feu les contingents s'étaient réunis.
utre côté, deux officiers de Bedeau étaient partis à toute
pour prévenir le maréchal. Celui-ci prit aussitôt quatre ba-
, dont les hommes ne portaient absolument que leurs armes,
dirigea avec eux pour soutenir son négociateur ou le venger
in.
rencontra impassible, ne répondant pas même aux insultes des
ins. Toute l'armée de ceux-ci le suivait, formant le demi-
autour des bataillons, et près de les déborder. D'un coup
Bugeaud voit la situation; rien de facile à trouer comme cet
cercle formé par des éparpillements de cavaliers. Il n'y a qu'à
ire volte-face aux bataillons que ramène Bedeau. Le dernier
bataillons se portera droit au cœur de la masse ennemie; les
ront nécessairement alors un mouvement en avant. Les autres
ons disposés en échelons les recevront par un feu nourri, et la
e est certaine. Aussitôt conçu, aussitôt accompli. La charge
, les bataillons s'ébranlent; comme l'a prévu Bugeaud, l'arc est
en deux parts, qui sont trouées à leur tour en vingt endroits.
on les poursuit, et une sorte de chasse s'organise. Elle dure
eures.

Cette fois, il n'y avait plus guère à compter encore sur les négociations; mais tel était en ce moment-là le système de paix à tout prix, suivi par le ministère de sept ans, que le maréchal Bugeaud, ayant reçu à cet égard de véritables injonctions, essaya de renouer les conférences. Après une correspondance inutile, échangée entre lui et Gennaoui, il lui envoya une sorte d'ultimatum, dans lequel il eut le tort de se préoccuper beaucoup trop évidemment de l'émir, ce qui devait intéresser plus vivement encore les Marocains à la cause de celui-ci. Cet ultimatum était ainsi conçu :

« La France veut conserver la limite de la frontière qu'avaient les Turcs et Abd-el-Kader après eux. Elle ne veut rien de ce qui est à vous; mais :

» *Elle veut que vous ne receviez plus Abd-el-Kader* pour lui donner des secours, le raviver quand il est presque mort, et le lancer sur nous. Cela n'est pas de la bonne amitié, c'est de la guerre, et vous nous la faites ainsi depuis deux ans.

» Elle veut aussi que vous fassiez interner dans l'ouest de l'empire les chefs qui ont servi Abd-el-Kader; que vous fassiez disperser ses troupes régulières; que vous ne receviez plus les tribus qui émigrent de notre territoire, et que vous renvoyiez immédiatement chez elles celles qui se sont réfugiées chez vous. Nous nous obligeons aux mêmes procédés à votre égard, si l'occasion se présente. Voilà ce qui s'appelle observer les règles de bonne amitié entre deux nations. A ces conditions, nous serons vos amis; nous favoriserons votre commerce, et le gouvernement d'Abd-er-Rhaman, autant qu'il sera en notre pouvoir. Si vous voulez faire le contraire, nous serons vos ennemis. »

Cet ultimatum n'était pas habile; on y posait trop l'émir en cause de la guerre, en objet du litige.

Pendant ce temps Abd-el-Kader ne restait pas inactif. Ne voulant pas sembler être un embarras pour les généraux marocains, il entraîna avec lui ce qu'il put de contingents, et courut la campagne sur la frontière, châtiant cette tribu, soulevant celle-là, faisant parler de lui au loin.

D'un autre côté, Gennaoui ne répondit pas à l'ultimatum du maréchal. Celui-ci marcha sur Ouchda, s'en empara sans brûler une amorce, tandis que le général la Moricière se mettait en mesure de maintenir Abd-el-Kader, et de l'empêcher de pénétrer dans l'intérieur de la province d'Oran, où tous les postes étaient sous les armes.

L'émir, ainsi maintenu, se replia sur les forces marocaines, qui s'étaient reformées pendant les négociations. Gennaoui venait d'être remplacé par un ami personnel d'Ad-el-Kader, le kaïd Sidi-Hamida, sous les ordres supérieurs de Sidi-el-Mahmoun. L'ayant appris, Bugeaud marcha sur la haute Mouïla, tant pour se rapprocher de l'armée ennemie que pour offrir un point d'appui à des tribus que l'émir avait entraînées, et qui demandaient à revenir en Algérie. Les contingents du Maroc répondirent à ce mouvement par un autre mouvement en avant. Bientôt les deux armées furent à la distance de deux portées de canon.

Bugeaud n'était pas venu dans l'intention d'attaquer le premier, il attendit les tribus. Celles-ci venaient d'être arrêtées par ordre de Sidi-el-Mahmoun; le général français, jugeant dès lors inutile d'aller en avant, se retira.

Il y avait dans cette contre-marche un double piége: un piége politique et un piége militaire. Le piége politique était de mettre pour la troisième fois les Marocains dans leur tort en leur offrant une attaque facile. Le piége militaire consistait à les attirer à une affaire sérieuse par la facilité de cette attaque. Ils ne manquèrent pas de tomber dans l'un et dans l'autre. De même qu'après la conférence avec Bedeau ils suivirent le maréchal, entourant son arrière-garde d'un long arc de cercle. Les Français faisaient-ils figure de se retourner, les troupes de Sidi-Mahmoun en faisaient autant. Abd-el-Kader marchait parmi elles, les animant de la voix et de l'exemple. Quand il les vit en bonne position, Bugeaud ordonna la volte-face qui lui avait déjà réussi. En un instant tout fut balayé. Le maréchal arrêta la poursuite. La frontière oranaise n'était pas alors le seul théâtre de la guerre et des négociations avec le Maroc, et c'est ici que nous retrouvons François de Joinville.

Il fallait avant tout arriver à une satisfaction, l'honneur de la France y était intéressé. On ne pouvait guère espérer forcer l'empereur à la donner si l'on n'employait que des troupes de terre. Le duc de Joinville fut envoyé avec une escadre pour appuyer par sa présence, et au besoin par ses canons, les réclamations finales, que notre envoyé, M. de Nyons, était chargé de présenter à Abd-er-Rhaman.

La position de celui-ci devenait extrêmement difficile. La plus grande fermentation régnait dans les ports. Les populations voulaient la guerre; elles insultaient les Européens en attendant qu'elles les attaquassent. Pour gagner au moins du temps, Abd-er-Rhaman promit la punition des chefs de la frontière si la France, de son côté, voulait punir le maréchal Bugeaud. La condition était inadmissible. Le prince de Joinville veut en conséquence jeter l'ancre devant Tanger. Il ne pouvait rien entreprendre contre cette place tant que les Français qui habitaient la ville s'y trouveraient. Le gouverneur voulait s'en faire des otages. On eut toutes les peines du monde à les lui enlever. Les consuls étrangers quittèrent également Tanger. Ceux qui siégeaient dans les autres ports furent aussi recueillis par le prince.

Cette précaution prise contre le fanatisme musulman, notre envoyé, M. de Nyons, transmit au pacha de Larach, pour être porté à l'empereur, l'ultimatum de la France. La réponse ne se fit pas attendre; elle était conçue dans les mêmes termes vagues que les précédentes, et demandait toujours, en retour de la punition des kaïds de la frontière, celle du général Bugeaud. Quant à Abd-el-Kader, elle ne s'opposait pas à ce que les Français le prissent, s'ils pouvaient; mais elle ne promettait rien. On apprit en même temps que les troupes de la frontière oranaise allaient toujours en augmentant. Le fils de l'empereur lui-même était parti pour aller les encourager. De plus, l'attitude de l'Angleterre n'avait aucune franchise. Il était urgent de se décider. On était au 4 août, et la première attaque des Marocains datait du 0 mai. Le duc de Joinville avait assez fait preuve de prudence, il fit preuve de décision, et, comme le général Bugeaud, il n'attendit pas l'insulte pour y répondre.

Tanger est l'ancienne Tingis des Romains, elle est peu peuplée, mais bien fortifiée, et c'est là que résident les consuls européens. Quant à la force de ses ouvrages de défense, les Marocains apprirent bientôt ce qu'ils valaient. Que l'on se figure, sur le penchant d'une montagne nue, une enceinte flanquée de tours rondes et carrées, soutenue par des ouvrages de différents temps et de différents systèmes. Ces ouvrages sont surtout accumulés du côté du port. Là s'élèvent deux étages de batteries composées de soixante pièces de gros calibre et de huit mortiers battant sur le port. D'autres batteries flanquent à droite et à gauche le débarcadère. La baie est battue par six batteries rasantes en maçonnerie et fermées à la gorge. En tout, cent cinquante bouches à feu forment l'artillerie maritime de la place.

Le prince de Joinville vint, le 6 août, mouiller dans la rade, qui est aussi vaste et aisée que le port est étroit, peu profond et incommode.

À deux heures du matin, le branle-bas de combat retentit dans le silence des flots encore endormis. Une heure après, l'escadre se rangea dans l'ordre qui lui avait été assigné. *Le Suffren*, qui portait le jeune amiral, était au poste le plus rapproché des batteries ennemies. *Le Jemmapes*, sur la même ligne, faisait également face. En arrière, *le Triton* devait battre les portes de la ville. *La Belle-Poule* et les bricks *le Cassard* et *l'Argus* étaient opposés aux forts de la côte. Derrière cette belle ligne de bâtiments à voiles, s'étendait la ligne des bâtiments à vapeur, comme *le Véloce* et *le Gassendi*, prêts à porter secours à la première ou à l'aider dans ses mouvements.

Hors de la portée du feu, dans la rade, une division espagnole, un vaisseau anglais, de petits bâtiments de guerre suédois, sardes, américains, se disposèrent en même temps de façon à bien voir.

Joinville fit les choses comme à Fontenoy. Il attendit que les Marocains tirassent les premiers, et pour les y exciter, quand tout fut bien prêt, à neuf heures, par ses ordres, un coup de canon d'honneur éclata majestueusement. En même temps, à la tête de tous les mâts, le pavillon français fut hissé, et tous les vaisseaux lâchèrent leurs tonnantes bordées.

Les canonniers-bombardiers marocains étaient à leurs pièces; ils ripostèrent avec vivacité et avec adresse. Le feu dura une heure. Un nuage épais de fumée enveloppait le port et la rade; mais il était facile, aux éclairs qui traversaient cette nuit, de voir que progressivement le feu des Français prenait le dessus. Bientôt celui des Marocains eut moins d'ensemble et moins d'éclat, puis ne retentit plus que sur quelque points. L'amiral fit alors taire momentanément ses canons. Le nuage de fumée et de poudre devint moins considérable. On put rectifier le tir, et s'assurer du mal fait à l'ennemi; ce mal était immense. Des forts et des batteries de l'enceinte et des ouvrages qui bordent la ville, il ne restait plus que des décombres. Bientôt ce qui demeurait des batteries de la côte, fit ce silence qui annonce la défaite ou demande la grâce. Les vaisseaux français se turent à leur tour.

Alors la population croit à un débarquement. Des replis du terrain sortent des nuées de Kabyles qui se massent sur le rivage. On les balaye avec de la mitraille.

Cette terrible besogne de guerre accomplie, nos vaisseaux, comme s'ils eussent assisté à un simple exercice, se rallient avec autant de majesté que le matin ils s'étaient mis en ligne, et reprennent leur mouillage. Espagnols, Sardes, Américains, Suédois, battaient des mains à l'habileté de nos manœuvres, au sang-froid de nos officiers. Les marins du vaisseau anglais avaient, au contraire, dissimulé jusqu'à leur curiosité. On eût dit qu'ils ne donnaient aucune attention au bombardement du principal port de leur allié. Nos pertes étaient peu considérables; cependant le vaisseau le plus exposé de tous, avait reçu quarante-neuf boulets dans sa coque.

Le prince se dirigea aussitôt après sur un autre point de l'empire de Maroc, Mogador devait subir le sort de Tanger; mais, avant que nous racontions la destruction de ses ouvrages de guerre, il est nécessaire, pour se maintenir dans la chronologie, de revenir sur les frontières marocaines.

Voici assurément, sur les rives de l'Oued-Derfou, la plus char-mante illumination qui se soit jamais vue dans ces contrées sauvages. De riants jardins anglais, faits du matin, s'étendent sur les deux rives du pittoresque ruisseau. Dans les allées, ce ne sont que brillants uniformes et vives causeries de combats. Aux branches des arbres sont suspendus tous les feux que l'artifice du soldat a pu s'imaginer. Sur des tables, le punch à la flamme bleue vacille, se rallume, colore tout autour de lui d'une façon étrange. C'est la fête avant le combat.

Mêlé à ses officiers, les animant, les éclairant de sa parole, Bugeaud est là qui explique à tous son plan du lendemain. On l'entoure, on l'applaudit, on lui jure de vaincre.

Au loin, le camp français, composé d'une multitude de petites tentes, après avoir longtemps contemplé cette fête, commence à se dormir.

Puis bientôt les feux et les flammes des jardins s'éteignent. Il ne reste plus d'éveillé que les grand'gardes et le général, qui écrit en France pour y annoncer d'avance la victoire.

En effet, une grande victoire allait consacrer notre conquête de l'Algérie, et en imposer pour longtemps à toutes les jalousies. Cette victoire était bien désirable. Jusqu'ici, dans les diverses rencontres les Marocains ne se regardaient pas comme battus, parce qu'avaient fui à temps, et qu'ils avaient perdu peu de monde. Les rassemblements ne se composaient plus de dix mille, mais de vingt cinq mille hommes. Ils avaient au milieu d'eux un prince impérial. Ils ne prenaient même plus la peine de négocier, et posaient, aussi, leur ultimatum, qui était l'évacuation de Lalla-Maghnia. Le leur camp, c'était un enthousiasme plus grand encore que dans le camp français. Les marabouts racontaient la bataille d'Al-Kasar, champs blanchis par les ossements des soldats de Sébastien de Portugal. On voyait déjà la faible armée du maréchal dispersée, et cherchant de ses débris la frontière qu'elle avait osé franchir. De ce succès on courait à d'autres succès. On reprenait Mascara, Oran, bientôt le drapeau des schériffs flottait sur Al-Djezaïr, sur Alger.

D'un autre côté, Abd-el-Kader mettait à profit chacune des journées que nous perdions à attendre. Si l'on tardait plus longtemps à prendre un parti, on pouvait craindre une révolte sur nos derrières.

Mais comment obtenir un engagement décisif avec des ennemis qui n'attaquent qu'à coup sûr?

Bien que les chaleurs fussent considérables, le général Bugeaud, après avoir reçu de la cavalerie légère de France, quitta ses bivouacs le 13, le lendemain de la fête dont nous avons parlé; mais, afin que les Marocains ne pussent avoir soupçon de ses intentions de leur livrer combat, il feignit un grand fourrage, à la faveur duquel il masqua ses mouvements. Le soir venu, on campa pour quelques heures dans l'ordre même de la marche, en silence, et sans qu'aucun feu trahît la présence des soldats. Puis, aux premières lueurs avant-courrières de l'aube, on reprit la direction du camp marocain.

Après avoir traversé une première fois l'Oued-Isly, sur les huit heures du matin, on arriva sur des hauteurs que l'on appelle de Djabel-el-Akdar. De là, l'on aperçut les tentes marocaines et leurs pavillons. En avant, d'innombrables cavaliers se disposaient à attaquer l'armée assaillante lorsqu'elle aurait à franchir pour la seconde fois les sinuosités de l'Isly. Au milieu, dans une partie plus élevée, et commandant aux masses marocaines, on pouvait remarquer le quartier général du prince impérial, ses drapeaux, et ce fameux parasol, image des rois hindous, sous lesquels s'abritent les sultans.

À cette vue, nos soldats ne purent retenir leur joie et leur enthousiasme; ils jetaient en l'air le bâton qui leur sert à la marche pour tendre les toiles de leurs tentes.

Bugeaud forma aussitôt facilement son ordre de bataille, pour lequel il avait pris préalablement toutes les dispositions.

C'était, dit-il lui-même dans ses mémoires, un grand losange fait avec des colonnes à demi-distance par bataillon, et prêtes à former le carré. Derrière le bataillon de direction se trouvaient deux bataillons en réserve et ne faisant pas partie du système, c'est-à-dire pouvant être détachés suivant les circonstances.

L'artillerie était divisée sur les quatre faces, vis-à-vis des intervalles des bataillons, qui étaient de cent vingt pas. L'ambulance, les bagages les troupeaux étaient au centre, ainsi que la cavalerie, formée en deux colonnes sur chaque côté du convoi. On devait marcher à l'ennemi par un des angles formé par un bataillon qui serait celui de direction.

Bugeaud avait choisi cette disposition en losange comme plus avantageuse qu'un carré, parce que, dans un tel ordre, chaque bataillon est indépendant de son voisin, qu'il protége, et dont il reçoit protection par le croisement des feux. De plus, en cas d'échec éprouvé par un bataillon, l'autre n'est pas nécessairement compromis. Il a sa force en lui-même. Enfin la cavalerie peut sortir et rentrer par intervalles sans rien changer au système.

Le point où l'on voyait l'état-major impérial, fut celui que Bugeaud donna à son bataillon de direction. Arrivé là on devait converser à droite et se porter sur les camps. Le général de la Moricière commandait en second sous les ordres du maréchal. L'avant-garde, ou tête de colonne du centre, était aux ordres de Cavaignac; le général Bedeau commandait la droite, le colonel Pélissier la gauche, le colonel

l'arrière garde. Le colonel Tartas commandait en chef la
, composée de dix-neuf escadrons, et avait avec lui les co-
usuf et Morris. Un simple mais fort intelligent capitaine,
ny, dirigeait seize pièces d'artillerie.
cinq ou six minutes de halte, les ordres du maréchal sont
. Les fanfares d'une musique joyeuse et guerrière retentis-
l'ordre de combat descend vers les gués de l'Isly pour les
. Les cavaliers Marocains sont là en force; mais, après avoir
eaucoup de monde, ils se retirent devant le feu des tirail-
nçais, qui s'établissent sous un plateau immédiatement imé-
éminence d'où le fils d'Abd-er-Rhaman ordonnait les mou-
de son armée. Cette éminence est à la portée de notre
, qui y lance de nombreux boulets, et jette le plus grand
dans l'état-major impérial.
s que l'on était occupé à voir cette fourmilière aller et venir
s, les cavaliers impériaux accomplissaient de leur côté le
été par leurs chefs. Il était bien simple, et pouvait réussir
e infanterie moins solide; le terrain en favorisait l'exécu-
consistait à attendre que les Français fussent engagés au
Alors d'innombrables masses de cavaliers, formées dans les
devaient déboucher au grand galop de leurs chevaux par la
par la gauche de l'armée assaillante, et l'envelopper, tandis
es les forces centrales, demeurées avec le fils de l'empereur,
raient sa tête de colonne.
ureusement pour les Marocains, les tirailleurs français, dis-
une grande intelligence, ne se replient pas même sur les
. Ils attendent de pied ferme la charge des masses ennemies.
, éclatant avec ensemble, est soutenu par l'artillerie placée
es morts des bataillons et vomissant la mitraille. Déchirées,
s, à peine maîtresses de leurs chevaux, qui se cabrent, qui se
nt, les masses ennemies s'arrêtent devant ce feu terrible,
nnent, sont indécises. L'artillerie les presse. Elles font péni-
leur retraite sous nos boulets et sous nos balles.
le moment d'enlever l'affaire, comme on dit au bivouac.
le comprend. Il ne craint plus pour ses flancs. Ordre est
la tête de colonne d'aller en avant. Elle atteint bientôt l'é-
où se tenait d'abord le fils de l'empereur. On commence
mouvement de conversion vers les camps. C'est la cavalerie
aborder ceux-ci.
tête de six escadrons de spahis, soutenus de très-près par
adrons de chasseurs du 4e, le colonel Jusuf, sans se laisser
r par les batteries qui défendent les abords des tentes, et
bon nombre de cavaliers qui lui disputent faiblement le pas-
ombe sur cet immense camp, absolument comme il est entré
smala d'Abd-el-Kader. Mais là une résistance opiniâtre s'est
c. L'infanterie et les canonniers marocains défendent en dés-
leurs bagages et leurs tentes; au même moment la cavalerie
r-Rhaman, qui s'est ralliée, essaye de renouveler l'attaque
e a eu si peu à se glorifier.
pahis et les chasseurs, sur ce premier point, finissent par
er de la résistance des défenseurs du camp. Quand notre in-
y arrive, il est couvert de cadavres; mais les Marocains l'a-
ent en fuyant, laissant aux mains de nos soldats artillerie,
ns, provisions, tentes, boutiques de marchands, en un met
tirail des armées orientales.
sur le second point, un épisode d'audace faillit compromettre
s.
It une grosse masse de cavalerie réunie de nouveau sur notre
te, le colonel Morris, qui commande plusieurs escadrons non
, conçoit la résolution de briser la charge de cette masse en
ant par son flanc droit. Il passe l'Isly. La masse ennemie, re-
comme la première fois par le feu de l'infanterie, tourne
us ses efforts contre les escadrons du colonel Morris. Celui-ci,
, entouré par des forces dix fois supérieures, tient tête avec
meté héroïque; mais il est évident que si du secours ne lui
, il y aura là un grave échec. Le général Bedeau précipite
ôté trois de ses meilleurs bataillons d'infanterie. Le colonel
reprend l'offensive à la faveur de l'attaque que ces derniers
le flanc des Marocains, et chasse tout devant lui avec une
osité irrésistible. Trois cents Abid-Bokari ou Berbères lais-
rs cadavres sur le champ du combat.
ndant, malgré la prise du camp, tout n'était pas fini. A l'ap-
officiers impériaux, les fuyards se ralliaient sur la rive gauche
y. Ils étaient encore au moins vingt mille, et pouvaient, avec
écision, disputer aux Français la possession du camp. Le ma-
Bugeaud ne leur donne pas le temps de préparer leur retour
. Infanterie, cavalerie, artillerie passent la rivière. La mi-
tonne de nouveau sur les masses ennemies. Quand elles sont
veau aussi ébranlées, les spahis et les hussards poursuivent
ccès. Ils chassent l'ennemi devant eux durant une lieue.
oleil d'Afrique était alors à son zénith. La chaleur du combat
eule jusqu'alors protégé nos soldats contre ses rayons brûlants.
oute des descendants des vainqueurs d'Al-Kasar était com-
l n'y avait même plus rien à leur prendre. Suivant les expres-
u maréchal, tout était pris, drapeaux, bagages, artillerie. Le

signe du ralliement put sonner à tous les clairons; et les troupes
victorieuses s'installèrent dans le camp des vaincus, qui se retirèrent,
les uns par la route de Thaza, les autres par les vallées qui conduisent aux montagnes des Beni-Sassassen. Les bulletins évaluèrent
leurs pertes en morts à quinze cents et en blessés à deux mille, et
ne portèrent les nôtres qu'à vingt-sept tués et une centaine de blessés.
Comme tout le monde avait fait son devoir, tout le monde fut
pour ainsi dire cité à l'ordre du jour; nous retrouvons-là les noms
de la Moricière, Bedeau, Cavaignac, Pélissier, Jusuf, Gachot, Tartas,
Morris, Cassaignolles, Chadeysson, Walsin-Esterhazy, De Cotte,
d'Allonville, Courby de Cognord, et d'une foule d'autres.
Plusieurs simples soldats avaient pris des drapeaux. Tels furent le
spahis Courvoisier, les chasseurs Darguet, Timetdebat, Lallemand,
Hugues [1]. Beaucoup de Marocains aussi avaient été braves. Un grand
nombre était venu se faire tuer au pied même de nos colonnes. Mais,
comme en Égypte sous Bonaparte, toutes ces masses tourbillonnantes,
qui donnèrent pendant plusieurs heures, sous les ordres du fils d'Abd-
er-Rhaman, ne purent rien contre les bataillons européens hérissés
de fer, dont les hommes semblent soudés l'un à l'autre, et du sein
desquels s'échappent les balles et la mitraille.
Le lendemain même de cette grande journée, un autre coup terrible fut porté à l'empereur du Maroc.
Le prince de Joinville avait rapidement fait voile de Tanger à
Mogador. Il voulait, par la précipitation de ses attaques, frapper vivement l'esprit des populations, et faciliter ainsi au divan du schériff
une soumission que l'opinion publique marocaine les empêchait de
faire.
Mogador, comme nous l'avons dit, était véritablement la principale ville de commerce de l'empire. Cette ville n'est pas, comme
Tanger, située sur la Méditerranée. Elle a, sur l'Océan, par 11° 35'
de longitude ouest et 32° 32' de latitude nord, un port des plus sûrs,
lequel est formé par une petite île. Son admirable situation lui a fait
donner par les Marocains le nom de Souérab, comme on dirait en
latin *pictura*. Quant à sa force militaire, assez faible du côté de la
terre, elle est considérable du côté de l'Océan. Là sont des ouvrages
multipliés, assez bien entendus, et qu'une artillerie de cent cinquante
pièces défend contre les attaques extérieures. L'île qui sert de port
est surtout formidablement protégée.
Dans l'intention du prince de Joinville, l'expédition contre Mogador devait précéder la bataille d'Isly, et peut-être la rendre inutile;
mais l'escadre ne put attaquer le 11 août, jour de son arrivée. Jamais temps plus affreux ne s'opposa à une entreprise de la France.
Enfin, après quatre jours passés à lutter contre la tempête, une faible
brise succéda à la violence des vents du sud. On attaqua, et en quelques heures le jeune amiral fut vainqueur comme à Tanger.
Voici le rapport qu'il fit. Si jamais bulletin put être accusé d'im-
modestie, ce ne fut jamais, certes, celui-là; mais en même temps rien
de plus concis, de plus énergique. Chaque mot porte.

« Bateau à vapeur le *Pluton*, Mogador, 17 août.

» Je suis arrivé devant Mogador le 11. Le temps était très-mauvais,
et pendant plusieurs jours nous sommes restés devant la ville sans
même pouvoir communiquer entre nous. Malgré des bouées de deux
cents brasses de chaîne, *nos ancres cassaient comme du verre.*
» Enfin, le 15, le temps s'étant embelli, *j'en ai profité pour attaquer la ville.*
» Les vaisseaux le *Jemmapes* et le *Triton* sont allés s'embosser devant les batteries de l'ouest, avec ordre de les battre, et de prendre
à revers les batteries de la marine. Le *Suffren* et la *Belle-Poule* sont
venus prendre poste dans dans la passe du nord. Il était une heure
de l'après-midi lorsque notre mouvement a commencé.
» Aussitôt que les Arabes ont vu les vaisseaux se diriger vers la
ville, ils ont commencé le feu de toutes leurs batteries. Nous avons
attendu pour répondre que chacun eût pris son poste. A quatre
heures et demie le feu a commencé à se ralentir. Les bricks le *Cassard*, le *Volage* et l'*Argus* sont alors entrés dans le port, et se sont
embossés près des batteries de l'île, avec lesquelles ils ont engagé une
lutte animée.
» Enfin, à cinq heures et demie, les bateaux à vapeur, portant cinq
cents hommes de débarquement, ont donné dans la passe, sont venus
prendre poste dans les créneaux de la ligne des bricks, et le débarquement sur l'île s'est immédiatement effectué.
» L'île a été défendue avec le courage du désespoir par trois cent
vingt hommes, Maures ou Kabyles, qui en faisaient la garnison. Un
grand nombre a été tué. Cent vingt d'entre eux, renfermés dans une
mosquée, ont fini par se rendre.

. . . .

» L'île prise, il ne nous restait plus qu'à détruire les batteries de
la côte qui regardent la ville. Notre canon les avait déjà bien en-
dommagées; il fallait les mettre complètement hors de service.
» Hier donc, sous les feux croisés de trois bateaux à vapeur et de
deux bricks, cinq cents hommes ont débarqué. Ils n'ont point ren-

____
[1] Ces drapeaux, la tente et le parasol du fils de l'empereur furent envoyés à
Paris.

contré de résistance. Nous avons encloué et jeté à la mer les canons; nous en avons emporté quelques-uns. Les magasins à poudre ont été noyés; enfin nous avons emmené et défoncé toutes les barques qui se trouvaient dans le port.

» Je crois que nous aurions pu, à ce moment, pénétrer sans danger dans l'intérieur de la ville; mais *ce n'aurait été qu'une promenade sans but et sans autre résultat qu'un inutile pillage.* Je m'en suis donc abstenu, et j'ai ramené les troupes sur l'île et les équipages à bord de leurs navires.

» Je m'occupe d'installer sur l'île une garnison de cinq cents hommes.

» L'occupation de l'île sans le blocus du port serait une mesure incomplète.

» Je me conforme donc à vos ordres en fermant le port de Mogador.

» La ville est, au moment où je vous écris, en feu, pillée et dévastée par les Kabyles de l'intérieur, qui, après avoir chassé la garnison impériale, en ont pris possession.

» Nous venons de recueillir le consul anglais, sa famille, et quelques Européens.

» Je ne veux pas terminer sans vous dire combien j'ai à me louer de tous ceux que j'ai eus sous mes ordres dans la campagne que nous venons de faire.

» Tout le monde a servi avec un zèle qui ne se puise que dans l'amour ardent du pays, de son honneur et de ses intérêts, et dans un dévouement absolu au service du roi.

» FRANÇOIS D'ORLÉANS. »

Certes, on ne peut pas parler plus modestement d'un grand avantage remporté; mais ce que le jeune amiral ne dit point, c'est la part personnelle qu'il prit à plusieurs épisodes du combat. Il avait, comme général, les grandes traditions. Il eût rougi de frapper un ennemi. — A l'attaque de l'île on le vit marcher *sans armes* à la tête des colonnes, tandis qu'à ses côtés tombaient, blessés ou tués, les marins de l'escadre.

Voilà bien de l'honneur, et cependant nous touchons à l'une des pages les moins heureuses du règne de Louis-Philippe. Après la gloire, vient la faiblesse.

Sans doute, à la suite de victoires si promptes, si rapprochées, si retentissantes, on était en droit de croire que le Maroc allait céder à toutes nos demandes, qu'il viendrait de lui-même au-devant de nos injonctions, et qu'il prendrait l'engagement, par tous les moyens, d'empêcher Abd-el-Kader de nous nuire.

On serait promptement arrivé à un résultat semblable en laissant la négociation aux mains du prince de Joinville et du maréchal Bugeaud, que la malencontreuse expérience de son traité de la Taffna avait corrigé des demi-mesures diplomatiques.

Déjà même on était en voie d'obtenir une satisfaction des plus complètes; sous l'intimidation du canon français, l'empereur de Maroc faisait les premiers pas; pressé d'en finir, il précipitait les négociations qu'il avait si longtemps retardées; mais, tout à coup, les diplomates de cabinet succédèrent aux diplomates armés. Le duc de Glücksberg et M. de Nyons furent chargés de terminer l'œuvre commencée.

Le secret de ce changement était que l'Angleterre, profondément jalouse de nos succès, vivement intéressée à les diminuer, avait obtenu du ministère d'alors l'engagement de ne faire sur aucun point de l'empire de Maroc rien qui ressemblât à une occupation ou à un commencement de conquête. Conséquemment, le premier moment de terreur passé, les Marocains devaient considérer leurs défaites comme de simples accidents. Nos négociateurs se trouvaient, d'autre part, dépourvus de toute espèce de point d'appui, puisque Abd-er-Rhaman n'était saisissable que par ses possessions. Ainsi désarmés d'avance, MM. de Glücksberg et de Nyons adoptèrent, le 10 septembre, la convention connue sous le nom de convention de Tanger, et qui fut ratifiée le 7 octobre.

Par ce traité, l'on ne demandait pas même aux Marocains d'indemnité de guerre. La France, disait-on, était assez riche pour payer sa gloire.

La convention de Tanger devint ensuite le traité des limites, qui fut négocié par le général comte de la Rue et par Sidi-Ahmida-ben-Ali-el-Sadjaï, et échangé le 9 de Rabia-el-Aouël de l'an 1261 de l'Hégyre, 18 mars 1845.

Sans entrer dans les détails de la délimitation qui fut faite, nous nous bornerons à dire que cette délimitation était déclarée être la même qui avait existé entre la Turquie et le Maroc. On la relata minutieusement par noms de tribus et de kessours[1]; mais la partie la plus importante était celle qui concernait les réfugiés. La voici :

« Article 7. — Tout individu qui se réfugiera d'un État dans l'autre, ne sera pas rendu au gouvernement qu'il aura quitté, par celui près duquel il se sera réfugié, tant qu'il voudra y rester.

» S'il voulait, au contraire, retourner sur le territoire de son gouvernement, les autorités du lieu où il se sera réfugié ne pourront apporter la moindre entrave à son départ. S'il veut rester, il se conformera

[1] Villages du désert.

aux lois du pays, et il trouvera protection et garantie pour sa personne et ses biens; par cette clause, les deux souverains du Maroc et de la France ont voulu se donner une marque de leur mutuelle considération.

» Il est bien entendu que le présent article ne concerne en rien les tribus.

» Il est notoire aussi que El-Hadj-Abd-el-Kader et tous ses partisans ne jouiront pas du bénéfice de cette convention, attendu que ce serait porter atteinte à l'article 4 du traité du 10 septembre, tandis que l'intention formelle des hautes parties contractantes de continuer à donner force et vigueur à cette stipulation émane de la volonté de leurs souverains, et dont l'accomplissement affermira l'amitié et assurera pour toujours la paix et les bons rapports entre les deux États. »

Le traité des limites mettait donc seulement Abd-el-Kader du droit international, mais ne stipulait rien de positif à son égard.

CHAPITRE XXVII.

Continuation de la guerre. — Plans d'Abd-el-Kader — Expéditions particulières en Kabylie. — Le général Comman — Le commandant Charras. — Expédition du général Bedeau dans l'Aurès.

Ainsi la conquête de l'Algérie était une sorte de travail de Pénélope. Toujours les traités venaient détruire l'ouvrage des armes. Malgré tant de victoires, Abd-el-Kader restait debout. Il y avait plus, son prestige était plus grand que jamais. Ce n'était plus maintenant seulement le défenseur de la nationalité arabe en Algérie, il représentait, pour les populations africaines, depuis l'Océan jusqu'à Tunis, la résistance aux infidèles. Si son influence s'arrêtait à Tunis, cela tenait aux bons rapports que la France avait soin d'entretenir avec le bey, et qu'elle continua en le prenant sous sa protection d'une manière formelle pendant les années qui suivirent. Nul d'ailleurs, comme l'affirme le prince de Joinville dans son remarquable ouvrage sur la flotte française, que si on eût laissé la Porte Ottomane maîtresse de remplacer cet allié, elle ne lui eût substitué un remplaçant auprès duquel Abd-el-Kader aurait trouvé la même sympathie que dans le Maroc. Il fallut les fréquentes apparitions de nos navires devant Tunis, et pour maintenir le bey, et pour empêcher l'influence des partisans d'Abd-el-Kader de s'étendre de la province de Constantine à l'État voisin.

Du reste, pendant les négociations qui suivirent la convention de Tanger, l'opinion fut très-peu fixée sur la situation où se trouvait l'émir.

Selon les uns, il était complètement abattu, et à jamais mis dans l'impossibilité de rien entreprendre. Selon les autres, les populations de Maroc se déclaraient pour lui, et peu s'en fallait qu'il ne substituât sa dynastie à celle d'Ab-er-Rhaman.

Selon ceux-ci, Abd-el-Kader, sommé de venir habiter Fez, où des terres lui avaient été offertes pour y vivre en simple particulier, s'était soustrait par un refus à cette offre impériale. Alors il se serait rejeté dans le désert marocain, où sa deïra n'aurait point voulu le suivre.

Selon ceux-là, l'empereur de Maroc lui-même, à l'occasion des fêtes du Beïram, avait annoncé ses grands réunis que l'émir s'était retiré dans les montagnes du Rif, en une petite ville appelée El-Kalaä, et que là, croyant pouvoir braver toute espèce d'autorité, il prêchait contre le schériff lui-même une guerre impie, à laquelle il ne craignait pas de donner le nom de sainte. A la suite de cette communication si grave, ajoutait-on, les grands s'étaient empressés de demander que l'audacieux fût mis hors la loi.

Ceux qui répandaient ce dernier bruit étaient le mieux informés. Après la bataille d'Isly, Abd-el-Kader avait effectivement trouvé un asile à El-Kalaä; mais l'empereur fit marcher contre les montagnes dont cette ville est le marché, trois corps d'armée différents. L'émir ne voulut pas abuser de la générosité de ses hôtes; il quitta El-Kalaä et envoya un de ses frères porter des paroles d'amitié au schériff. Sidi-Saïd, c'était le nom de son envoyé, promit à l'empereur de Maroc qu'Abd-el-Kader ne troublerait point ses États. Il le remercia de ce qui avait été fait pour lui, et l'assura qu'il saurait se suffire à lui-même.

En effet, le vaincu de tant de combats trouva encore sur les limites du désert des tribus qui lui fournirent des secours et des hommes. Les Hamïan-Gharabas, en particulier, le suivirent jusque dans le Chott, on appelle ainsi les dépressions de territoire qui s'étendent au sud de la province d'Oran. De là, il nouait des relations avec les tribus de l'intérieur, et formait les plans les plus gigantesques. Nous verrons bientôt comment il essaya de les réaliser.

La rapidité avec laquelle les événements du Maroc avaient forcé le maréchal Bugeaud à quitter la Kabylie était cause que la pacification opérée à la suite du combat d'Ouarez-Eddin ne présentait, au bout de quelques mois, rien de sérieux. Les chefs de la précédente insurrection, Bel-Kassem et Ben-Salem, recommencèrent leurs agitations dès qu'ils virent les Français occupés sur la frontière de l'ouest

.es tribus de la côte, entre autres les Fliça ou Flissas-el-
nt des djemmaâ¹, dans lesquels la question de la résistance
ersée comme avant la journée de Thaourga.

hal avait laissé à Dellys un très-brave général, qui, après
nent sommé les rassemblements de se dissiper, crut devoir
eux, afin de ne pas donner à une insurrection le temps de
ans un moment où, par suite des événements du Maroc,
des Français était si difficile. Il sortit donc avec décision
vec une colonne assez faible mais décidée comme lui.

al Comman, en poussant ainsi dans le pays des Flissas-el-
royait y rencontrer que les forces mêmes de la tribu;
le Kabyles de plusieurs autres tribus s'étaient retranchés
osition formidable. Quoiqu'il n'eût avec lui que quinze
es, le général Comman n'hésita pas à les faire attaquer de
eux bataillons du 53ᵉ de ligne, tandis que deux bataillons
neraient la position. Les premiers réussirent, grâce à leur
énergie. Ils emportèrent les positions kabyles; mais ceux-
les y attaquer. La colonne, chargée de tourner l'ennemi,
rêtée par des obstacles de terrain, eut à faire un long cir-
t lequel il lui fallut combattre pied à pied. Elle arriva
int de ralliement à temps pour secourir les bataillons
qui, depuis plusieurs heures, luttaient contre des assail-
s supérieurs en nombre.

t fut un des plus sanglants de la guerre d'Afrique. Nous
t cinquante blessés dont dix-sept officiers, ce qui annonce
ent véritablement sérieux. Nos morts s'élevèrent au nom-
t-six. Les Kabyles eurent une perte douze fois aussi con-

grandeur de ce succès, le maréchal-gouverneur, qui arri-
oment de l'Isly, ne voulut pas croire à sa durée. Il pensa
frapper un nouveau coup, et en effet il y avait à cela
essité. Les rassemblements kabyles s'étaient de nouveau
n loin du lieu où le général Comman les avait battus, sur
cheuses et boisées qui dominent le village d'Abizar, dans
e Taourgha. Ils étaient moins considérables que la pre-
mais les positions dans lesquelles ils avaient résolu de
ux Français représentaient une sorte de chaos au sein
ait impossible de conduire stratégiquement une attaque
ais si quelque chose distingue le maréchal Bugeaud, c'est
vec laquelle il trouvait des combinaisons nouvelles pour
ains. Les Kabyles furent débusqués cette fois encore. Le
deux heures avec de telles péripéties et sur une si grande
'il fallut toute la journée pour rallier les vainqueurs.

de cette défaite, les Flissas-el-Bahar et les Beni-Djenad,
ent, les uns douze cents fusils, les autres quinze cents,
oumission, et une insurrection qui aurait pu s'étendre
dans son germe.

Kabyles n'en montrèrent pas moins de très-profonds res-
et dont l'expression vint jusqu'aux oreilles de l'émir. Il
se rendre en Kabylie; mais quelle route suivre? En se
Chott à Aïn-Madhy, et en remontant de là vers le Nord,
t à la surveillance des Français, et une fois arrivé au
, on pouvait espérer, de montagne en montagne, gagner
l'Adouze. Pour accomplir ce projet, l'émir demanda vai-
liance de Tedjeny, chef d'Aïn-Madhy. Plusieurs scheiks des
le l'Atlas, entre autres Djelloul-ben-Thaycub, chef des
moun, lui firent également dire qu'ils s'opposeraient à
Il se trouva donc forcé d'ajourner ses projets.

art, l'attitude de notre armée ne permettait guère d'en-
icuses à ses partisans. Cependant, ils en tentèrent plu-
nez, un camp de travailleurs fut pris et pillé. Le colonel
nd vengea cette attaque par une expédition sur les Beni-
furent en partie désarmés. Ben-Salem et El-Kassem ou
èrent aussi de nouvelles agitations. Le général Gentil
en s'établissant à Aïn-el-Arbah. Une secte religieuse
avons déjà parlé, les Derkaoua, répandue sur toute la
Oran, et affiliée aux sectes du Maroc, attaqua le poste
-Abbès. Le général de la Moricière, qui venait d'avoir
e triomphe à Oran, s'établit dans le pays attaqué. Enfin,
sud de la province d'Oran, entre les Chott et les pays
e colonne mobile, conduite par le commandant Charras,
c les Khallafas de la Jacoubia. Cette population formait
de smalah aux chefs ennemis des Flittas. Le commandant
de ces hommes qui ont tout à coup surgi de nos guerres
par une marche aussi audacieuse qu'habile parvint à les
et à les désarmer.

ce temps, dans la province de Constantine, eut lieu une
pédition du général Bedeau dans les monts Aurès. La pa-
ces montagnes fut alors achevée.

onçait au loin la quiétude et la tranquillité, quand de ter-
ments de guerre éclatèrent encore une fois.

es politiques.

CHAPITRE XXVIII.

El-Bou-Maza. — Insurrection du Dahara. — Exécution des Ouled-Riah. —
Le colonel Pélissier.

L'Afrique a toujours été la terre des prophètes. Abd-el-Kader,
nous l'avons vu, avait fait aux prophètes une guerre terrible. Maintenant que l'Algérie lui refuse la terre et l'eau, d'autres vont essayer
de remplir la place qu'il a forcément quittée.

Au moment où l'on croit que l'on va respirer, voici que retentit
soudainement parmi les tribus de la côte ce cri singulier : Le Bou-
Maza !

Les chefs abandonnaient la nationalité après quinze ans de lutte.
La démocratie arabe ne s'abandonnait pas. Le peuple lui-même venait à son propre secours, et c'était de ses entrailles que sortait cet
inspiré, dont les troupeaux eux-mêmes, disait-on, reconnaissaient la
puissance, et qui avait eu d'abord pour toute servante une simple
chèvre, dont le lait intarissable aurait suffi à nourrir des tribus entières et des milliers de guerriers.

On racontait que le père de la chèvre, jeune, beau, brillant, marqué au front d'une étoile, éloquent, avait d'abord paru chez les Ouled-
Jouness. Il s'était fait reconnaître d'abord de ses voisins les plus proches; puis, en quelques semaines, il avait eu une nombreuse suite
avec des réguliers et des irréguliers, un chaouch, un secrétaire, un
kasnadar. Son drapeau était rouge. Sa main avait le pouvoir d'écarter les balles, et dans la bataille, tandis que les fusils de ses ennemis
le rafraîchissaient d'une eau limpide, lui possédait une forteresse
vivante dans son cheval, dont tous les crins lançaient la mort comme
ceux des coursiers prophétiques.

Ce qu'il y avait de certain, c'est que ce nouvel aventurier était
hardi, entreprenant, et, moitié terreur, moitié persuasion, entraînait
beaucoup de monde avec lui. La crédulité des Arabes le favorisait
partout où il n'était pas, et son courage le servait, ainsi que la fortune,
partout où il se montrait.

Le Bou-Maza savait du reste choisir son terrain. Il souleva d'abord
une partie des tribus de l'Ouarenseris, qui avaient tant de vieux
griefs à venger; puis celles du Dahra, c'est-à-dire du Nord. On donnait particulièrement ce nom à cette autre Kabylie, qui s'étend entre
la Méditerranée et le Chéliff, depuis Tenez jusqu'à l'embouchure du
fleuve, sur une largeur d'environ cinquante lieues et sur une pro-
fondeur de vingt au plus. Habité par des Kabyles moitié cultivateurs,
moitié vivant d'excursions au dehors, ou faisant le commerce d'objets volés, ce pays est un des plus riches de la province d'Alger et de
la province d'Oran, sur lesquelles il est comme à cheval. Ses montagnes, quoique moins difficiles que celles de la Kabylie proprement
dite, ont aussi leurs labyrinthes; mais, grâce à la position des trois
villes de Tenez, Mostaganem et Orléansville, on est plus à portée d'y
combiner de fructueuses opérations.

Dès que l'on eut annoncé l'apparition du Bou-Maza dans le Dahra,
trois colonnes y débouchèrent sous les ordres des colonels Pélissier,
Saint-Arnaud et Ladmirant. Elles reçurent de promptes soumissions.
Il est vrai qu'elles sévissaient avec une rigueur souvent bien cruelle.
L'infortunée tribu des Ouled-Riah en est une de ces preuves si
tristes, que la plume de l'écrivain a peine à en retracer les douloureux épisodes.

Les Ouled-Riah, au moment où les colonnes françaises, suivant
une énergique expression du temps, travaillent dans le Dahra, habi-
tent la partie la plus tourmentée du pays (ils sont maintenant à
peu près rayés de la carte des tribus). De leurs habitations, situées
dans de véritables labyrinthes où jamais l'ennemi n'est parvenu, ils
bravent les Français. Ceux-ci pénétreraient-ils chez eux, qu'une
ressource leur reste : ils ont cet asile impénétrable que l'on nomme
les grottes d'El-Kantara, et auxquelles s'attache, dans toute l'Algérie,
le renom d'impénétrabilité.

Le Kantara, dont le nom signifie le pont, est un vaste massif qui
joint deux mamelons situés sur les bords de l'Oued-Freschich. Là
sont les vastes grottes que l'on appelle Dhar-el-Freschich. Les Ouled-
Riah y croyaient avoir mis en sûreté leurs femmes, leurs enfants et
leurs richesses. Serrés de près par le colonel Pélissier, qui arrivait de
faire une razzia sur les Beni-Zentés, et avec lequel devait se joindre
le colonel Saint-Arnaud, accourant par l'est, ils vinrent aussi se masser dans ces grottes.

Soixante d'entre eux s'étaient postés en avant pour les avertir de
l'arrivée des Français. Dès que ceux-ci furent en vue, les Kabyles
vinrent avec résolution tirailler contre notre avant-garde. Leur feu
éclata si vif, si audacieux, qu'une partie du goum arabe qui suivait
la colonne l'abandonna avec terreur. Cependant, après les premières
balles échangées, les guerriers Ouled-Rhia s'enfuirent pour rejoindre
leurs frères en défense et en martyre.

Il n'y avait aux grottes que deux entrées superposées où conduit
un sentier encaissé. Une compagnie de grenadiers reçut ordre de
suivre cette route difficile, et d'arriver le plus près possible de la
retraite des Kabyles; mais ceux-ci fusillaient, avec certitude de les

tuer, les hommes engagés dans cette espèce de ravin. Il fallut renoncer à une attaque de front.

On songea à un investissement. La famine aurait peut-être contraint les Ouled-Rhia de faire leur soumission; mais le colonel Pélissier était pressé d'aller joindre son collègue. D'un autre côté, il n'avait pas assez de monde pour camper à demeure dans ces montagnes, où une insurrection pouvait anéantir sa colonne; enfin un siége n'était pas conforme à ses instructions. Il avait ordre, à tout prix, de détruire le prestige attaché aux retraites du Kantara.

Une idée infernale, imitée, malheureusement, au choix, ou de nos guerres civiles ou des guerres des Espagnols en Amérique, avait été indiquée comme moyen extrême par le gouverneur général. On devait effrayer les Kabyles en les menaçant de les étouffer dans leurs grottes par la fumée et par le feu. On pensait que devant une pareille menace toute résistance cesserait.

— Ah çà! lui cria Razin, est-ce que le conscrit aurait la prétention de passer devant son ancien! fais place, et vivement!

Après avoir, non sans beaucoup de peine, réussi à se mettre en communication avec les défenseurs des cavernes, on leur fit en effet la menace conseillée par le maréchal Bugeaud. Ils la dédaignèrent; un de nos parlementaires fut même tué par eux.

On passa aussitôt à un commencement d'exécution, pensant que leur dédain ne provenait que de la certitude où ils étaient du peu de fondement d'une menace pareille. Des amas de bois, de paille sèche, furent jetés du haut du Kantara au-devant des grottes. Les Kabyles les enlevaient à mesure qu'ils étaient lancés; mais la fusillade de nos tirailleurs les ayant refoulés dans les grottes, les fascines finirent par faire un vaste monceau, auquel il n'y avait plus qu'à mettre le feu.

De quels événements les cavernes du Dahr furent-elles alors le théâtre, personne ne l'a su jamais. Sans doute les marabouts et les chefs s'opposèrent à main armée à la sortie de la masse, et la forcèrent à attendre l'exécution de la menace faite par le colonel français. Peut-être un affreux combat s'engagea-t-il au sein de ces antres mystérieux.

Quoi qu'il en soit, la plus grande indécision régnait parmi nos officiers et nos sous-officiers. Cela n'est pas possible, disait-on. Il faut qu'ils aient quelque part une issue que nous ne connaissons pas. Ce raisonnement, dont nous garantissons l'authenticité, provoqua cette réponse : S'il existe une issue autre que celles qui sont investies, on le verra bien.

Aussitôt des matières enflammées sont lancées sur les monceaux de bois et de paille entassés. Comme s'il n'eût point voulu s'associer aux horreurs de ce bûcher humain que la conquête française, conquête essentiellement civilisatrice, élevait à la nationalité arabe, le feu refusa longtemps d'embraser les masses combustibles jetées par nos soldats à l'entrée des cavernes. Quelques Arabes s'échappèrent, et allèrent non loin de là puiser de l'eau. On espéra que d'autres

les suivaient, que la soumission aurait lieu. Espérance vai
moment où le soleil commençait à quitter son zénith, un vent
qui porta directement sur les ouvertures du Dhar. La flamm
mença à tourbillonner, à s'élever, à lécher les parois du mass
à s'engouffrer dans les cavernes avec des masses de fumée p
par le vent. Alors nos soldats descendirent. Beaucoup cr
que les Arabes avaient fui par quelque issue secrète, ou
moins ils avaient trouvé un réduit où la flamme ne pouvait
Ce qui encouragea cette dernière idée, c'est que vers minuit
des coups de feu arriva distinctement à l'oreille des troupes
on jeta de nouveau des matières combustibles dans l'ouvert
grottes. Les détonations cessèrent, et il y eut parmi nos sol
moment d'effroi dont aucune langue ne saurait rendre la tris
fondeur.

Les Ouled-Riah ne s'étaient-ils donc point enfuis, s'éta
héroïquement laissé brûler ou asphyxier! Cette angoisse du
qu'au matin.

Aux premières lueurs du jour, une compagnie formée
d'hommes du génie, moitié d'artilleurs, eut ordre de pénétr
les grottes. Un silence lugubre, entrecoupé de râlements lo
y régnait. A l'entrée, des animaux, dont on avait enveloppé
pour les empêcher de voir et de mugir, étaient étendus à
calcinés. Puis, c'étaient des groupes effrayants que la mor
saisis. Ici une mère avait été asphyxiée au moment où elle dé
son enfant contre la rage d'un taureau dont elle tenait enc
cornes, et que l'incendie avait étouffé en même temps. Aille
cadavres nus rendaient le sang par la bouche, et par leurs at
témoignaient des convulsions des vivants. Ici deux époux o
amants se tenaient corps à corps, et l'asphyxie avait resserré l
formés par leurs bras enlacés. Des nouveau-nés gisaient par
caisses et les provisions; d'autres étaient cachés dans les vêt
de leurs mères. Enfin, çà et là, des masses de chair informes
nées durant les luttes intérieures, formaient comme une so
bouillie humaine.

Quand on vint redire au colonel toutes les horreurs de ce spe
il n'en voulut rien croire. Il envoya son état-major s'assu
faits. Ce fut bien plus affreux alors, car on vida les cavern
cadavres et du butin qu'elles contenaient. Il y avait plus de si
morts.

La consternation la plus grande régna alors dans la colonne
dit que des soldats ne rougirent pas de profiter des dépouil
martyrs du Darh-el-Freschich, nous ne le croyons pas.

Quoi qu'il en soit, il en demeura au colonel Pélissier un s
terrible. Il est certain cependant qu'il était loin de s'atten
ordonnant l'incendie à un aussi affreux résultat.

Avec un héroïsme inouï, le gouverneur général prit sur lu
vant l'opinion publique soulevée, la responsabilité du comm
ment.

CHAPITRE XXIX.

Les deux systèmes de colonisation. — Intérim du général de la Moricière
général Cavaignac dans les subdivisions de Tlemcen. — Surprise du lic
Marin. — Sidi-Brahim. — Le colonel Montagnac. — Le capitaine Dute
Le capitaine Géraud. — Le lieutenant Chappedelaine.

Après les Ouled-Riah, Sidi-Brahim! — On dit qu'il y a po
nations et pour les individus des crimes heureux; nous ne le cr
pas, et Confucius a bien raison dans son proverbe : Le châtimer
la faute comme l'ombre suit le corps.

D'un bout à l'autre de l'Algérie, l'affreux bûcher du Da
Freschich fut bientôt connu. Si cet épouvantable épisode avai
levé en France tous les cœurs, parmi les Arabes il avait ine
tous les courages.

Aussi la guerre change-t-elle subitement d'aspect; pendant
que temps ce ne va plus être que surprises, que massacres. Le
sulmans ne respecteront plus mêmes les prisonniers, et par la
rance Abd-el-Kader, manquant cette fois de vues politiques, s'ass
à cette cruauté.

Mais, avant d'aborder la nouvelle phase où va entrer la lutt
nous résumons, un mot sur une autre lutte, à la suite de laque
maréchal Bugeaud abandonna momentanément le gouverneme
néral.

L'opinion publique en France est généreuse. L'exécution
Ouled-Riah donna naissance aux plus fâcheuses exagérations
razzias faites par ordre du général Bugeaud, ce système de g
permanent, cette course continuelle de nos soldats à travers le
le peu de résultats apparents qui en provenait, formèrent insen
ment contre le vainqueur d'Isly une véritable coalition de
dont beaucoup étaient fondés. Le gouvernement lui-même prit
Il pensa que tout le pouvoir ne devait pas être exclusivement
centré entre les mains militaires. Pressé par l'opinion, il
l'ordonnance du 15 avril 1845 pour la reconstitution de l'
nistration civile en Algérie. Le maréchal exécuta l'ordonnance,
sans dissimuler son mécontentement.

autre côté, l'on avait tant de fois écrit dans les bulletins que
ète était faite, qu'elle était achevée, qu'Abd-el-Kader était
ant, on avait tant de fois proclamé la soumission des Arabes,
se préoccupait fort de tous les moyens de profiter des avan-
mportés.
n seul point, tout le monde était d'accord : il fallait coloniser;
mment? Telle était la grande question, pour ainsi dire una-
nt controversée, tant les systèmes manquaient peu. Le ma-
ugeaud avait le sien. Il voulait que la colonisation militaire
t la colonisation civile. Il établissait de petites fermes qu'il
à des soldats ou à des sous-officiers, avec un petit capital
ar l'État. Ces fermes, groupées les unes près des autres, for-
autant de postes qui soulageaient d'autant l'armée, et, en les

Le général Bedeau.

diant, le maréchal ne désespérait pas de rendre un jour la
e de l'Algérie indépendante des secours de la France. Une
colonisation militaire solidement établie, la sécurité se ferait,
olonisation civile viendrait de soi-même.
ace de ce système, auquel le maréchal donna un commence-
l'exécution, se dressaient une foule d'autres plans. Mais parmi
rniers, il y en avait un qui, tout de suite, s'était emparé de la
publique. Le brillant général de la Moricière le développait
chaude et vive éloquence.
s le système du général de la Moricière, il fallait faire plus
loniser, il fallait civiliser. Pour civiliser, il était nécessaire de
ppel au grand instrument de la civilisation moderne : il fallait
er et appliquer la puissance du capital. La grande spéculation
être conviée à s'emparer des terres disponibles de l'Algérie.
ute que si le gouvernement lui assurait un minimum d'intérêt,
e se pressât bientôt pour obtenir des concessions. Ces con-
as, pour les faire valoir, elle appellerait nécessairement des
des bras vigoureux, à la suite desquels viendraient tous les
toutes lès industries de l'Europe. La civilisation se dévelop-
rapide, entraînante, pleine de rayons. Les Arabes viendraient
ent à elle, tandis qu'ils traiteraient toujours en ennemie la
et précautionneuse colonisation militaire.
système, nous le répétons, séduisait beaucoup de monde; mais
t basé sur une question préjudicielle : appeler le capital.
peler le capital quelque part n'est pas chose facile. Il faut lui
de grands avantages et une grande sécurité.
grands avantages, le général de la Moricière les trouvait dans
rres considérables, concédées au plus bas prix, et qui, avec une
de fonds relativement peu élevée, donneraient les produits les
iches et des produits croissant d'année en année. La sécurité,
promettait par l'application d'un autre système de gouverne-
: ce système, depuis longtemps conçu par le général de la
ière, comme nous l'avons vu lors de la création des bureaux
, était l'assimilation réciproque des deux nations. Faire cesser

l'antagonisme, voilà quel était, suivant lui, le problème à résoudre.
Il le résolvait par l'assimilation et la civilisation.
Le maréchal Bugeaud, moitié pour faire triompher ses idées,
moitié aussi par contrainte, quitta l'Algérie le 4 septembre, après
avoir reçu quelques soumissions nouvelles des Kabyles. Une ordonnance investit M. de la Moricière du gouvernement général.
Malheureusement pour lui, M. de la Moricière allait passagèrement
hériter des résultats de toutes les fautes personnelles de son prédécesseur, et de toutes les fautes commises sous son prédécesseur par
le gouvernement. Il allait hériter des résultats du système de guerre
du maréchal, et du système de paix du ministère français.
Le premier avait préparé dans un temps donné les plus terribles
représailles; le second avait permis à Abd-el-Kader de se refaire
une smalah, une deïra, une petite armée.
Cependant, les premiers jours qui suivirent le départ du maréchal
furent heureux. Quelques révoltes partielles furent apaisées. Bou-
Maza fut obligé de se rejeter dans les pentes nord-ouest du Jurjura,
où d'abord il ne trouva pas d'appui. Un autre faux prophète, Mohammed-ben-Ahmet, eut tout juste la puissance de se faire condamner
à mort.
Mais bientôt tout changea inopinément de face; de la province
d'Alger, Bou-Maza, déployant une prodigieuse activité, alla se faire
des partisans dans la province d'Oran. Nous le verrons bientôt
lutter jusque sous les murs de Mostaganem. La chronologie nous
force à ne pas l'y suivre encore.
Après le traité des limites, on avait imprudemment retiré le corps
d'observation des frontières du Maroc. Là, dans des contrées non encore parcourues de nos troupes, à l'abri derrière des solitudes, Abd-
el-Kader s'était lentement reformé. Comme nous l'avons dit, le bruit
des cruautés employées contre les Ouled-Riah vint rajeunir ses entreprises des couleurs de la vengeance, couleurs toujours chères à
l'Arabe. Il se prépara à tout employer.

Le général Changarnier.

Une occasion devait lui être nécessairement offerte, et voici
pourquoi.
On avait, il est vrai, choisi le général le plus solide de l'armée
pour commander la subdivision de Tlemcen, qui confine à l'ouest au
Maroc, et au sud aux Chott; mais on avait commis la faute de dissé-
miner les forces de la subdivision dans un trop grand nombre de
petits postes. Quelles que fussent les instructions données aux chefs
de ces postes, défendus par de petites garnisons, il était évident que
l'un ou l'autre de ces chefs sortirait un jour ou un autre, si on lui
en offrait le prétexte. Le reste n'était qu'une question de surprise.
Abd-el-Kader et les siens, par son ordre, n'attendaient qu'une
occasion.
A coup sûr, le général Cavaignac était trop prudent pour la leur
donner. Il observait de son côté, avec une grande attention, tous les
mouvements de nos ennemis. Il ne lui fut pas difficile de voir à divers symptômes qu'une révolte se préparait. Ainsi, Muley-Scheik,

lieutenant du kalifa d'Abd-el-Kader, Sidi-Mohammed-ben-Abdallah, avait été vu dans le pays des Traras, où il fomentait des agitations. Diverses tribus se mettaient en marche pour aller rejoindre l'émir sur la frontière; d'autres, particulièrement les Ghossels, voisins des Traras se préparaient à se soulever. Le général se mit en devoir de briser l'insurrection en deux parts. Pour cela, il prit position entre les deux peuplades que nous venons de nommer. Il avait avec lui treize cent cinquante hommes et deux cent cinquante chevaux. Cette petite force suffit à sa décision et à son habileté pour remporter de brillants avantages. Si fortes que fussent les positions où se cantonnèrent les rebelles, il les en délogea en leur faisant éprouver de grandes pertes. Mais, ainsi qu'il le reconnut lui-même avec cette abnégation et cette modestie qui l'ont toujours placé hors ligne comme homme et comme citoyen, ces avantages furent des succès militaires complets, mais non des succès politiques. Fanatisés dans la résistance par l'annonce qu'Abd-el-Kader rentrait sur le territoire algérien, les insurgés, battus ici, allèrent se reformer chez les Beni-Menir et les Beni-Khaled. Le colonel Chadeyson donna dans cette expédition les plus grandes preuves d'intelligence et de bravoure; mais l'armée et le général eurent la douleur de perdre un brave entre les plus braves, le commandant Peyraguey, ancien vieux sergent de l'île d'Elbe, et alors commandant des zouaves. Depuis quatorze ans, il combattait avec le héros du méchouar de Tlemcen. Il mourut en portant, hors de son tour, secours à une redoute attaquée. Toute sa vie il avait agi de la sorte, c'est-à-dire fait plus que son devoir.

Le général Cavaignac devait avoir coup sur coup deux autres grandes douleurs.

A peine venait-il de remporter les avantages dont nous avons parlé, que sentant le besoin de fortifier le poste d'Aïn-Temouschen, au nord de Tlemcen, entre cette ville et la mer, il y dirigea un lieutenant, suivi de deux cents hommes. La route ne devait pas offrir de difficultés.

Déjà le malheureux lieutenant était presque en vue du poste, sa troupe arrivait au marabout de Sidi-Mouça, à une heure de marche de Temouschen, quand on lui signala de nombreux contingents arabes. Le lieutenant reconnut à leur tête, des cavaliers du Magzen d'Oran; mais ces malheureux passaient du côté de l'émir, et ils formaient l'avant-garde d'une nombreuse émigration de tribus. Ils se portèrent sur le petit bataillon français avec de grandes démonstrations d'amitié; mais quand le gros des Arabes arriva, le lieutenant, qui ne s'était pas même mis en défense, fut aussitôt désarmé avec sa troupe. On conduisit ces deux cents soldats à Abd-el-Kader. Deux cents Français prisonniers, prisonniers sans qu'ils eussent tiré un seul coup de fusil, c'était un triomphe immense. L'émir l'attribua à la protection de Mahomet, et le renom de la France, pendant un instant, ne fut plus celui de l'invincibilité.

Sidi-Brahim, malgré son héroïsme, devait affaiblir encore ce renom.

Le lieutenant-colonel de Montagnac commandait le poste de Djemmâ-Ghazouat, sur la côte, à quelques lieues du cap Milonia et du Maroc.

Au moment même où le général Cavaignac opérait contre les Ghossels et les Traras, on vint apprendre à M. de Montagnac que le chigr ou cheik Ben-Abd-den-Rossels s'était porté chez ces derniers pour le compte d'Abd-el-Kader, que bientôt il ferait sa jonction avec l'émir. Les Souhalia, tribu de la côte, qui lui donnaient cet avis, demandaient secours pour eux-mêmes, et ajoutaient qu'avec de la rapidité il serait possible de battre le chigr, et peut-être de s'emparer d'Ab-el-Kader. Ces renseignements étaient ou faux ou perfides, car l'émir en ce moment disposait de toutes les forces d'une insurrection prête à entrer en campagne.

Montagnac se laissa tenter. C'était lui qui, sous le général Baraguey-d'Hilliers, avait le plus contribué à détruire le fameux Zi-Zerdoug. La gloire de détruire Abd-el-Kader le serra au cœur. Laissant le commandement de Djemmâ-Ghazouat au capitaine Coffyn, il partit le 21 septembre 1845 sur le soir.

La petite colonne de l'aventureux officier était ainsi composée :

Trois cent quarante-six hommes du 8e bataillon d'Orléans, et neuf officiers; soixante-deux hommes du 2e hussards, et trois officiers; un interprète, un docteur, deux hommes du train.

Entre la cavalerie, les officiers et les bagages, on pouvait compter quatre-vingts chevaux et mulets. Les gibernes étaient approvisionnées à soixante cartouches. Il n'y avait pas de réserve. Le colonel se maintint d'abord avec soin en communication avec le poste. Il était, le 22 septembre, à Khamis, d'où il écrivit une première fois au capitaine Coffyn. Celui-ci lui répondit en lui apprenant que le général Cavaignac venait d'envoyer demander du renfort à Djemmâ-Ghazouat. Cette circonstance aurait dû éclairer le brave Montagnac. Elle porta quelque peu de lumière dans son esprit, mais il combattit cette lueur au moyen de raisons d'honneur. Voici sa seconde et dernière lettre au capitaine Coffyn :

« MON CHER CAPITAINE,

» Envoyez tout ce que le colonel de Barral vous demande.

» Je ne puis donner les hommes du bataillon de M. Froment-Coste.

» Nous sommes entourés de goums considérables, composés de gens du Maroc. Nous avons eu quelques coups de fusil avec eux.

» Abd-el-Kader arrive ce soir à Sidi-Bou-Djenara.

» Je ne puis rejoindre Djemmâ-Gazhouat sans m'exposer à une déroute complète.

» Je vais me tenir sur la ligne où je suis établi.

» Envoyez-moi demain des vivres pour deux jours, et de toute nature, par les Souhalias, au bivouac, sur l'*Oued-Taouli*.

» Faites toujours de même; tenez-moi au courant de tout. Il faut huit mulets pour les vivres.

» Tout à vous,   DE MONTAGNAC. »

Après avoir écrit cette lettre, le colonel reçut de nouveaux renseignements, non moins faux que les premiers, et qui le décidèrent à abandonner son bivouac de l'Oued-Taouli, et à porter son camp sur le ruisseau de Sidi-Brahim. Là on vint encore l'avertir perfidement qu'Abd-el-Kader s'avançait, suivi d'une faible escorte, et ignorant absolument qu'il y eût des Français sur son passage.

De Montagnac quitte aussitôt le camp, et le laisse à la garde du commandant Froment-Coste. Quant à lui, il marche avec trois compagnies du 8e chasseurs et les soixante hussards du 2e. Il est à peu près à trois quarts de lieue du camp, que l'on voit blanchir au loin les burnous des Arabes. On se hâte pour les joindre. Ils sont en effet assez petit nombre. Deux pelotons de hussards, ayant à leur tête le commandant Courby de Cognord, les chargent avec succès. Mais aussitôt qu'ils sont engagés, une véritable armée de cavaliers paraît sur la gauche. Elle écrase notre poignée de cavaliers. Cognord tombe démonté et blessé. Le capitaine Gentil-Saint-Alphonse, qui commande après lui, a la tête brisée d'un coup de pistolet, et le chef arabe qui le frappe lui crie le nom de l'émir. C'était Abd-el-Kader lui-même qui venait venger les Ouled-Riah.

Que faire contre une pareille surprise? Montagnac n'a pas un seul instant la pensée de se rendre. « Défendons-nous, enfants! » s'écrie-t-il. En même temps il charge avec ce qui lui reste de hussards sur les masses ennemies; mais les Arabes ne lui laissent pas le temps d'arriver jusqu'à eux. Une balle mortelle l'arrête. On l'assoit sur un tertre. Là, sentant la mort venir, il communique à sa troupe le courage surhumain qui l'inspire. Il la forme en carré, et envoie prévenir par le maréchal des logis Barbié la réserve laissée au camp.

Le carré qu'il a formé se défend; mais trois ou quatre mille Arabes l'entourent, le harcèlent, le fusillent. Les hommes tombent un à un. Ceux qui restent resserrent silencieusement leurs rangs. Le colonel, en mourant, applaudit à leur héroïsme, mais cherche encore à les sauver. « Ne vous occupez pas de moi, leur dit-il, abandonnez-moi; partie, allez là-bas. » Et il leur montrait le marabout de Sidi-Brahim.

Mais l'héroïque carré veut mourir autour de son chef. Trois longues heures il repousse les charges des Arabes. Les mains s'engourdissent, les cartouches commencent à manquer. La cavalerie de l'émir précipite ses attaques. Enfin, encouragée par le silence de ces soldats dont les fusils deviennent inutiles, elle s'avance à bout portant, et la petite forteresse vivante s'écroule, ensevelissant encore plus d'un musulman sous ses débris.

Pendant ce temps, le commandant Froment-Coste, qui est sorti au premier avis, emmenant la 12e compagnie et une section de carabiniers de son bataillon, a été, lui aussi, entouré par les troupes de l'émir. Elles l'ont empêché de faire sa jonction avec le carré du colonel, et, ainsi isolé, il a été littéralement haché par l'ennemi.

A quoi tient le destin des hommes! Si l'ordre du général Cavaignac eût été exécuté, Froment-Coste et son bataillon auraient échappé au massacre.

De la colonne de M. de Montagnac il ne demeurait plus à la fin que quatre-vingt-trois hommes, commandés par le capitaine de Géraux et par le lieutenant Chappedelaine.

De Géraux exécute la dernière volonté du colonel, il bat en retraite vers le marabout de Sidi-Brahim. Sa retraite s'accomplit en bel ordre, mais il perd cinq soldats.

Une fois retranchés dans le marabout, un espoir reste à nos braves. La colonne de M. de Barral opère à quelques lieues : elle a peut-être entendu la fusillade. On improvise un drapeau, que l'on plante au haut de l'édifice malgré une grêle de balles; puis on se range de manière à soutenir un assaut, car pour un siége il n'y faut pas songer. On n'a plus que quatre paquets de cartouches. Les vivres sont restés aux bagages.

D'un autre côté, Abd-el-Kader a perdu beaucoup de monde. On murmure autour de lui. Il a promis une facile victoire, et depuis le matin les Français disputent le triomphe. L'émir, pour en finir, offre une capitulation.

De Géraux la refuse. « Nous sommes décidés à faire comme le colonel, répond-il à l'envoyé de l'émir. Nous attendons l'assaut. Faites vite, et faites bien, car pas un de nous ne se rendra. »

Abd-el-Kader insiste. Pour vaincre cette résistance qui l'arrête et qui compromet son prestige, qui peut compromettre aussi le succès de sa réapparition, il conçoit une idée dont la barbarie pèsera long-

 sa mémoire. Avisant parmi les Français qui n'ont pas
 faire tuer, et que les Arabes tiennent prisonniers, un ca-
 a mine haute et fière, il l'interpelle, et le charge d'obtenir
 n du marabout. « Tu mourras, lui dit-il, s'ils ne se ren-
 »
 e, c'est le nom de ce brave, s'avance près du marabout.
 n de ne pas vous rendre, vous autres, crie-t-il héroïque-
 éraux, vous voyez le métier que l'on fait faire aux prison-
 — Que leur as-tu dit ? Que t'ont-ils répondu ? lui demande
 n retour. — Je leur ai dit de combattre, et ils combattront. »
 es les époques, chez les peuples les plus barbares, on eût
 à un tel héroïsme. Abd-el-Kader, poussé peut-être par les
 pardonna pas. Dutertre paya de sa tête une action sublime.
 ant les Arabes se pressent et tourbillonnent autour du
 . Ils l'attaquent par deux fois avec une sorte de rage. Deux
 chouent contre le courage et le sang-froid de cette petite
 i leur fait face sur les quatre côtés de l'édifice. La nuit
 ner quelque répit à nos braves. Ils en profitent pour faire des
 s de défense. Ils creusent aux murs des meurtrières, et cou-
 uatre, et même en six, leurs dernières balles. Dès le ma-
 demain, nouvelle attaque de la part des Arabes, nouvel
 Pendant trente-six heures, les baïonnettes françaises font
 . L'émir renonce alors à l'emploi de la force. Après avoir
 ur du marabout trois corps, chacun de cent cinquante ca-
 viron, il se retire avec sa petite armée.
 lante aurore du troisième jour se levait. Rien ne semblait
 ssible à ces hommes qui, depuis trois jours, luttaient un
 arante. Ils avaient repoussé une armée ; ils avaient résisté
 , à la soif : que ne feraient-ils pas encore ?
 rdre de Géraux : les voilà qui s'élancent inopinément hors
 orieuse ¹ citadelle, qui enlèvent un des postes d'observation,
 formant en carré de tirailleurs, effrayent et maintiennent
 ennemi.
 ignent ainsi un ravin qui leur promet de la fraîcheur et un
 pos ; mais, comme ces nuées de vautours qui s'attaquent
 vres, les Kabyles sortent des villages environnants, et les
 défenseurs du marabout risquent de trouver leur tombeau
 espéraient trouver la délivrance. Ils font un dernier effort,
 nt encore une fois cette nouvelle ligne d'ennemis acharnés,
 ent à l'ombre d'un champ de figuiers. Là, ils se comptent.
 t plus que quarante, parmi lesquels Chappedelaine. Voyant
 ombre, inaccessibles à la pitié comme à l'admiration, excités,
 ire, par cette résistance inouïe, les Kabyles reviennent à la
 vec ces cris rauques qui ressemblent à ceux des oiseaux de
 os braves n'ont plus une seule cartouche. Ils s'embrassent
 ent un dernier et sublime adieu, sous les regards de ce ciel
 ent pas à leur secours ; puis, jetant ces fusils que leurs bras
 nt plus supporter, ils se précipitent sur les ennemis, sans
 combat, là où ils peuvent frapper, la baïonnette au poing.
 que de Géraux tombe, avec vingt-cinq de ces derniers qua-
 es autres s'échappent, traqués comme des bêtes fauves et se
 nt comme des lions blessés.
 nt ce temps, les communications avec Djemmâ-Ghazouat
 essé. Le capitaine Koffyn attendait vainement des ordres, et
 it aussi envoyait chercher des renseignements. Les rumeurs
 ristes commençaient à circuler. Ce qui était resté de garni-
 andait à sortir ; mais l'état de la contrée et la faiblesse nu-
 du corps ne pouvaient le permettre. La plus cruelle incerti-
 nait ; les récits des habitants du pays augmentaient à chaque
 s douleurs du doute affreux qui commençait à saisir tous
 s. Dans la soirée du 24 enfin, l'on vit arriver un hussard du
 ant de fatigue et de faim, la tête égarée, les habits en lames genoux meurtris. Il raconta une partie du désastre. Le
 in au matin, un carabinier, nommé Rapin, se montra. Il
 isté à la surprise, au massacre, et avait réussi à regagner la
 en marchant de nuit. Sa narration fut confirmée par un
 du nom d'El-Dervich, qui annonça que l'émir, vainqueur,
 ait pour attaquer la ville. On se mit en état de défense,
 e comme à Sidi-Brahim.
 au matin une vive fusillade se fait entendre. On aperçoit au
 hommes qui fuient vers Ghazouat. Le capitaine Corsy, du
 urs, sort de la place. Il voit déboucher, près du village de
 -Ziri, plusieurs hommes sans armes, poursuivis par des Ka-
 e hâte de leur porter secours, et arrive assez à temps pour
 r douze, et ramasser huit cadavres. C'était tout ce qui restait
 onne de M. de Montagnac.
 , à cette grande mais héroïque, mais sublime catastrophe, il
 l que quatorze survivants ; leurs noms méritent d'être connus.
 t les hussards Davanne et Natalie ; le caporal de chasseurs
 ère ; les carabiniers Léger, l'Apparat, Michel Siel, Siès,
 Antoine, Armand, Delfieu, Rapin, et les chasseurs Langlois
 ond.
 les officiers, de Montagnac, Froment-Coste, Gentil-Saint-
 eptembre.

Alphonse, Klein, Dutertre, Chargère, Burgard, de Raymond, Thomas, de Géraud, Chappedelaine, étaient tués. Un seul, de Cognord,
était fait prisonnier. L'incertitude régnait sur le sort du lieutenant
Larrazé. Le docteur Rozaguette et l'interprète Lévy devaient subir
la même mort que les chefs.

CHAPITRE XXX.

Insurrection dans la province d'Oran. — Le colonel Walsin-Estherazy. — Expédition du général de la Moricière pour venger les braves de Sidi-Brahim.
— Combat d'Aïn-Kebira. — Échecs du Bou-Maza. — Retour du maréchal Bugeaud.

On rapporte qu'après ses inutiles assauts de Sidi-Brahim, Abd-el-
Kader fut saisi d'un découragement profond. Quelle espérance y
avait-il pour lui de chasser les Français de tant de places si bien for-
tifiées, dans lesquelles ils tenaient garnison, lorsque leur courage
transformait en forteresse imprenable un vieux marabout défendu
par une poignée d'hommes ? Mais le prophète a dit : « Tu ne t'arrê-
teras qu'avec la victoire. » Abd-el-Kader était encore une fois lancé
dans les attaques, il ne pouvait reculer. D'un autre côté, les tribus se
déclaraient peu à peu pour lui. On les voyait sur les frontières marocaines plier leurs tentes, ramasser leurs bagages, pousser devant
elles leurs troupeaux, et se diriger vers l'ouest, disant sur leur passage qu'elles allaient chercher une terre libre, où les femmes et les
enfants ne fussent pas exposés au massacre. Cette émigration avait
quelque chose de sombre et d'effrayant. Elle gagnait avec une étrange
rapidité. L'émir protégeait ce mouvement avec une petite armée
d'environ mille cavaliers et douze cents fantassins. Les plus braves
venaient le joindre souvent de très-loin, et de nouveaux lieutenants
allaient pour lui prêcher la guerre souvent à la portée même du feu
de nos colonnes. Des aumônes abondantes lui arrivaient du Maroc
et de l'Algérie. Ses soldats vivaient pour ainsi dire de rien. Sa deïra,
campée au loin, à Sebka, se grossissait chaque jour : elle pouvait
alors contenir cinq ou six mille âmes.
De l'ouest, le mouvement gagnait avec rapidité. Il fallait l'arrêter,
ou se voir aux prises avec une insurrection générale.
Tous les chefs de colonne montrèrent en ce moment une énergie
à la hauteur des circonstances. Cavaignac, en attendant de nouvelles
forces pour prendre largement l'offensive, maintint toutes les tribus
autour de Tlemcen. Le colonel Walsin-Esterhazy, successeur de
Mustapha-ben-Ismaël, à la tête du magzen d'Oran, se distingua en
arrêtant par un coup hardi l'émigration des Ouled-Kalfa et des Ouled-
Zaïr. Il se rendit parmi eux, suivi d'une petite troupe de Douairs
et de Smélas. Les chefs des tribus refusant d'obéir à ses injonctions,
il en tua deux de sa main. Les tribus rétrogradèrent.
D'un autre côté, avec une intelligence et une activité remarquables, Bou-Maza opérait dans la subdivision de Mostaganem. Là, le
général le Pays de Bourjolly s'étant porté chez les Flittas, pour y
punir quelques brigandages, trouva cette populeuse tribu en pleine
insurrection. Dès le 21 septembre, date probablement fixée pour
l'insurrection générale, il fut attaqué, serré de près, et obligé de livrer les plus rudes combats d'arrière-garde. A Touïza, par exemple,
chez les Beni-Dargouïa, le lieutenant-colonel Berthier un de ces officiers d'élite qui ne se remplacent pas et que tout le monde pleure,
trouva la mort dans la plus chaude affaire de cette campagne particulière. Autour de son corps, une lutte acharnée s'engagea. Les Kabyles y eurent le dessous ; et la colonne put gagner Bel-Acel, où elle
se fortifia.
Là, une audace irréfléchie, mais heureuse, fit tout changer de
face. Le colonel Tartas, commandant la cavalerie de la brigade, bat-
tait la rive gauche de la Mina pour y maintenir l'ordre. Il apprend
que Bou-Maza est dans le voisinage. Ce rapide chef d'aventures, avec
son drapeau rouge, ses douze cents cavaliers et une nombreuse infanterie, s'est précipité sur une tribu à nous, celle d'El-Laribi. Il l'a
pillée ; il a incendié les maisons de ses chefs. On avertit le colonel
Tartas que la petite armée du schériff se retire ployant sous le butin.
Aussitôt le colonel, qui n'a avec lui que deux cent cinquante chasseurs, se met à la poursuite de l'ennemi, l'atteint, le charge, comme
s'il eût eu derrière lui deux mille hommes. Les cavaliers du Bou-
Maza, malgré les imprécations de leurs chefs, se débandent pour
sauver le fruit de leur razzia. Ils laissent les fantassins aux prises
avec nos cavaliers, qui en ont bon marché.
Dans le rayon de Mascara, le général Géry comprima aussi avec
énergie l'insurrection.
Tous les malheurs étaient réservés à la subdivision de Tlemcen,
qui, nous le répétons, avait été beaucoup trop peu garnie de troupes.
A son extrémité sud se trouve le poste de Sebdou. Ce poste a pour
chef le commandant Billot. Ce brave soldat se laisse, avec le lieutenant Dombasle, et quatre ordonnances, attirer dans un guet-apens
dressé par un nouveau kalifa d'Abd-el-Kader, nommé Bou-Guerrera.
Mais l'assassinat de nos malheureux officiers ne produit pas au lieutenant de l'émir le gain qu'il en attendait. La garnison de Sebdou,
enflammée d'indignation, ivre de vengeance, résiste à toutes les
attaques ; mais les tribus des environs émigrent vers le Maroc.

Tout cela, qu'on le remarque bien, se passait presque à la fois. L'insurrection débordait même jusque sur la province d'Alger, où le colonel Saint-Arnaud, qui commandait à Orléansville, défit, avec peu de troupes, les Beni-Ouraghr révoltés au nombre d'environ trois mille.

A la rapidité des Arabes, le gouverneur général par intérim, de la Moricière, répondit par une rapidité presque sans exemple dans les annales de la guerre. En quelques jours, il se porte au secours de la subdivision de Tlemcen, rejoint le général Cavaignac au défilé de Bab-Taza entre le district de Lalla-Maghnia et celui de Djemmâ-Ghazouat, ravitaille, relève des postes, en débloque d'autres, et, le 5 octobre, se trouve en force devant Abd-el-Kader. Une semaine s'était à peine écoulée depuis les derniers événements.

L'émir campait alors de sa personne à Aïn-Kebira avec environ trois mille cavaliers. Il activait les mouvements insurrectionnels des Ghossels et des Traras et appelait à lui les populations pour la défense du col d'Aïn-Kebira, par lequel il fallait nécessairement passer pour attaquer et forcer à la soumission les tribus réfugiées dans le système montagneux compris entre Lalla-Maghnia, Djemmâ-Ghazouat et l'embouchure de la Tafna.

Le général la Moricière avait avec lui quatre mille cinq cents fantassins, quelques escadrons de cavalerie et dix pièces de canon. Il se trouva dans les environs du col, à l'Oued-Talata, le 13 octobre, et reconnut la position de l'ennemi. Elle était formidable. Des milliers de Kabyles couvraient toutes les hauteurs. La cavalerie d'Abd-el-Kader se déployait à gauche du col.

Toutefois on pouvait aborder la position, à droite par un sentier couvert, à gauche par des pentes escarpées, et exposées au feu de l'ennemi; mais, si l'on se divisait ainsi, en deux colonnes, on laissait entre soi un mamelon garni de nombreux fantassins.

Le général de la Moricière avait trop d'habileté pour commettre cette faute ou pour attaquer d'un seul côté, et exposer ainsi l'un de ses flancs. Il fit trois colonnes. Celle qui devait gravir les hauteurs de gauche, sous le feu de l'ennemi, fut naturellement donnée à Cavaignac; le colonel Gachot eut le commandement de celle de droite, qui marchait presque à couvert. Quant au général en chef, il devait conduire la colonne de réserve chargée d'emporter le mamelon du centre. Cavaignac enleva littéralement sa colonne, qui se composait du 41e de ligne. Rapidement portée sur les hauteurs, elle culbuta l'ennemi. Les deux autres colonnes réussirent également. Ab-el-Kader, qui se réservait pour tomber sur nos troupes, si elles éprouvaient un moment d'échec, ne jugea pas à propos d'engager sa cavalerie. Il se retira poursuivi par les huées des insurgés, qui ne comprenaient rien à sa stratégie expectante.

Vainqueur, le général de la Moricière accomplit alors avec une impétuosité irrésistible un plan aussi ingénieux que fécond. C'était de tourner par l'ouest toutes les tribus qui se dirigeaient vers le Maroc et de les ramener vers la mer, où elles seraient forcées de se précipiter si mieux elles n'aimaient se rendre aux Français.

Tous les ennemis que l'on rencontra furent ou balayés, ou poussés en avant. On franchit, toujours battant, d'affreux défilés, et l'on finit par atteindre le but proposé. Les Traras, les Ghossels, plusieurs fractions des Beni-Amer, acculés à la Méditerranée, vinrent demander l'aman. En le leur refusant, le général pouvait venger par des flots de sang la trahison de Sidi-Brahim. Il lui suffisait de pousser ses soldats en avant. Il préféra montrer la France sous le jour de la plus grande magnanimité. Il reçut la soumission des rebelles.

Pendant ce temps, le Bou-Maza, toujours entreprenant, venait se faire battre jusque sous les murs de Mostaganem par le lieutenant-colonel Mellinet.

L'insurrection se calmait donc ou était progressivement vaincue. Le gouverneur général par intérim était au moment d'acquérir une grande gloire. Mais Bugeaud, dès les premières nouvelles des désastres, avait su habilement se poser en homme complétement nécessaire. L'opinion s'était retirée de lui après le massacre des Ouled-Riah. Elle lui revint quand on vit Abd-el-Kader sembler profiter de son départ pour rentrer en Algérie. Les journaux du temps ont retenti des débats qui s'élevèrent alors, et auxquels le vainqueur d'Isly se mêla par la plume. Le gouvernement général lui fut rendu avec des pouvoirs plus considérables que d'abord. On renforça aussi l'armée de douze mille hommes.

Il se trouva, de cette façon, que Bugeaud put recueillir la moisson préparée par de la Moricière, tandis que celui-ci avait hérité des conséquences funestes de la terrible guerre faite par son prédécesseur.

CHAPITRE XXXI.

Fin de 1845. — Hésitations du maréchal Bugeaud; désastre de Sétif.

Arrivé à Alger le 13 octobre, le maréchal Bugeaud ne perdit pas un seul instant pour arracher à son lieutenant la gloire de la pacification. Il se dirigea tout aussitôt vers l'ouest avec une colonne de deux mille hommes.

La proclamation qu'il adressa aux Arabes et aux Kabyles annonçait une nouvelle phase guerroyante et administrative. Il est nécessaire de la mettre sous les yeux de nos lecteurs.

» Arabes et Kabyles,

» Il semble que le démon de la folie se soit emparé des esprits d'une partie d'entre vous. Poussés par les instigations incessantes d'un chef dont l'ambition ne respecte ni votre repos, ni votre fortune, ni votre existence même, bon nombre de tribus se sont mis en révolte contre l'autorité du roi des Français, sans avoir aucun espoir raisonnable d'atteindre leur but.

» Pensent-elles que la France, qui compte des millions de guerriers, leur abandonnerait la victoire, lors même que, par impossible, elles obtiendraient un grand succès sur ceux qui sont actuellement en Algérie ?

» Grande erreur de leur part !

» Des armées plus formidables que les premières arriveraient bientôt, et il ne pourrait, finalement, résulter de la lutte, que la destruction totale de la race arabe.

» Nous, qui ne voulons pas la détruire, nous, qui voulons, au contraire, augmenter sa prospérité sans changer sa religion, nous vous devons des avertissements paternels.

» Fermez enfin l'oreille à cet ambitieux imposteur qui se dit sultan, et qui s'inquiète fort peu de vous sacrifier, dans le fol espoir de satisfaire ses vues ambitieuses.

» Il a été vaincu et chassé quand il avait une armée régulière, quand il disposait de tout le pays, quand nous ne possédions que quelques villes de la côte.

» Que pourrait-il donc faire aujourd'hui?

» Rien, absolument rien, que quelques razzias; quelques coups de main sans portée, qui, en se prolongeant, achèveront votre ruine qu'il a déjà si bien commencée.

» Il vous enflamme au nom de la religion; mais en quoi, où comment avez-vous été troublés par nous dans votre culte?

» Avons-nous essayé de vous le faire abandonner? Non. Partout au contraire, nous avons relevé et restauré vos mosquées et vos marabouts, et nous vous avons protégés dans la pratique de vos croyances.

» Jusque dans nos camps, le canon annonçait tous les jours, pendant le rhamadan, la cessation du jeûne.

» Comment nous avons-vous traités après la victoire? Ne vous avons-nous pas rendu vos femmes, vos enfants, vos vieillards, souvent une partie de vos troupeaux?

» N'avez-vous pas reçu de nous des grains pour ensemencer vos terres ou pour vivre, quand, par suite des maux de la guerre, vous étiez dans un dénûment absolu ?

» Plus tard, nous vous avons administrés avec autant de bonté, de douceur que nous administrons les Français. Si vous ne le reconnaissez pas, si vous préférez à ce gouvernement paternel le gouvernement tyrannique et cruel d'Abd-el-Kader, c'est la lumière de Dieu qui vous a abandonnés. Vous ne pourrez vous plaindre qu'à vous-mêmes des maux que vous aurez provoqués... J'arrive avec une seconde armée. Je ne laisserai pas le plus petit coin des contrées rebelles sans le parcourir; je poursuivrai partout les tribus révoltées, et si elles persistent à ne pas revenir soumises sur le territoire, je les bannirai pour toujours de l'Algérie, et je mettrai d'autres populations à leur place. »

Ce langage était habile et ferme. L'exécution ne fut point à la même hauteur.

L'amour-propre du gouverneur général paraît en avoir été cause.

En effet, pour terrifier l'insurrection, pour forcer l'émir, arrêter l'émigration, il y avait un plan bien simple à suivre, c'était de se porter immédiatement avec des forces suffisantes dans la subdivision de Tlemcen, et d'achever là l'œuvre du général de la Moricière.

Bugeaud ne put se résoudre à suivre la ligne si bien tracée par son lieutenant. Sous prétexte de ne laisser dans l'intérieur aucune prise à l'insurrection, il néglige complétement l'ouest, et au lieu de se transporter pour en finir aux frontières du Maroc, il laisse la guerre se développer de ce côté. Quant à lui, il ne réunira toutes ses forces contre Ab-el-Kader que lorsqu'il n'aura plus rien à craindre des tribus.

Ce plan ne répondait en rien à la hardiesse accoutumée des mouvements du gouverneur général. Il cachait ou la pensée de ménager l'émir ou la jalousie d'un chef qui veut faire autrement que son subalterne. La guerre en fut prolongée de plus d'un an, et tout langage.

Nous n'avons plus, en effet, à signaler pour la fin de l'année que les deux expéditions du maréchal contre les Flittas et dans l'Ouarensenis. Elles n'eurent aucun résultat bien remarquable. Les Flittas échappèrent en partie et purent joindre leurs forces à celles de l'émir. Alors seulement le maréchal se mit à la poursuite de notre infatigable ennemi.

On était en décembre. La province de Constantine, pendant que Bugeaud opérait maintenant sans éclat dans l'ouest, eut aussi sa catastrophe.

vince recevait tous les contre-coups des succès et des
nos troupes dans la province du centre et dans celle de
révolte y éclate dans le Hodna. Prêchée par le fanatique
Si-Saad, elle ne tarda pas à gagner une partie de ce
nous avons vu naguères opérer le duc d'Aumale. Le gé-
seur commandait par intérim; il prend avec lui deux
ettes et deux cent cinquante chevaux, et le voilà parti.
de grands succès, comme toujours, avec les colonels
de Rouscarens et le chef de bataillon de Liniers; il bat
dans le Djebel-Fougal, et enlève aux Ouled-Benacem et
Abd-el-Nour du blé de quoi charger deux mille mulets.
la fortune change sous l'empire des éléments.
l Levasseur avait au cœur la pensée de ne rentrer à
qu'avec les soumissions des principales tribus du massif
une victoire complète sur Si-Saad. Il reçut, en effet, les
pacifiques des Saharis, des Ouled-Saanoun et des Hal-
Il battit deux fois Si-Saad à Foum-Bou-Thaleb et à
sly, où il lui prit son drapeau. Les Monassa et les Ouled-
ent aussi lui demander l'aman.
, malgré la saison, le ciel s'était maintenu assez beau.
anvier, une tempête neigeuse se développa dans les mon-
neige tomba tout le jour et toute la nuit. Le général Le-
ita d'une bonace pour quitter la montagne et redescendre
ne. Il n'avait pour gagner celle-ci qu'un défilé de 1,500
verser. Il se mit en marche dès sept heures du matin.
oitié du convoi, la cavalerie et le bataillon d'avant-garde
lu défilé, quand vers dix heures des rafales de neige,
un vent glacial, obscurcirent l'horizon. On n'y voyait
distance de vingt-cinq pas.
ter ou s'arrêter était également impossible; le général fit
passage et se dirigea vers Sétif, dont il n'était séparé que
ance de quinze lieues.
mmença une véritable petite retraite de Moscou, moins
s. Les soldats, français et indigènes, tombaient engourdis
. Nos fantassins surtout jonchaient la route de leurs cada-
asseyaient, disaient-ils, pour prendre quelque repos; les
officiers étaient impuissants à les ranimer. Après l'engour-
la mort les saisissait. Si une troupe ennemie les eût sui-
re l'action du combat les eût-elle soutenus. Mais, émus de
ue de ces soldats dont les corps marquaient sur la neige
de la colonne, les Arabes cherchaient à leur porter des
ci dura neuf longues heures, au bout desquelles le général
toucha enfin Sétif. Les habitants sortirent au-devant des
ramenait. Un officier, suivi d'un détachement, fut envoyé
er les morts. On en compta soixante-quatorze. Beaucoup
s qui avaient pu gagner la ville ou de ceux que l'on avait
moitié gelés, moururent à l'hôpital. Quelques relations
cinq cents le nombre des soldats de la colonne que les
urent à traiter.
tastrophe acheva de jeter une teinte lugubre sur les évé-
1845 en Algérie. Jamais il n'y eut plus de dégoût de la
n qu'en ce temps-là. Cependant l'adresse des députés au
ment de 1846 félicita le gouvernement de ses succès en

CHAPITRE XXXII.
1846.

o d'Abd-el-Kader. — Ses entreprises précipitées sur tous les points
ie. — Assemblée kabyle défavorable à ses prétentions. — Combat
ahar. — Succès des généraux la Moricière et Cavaignac dans l'ouest.
es Ouled-Riah — Le faux sultan Sidi-Fadel — Défection des Ha-

e qu'avait commise le général Bugeaud se fit ressentir à
ée qui suivit les événements de Sidi-Brahim. D'autre part,
d-el-Kader ne montra plus d'activité, plus d'esprit d'en-
plus d'audace. Il semblait qu'il ne connût ni les obsta-
distances.
voyons, chassé du Tell, traverser comme une flèche le
littas, et aller chercher des forces et des subsistances dans
est de la province d'Oran. Défait de ce côté, il continue à
des intelligences avec les tribus insoumises, et cela jusque
rovince de Tittery. Tandis que Bou-Maza reparait du côté
ville se fait battre le 29 janvier à Tedjna près de Ténès,
pite à travers le Djebel-Amour, entraine avec lui quel-
des Ouled-Naïl et d'autres mécontents. Les tribus du petit
la subdivision de Médéah sont surprises par lui. Ne pou-
fendre, elles s'abandonnent à ses séductions et le voilà de
à la tête d'une petite armée, presque toute de bonne ca-

ette force il conçoit les plus grands projets et les exécute.
s lui ont appris que la vallée de l'Isser est mal gardée; il
ite. Quelques heures lui suffisent pour y remporter de nou-
cès et gorger ses cavaliers de butin pris sur nos alliés. Mais

le général Gentil était alors en observation sur l'Oued-Corso. Il est
prévenu que des mouvements extraordinaires ont lieu parmi les Is-
sers. On lui dit que Ben-Salem, kalifa d'Abd-el-Kader, est en armes,
et on lui indique la place de son camp, à Cherg-el-Tobboul sur
l'Oued-Djemma. Le général Gentil masque aussitôt avec soin ses
mouvements, et, de concert avec le colonel Blangini, réussit à surprendre de nuit les principaux rassemblements. L'émir, mal servi
par le courage des siens, n'a que le temps de fuir, laissant ses prises
aux mains des nôtres et perdant jusqu'à cinq cents fusils avec lesquels il se proposait d'armer ses amis de la Mitidja. D'autre part, le
gouverneur général, aidé du général Bedeau, manœuvre, suivi de
forces suffisantes, de manière à couper la retraite de l'ennemi à travers les tribus soumises. Mais Abd-el-Kader trompe ses prévisions;
sa stratégie défie les difficultés : il quitte les vallées accessibles et
gravit les pentes ardues qui sont au sud du Djerdjerah, trouve un
asile et des forces chez les Beni-Zala, et là, entouré des Kabyles, il
trône encore une fois comme le chef des croyants.
Les chefs de la Kabylie ne désiraient rien tant que l'indépendance;
mais ils la voulaient complète. Un sultan, quel qu'il fût, arabe ou
français, n'était point leur fait. L'émir, dans la grande assemblée de
Bordj-el-Bogdni, tenue le 27 février, ne sut pas les convaincre. Il
espérait tout mettre en feu. Il lui fallut quitter ce pays en fugitif.
Désespéré, mais non vaincu, il quitta les montagnes avec la rapidité
de l'éclair, et deux jours après son départ on le retrouve à cinquante
lieues de là, enlevant à la tribu des Douairs presque sous le canon d'un
camp français, après avoir traversé la subdivision de Médéah et passé
dans le rayon même du poste de Boghar. Mais ici encore son courage
échoue devant la surprise et la discipline. A Ben-Nahar, dans le
Djebel-Sahari, le 7 mars, le colonel Camou l'investit. L'émir acculé
se défend avec le fanatisme du désespoir. Cent dix de ses réguliers et
plusieurs chefs de distinction laissent leurs cadavres sur le champ du
combat. Le général Yusuf, posté à Aïn-Oussera, se joint aussitôt au
colonel victorieux. Les deux colonnes poursuivent l'émir l'épée dans
les reins, le forcent à lever trois fois son camp en douze heures, ne
lui laissent aucun relâche. Il s'échappe cependant, suivi seulement
de quatorze cavaliers sur deux ou trois mille qui l'accompagnaient,
et laissant entre nos mains un convoi de huit cents mulets. Nos officiers s'acharnent vainement sur ses traces. Monté sur un de ces
chevaux auxquels il dut tant de fois la vie, il défie la vengeance
française, vengeance légitime cette fois encore, car il vient d'ordonner la mort de deux de ses prisonniers, le lieutenant Lacotte et
l'interprète Lévy, et ce dernier a été effectivement assassiné. Les
Ouled-Nayel, qui faisaient alors sa principale force, l'abandonnent.
Les tribus de la lisière du Tell, qui avaient émigré dans le petit désert, rentrent sur notre territoire (13 mars).
Pendant ce temps l'on remportait d'autres succès dans l'ouest. Le
général Cavaignac, chargé de surveiller l'émigration des tribus des
extrémités de l'Oranais, leur donna, par la prise des Ouled-Riah de
l'ouest, une leçon capable de les dégoûter. Parti le 25 janvier de
Lalla-Maghnia avec trois mille quatre cents hommes d'infanterie et
une faible cavalerie, il revint vers cette place le 27, conduisant devant lui une population qui ne couvrait pas moins de deux lieues de
route. Il y avait là des Ghossels, des Ouled-Riah, des Achache, des
Beni-Ouazan et des Djaounat. Dans cette expédition, qui fut conduite avec une rapidité et un succès inouïs, le général Cavaignac eut
encore cette fois pour auxiliaire le colonel Chadeyson. De Lalla-
Maghnia, il dirigea sur leurs territoires toutes les tribus arrêtées.
De son côté le général de la Moricière, quoique destitué de la
gloire qu'il aurait pu acquérir, ne s'épargnait pas. Il opérait, lui aussi,
de manière à arrêter les émigrations, et y réussit en ramenant les
Harars et une partie des Assesnas, qui s'étaient enfuis vers les Chott.
Il obtint aussi la soumission des tribus voisines de Goudgilah. Mais
c'était pour le général Cavaignac que se levait alors la lumière des
combats.
Un chef nommé El-Sid-el-Fadel crut trouver dans la disposition
où se trouvaient les esprits dans les environs de Tlemcen une occasion de succès. Se donnant comme le scheik des scheiks annoncé par
Mahomet, il réussit bien vite au sein de son plus proche entourage;
puis, encouragé par les groupes qui se réunirent à sa personne, il se
proclama sultan de Tlemcen, et adressa au général Cavaignac la pro-
clamation que voici:
« Mohammed-Ben-Abdallah au général Cavaignac.
» Louange au Dieu unique, personne ne lui est associé.
» Du serviteur de son Dieu, Mohammed-ben-Abdallah (Sidi-el-
Fadel) au chef français, salut sur quiconque sent la vraie voie.
» Sachez que Dieu m'a envoyé vers vous et vers tous ceux qui sont
dans l'erreur sur la terre; je vous dis que Dieu a ordonné de dire :
Il n'y a d'autre Dieu que Dieu, et Mohammed est son prophète.
N'admettez pas d'autre religion, parce que Dieu n'admet d'autre reli-
gion si ce n'est l'islamisme.
» Le Très-Haut dit : Dieu n'admet que la religion musulmane. Si
vous dites : Nous sommes dans le vrai et nous n'avons plus besoin de
Mohammed, le Très-Haut a dit, et son dire est très-vrai, que le juif
dise au chrétien qu'il est athée, et réciproquement la vérité pour tous
deux serait de témoigner en faveur du prophète Mohammed.

» Cessez de commettre l'injustice et le désordre. Dieu ne l'aime pas. Sachez qu'il m'a envoyé pour que vous vous soumettiez à moi. Il a dit : Soumettez-vous à moi et à mon envoyé.

» Vous savez qu'il doit venir un homme qui régnera à la fin des temps. Cet homme, c'est moi, Mohammed, envoyé par Dieu et choisi parmi les plus saints de la suite du Prophète. Je suis l'image de celui qui est sorti du souffle de Dieu.

» Je suis l'image de Notre-Seigneur Jésus, je suis Jésus ressuscité, ainsi que tout le monde le sait, croyant à Dieu et à son prophète. Si vous ne croyez pas les paroles que je vous annonce en son nom, vous vous repentirez, aussi sûr qu'il y a un Dieu au ciel, qui a le pouvoir de tout faire. »

Le général Cavaignac ne se repentit nullement d'avoir traité comme elle le méritait cette invitation à la soumission.

Sidi-el-Fadel, entraînant les Ouled-Belaghr, les Beni-Methar et beaucoup de cavaliers angads du Maroc, marcha sur Tlemcen, où il avait promis d'entrer sans coup férir. Le général sortit au-devant de lui (le 24 mars) avec ses trois cents chevaux soutenus par trois bataillons d'infanterie que commandait le colonel Gagnon. Arrivé au plateau de Terny, il se trouva face à face avec huit cents cavaliers et environ douze cents fantassins. Cette force fit d'abord bonne contenance. Elle était fanatisée et comptait sur la victoire. Mais Cavaignac, après s'être rendu compte du terrain, prend les dispositions les plus rapides. Le colonel Gagnon aborde l'ennemi avec un tel entraînement, que, séparé de sa troupe, il est d'abord entouré, lui, cinq ou sixième. La cavalerie le dégage, et tandis qu'un détachement manœuvre de manière à couper la retraite aux Arabes, la cavalerie charge par trois fois la masse ennemie et la disperse. Quant à nos fantassins, ils viennent facilement à bout des cavaliers de Sidi-Fadel, dont ils repoussent toutes les attaques, et qu'ils forcent à fuir en désordre. Sept drapeaux restent entre leurs mains, et l'on compte sur le terrain jusqu'à cent cadavres revêtus du haïk. L'insurrection est dissipée.

Mais arrêtée à Tlemcen, elle reparaît dans la Kabylie. Les Kabyles ont repoussé Abd-el-Kader à Bordj-el-Boghni ; ils se soulèvent, maintenant qu'il n'est plus là, sous la conduite de leurs propres schérifs. Un instant le pays entre Collo et Philippeville est presque tout entier soulevé ; mais ce soulèvement tourbillonne sur place, et nos établissements ne sont pas attaqués.

Il n'en est point de même dans le Dahra, où Bou-Maza résiste, par ses manœuvres rapides, aux mouvements combinés des troupes des subdivisions de Mostaganem et d'Orléansville. Cependant, atteint au commencement d'avril, cet autre Abd-el-Kader est blessé au ...as et perd son principal lieutenant.

Un autre partisan de l'émir, Hadj-el-Sghir, successeur d ... alifa Sidi-Embarck, se tenait en armes dans l'Ouarensenis. Il n ... llait compter sur aucune tranquillité tant que lui et Bou-Maza ne s ... ient pas réduits. Le duc d'Aumale fut chargé de conduire contre ... chef une opération d'ensemble, tandis que des efforts combinés ser... nt dirigés dans le Dahra. L'une et l'autre de ces expéditions réussirent. Cependant le général Bugeaud jugea à propos de revenir après le duc d'Aumale. Cette fois les montagnards, ainsi que ceux du Dahra, livrèrent leurs armes.

Un grand malheur frappait en ce temps-là Abd-el-Kader : non seulement nous lui enlevions en le poursuivant à outrance tout appui de la part des Ouled-Naïl, mais encore nous le faisions rentrer dans la soumission, ainsi que la ville de Bouçada. Ce n'était pas tout, les principales tribus parmi celles qui composaient la deïra de l'émir, les Beni-Amer et les Hachem, faisaient défection : elles quittaient les drapeaux d'Abd-el-Kader, et de la Moulouïa, où elles campaient, elles allaient s'établir, sous les auspices de l'empereur de Maroc, dans les environs de Fez. Le bruit de cette défection se répandit promptement dans toute l'Algérie. Les Hachem étaient depuis seize ans attachés à la fortune de l'émir. Leur abandon le condamnait aux yeux des Arabes. A partir de ce moment on peut le regarder comme vaincu dans leur esprit.

CHAPITRE XXXIII.

SUITE DE 1846.

Désespoir des Arabes et d'Ab-el-Kader. — Massacre des prisonniers de la deïra. — Massacre de Bathna. — Des Tunisiens. — Séparation entre Bou-Maza et l'émir. — Délivrance des officiers de Sidi-Brahim.

A mesure que nous avançons dans l'histoire des mouvements militaires de 1846, la guerre se colore d'une teinte sombre. Il n'y a plus d'actions d'éclat. L'ennemi se cache, fuit et massacre quand il peut. C'est comme la dernière convulsion d'une nationalité blessée à mort.

Abd-el-Kader était à bout de ressources. Il avait donné ordre aux Hachem et aux Beni-Amer de le rejoindre vers le sud, et ceux-ci, comme nous l'avons vu, avaient émigré au Maroc. Cependant la deïra subsistait toujours, gardée par quelques centaines de réguliers, et se tenant en rapport par les rives de la Moulouïa d'un côté avec

les secours marocains, de l'autre avec les émissaires de c... tribus qui, en Algérie, nous étaient encore hostiles. Mais d... comme de l'autre l'assistance n'arrivait guère. Pressés peut... la pénurie de vivres, fanatisés par l'esprit de vengeance, ... conçurent un projet dont l'exécution fut une tâche sanglante... toire de l'émir.

La deïra était alors campée à environ trois lieues de la M... Les prisonniers établis sur le bord de la rivière occupai... vingtaine de gourbis au milieu du camp des fantassins r... Ceux-ci étaient au nombre de cinq cents environ, répartis ... des gourbis par bandes de cinq ou six ; le camp était clos... enceinte de broussailles fort élevées, dans laquelle on avait... deux passages pour rendre la garde plus facile.

Le 27 avril, vers deux ou trois heures de l'après-midi, il ... lettre d'Abd-el-Kader. Aussitôt trois cavaliers vinrent au cam... cher les officiers de la part de Mustapha-ben-Thami ; celu... invitait à une fête. MM. de Cognord, Larazet, Marin, H... Cabasse, Thomas et quelques autres se rendirent à cette invi...

Les autres prisonniers furent commandés pour une sorte o... de leurs effets. Les fantassins réguliers, après les avoir inspec... séparèrent par escouades de sept ou huit, et mirent chaque ... dans une même gourbi sous la garde de vingt-quatre homme... Quelques-uns de nos soldats furent saisis d'un affreux presse... et veillèrent, prêts à se défendre par tous les moyens. Quelq... avaient réussi à cacher des couteaux ou de simples morceaux...

Vers minuit, les réguliers d'Abd-el-Kader et les autres ... de la Deïra pousssèrent un grand cri, c'était le signal du m... Une horrible lutte s'engagea alors. Les Arabes, ne pouvant l... ter malgré leur nombre, mirent le feu aux gourbis, et à mes... les prisonniers cherchaient à échapper aux flammes, ils les fus... à bout portant. Cette lâche fusillade dura plus d'une heure.

Parmi ceux des nôtres qui s'échappèrent, le clairon Rolland ... tout preuve d'audace et de courage. Au signal des Arabes, ... de sa gourbi, rencontre un régulier, le frappe d'un coup de c... dans la poitrine, et saute dans un buisson, où il compte trou... abri. Des ennemis l'aperçoivent, le saisissent. Il réussit à s'en... rasser, et après avoir essuyé plusieurs coups de fusil, il a la d... d'assister de loin au massacre de ses camarades. Le silence ét... il quitte les abords du camp, et se met en marche, à l'avent... cachant le jour, voyageant la nuit. Après trente-six heures d... gues, à bout de forces, il pénètre dans un village marocain, ... fait prisonnier. Les habitants le vendent pour deux douros à u... priétaire des environs de Lalla-Maghnia, qui le ramène au cam... çais, où il confirme l'affreuse nouvelle du massacre du 27... était alors au 17 mai. Les tortures que cet homme avait sup... ne l'avaient point abattu.

Maintenant, sur quel ordre le massacre des prisonniers de l... avait-il été exécuté ? Cet ordre venait-il de l'émir ? Ses partisa... nié, et ont fait peser toute la responsabilité de la nuit du 2... sur Mustapha-Ben-Thami. Mais telle ne fut pas l'opinion qui... nifesta tout d'abord en Algérie ; telle ne fut pas non p... des membres du gouvernement d'alors ni celle du maréchal Bu... L'émir fut hautement accusé. Le *Moniteur* du 31 mai 1846 es... égard une pièce trop importante pour que nous ne le citions p... Voici en quels termes il porta à la France la connaissance du ... sacre de la Moulouïa :

« Le gouvernement [1] n'a encore reçu aucune nouvelle offici... un événement douloureux dont plusieurs journaux s'occupent ... tin. Nous nous bornons à reproduire l'extrait suivant de la ... *Algérienne.* On lit dans ce journal :

» Le patron d'une balancelle partie de Djemmâ-Ghazouat ... nous a annoncé une nouvelle terrible, le massacre à la deïra ... el-Kader de tous les prisonniers français. M. le général de la ... cière donna immédiatement au vapeur *le Grégeois* l'ordre de se ... d'urgence à Djemmâ-Ghazouat pour y transporter M. de Marti... colonel d'état-major, chargé de vérifier ce bruit si alarmant ... constater l'authenticité, et de recueillir tous les détails de ce fa... dieuse barbarie dont on se plaisait à douter, mais qui n'est m... reusement que trop certain. L'état de la mer a pendant trois ... mis obstacle à l'accomplissement de la mission de M. de Marti... Enfin *le Grégeois* est rentré cette nuit même, et de tous les ... recueillis sur ce fatal événement, *il résulte qu'Abd-el-Kader a* ... *tivement donné l'ordre de massacrer nos prisonniers,* et que cet ... a été exécuté. Hâtons-nous de dire que jusqu'à présent cet o... concernait pas les officiers, qui ont échappé à cette épouvantabl... cherie. Voici les faits qui ont amené l'émir à prendre la réso... si impitoyable.

» Dans le courant du mois dernier, Abd-el-Kader avait ord... Bou-Hamedi de remettre le commandement de la deïra à Mus... Ben-Thami, et de venir aussitôt le rejoindre avec les Beni-A... Ebruité dans le Sud, où il a passé pour être exécuté, cet ordre ... fut pas, car les Beni-Amers et Ben-Hamedi refusèrent de part... tribu, de l'aveu même du kalifa, entama avec Bou-Zian-C...

[1] *Moniteur* du 31 mai 1846.

es négociations dans le but d'obtenir son assistance pour se
e la deïra.
, convenu entre eux que les Beni-Amers ne dépasseraient
, et que Bou-Amedi se poserait en intermédiaire de la tribu
e l'émir, et qu'il obtiendrait son retour à la deïra sous la
que le commandement en chef lui serait donné. Bou-Ha-
parole, mais les Beni-Amers manquant à la foi donnée, pas-
r l'ouest sans s'occuper du kalifa, qui, redoutant les suites
ntrigue avortée, prit la fuite afin de rejoindre Bou-Zian-
naoui.
suite de ces événements, qui eurent lieu dans les derniers
mois d'avril, Mustapha-Ben-Thami, demeuré seul avec les Ha-
quelques émigrés des diverses tribus, ne put exécuter l'ordre
ir, son beau-frère, lui fit transmettre d'amener vers le sud
ui lui restait de monde. « La deïra, réduite des trois quarts,
à Abd-el-Kader, ne pourrait résister à une tentative probable
s marocaines pour s'emparer des prisonniers français, dont
et l'entretien devenaient chaque jour plus difficiles. »
el-Kader répondit par l'ordre barbare d'égorger ces malheu-
n de rendre plus facile l'exécution de cet ordre, on répandit
dans la deïra que tous les prisonniers musulmans avaient été
ort en France. C'est avec de semblables nouvelles que les
s stimulent la haine cruelle et ignorante des Arabes.
y a plus à douter de la consommation du meurtre de nos
ux frères d'armes..... nous avons vu les cadavres de plu-
uelques-uns, échappés à la mort, ont réussi à s'enfuir, bien
suivis, et à gagner les douairs des Beni-Snassen. Des hommes
tribu ont sauvé la vie à l'un d'eux, et fait la promesse de
ramener d'autres qui sont à présent en sûreté. »
it d'après cette pièce que l'opinion du gouvernement fran-
, que la responsabilité du massacre devait remonter jusqu'à
ader. Le maréchal Bugeaud, qui avait peut-être quelques
s à se faire pour n'avoir pas accepté des propositions que l'on
voir été faites pour l'échange des prisonniers, se laissa en-
eaucoup plus loin dans l'accusation. Voici quelques phrases
clamation que l'événement du 27 avril lui inspira :

« ARABES ET KABYLES,

s aurez peut-être appris l'acte barbare exécuté sur trois cents
ers français par le fils de Mahiddin, que vous appeliez au-
otre sultan. Voyant que ces prisonniers étaient réclamés par
ur du Maroc, ou qu'ils allaient être délivrés par notre armée,
enfin qu'ils étaient incommodes à nourrir ou à garder, *il a*
de les égorger, et ils ont été égorgés. »
mille prisonniers musulmans étaient alors entre les mains
nçais. Abd-el-Kader les exposait à notre vengeance. Cette
ait dû l'arrêter; mais, ajoutait le général Bugeaud dans sa
ation, « *notre ennemi est devenu aussi féroce que les lions et
thères.* »
réchal terminait en invitant les Arabes à comparer la cruauté
r à la générosité de la France.
qu'il en soit de la complicité d'Abd-el-Kader dans le mas-
nos prisonniers, ce massacre ne lui donna aucune force. En
s qu'il eut été commis, l'union qui maintenait les habitants
ïra fut brisée. Ils se séparèrent dans toutes les directions.
parvint néanmoins à en rejoindre et à en rassembler le noyau,
uel il se porta dans le pays des Mtalsa à Aïn Zohra. Là, son
adj-el-Sghir et Bou-Maza se réunirent à lui avec leurs par-
t après un peu de temps il se retrouva encore en force. Mais
l pas ou ne put pas profiter des divers troubles qui agitèrent
pour faire à temps une nouvelle invasion.
roubles furent cependant considérables. Ainsi, d'une part les
allèrent jusqu'à insulter la garnison de Bougie, qui fut conde repousser en armes la tribu des Mezaïa. D'autre part la
e de Constantine fut exposée à une invasion qui rappela en
if celle des Marocains à Ouchda.
eïk nommé El-Hassenaoui parvint à fanatiser les tribus des
s de Tebessa. Le général Randon sortit de Bone pour dissiper
emblements que l'on disait s'être formés autour de cette an-
ville romaine. Il n'eut à traverser qu'un pays en apparence
mais la température étant fort élevée, la troupe eut beaucoup à
. Avant que de s'engager dans les montagnes, le général Ran-
combré de malades, jugea à propos de les diriger sur Guelma,
rouveraient les soins désirables. On en forma un convoi qui
ina sous la garde du kaïd Ben-Jéar, dont on avait éprouvé
une fois la fidélité. Ce convoi s'avança d'abord en pleine quié-
mais le lendemain de son départ un coup de feu retentit sur
che. C'était le signal d'un nouveau massacre. En quelques
s des masses de Kabyles entourent nos malheureux blessés,
un n'échappe. Là se trouvaient d'excellents officiers, le capi-
oël, le sous-lieutenant Hamerroui, l'aide-major Castelli.
vait fait croire aux massacreurs qu'ils vengeaient le pillage de
.
tôt qu'il apprit cet événement, le général Randon, bien qu'il
vec lui que peu de forces, revint sur ses pas et, sans craindre

de soulever tout le pays par une punition exemplaire, envahit avec
rapidité le pays des Ouled-Sidi-Jabia-bou-Thaleb dans le territoire
desquels le meurtre de nos malades avait été commis. Toutes les
richesses de la tribu furent saisies; elle livra les instigateurs du
massacre.

Mais El-Hassenaoui profita du retour du général Randon pour obtenir des habitants de la frontière de Tunis d'envahir le territoire
français. Des bandes considérables et quelques chefs importants le
suivirent. Il pouvait compter cinq ou six mille combattants, la plupart cavaliers. Ce rassemblement formidable vint présenter la bataille
à la colonne expéditionnaire, qui campait alors près de la frontière
tunisienne chez les Ouled-Chiar. Le général, sans attendre les Tunisiens, lança sur eux sa faible cavalerie. Saisis d'une terreur panique,
ils fuirent à toute bride. On les poursuivit durant vingt-quatre
kilomètres. Cette victoire ne nous coûta pas un seul soldat. Le gouvernement de Tunis désavoua la tentative, et fut contraint de prendre des mesures pour empêcher qu'elle ne se renouvelât.

Sur d'autres points il y eut également des soulèvements partiels.
Il fallut conduire une expédition dans le sahlel de Sétif. Trois de nos
caïds de la subdivision de Bone furent successivement assassinés.
Dans le Dahra, un nègre nommé El-Guerib se donna pour prophète.
Un autre prophète, travaillant pour Bou-Maza, se leva parmi les tri-
bus de Chekala et de Meslem.

Toutes ces tentatives montraient un pays mal soumis. Cependant,
comme nous l'avons dit, soit incapacité, soit impuissance, Abd-el-
Kader n'en profita point. Son attitude le fit même accuser de trahison par Bou-Maza. Celui-ci, d'une nature beaucoup plus bouillante
et impétueuse, ne voulait pas que l'esprit des Arabes reposât un seul
instant. Sa lutte pied à pied contre nos troupes dans le Dahra, et particulièrement contre le colonel Saint-Arnaud et le lieutenant-colonel
Canrobert, lui avait donné une grande réputation. Si l'émir représentait le génie arabe dans sa plus haute expression, Bou-Maza le représentait par ses côtés populaires. Ardent, infatigable, violent, plein
d'expédients et de ruses, éloquent, mais dans un langage plus vul-
gaire, plus excitateur et plus fanatique, il s'accommodait mal des
découragements qui s'emparaient quelquefois de l'émir, et que celui-
ci dissimulait sous les enveloppes de la politique et de la prudence.
A son retour après le massacre du 27 avril, Abd-el-Kader était dans
un de ces moments d'abattement. Bou-Maza, après avoir essayé de
l'entraîner à une nouvelle invasion, le quitta une première fois pour
fanatiser les tribus des environs d'Aïn-Zorah. Il marcha même assez
avant sur notre territoire. Mais ses tentatives furent sans succès. Il
en accusa Abd-el-Kader. L'émir, disait-il, ne voulait travailler que
dans un intérêt égoïste. Il jalousait tous ceux qui s'élevaient à côté
de lui. Ces paroles, rapportées à l'émir, aigrirent ce dernier. La deïra
se divisa en deux partis. Celui de Bou-Maza ne fut pas le plus nombreux; ce que voyant, ce hardi chef d'aventures réunit quarante cavaliers seulement, et quittant la frontière du Maroc, rentra résolûment sur notre territoire. On apprit bientôt sa présence à Szitten,
puis chez les Ouled-Naïl, à l'extrémité sud-est, desquels il s'arrêta,
défiant à nos armes, qui ne s'étaient pas encore avancées si loin.

L'abandon de Bou-Maza, comme celui des Beni-Amers, porta un
nouveau coup à l'autorité de l'émir. Un autre événement, arrivé vers
cette époque, contribua à lui faire perdre de l'influence qui lui restait encore.

On se rappelle que plusieurs de nos officiers, prisonniers à la
deïra, avaient été épargnés dans l'affreuse exécution de la Moulaïa.
Octobre finissait, quand on apprit, par le gouverneur espagnol de
Melilla, qu'il ne serait pas impossible, si l'on voulait y mettre un
certain prix, d'obtenir la délivrance de ces officiers et de ce qui leur
restait de compagnons. Le commandant Courby de Cognord, disait-on,
avait écrit lui-même à ce sujet. En effet, voici ce qui se passa :

Le 2 novembre, le gouverneur de Melilla reçut une lettre de ce
brave officier, et la transmit au général d'Arbouville, qui commandait alors la province d'Oran. Les chefs arabes, chargés de la garde
des prisonniers, exigeaient une somme de quarante mille francs. Le
général d'Arbouville envoya aussitôt un enseigne de marine des plus
distingués, M. Durande, à Melilla, avec la somme demandée. Comme
on ignorait alors la connivence des chefs avec l'émir lui-même, l'enseigne prit les plus grandes précautions. Il parvint à communiquer
par un intermédiaire avec M. de Cognord, et à lui faire savoir que
l'argent de la rançon était à Melilla, et que si les commandants de la
deïra se trouvaient toujours dans les mêmes dispositions, une balancelle, croisant le long de la côte, serait toujours prête à recevoir les
malheureux captifs. On fut plus de quinze jours sans recevoir aucune
réponse. Enfin, le 24 novembre, deux coureurs se présentèrent dans
les fossés de la place de Melilla, et annoncèrent que les prisonniers
étaient à quelques lieues de la pointe de Bermiza et que l'on pouvait
les y aller prendre. Ce pouvait être une embuscade. Les Arabes voulaient peut-être faire un nouveau Sidi-Brahim. Mais Durande n'hésita
pas. « Je ne rentrerai pas à Oran, s'écria-t-il, si je dois rentrer sans
eux. » Toutefois, comme le courage n'exclut pas la prudence, il fit
accompagner sa balancelle par un canot du port de Melilla que mon-
tait don Luiz-Coppa, major de la place. Arrivé à la pointe de Bermiza, on trouve quelques cavaliers qui attendaient; puis bientôt les

prisonniers arrivent, conduits au galop par un grand nombre de réguliers. Le brave enseigne avait eu la précaution de faire disposer l'argent dans le canot espagnol. Un chef arabe consent à passer sur celui-ci, tandis que M. Durande restera à terre, et l'échange se fait. Douze heures après, nos officiers touchaient à Djemmâ-Ghazouat le sol français. De là on les transportait à Mostaganem, où la garnison, l'illustre général de la Moricière en tête, les recevait avec tous les honneurs de la guerre, honneurs qui furent renouvelés par le maréchal Bugeaud lui-même. Leurs fatigues, leur courage, les en rendaient en effet bien dignes.

Le massacre de Sidi-Brahim était d'ailleurs alors vengé depuis peu. Au mois de juin, des Arabes, appartenant la plupart aux tribus qui s'étaient le plus odieusement distinguées dans cette boucherie, avaient profité de l'éloignement momentané du général Cavaignac pour attaquer les troupes occupées à tracer la route de Djemmâ-Ghazouat à la frontière. Ces troupes cessèrent aussitôt leurs travaux, et se concentrèrent. D'autre part le général accourut. Une fraction de sa colonne tomba bientôt sur les Msirdas. Les soldats trouvèrent dans les gourbis de cette tribu des armes et des dépouilles provenant du massacre du 23 septembre. Exaspérés par cette vue, ils ne firent aucun quartier à

précipiter vers le dénoûment. Abd-el-Kader va perdre une à ses dernières espérances, et réduit à lui-même, il sera forcé de s[ubir] la loi de sa destinée.

Ce sont d'abord les Kabyles des environs de Bougie et ceux [du] Djurjurah qui font leur soumission.

Les Mezaïa, les Beni-bou-Messaoud se rendirent les premiers. [On] en forma un cercle qui releva directement du commandant supér[ieur] de Bougie, et l'on se prépara à combattre vigoureusement les au[tres]. Treize tribus prévinrent la conquête en envoyant demander l'a[ppui] des Français, convaincues, disaient-elles, que l'heure indiquée [par] Dieu pour la soumission de leur pays et de leur race était arri[vée]. Ces tribus avaient été primitivement soulevées et maintenues da[ns la] résistance par un chef nommé Mohammed-ou-Amezian. Moham[med] députa ses propres parents vers les autorités françaises. Les Ou[led-] Amriou, les Ouled-Abd-el-Djebar, les Barbacha, les Guifsar, [les] Beni-Mohali, les Mehalla, les Beni-bou-Beker, les Adjissa du Sa[hel,] les Senadja, les Beni-Djellil, les Beni-Himmel, les Beni-Ouglis, [les] Messisnas, les deux puissantes tribus des Fenaia et des Toudja, [s'as-] socièrent à sa démarche. On les organisa en caïdats; la place [de] Bougie cessa d'être bloquée et prit aussitôt une face nouvelle. De[puis]

Bataille d'Isly.

l'ennemi, dont une partie se hâta de se soumettre. Une autre portion essaya de se réfugier chez les Beni-Snassen. Le général leur coupa le chemin, et les accula à la mer; là il leur fallut se rendre et périr. On porta à cinq cents le nombre de ceux qui trouvèrent la mort dans les flots.

Depuis ce moment, les affaires de l'émir ne cessèrent d'aller en décadence. Le colonel Renaud poursuivit ses partisans jusqu'aux Chotts. Dans la province de Constantine, les agitateurs furent de même punis. La tribu des Némenchas en particulier fut rudement châtiée par la garnison de Biskara, aux ordres du colonel Saint-Germain. Enfin les derniers jours de l'année 1846 virent la soumission des fractions dissidentes des Harrars, des Maknas, des Hamyans Cheragas et des Djaffras, qui, réfugiés sur la frontière, se rendirent soit au chef de bataillon de Pontèves, commandant de Tiaret, soit au chef de bataillon Charras, qui se fit remarquer alors par les services les plus signalés. A la même époque, douze cents tentes des Ouled-Balagr, sorties des environs de Daya, rentrèrent sur notre territoire. Enfin Abd-el-Kader se vit réduit à ne plus avoir, pour ainsi dire, aucun partisan avoué, et sa deïra se composa tout au plus de trois cents chevaux mal montés et de deux cents cinquante fantassins sans solde.

CHAPITRE XXXIV.

Soumission des Kabyles du Jurjura. — Le colonel Saint-Arnaud. — Reddition de Bou-Maza. — Expédition des généraux Cavaignac et Renaud dans le Sahara algérien. — Fin du gouvernement du maréchal Bugeaud.

Festinamus ad eventum, comme dit le proverbe latin. Dans cette période qui s'ouvre en 1847, nous allons voir toutes les choses se

treize ans elle n'avait pas vu un seul indigène dans ses murs. [Ses] marchés furent tout à coup approvisionnés. Il y eut là, sous u[ne] petite apparence, un gros événement.

Une soumission encore plus importante que celle de Mohamm[ed-] ou-Amezian fut celle de Ben-Salem. Ce chef s'était rencon[tré] dans toutes les insurrections des Kabyles du Djurjurah. Il avait [été] l'un des kalifas d'Abd-el-Kader. Beaucoup de tribus et la renomm[ée] publique le considéraient encore comme tel. Par une démarche [si-] gnificative, il quitta pour toujours le parti de l'émir. Le gouvern[ement] reçut ses engagements. Avec lui et après lui vinrent plusieurs a[rabes] marquants d'Abd-el-Kader, qui avaient trouvé un refuge dans [la] Kabylie. Ensuite se présentèrent les chefs notables des tribus de [la] vallée de Sebaou et des revers sud-ouest et sud du Djurjurah. B[en-] Kassem ou Kassi lui-même, qui, comme Ben-Salem, et avec un [fa-] natisme beaucoup plus sauvage, prenait part depuis dix ans à [la] résistance des Kabyles ses compatriotes, imita l'exemple, il se soum[it].

Une reddition encore plus importante, ce fut celle de Bou-Maza[.] Nous avons vu ce rapide et brillant aventurier quitter la deïra [et] entrer résolûment sur le territoire de l'Algérie. Il pénétra ainsi ju[squ'à] ce que dans la subdivision d'Orléansville, ancien théâtre principal [de] ses entreprenants coups de main. Mais là, comme presque partout s[ur] sa route, il trouva un changement complet. Le colonel Saint-Arna[ud] venait de recevoir la soumission du pays et de prendre des mesu[res] pour faire rentrer l'impôt.

Cet officier en quittant le territoire des Ouled-Jounès, y laissa p[rès] du caïd quelques cavaliers chargés de lui apporter la contribution [de] ces tribus.

Le 13 avril, ces mekkranis et le chef arabe étaient réunis, lo[rs-] qu'un homme, qui se couvrait la figure d'un pan de son beurnou[s]

rée de la tente du caïd. Comme on lui demandait ce qu'i
cher, il jeta en arrière son vêtement, et le caïd reconnu
Maza.
malheureux! s'écria le chef arabe; n'as-tu pas déjà trop
timents sur notre tribu? »
temps les mekkranis tirent leurs yatagans, mais le sché
la pointe vers la terre et leur dit : « Il n'est plus question
ntre nous, conduisez-moi au colonel d'Orléansville. »
nduisit en effet. « Tu es, dit-il à M. de Saint-Arnaud, l
ntre lequel j'ai le plus combattu, c'est à toi que j'ai voul
»
ance française devait rester désarmée devant tant de gran
courage. Mohammed-ben-Abdallah, surnommé Bou-Maza
e alors vingt-cinq ans. Son voyage de Tenez, au lieu o
ua pour la France, fut un véritable triomphe. Les Arabe
t sur ses pas, embrassant malgré l'escorte son beurnous e
races de son che-
t toujours com-
patriote. C'était
s toute sa séve
r jouer un plus
, il ne lui avait
e l'éducation et
. Mais il était
en. Il n'avait pas
e Abd-el-Kader
s, des clients et
l se devait tout
c. On l'a oublié.
re notre obscur
Abd-el-Kader

a passé, le mouche-
[ron demeure.

ne époque, notre
se complétait au
par des expédi-
lus remarquables
s du désert. Les
Cavaignac, Re-
rey, Joussouf fai-
ce côté reconnaî-
es de la France,
des corps d'ob-
soigneusement
ur la frontière du
ettaient Abd-el-
ns l'impossibilité
nter contre l'Al-
pendant, quelles
t les précautions
par nos officiers,
de mécontents
nt à arriver jus-
ar groupes isolés.
etrouverons bien-
pour la dernière
tête de nouvelles
faut auparavant
ot des expéditions
hara algérien.

e placer une révélation géographique de la plus haute im-
Jusqu'alors on s'imaginait qu'au sud du Tell algérien, c'est-
la terre par excellence, du pays cultivable, s'étendait une
ner de sable absolument inhabitable, si ce n'est dans quel-
s oasis. Les expéditions qui commencent vont faire connaître,
ire, un pays à fond de sable étrange, désolé sans doute,
té par une véritable population ayant des ksours ou bourgs
reux et d'une notable importance sous le rapport commer-
si la civilisation n'est pas interrompue; nos troupes vont la
er jusque dans ce prétendu désert jusque-là franchissable
t pour le rapide Méharis.
de l'expédition du général était d'en finir avec les Hamian-
de reconnaître les oasis et les ksours qui s'étendent au sud
de parcours de cette tribu, d'y montrer le drapeau de la
et de relier, si faire se pouvait, le commerce des caravanes
pu par les courses continuelles d'Abd-el-Kader, qui, pour se
er d'une province à une autre, prenait le plus souvent son
par le Sahara. Aucun européen n'avait encore pénétré dans
que l'on allait parcourir.
éral prit toutes ses précautions avec un soin que l'on n'au-
e attendu d'un homme aussi rapide dans l'exécution. Lui que
souvent accusé de dureté, il poussa la paternité envers ses
usqu'à ordonner qu'ils fussent tous pourvus d'un petit voile
0.

Reddition d'Abd-el-Kader.

destiné à protéger leurs yeux contre les ardeurs du soleil; si bien que l'on n'appelait plus nos vétérans d'Algérie que les demoiselles à Cavaignac. Il organisa avec les éléments qu'il avait sous la main et parmi ses officiers de petites commissions scientifiques destinées à relever tous les faits qui, dans n'importe quelle branche, pourraient intéresser la science. Aucun service ne fut négligé.

La colonne d'expédition quitta Tlemcen le 1er avril 1847. Elle se composait de quatre bataillons d'infanterie bien commandés, avec de l'artillerie, du génie; deux autres bataillons et quatre escadrons devaient la rejoindre à Daya. Ses équipages comprenaient cinq cents mulets et deux mille chameaux[1]. Cette immense caravane, pleine de confiance dans son chef, reconnut d'abord Hajdar-Roumi, ancien et considérable établissement des Romains, puis traversa le pays des Beni-Amers, celui des Ouled-Balagrh, et le 4 avril atteignit Daya, qui est notre établissement le plus méridional. De là elle se remit en marche en s'engageant dans la région des Chott. Le 13 elle était au puits d'El-Hamra; le 14 elle touchait Sounta et quittait le lit du Chott-el-Chergui, traversait bientôt après le col de Sidi-Mohammed-el-Aouri, qui donne passage dans le désert. Le 18 avril elle était aux puits de Nebch; de là elle se rendit à ceux de Tarzeza et d'Aïn-Fritis. Ici la température tropicale changea tout à coup. On se plaignait de la chaleur et de la soif. Les bivouacs se réveillèrent couverts de neiges. Ainsi surpris, les conducteurs des convois refusaient de marcher; ils regardaient comme inutile de se défendre de la mort. Les soldats eux-mêmes s'effrayaient. Que devenir dans ce désert? On se rappelait le sort de la colonne Levasseur. Mais Cavaignac, son état-major et les officiers étaient debout, animant les uns, forçant les autres, entraînant tout le monde. On se roidit contre l'atmosphère, et la colonne reprit sa marche. Elle aborda, sans avoir aucun sinistre à déplorer, à un premier ksour nommé Asla. Là naissent, vivent, meurent sans avoir rien connu du dehors que les caravanes, quelques centaines de malheureux. On respecta leur obscurité et leur terreur.

D'Asla à Thiout, la seconde oasis, il y a quarante-cinq kilomètres. On franchit cette distance sans coup férir. Thiout est une oasis magnifique où l'on compte jusqu'à cinq mille dattiers. La vigne, l'abricotier, le prunier, le pêcher, l'amandier, le figuier, le pommier, s'y développent avec abondance. Le ksour du même nom est bâti sur l'Oued-Thiout. Les habitants s'étaient enfuis à notre approche. Cavaignac ordonna que leurs propriétés ne reçussent aucune atteinte. Il se réservait de leur demander l'obéissance au retour, et précipita la marche de ses troupes vers les deux Moghard.

Des parlementaires avaient été envoyés vers le ksour de Moghard-Thatania; ils furent égorgés. Les soldats, à grand'peine retenus, pillèrent l'oasis, et l'on se porta de là à Moghard-Foukania, dont les habitants nous avaient fait provoquer. Il fallut les déloger à coups d'obus et par l'assaut. Ensuite, après avoir poussé une reconnaissance jusqu'à l'extrémité des montagnes qui dominent le Sahara-el-Falat, nos troupes revinrent à Thiout, qui ne les arrêta que le temps d'une rapide trahison vigoureusement punie.

On se porta le 5 mai de Thiout sur Aïn-Seufra. Les Berbers, en nombre considérable, essayèrent de s'opposer à notre marche; ils furent promptement battus et dispersés, et l'oasis fut emportée comme les précédentes. S'fissifa eut le même sort. Ses habitants avaient été forcés par les Marocains à l'abandonner. Quelques coups de fusil

¹ Voir la savante et poétique relation de cette expédition par le docteur Jacquot, 1 vol. grand in-8°; et le bel ouvrage du *Sahara algérien*, par le général Daumas.

suivirent nos troupes à la sortie de cette ville. Elles n'en atteignirent
pas moins Lambâa, puis Taoussera, Aïn-Bou-Khlelil et Beteum-el-
Khoua, d'où le général Cavaignac revint à Tlemcen avec la cavalerie,
laissant la colonne continuer sa route par le Chott-el Garbi, sous les
ordres du colonel Mac-Mahon. Elle revint également à Tlemcen, mais
par Aïn-Sidi-Jahia et le goor de Sebdou. Aucun sinistre dans une
route si longue et si fatigante n'avait été à déplorer.

A la même époque, le général Renaut faisait une expédition analogue et parallèle. Il était chargé de visiter le pays occupé par les
Ouled-Sidi-Cheiks-Cheragas, qui s'étendent au sud-est du Hamian-
Garabas, et de reconnaître El-Biod, centre de leur puissance. Ce général, en politique habile, s'entendit avec le marabout principal des
Ouled-Sidi-Cheiks, qui forment une association religieuse très-forte
et très-étendue. Il fit comprendre à ce marabout que les Français ne
venaient point pour détruire, mais pour faire vivre. L'association
une fois pénétrée de cette vérité, l'attitude des ksours que visita le
général Renaut ne fut plus hostile et l'expédition se fit avec un grand
bonheur, quoique ce général n'eût point pris les mêmes précautions
pour la route que son collègue.

L'expédition du général Jusuf et celle de M. Marey eurent également d'heureux résultats.

Ces reconnaissances de nos troupes, poussées au delà des limites
naturelles de l'Algérie, terminèrent le gouvernement du maréchal
Bugeaud. La monarchie de juillet, qui était en train d'établir ses
enfants, avait des vues sur l'Algérie. Le maréchal se sacrifia, bien
qu'il n'eût pas achevé son œuvre, bien que son ennemi particulier,
son rival, l'insaisissable Abd-el-Kader fût encore debout. Peut-être
n'eût-il pas eu à faire ce sacrifice s'il eût adopté un autre plan de
guerre, si surtout il eût secondé les efforts du général de la Moricière du côté du Maroc dans la campagne de la fin de 1845 et dans
toutes celles de 1846. Nous ne sommes que les échos de l'histoire en
lui faisant ce reproche. Nous verrons dans un chapitre qui traitera
de la colonisation et des colonisateurs quel fut le résultat de ses travaux administratifs. En attendant nous poursuivons le cours de notre
narration.

CHAPITRE XXXV.

Intérim gouvernemental du général Bedeau. — Massacre des Hachems et des
Beni-Hamers par les Marocains. — Gouvernement du duc d'Aumale. — Préliminaires de la reddition d'Abd-el-Kader.

Après un intérim d'un temps peu considérable et qui ne donna
pas au général Bedeau les occasions de montrer ses talents administratifs et de déployer ses solides qualités militaires, le jeune duc
d'Aumale prit, en septembre 1847, le gouvernement de la colonie.
Il débuta par une proclamation dans laquelle, tout en rendant justice
au maréchal Bugeaud, il reportait au roi Louis-Philippe l'honneur
principal de ce qui s'était fait en Algérie. C'était plus filial que vrai.

Voici le langage qu'il tint aux Arabes :

« De la part du duc d'Aumale, le fils du roi des Français, gouverneur général de l'Algérie, à tous les Arabes et Kabyles, *grands et
petits*, salut.

» Le roi des Français, que Dieu bénisse ses desseins et lui donne
la victoire, m'a confié le gouvernement du royaume d'Alger, depuis
les frontières du Maroc jusqu'à celles de Tunis.

» Vous avez compris, ô musulmans, combien le bras de la France
était puissant et redoutable et combien son gouvernement était juste
et clément. Vous avez obéi à l'immuable volonté de Dieu, qui donne
les empires à qui bon lui semble sur la terre.

» Vous avez fait votre soumission *au maréchal*, et vous avez
éprouvé la bonté de son gouvernement ; vous vous souviendrez toujours qu'il honora les grands, qu'il protégea les faibles et qu'il fut
équitable envers tous. Rien ne sera changé à ce qu'il avait fait et ce
qu'il avait établi sera maintenu : car jamais il n'a fait que le bien et
il n'a agi que par la volonté du roi des Français. C'est le roi des
Français qui lui a ordonné de se montrer grand et généreux après la
victoire ; c'est le roi qui a voulu que vos biens et votre religion
fussent respectés et que vous fussiez gouvernés par les principaux
d'entre vous sous l'autorité bienfaisante de la France ; c'est le roi,
dont la bonté est inépuisable, qui a pardonné tant de fois aux insensés qui, poussés par de perfides conseils, ont trahi la parole qu'ils
nous avaient jurée. Les insensés ont reconnu l'inanité de leurs efforts
et la main de Dieu les a frappés jusque sur la terre étrangère où ils
avaient cherché un refuge. Remerciez Dieu de ce qu'il vous a donné
les richesses et les jouissances de la paix en échange des maux inséparables de la guerre. »

Après cet éloge du maréchal Bugeaud et du roi, le jeune gouverneur parlait de lui-même.

« C'est, disait-il, pour vous donner encore un gage plus éclatant
de ses bonnes intentions à votre égard que le roi des Français m'a
envoyé au milieu de vous, comme son représentant sur cette terre
qu'il aime à *l'égal de la France*. J'ai déjà vécu parmi vous, je connais vos lois et vos usages et tous mes actes tendront à augmenter
votre prospérité et celle du pays.

» Vous savez que notre parole est aussi ferme que notre force est

irrésistible ; vous avez éprouvé la puissance terrible de nos
vous avez apprécié et vous apprécierez chaque jour davan
bienfaits de notre amitié ; ceux d'entre vous qui sont restés
à leurs serments ont prospéré ; ceux qui ont été parjures ont
tant de malheurs que le cœur en est profondément accablé
connaissez la seule voie qui peut vous conduire au bonheur
vous inspirera de la sagesse pour y persévérer. Salut ! »

Il y avait beaucoup de vrai dans ce langage, mais si nous le
çons, ce n'est pas à cause de sa valeur intrinsèque, c'est
révélait aux Arabes un grand acte, un acte irrévocable de la F
la prise de possession de l'Algérie par la dynastie même qui
de l'autre côté de la Méditerranée. Cet acte eut sur les Arab
influence décisive. Il les releva à leurs propres yeux ; il leur
cepter la conquête. Le fils du sultan des Français venant lu
les gouverner, c'était bien autre chose que ce petit hom
Zaouïa, comme les indigènes de notre parti appelaient Abd-el-

Cependant, jamais celui-ci n'avait été plus prodigieux d
efforts.

Son quartier général était toujours à Aïn-Zohra. Trouva
obstacles infranchissables du côté de l'Algérie que nos troup
daient avec un soin de tous les instants, il en revint aux
qu'il avait nourris avant la bataille d'Isly et le Maroc fut de no
le but de son ambition. Cette ambition devait hâter sa perte.

D'une part, ses incursions continuelles sur le territoire des
marocaines força Abd-er-Rhaman à fortifier son camp de Tha
mettre plus de franchise dans le concours qu'il était tenu
à la France ; d'un autre côté, le grand nombre des mécontents
rejoignaient contraignit les autorités françaises à arrêter con
ment toute émigration. Il en résulta des mesures qui l'isolè
plus en plus. Enfin ses intrigues déterminèrent un événemen
la fatalité domina décidément sa fortune.

La fatalité, on le sait, a sur les Arabes un ascendant irrésis
Nos lecteurs se rappèllent comment l'émir, en 1845, avait e
avec lui sur les bords de la Moulouïa les deux grandes tribus d
chem et des Beni-Amer. Là, après avoir, pendant de longs m
misères, suivi la fortune du chef, ces tribus l'abandonnèren
mirent sous la protection de l'empereur de Maroc, qui les
dans la province de Fez.

Elles y étaient depuis un an, quand la nouvelle des succès d
el-Kader sur les frontières du Maroc leur parvint. On leur rep
tait le fils de Mahiddin comme étant de nouveau à la tête de
considérables. Il n'attendait, ajoutait-on, qu'une occasion fav
pour se venger d'une manière sanglante de ceux qui l'avaient
donné.

L'ancien prestige aidant, les tribus émigrées crurent à ces
Elles écrivirent à l'émir qu'elles ne l'avaient quitté que sous le
pressant de la famine et de la misère, mais qu'elles le considé
toujours comme leur sultan, et que s'il voulait les admettre de
veau dans sa deïra, elles étaient prêtes à le rejoindre.
temps elles lui proposaient un plan d'attaque contre les Maro
Elles se jetteraient sur ceux-ci en venant de Fez, tandis qu'A
Kader les investirait en venant de Thaza.

L'émir ne pouvait point ne pas accepter. Il donna rendez-vo
émigrés dans une vallée entre Fez et Thaza. Ceux-ci lui firen
de les attendre.

Mais leur messager rencontra en route un cavalier abid-l
qui désertait. Ces deux hommes lièrent connaissance, et l'émi
des Hachem, voyant les mauvaises dispositions du déserteur d
le gouvernement d'Abd-er-Rhaman, fut assez imprudent pou
conter sa mission.

Aussitôt celui-ci conçoit le projet de tirer profit de cette
dence. Il attend la prochaine halte et feint de s'endormir. Son
pagnon s'endort effectivement, quant à lui, sans défiance. Auss
Marocain le garrotte, appelle des gens d'un douair voisin, e
la promesse d'une riche récompense, le fait porter pieds et
liés à Abd-er-Rhaman. Là on le met à nu, et l'on trouve sur
lettre des Hachem et des Beni-Amer.

Le fils de l'empereur est immédiatement averti. Il ordonne au
Ferradj de se détacher du camp de Thaza avec trois mille ho
de ses meilleures troupes, d'arrêter l'émigration des tribus s
était commencée, et de l'empêcher si elle devait effectivement
lieu.

Ferradj arrive sur les Beni-Amer au moment même où, avec
troupeaux et leurs femmes, ils se mettaient en marche. Il leur e
de rétrograder. Ils fondent sur lui en désespérés, et parvienne
frayer un passage. Mais Ferradj, qui craint la vengeance d'Ab
Rhaman, dépêche aussitôt à franc étrier des coureurs aux div
tribus marocaines, dont les malheureux émigrés ont à travers
territoire. Il leur ordonne de courir sus aux Beni-Amer, et pr
une grosse somme pour chaque tête qui sera rapportée.

Aussitôt, partout sur le passage des anciens amis d'Ab-el-Ka
c'est à qui se soulèvera. On les presse, on les cerne. Plus de q
mille hommes de contingents divers sont réunis autour d'eux
s'engage à chaque marche un combat entre ces infortunés et les

s chaque marche aussi ils espèrent voir tourbillonner au
valerie d'Abd-el-Kader venant au-devant d'eux.
mir n'arrive point, car au même moment Sidi-Mohammed
er sa deïra.
es hommes, les femmes, les enfants, poussés au désespoir,
par se jeter à corps perdu au milieu de leurs ennemis. Ceux
pas d'armes se battent avec leurs ongles et leurs dents;
ue heure voit grossir le nombre des assaillants. Les Beni-
ccombent; leurs guerriers sont presque tous tués, et ce que
ains saisissent de femmes, de vieillards et d'enfants, est par-
les vainqueurs comme un vil butin.
t que Ferradj livrait ainsi la malheureuse tribu aux ven-
à la cupidité des contingents marocains, il recevait de
es troupes pour opérer contre les Hachem. Ceux-ci, moins
oles en forces que les Beni-Amer, avaient été avertis à
pérant échapper au lieutenant d'Abd-er-Rhaman, ils s'étaient
rès d'une antique zaouïa qui jouissait du privilége d'asile.
radj les investit malgré la sainteté du lieu, massacre les
et distribue à ses troupes, comme esclaves, les femmes et
s, ainsi que l'on a fait des Beni-Amers.
cette lutte d'une population à l'agonie. Abd-el-Kader avait
'il avait pu être au rendez-vous. Inquiet de ne pas re-
réponse, il était parti avec quinze cents cavaliers chez les
qui lui donnèrent du renfort. De là il pénétra dans le Rif,
forces extrêmement considérables s'opposèrent à son pas-
e replia alors de nouveau sur Aïn-Zohra. Ensuite il tenta
routes pour tourner la position de Taza et joindre ainsi les
marche. Il ne réussit pas davantage. La nouvelle du mas-
rouva au milieu de ses tentatives. On rapporte que, malgré
sion à la Providence, son désespoir d'alors fut sans bornes.
usieurs jours dans sa tente, la tête couverte de son manteau,
nt de parler à ses meilleurs amis.
et, cette catastrophe terrible, qui montre combien les peu-
ent être le jouet de l'ambition des princes et jusqu'à quel
expient leurs folies, devait peser douloureusement sur son
ait né chez les Hachems; Allah, en abandonnant cette tribu,
cipitant sous les coups de ses bourreaux, l'abandonnait donc
l'abandonnait d'une façon éclatante. Il le laissait comme un
troupes, comme un patriarche sans famille. Toutes les tri-
gèrent ainsi. Nous verrons que, le premier moment de dou-
é, l'émir se releva encore une fois.
ant les Marocains saisirent l'occasion qui se présentait d'en
ses partisans. On promena par toutes les frontières et bien
us les terres des têtes sanglantes et des prisonniers chargés
s, et ceux qui les conduisaient criaient tout haut : « Voyez
rive aux amis de cet insensé qui voudrait détrôner le schériff
iffs, le magnifique soleil de Fez, le tout-puissant Abder-
»
ous émigrées, au moment de la destruction, comptaient en-
x mille deux cents tentes, c'est-à-dire environ quinze mille
nquante de leurs guerriers seulement parvinrent sur notre
. Étant là, ils voulurent revoir la plaine d'Eghris. On les
ec magnanimité aux environs d'Oran.

CHAPITRE XXXVI.

Thierry. — Gouvernement du duc d'Aumale. — Le général la Mori-
r les frontières du Maroc. — Nuit du 11 au 12 novembre. — Reddi-
frères d'Abd-el-Kader. — Reddition de l'émir lui-même.

d'aller plus loin, nous devons nous arrêter pour tracer en
lignes les contours d'une figure militaire, qui a son expres-
art au milieu de tant d'intéressantes physionomies.
e des grandes choses qui furent faites dans la province d'O-
rait été possible sans l'activité sûre, prompte, secrète, fidèle
rs éveillée du général Thierry, second modeste, mais essen-
brillant de la Moricière.
rvices de Victor Thierry datent de 1806. Il entra à cette
l'école militaire : en 1807, nous le trouvons sous-lieutenant.
il est capitaine. En 1812, au Kremlin, le plus étonnant des
u siècle le décore de sa propre main. En 1815, il est licencié
ant d'autres. Il reprend du service en 1819, et avance assez
dement à cause de ses opinions. Il est chef de bataillon le
1823, et colonel seulement en 1838. Mais, en 1841, envoyé
ue, il révèle toutes ces qualités, qui en font un militaire ex-
el. Il prend part avec gloire aux expéditions de Mascara et
empt, mais c'est comme commandant de la subdivision d'O-
rend les plus signalés services. Pour comprendre ces der-
faut songer à la grande étendue de la province et au caractère
ral en chef. Excellent pour l'action et l'ensemble, M. de la
e ne s'occupe des détails que quand il y est forcé, et
ulement, il y est vraiment supérieur. Victor Thierry fut son
t chaque fois qu'il s'éloigna. Mais que M. de la Moricière
eut ou non, le général Thierry dirigeait le service de l'ap-
nnement en vivres et en munitions. On était sûr avec lui

que les postes les plus éloignés seraient approvisionnés en temps
et lieu, qu'une colonne si égarée qu'elle fût recevrait à l'heure
utile son ravitaillement Or sur une étendue aussi vaste que celle de
la province d'Oran, et où la guerre se faisait par des colonnes détachées, souvent pour des mois entiers, rien n'était plus précieux. Jamais un seul instant V. Thierry ne fut en défaut à cet égard. Il fit
réellement des choses impossibles, et Bugeaud l'en complimenta en
revenant de la bataille d'Isly. Ajoutez à cela que son administration,
dans la subdivision d'Oran, fut toujours paternelle et éclairée. Jamais
un acte de dureté, jamais un acte de prodigalité. On put, avec les
économies faites sur les services qu'il dirigea, prendre de quoi bâtir
des vilages entiers. Les services du général Thierry ne se bornèrent
pas à l'Algérie : nommé, en 1848, au commandement de Versailles,
il fournit aux généraux de Paris les premiers secours en artillerie
contre l'insurrection.

Une autre circonstance le rendit précieux à Oran, c'est le sang-
froid qui le distingua lors des nombreuses crises par lesquelles cette
province fut bouleversée. Souvent on désespérait autour de lui. Mais,
d'un calme inaltérable qui l'avait fait surnommer Face de Fer par les
Arabes, il envoyait des secours partout où il en fallait, et, grâce à
lui, jamais un échec ne devint un sinistre. C'est là un mérite tout
à fait hors ligne et qu'apprécieront tous les connaisseurs.

Mais arrivons au gouvernement du duc d'Aumale.

Le jeune duc d'Aumale était arrivé sur le sol africain avec l'intention,
la volonté et les moyens d'accomplir des actes dignes de lui. Il fallait
faire à jamais de ce sol une terre française. Pour commencer, réduire
l'émir était la chose indispensable. Par une abnégation dont son prédécesseur n'eût pas été capable, il chargea de ce soin le général de la
Moricière, auquel déjà une fois la gloire du succès avait été enlevée.
Quant au duc, il se tint dans son rôle de gouverneur en s'occupant
de la colonisation et du développement de la prospérité générale. Les
chefs de plusieurs tribus, comme Ahmet-Tahar, l'un des héros de la
grande Kabylie, tinrent à lui faire leur soumission. Il la reçut et visita les divers points essentiels des possessions.

Pendant ce temps-là, le général de la Moricière, après avoir mûri
son plan, partit d'Oran le 19 novembre avec cinq mille âmes. Il se
proposait de renforcer avec ses troupes les garnisons de la frontière;
puis, rendu sur les bords de la Moulouïa, il se promettait d'observer
les mouvements des Marocains contre l'émir. D'après les prévisions
de la Moricière, celui-ci devait trouver dans le fanatisme et la
haine des Marocains un obstacle infranchissable. Alors il se rejetterait encore une fois sur notre territoire. Le général de la Moricière se proposait de disposer son monde de façon à ne pas lui permettre de gagner, comme à son habitude, le désert. Il le rejetterait,
au contraire, vers la mer, et là, il n'aurait d'autre ressource que de
périr ou de se rendre.

De son côté, Abd-el-Kader, jugeant la partie perdue, tenta les
grands moyens. Il remit à d'autres temps sa vengeance, sur ceux qui
avaient détruit les Hachem, et envoya à Abd-er-Rhaman son meilleur
partisan, le dernier de ses kalifats, Bou-Hamedi. Celui-ci partit le
cœur serré, désespérant d'avance de sa mission. En effet, à peine
fut-il en présence du schériff, que, malgré la protection des marabouts
marocains avec lesquels il était affilié de secte, il se vit jeté dans une
obscure et étroite captivité.

Alors l'émir ne ménagea plus rien. Il résolut de se frayer par
le fer et par la flamme un passage à travers les camps marocains, de
frapper des coups terribles, de se manifester aux yeux des populations
par des entreprises retentissantes.

Il avait alors avec lui cinq cents cavaliers et quinze cents fantassins
et, de position en position, il était revenu à Zaïs près de la Moulouïa.
Les contingents du Maroc le pressaient de plus en plus, et il connaissait la détermination des généraux français. Il réunit les siens,
leur explique la situation, permet à ceux qui ont peur de l'abandonner. Tous se serrent autour de lui. Sûr de son monde, sa pensée conçoit un projet qui, s'il réussit, doit le sauver.

Deux camps marocains sont en face de lui. Il les surprendra, les
détruira, voici comment.

Il ordonne aux siens de réunir le plus de chameaux et de bœufs
qu'ils pourront. Ces animaux sont enduits de poix et chargés de fascines auxquelles on met le feu. Ces animaux, excités par la flamme et
par la douleur, sont, durant une nuit affreuse, précipités sur les camps
marocains; et les soldats d'Abd-el-Kader s'avancent derrière eux, prêts
à massacrer les troupes d'Abd-er-Rhaman, qui, dans leur pensée,
doivent s'enfuir en proie au plus inexprimable désordre.

Mais les préparatifs de l'émir ont été dénoncés par des traîtres.
Prévenus à temps, les fils de l'empereur ont fait évacuer les deux
camps, n'y laissant que très-peu de monde, avec l'ordre de jouer la
surprise et l'effroi.

En effet, quand, enveloppés par le feu, poussant des hurlements
de douleur, les brûlots vivants préparés par Abd-el-Kader se précipitent sur les camps marocains, on entend retentir des cris affreux;
on voit fuir des cavaliers et des fantassins dans toutes les directions.
Les soldats de l'émir se croient victorieux, ils ramassent toutes les
richesses laissées à dessein dans les tentes et s'élancent en avant. Alors
les fils de l'empereur de Maroc, postés pour les surprendre, forment

autour d'eux un cercle immense et qui se resserre de plus en plus. Abd-el-Kader voit trop tard le piège où il était tombé; comme le sanglier blessé, il fait face à ses adversaires, coupe plusieurs fois leurs lignes, parvient à leur échapper et à regagner encore une fois notre frontière. Mais ses deux cent cinquante meilleurs compagnons sont restés sur le champ de bataille.

D'un autre côté, sa deïra va tomber au pouvoir de l'ennemi, car elle ne peut suivre la rapidité de sa course. Il revient alors sur ses pas, livre un nouveau combat, qui permet aux siens d'échapper aux fers du Maroc, et enfin, n'espérant plus rien de ce côté, il médite d'échapper aux colonnes françaises et de gagner le désert.

C'est ce que la Moricière avait prévu. Tous ses lieutenants, Cavaignac, Renaut, Mac-Mahon sont aussitôt en campagne, chacun posté de la manière la plus favorable, chacun marchant de façon à rejeter l'émir sur le quartier général, ou à le détruire s'il veut résister. Les frères d'Abd-el-Kader comprennent les premiers qu'il ne peut échapper. Ils viennent demander l'aman au général en chef. Mais laissons celui-ci raconter à sa façon cette dernière péripétie de la lutte de l'émir. Nous éluciderons ensuite quelques points de cette narration écrite au bivouac, au milieu de la fièvre causée par des événements qui se succèdent... et dont la Moricière rend compte au duc d'Aumale. Le rapport que l'on va lire prend les faits à partir du 18 décembre.

« Au bivouac de Sidi-Mohammed-el-Ouassini, 22 décembre, minuit.

» Depuis la lettre que j'ai eu l'honneur de vous adresser le 18 courant, j'ai pris plusieurs fois la plume pour vous donner de nos nouvelles, mais les événements se pressaient si rapidement que, la face des choses changeant à chaque instant, il m'était impossible de rien formuler sur la situation. Vous allez en juger par ce qui va suivre. Je me borne à un résumé succinct, car je ne renonce point à l'espoir d'entretenir prochainement Votre Altesse Royale. Le 8 au soir arrivent à mon camp des émissaires de Sidi-Mustapha, frère de l'émir. La négociation avec ces personnages, fort heureusement conduite par le commandant Bazaine, touche à son terme Dans la nuit du 19 au 20 il passe la frontière, et vient camper chez les Msirdas. J'en suis informé le 20 dans l'après-midi, et je l'envoie chercher par quatre cents chevaux sous les ordres du colonel Montauban. Le 21 il arrive à mon camp vers deux heures de l'après-midi, avec une suite d'environ cinquante personnes. La lettre d'aman que Votre Altesse Royale lui a adressée et la dépêche qu'elle m'écrivait le 19 courant venaient de m'arriver; je la lui remis, et il ne fut tout à fait rassuré qu'après l'avoir lue.

» Le 19 au matin, sur une demande instante du caïd d'Ouchda, campé chez les Beni-Snassen, j'envoie à Ouchda trente mulets chargés de cartouches, sous l'escorte de quarante spahis; la cavalerie va se former en bataille sur la frontière pour protéger ce mouvement. M. Schoushaï, mon interprète, qui a de nombreuses relations à Ouchda, accompagne cet envoi, et me rapporte que c'est le 20 ou le 21 que les camps marocains doivent attaquer Abd-el-Kader.

» Pendant les journées du 19 et du 20 les camps des fils de l'empereur descendent la Moulouïa par la rive gauche, le caïd d'Ouchda s'avance jusqu'à Cheraâ; Abd-el-Kader vient camper à Aguiddim, sur le rivage même de la mer.

» Un ancien brigadier du 2e chasseurs d'Afrique qui servait dans les troupes marocaines, enlevé par l'émir dans le coup de main de la nuit du 11 au 12, s'échappe de la deïra, au moment où elle vient camper à Aguiddim, et nous donne des détails intéressants sur les embarras de la situation.

» Le bruit se répand que l'émir livrera encore un combat, après lequel il escortera la deïra jusque sur le territoire français, et qu'il se retirera dans le Sud avec tous ceux qui voudront l'y suivre, les Beni-bou-Zeggen et les Hamyn-Gbarabas sont en relations avec lui et promettent de faciliter l'exécution de ce projet.

» Le 20, le mauvais temps empêche les Marocains d'attaquer l'émir; mais on apprend à la deïra que le frère de l'émir a fait sa soumission. On voit la Moulouïa grossir et les contingents des camps marocains augmenter à chaque instant.

» Le 21, la rivière est rigoureusement guéable; on commence à la passer pour venir dans la plaine de Trifa. Un combat opiniâtre s'engage, plus de la moitié des fantassins réguliers et la meilleure partie des cavaliers y sont tués; mais le passage de la deïra s'exécute sans que les bagages soient pillés. Au moyen des postes de correspondance qui sont établis le long de la frontière, je suis informé de ces faits pendant qu'ils s'accomplissent.

» Le soir, à cinq heures, les fantassins et cavaliers réguliers sont dispersés; la deïra a passé le Kiss et est entrée sur notre territoire, les Marocains cessent de la poursuivre. Abd-el-Kader, seul, à cheval, est en tête de l'émigration, qu'il dirige dans les sentiers des montagnes des Msirdas. Il demande le chemin à un des cavaliers de notre caïd qui allaient reconnaître les arrivants. Le fait m'est annoncé à neuf heures du soir, le 21. J'apprends en même temps que l'émir s'est enquis de la route qu'il peut suivre pour gagner les sources du Kiss et les Beni-Snassen.

» J'étais convaincu, et je ne me trompais pas, que la deïra venait faire sa soumission; mais l'émir, suivant le projet que l'on annonce, cherchait à gagner le désert. J'ignorais le chiffre qui l'accompagnaient.

» A l'heure où j'avais été prévenu, il devait avoir gagné des Beni-Snassen; mais il s'agissait d'en sortir. Or la seule [...] assez bien disposée pour lui pour qu'il pût la traverser est [...] ment la plus rapprochée de notre territoire. Le col qui dé[...] dans la plaine par le pays de la fraction dont je viens de parle[...] issue à environ une lieue et demie de la frontière. Je me dé[...] faire garder ce passage. Et ce qui me détermina c'est que [...] du caïd d'Ouchda nous avait écrit, le soir même, pour nous [...] à surveiller cette direction, par laquelle l'émir devait sans [...] passer.

» Mais il fallait prendre cette mesure sans donner l'éveil aux [...] qui sont campées sur la route.

» Dans ce but, deux détachements de vingt spahis choisis, [...] de burnous blancs, commandés le premier par le lieutenant Krauïa, l'autre par le sous-lieutenant Brahim, furent char[...] cette mission.

» Le premier se rendit au col même, et le deuxième avait u[...] sition intermédiaire entre ce point et notre camp. La cavaler[...] ses chevaux, et le reste de la colonne se tint aussi prêt à [...] premier ordre.

» Enfin, pour être prêt à tout événement, après avoir cal[...] marche probable de l'émir, je fis prendre les armes à deux [...] du matin pour porter ma colonne sur la frontière; je ne c[...] plus, à ce moment, que ma marche fût connue en temps uti[...] Abd-el-Kader.

» J'avais à peine fait une lieue et demie, que des cavalie[...] voyés par le lieutenant Bou-Kraïa me prévinrent qu'il était [...] sence d'Abd-el-Kader et qu'il était engagé. Le deuxième détach[...] s'était porté à son secours, et je fis de même, aussi vite que po[...] avec toute la cavalerie. Il était environ trois heures du matin.

» Chemin faisant, je reçus les députés de la deïra, qui venai[...] soumettre, et auxquels j'ai donné l'aman au grand trot, en le[...] voyant au camp pour y chercher des lettres. (Je l'avais laissé s[...] garde de dix compagnies.)

» Enfin, quelques instants après, je rencontrai le lieutenant Krauïa lui-même, qui revenait avec deux hommes des plus dé[...] de l'émir, et qui étaient chargés de me dire qu'Abd-el-Kader, v[...] qu'il ne pouvait déboucher dans la plaine et suivre son proje[...] mandait à se soumettre. Bou-Kraïa avait causé lui-même avec [...] qui lui avait remis une feuille de papier sur laquelle il avait a[...] son cachet, et sur laquelle le vent, la pluie et la nuit l'avaien[...] pêché de rien écrire. Il me demandait une lettre d'aman pour [...] ceux qui l'accompagnaient.

» Il m'était impossible d'écrire par la même raison qui s'éta[...] posée à ce que l'émir pût le faire, et, de plus, je n'avais poin[...] cachet. Les hommes voulaient absolument quelque chose qui pr[...] qu'ils m'avaient parlé : je leur remis mon sabre et le cachet du [...] mandant Bazaine, en leur donnant verbalement la promesse d'[...] la plus solennelle. Les deux envoyés de l'émir me demandère[...] les faire accompagner par Bou-Kraïa, que je fis partir avec q[...] spahis.

» Tout cela se fit en marchant, car je voulais néanmoins arr[...] avant le jour au point de notre frontière le plus rapproché d[...] de Kerbous (celui dont j'ai parlé plus haut).

» Parvenu à ce point vers cinq heures et demie, j'y restai ju[...] onze heures et demie. Je ne recevais aucune réponse, mais [...] bien convaincu que la présence de ma cavalerie avait fait ren[...] l'émir à traverser la plaine. A ce moment, j'ai dû prendre des d[...] sitions différentes. Nos coureurs avaient rencontré et m'avaient a[...] plusieurs cavaliers réguliers qui erraient à l'aventure dans la [...] peut-être dans le dessein de rejoindre Abd-el-Kader; ce qui m[...] ferait croire, c'est qu'il y avait parmi eux deux agas. Je sus pa[...] que la deïra, qui m'avait envoyé demander l'aman, mais qui ne l[...] pas encore reçu, était fort inquiète chez les Msirdas, qui ava[...] commencé à la troubler par des brigandages pendant la nuit pr[...] dente, et qui se disposaient à continuer.

» J'envoyai alors le colonel Montauban, avec cinq cents chev[...] bivouaquer près de la deïra, je fis partir le colonel Mac-Mahon [...] aller camper sur les puits de Sidi-bou-Djenan, avec les zouav[...] un bataillon du 9e de ligne, et, après être resté encore près de [...] heures en observation, j'ai regagné mon camp avec le reste de [...] troupes.

» Mon intention première était de faire venir la deïra près d[...] position que j'occupe et de prendre des dispositions pour renv[...] dans leur pays toutes les familles importantes dont elle se comp[...] mais, en arrivant ici, j'ai trouvé non-seulement tous les chefs d[...] deïra, mais tous ceux des troupes régulières qui n'avaient point [...] tués dans le combat du 21, qui venaient me demander ce qu[...] voulais faire d'eux et me prier de laisser à la deïra deux jours de [...] pos sur place à cause de son extrême fatigue et des nombreux ble[...] qui l'encombraient. J'ai dû me rendre à cette demande, et j'irai [...] même demain camper à la deïra avec deux cents chevaux et l[...]

e du colonel de Mac-Mahon. Je la dirigerai ensuite sur
rs.
. venue de tous les hommes avec lesquels j'ai causé ce soir me
it l'abandon dans lequel était l'émir et me portait à croire à
rras très-réel dans lequel l'avaient mis nos quelques coups de
e cette nuit. J'avais commencé cette lettre sous cette impres-
orsque m'est revenu Bou-Krauïa et les deux émissaires d'Abd-
er. Il me rapportait mon sabre et le cachet du commandant
e, et en outre une lettre de l'émir qui est de l'écriture de
pha-ben-Tami. Je vous adresse ci-joint copie de la traduction
e lettre, ainsi que de la réponse que j'y ai faite. J'étais obligé
ndre des engagements, je les ai pris, et j'ai le ferme espoir que
Altesse Royale et le gouvernement les ratifieront, si l'émir se
à ma parole.
ou-Krauïa et ses deux compagnons sont repartis ce soir; les
spahis étaient restés avec l'émir, qui avait été bien aise de
ce renfort pour la sûreté de sa famille chez les Beni-Snassen.
nné à Bou-Krauïa quatre autres spahis choisis, et avec ces huit
es il sera aussi fort que toute l'escorte de celui contre lequel
re de Maroc se ruait avant-hier avec ses 38,000 hommes.
es principaux compagnons d'infortune de l'émir sont aujour-
: Mustapha-ben-Tami, kalifa de Mascara, son beau-frère; Abd-
er-bou-Klika, caïd de Tagdempt; Caddour-bel-Allal, neveu de
mbarak. J'ai fait écrire aux deux premiers par leurs proches
nt ici. Enfin, Si-Ahmedi-Sakhal, caïd de Tlemcen, qui m'a
oup servi dans toutes ces affaires, a écrit à l'émir pour l'enga-
avoir confiance dans la parole que je lui ai donnée au nom du
rnement.
emain ou après-demain au plus tard, nous saurons à quoi nous
ir.
ai oublié de dire que je ne déciderai rien, que provisoirement,
vement aux familles importantes de la deïra et aux chefs des
es régulières, non plus qu'à leurs soldats.
euillez excuser, monseigneur, le décousu de cette dépêche. Je
ux pas retarder son départ, et je vous l'envoie telle qu'elle est. »

voit par cette narration que toutes les précautions du général
t prises. Ses négociateurs et ses émissaires suivaient l'émir de
re qu'il n'échappât en aucune façon. Mais ce que M. de la
ière ne pouvait pas dire dans son rapport et ce qui se passa,
llons le faire connaître.
ant la position de l'émir, des juifs qui étaient depuis longtemps
ations avec lui résolurent d'en profiter. Ils vinrent trouver le
al, et offrirent de lui amener Abd-el-Kader pieds et poings liés.
éral, qui, dans une si suprême occurrence, ne devait rien né-
r, sans accepter ni refuser, écouta leurs demandes et leurs con-
as, et les remit à un autre jour. Les juifs prirent cette conduite
un acquiescement, et se mirent en devoir de trahir Abd-el-
r. Celui-ci, averti de leurs intrigues, ne voulut pas être livré
ne marchandise par d'ignobles trafiquants. Il écrivit au gé-
qu'il était prêt à se remettre en ses mains s'il voulait lui ga-
r la vie sauve et une retraite en Orient. De la Moricière avait le
, ou de prendre l'émir sans conditions à prix d'argent, ou de le
voir volontairement. Il lui parut plus grand de ne pas se servir
uifs et de stipuler au nom de la France. C'est alors qu'il adressa
ie d'Aumale le *post-scriptum* qui suit :

« Lo 23, à neuf heures du matin.

P. S. Je monte à cheval à l'instant pour me rendre, comme je
l'annonçais, à la deïra. Le temps me manque pour joindre ici
opies de la lettre que j'ai reçue de l'émir et de celle que je lui
pondue. Il me suffit de vous indiquer que j'ai uniquement pro-
et stipulé que l'émir et sa famille seraient tous portés à Alexan-
ou à Saint-Jean-d'Acre. Ce sont les deux seuls lieux que j'aie
qués. C'étaient ceux qu'il désignait dans sa demande, que j'ai
ptée.

» De la Moricière. »

u moment où il eut reçu l'assurance du général, Abd-el-Kader,
on côté, n'eut plus aucune tergiversation; il se mit en marche, et
va bientôt le colonel Montauban, qui bivouaquait à Sidi-Brahim.
t dans ce lieu, sur le théâtre même du massacre de septembre
5, qu'il se rendit aux Français. Il renouvela sa soumission entre
mains de la Moricière assisté de Cavaignac et tous les généraux
fficiers supérieurs présents, puis entre celles du duc d'Aumale,
rendit compte en France de ce grand événement de la manière
nous transcrivons :

« Monsieur le ministre,

Un grand événement vient de s'accomplir : Abd-el-Kader est
s notre camp; battu par les Kabyles du Maroc, chassé de la plaine
la Moulouïa par les troupes de Mouley-Abd-er-Rhaman, aban-
né par la plus grande partie des siens qui s'étaient réfugiés sur
re territoire, il s'était jeté dans le pays des Beni-Snassen et cher-
it à prendre la route du Sud, que l'empereur du Maroc avait lais-
libre; mais, cerné de ce côté par notre cavalerie, il s'est confié à

la générosité de la France, et s'est rendu sous la condition d'être envoyé à Alexandrie ou à Saint-Jean-d'Acre.

» Ainsi que je l'ai déjà mandé à Votre Excellence, l'émir avait,
grâce à un stratagème aussi hardi qu'ingénieux, surpris, dans la nuit
du 11 au 12, les camps marocains. Cette attaque, qui a coûté les plus
grandes pertes au maghzen de l'empereur, paraît avoir eu un succès
complet; mais Abd-el-Kader avait affaire à un ennemi si nombreux,
qu'il dut s'arrêter devant la multitude et la masse compacte de ses
adversaires plutôt que devant une défense qui paraît avoir été à peu
près nulle. Il rallia donc sa deïra et concentra toutes ses forces et
tout son monde vers l'embouchure de la Moulouïa, entre la rive
gauche de cette rivière et la mer.

» Les camps marocains continuèrent de resserrer le cercle qui
l'enveloppait; le général de la Moricière avait envoyé au kaïd
d'Ouchda trente mulets de cartouches, qui furent distribuées aux
Beni-Snassen; même envoi avait été fait de Nemours par une balancelle au kaïd du Rif; des contingents kabyles grossissaient de toutes
parts et constituaient pour l'émir un danger plus redoutable que tous
les autres.

» Le mauvais temps retarda l'engagement de quelques jours, de
même qu'il ôtait à la deïra toute liberté d'action. Le 21, la Moulouïa
était guéable; les bagages et les familles des compagnons de l'émir
commencèrent à la passer pour venir dans la plaine de Triffa; l'intention d'Abd-el-Kader était de les conduire jusque sur notre territoire, puis de se retirer vers le Sud avec ceux qui voudraient le
suivre. La route avait été laissée libre par les Marocains; et les Beni-
ben-Zigzou, les Hamyn-Gharabas, toujours en relation avec lui, lui
promettaient de faciliter l'exécution de ce projet.

» Le commencement du passage de la rivière est le signal du combat, que les Kabyles marocains, excités par l'appât du butin, engagent avec furie; mais les fantassins et les cavaliers réguliers de l'émir
soutiennent jusqu'au bout leur vieille réputation, ils résistent tout le
jour, pas un mulet, pas un bagage n'est enlevé. Le soir, ils ont perdu
la moitié des leurs; le reste se disperse; la deïra tout entière a
gagné le territoire français; les Marocains cessent la poursuite.

» Abd-el-Kader, après avoir conduit lui-même l'émigration sur
notre territoire, et l'avoir engagée dans le pays des Msirdas, la
quitte : un petit nombre des siens se décide à le suivre. Il vivait
chez une fraction des Beni-Snassen, qui est restée fidèle à sa cause;
c'est par là qu'il espère gagner le Sud. Mais le général de la Moricière, informé de ce qui se passait, a deviné son projet.

» Vingt saphis, commandés par un officier intelligent et sûr, le
lieutenant Bou-Krauïa, avaient été le 21 au soir, dès les premières
nouvelles, envoyés en observation au col de Kerbous; bientôt des
coups de fusil signalent un engagement de ce côté : c'est Abd-el-
Kader, qui rencontre nos saphis. Le général de la Moricière, qui dans
la nuit avait fait prendre les armes à sa colonne, s'avance rapidement
avec sa cavalerie. L'émir a pour lui l'obscurité, un pays difficile sil-
lonné de sentiers inconnus de nos éclaireurs; la fuite lui était encore
facile. Mais bientôt deux de ses cavaliers, amenés par Bou-Krauïa
lui-même, viennent annoncer au général qu'il est décidé à se rendre,
et qu'il demande seulement à être conduit à Alexandrie ou à Saint-
Jean-d'Acre. La convention, immédiatement conclue de vive voix,
est bientôt ratifiée par écrit par le général de la Moricière. Votre
Excellence trouvera, dans le rapport de cet officier général, que je
lui envoie en entier, les détails dramatiques de cette négociation.

» Aujourd'hui même, dans l'après-midi, Abd-el-Kader a été reçu
au marabout de Sidi-Brahim par le colonel de Montauban, qui fut
rejoint peu après par le général de la Moricière et par le général
Cavaignac; Sidi-Brahim, théâtre du dernier succès de l'émir, et que
la Providence semble avoir désigné pour être le théâtre du dernier
et du plus éclatant de ses revers, comme une sorte d'expiation du
massacre de nos infortunés camarades.

» Une heure après, Abd-el-Kader me fut amené à Nemours, où
j'étais arrivé le matin même, et il ratifia la parole donnée par le
général de la Moricière; j'ai le ferme espoir que le gouvernement du
roi lui donnera sa sanction. J'annonçai à l'émir que je le ferais embarquer dès demain pour Oran avec sa famille; il s'y est soumis, non
sans émotion et sans quelque répugnance. C'est la dernière goutte
du calice ! Il y restera quelques jours sous bonne garde pour y être
rallié par quelques-uns des siens et entre autres par ses frères, dont
l'un, Sidi-Mustapha, à qui j'avais envoyé l'aman, s'est rendu le 18 à
la colonne du général de la Moricière et a été provisoirement conduit à Tlemcen. Cette réunion achevée, je les enverrai tous à Marseille ; ils y recevront les ordres du gouvernement.

» Ainsi que le verra Votre Excellence dans le rapport du général
de la Moricière, pendant que l'émir faisait sa soumission les chefs de
la deïra venaient demander l'aman. Cet aman fut accordé; la deïra
est campée aujourd'hui à quatre lieues d'ici, sous la garde d'une colonne commandée par le colonel Mac-Mahon.

» J'informerai prochainement Votre Excellence des mesures qui
auront été prises à l'égard de la deïra et des Khialas, qui sont venus
isolément se rendre à Nemours. Mon intention est de dissoudre le
plus tôt possible cette agglomération de population encore très-nom-
breuse, de faire diriger les diverses familles dont elle se compose sur

lés subdivisions auxquelles elles appartiennent. Toutes celles qui appartiennent aux provinces de l'Est seront dirigées sur Oran, ainsi que les individus dont la présence parmi leurs frères pourrait devenir dangereuse.

» Je laisse ici le général Cavaignac, qui reprend le commandement de la subdivision de Tlemcen; il sera chargé de l'exécution de ces mesures, qui sera prochainement suivie par le renvoi à leurs garnisons de la plus grande partie des troupes. Il observera également les prochains mouvements des camps marocains, qui auront sans doute été licenciés. Votre Excellence aura sans doute déjà remarqué qu'ils avaient cessé toute poursuite de la deïra dès qu'elle eut passé notre frontière.

» Dû, sans nouveaux combats de notre part, à la puissance morale de la France, le résultat que nous avons obtenu aujourd'hui est immense; il était généralement inespéré. Il est impossible de décrire la sensation profonde qu'il a produite chez les indigènes de cette région, et l'effet sera le même dans toute l'Algérie. *C'est une véritable révolution.*

» Je ne saurais trop féliciter M. le général de la Moricière de la part qu'il a prise à ce grave événement, je ne saurais trop louer la sagacité, la prudence et la décision dont il a fait preuve et qui ont tant influé sur l'heureuse issue de cette grave affaire.

» J'appellerai aussi la bienveillance particulière de Votre Excellence et du gouvernement du roi sur les troupes et sur les officiers qui depuis deux ans font un si rude métier sur la frontière. Je solliciterai quelques faveurs bien méritées pour cette colonne qui vient de supporter, dans ces derniers temps, avec une rare ardeur, de grandes fatigues et de cruelles privations; c'est à sa présence que nous devons ce qu'il y a eu de décisif dans les opérations des Marocains. Sans elle, Abd-el-Kader serait aujourd'hui ou vainqueur dans le Rif ou éloigné, mais encore puissant dans le Sud, et prêt à nous y susciter de nouveaux et graves embarras.

» Agréez, monsieur le ministre, l'assurance de mon respectueux attachement.

> » *Le lieutenant général gouverneur général de l'Algérie,*
>
> » H. D'ORLÉANS.

» *Post-scriptum du 24 au matin.* — Je crois devoir mentionner ici une circonstance en apparence peu importante, mais très-significative aux yeux des indigènes. Abd-el-Kader vient de me remettre son cheval de soumission : c'est un acte de vasselage vis-à-vis de la France, c'est la consécration publique de son abdication. »

En effet, selon la parole du duc d'Aumale, le fils de Mahiddin avait abdiqué.

Abandonné des siens, trahi par la fortune au moment d'être vendu, si le général la Moricière eût voulu l'acheter, il n'implorait plus maintenant que la générosité de cette France dont il avait été quinze ans le plus rude adversaire!

Comme le disait le duc d'Aumale avec un rare bon sens politique, il y avait dans ce fait une révolution.

Cette révolution devait consister dans la soumission de la nationalité arabe.

Nous allons voir cette nationalité imiter l'exemple de l'émir. Désormais elle ne jettera plus que de rares éclairs. L'Algérie sera bien à nous. Cependant l'histoire d'Abd-el-Kader, celle de l'armée d'Afrique ne sont pas finies.

CHAPITRE XXXVII.

Chute de la dynastie d'Orléans. — Tranquillité du pays. — La république en Algérie. — Départ des princes. — Changarnier et Cavaignac gouverneurs temporaires.

Il semble que les succès en Afrique aient porté malheur aux dynasties. Charles X prend Alger par la main du comte de Bourmont, et tombe; Louis-Philippe reçoit des mains de la Moricière Abd-el-Kader prisonnier, et voit son trône s'évanouir en quelques heures aussi passagères qu'un songe! Mystère étrange, et qui dans d'autres temps eût frappé les peuples; rapprochement extraordinaire, et qui prouve que la grandeur de la France est indépendante de ses gouvernements! Après la chute de la dynastie de Bourbon, la conquête de l'Algérie succède à la prise d'Alger. Après le renversement de la dynastie d'Orléans, la vraie colonisation succède à la conquête. La domination française ne rétrograde pas, quelles que soient les révolutions de la métropole.

Il n'est pas de notre sujet de raconter les événements qui amenèrent la révolution de 1848. Un obstacle maladroitement mis au droit de réunion fut le prétexte; la crédulité de la nation exagéra la cause, qui avait malheureusement une réalité considérable en bien des points. On accusait la royauté de juillet de sacrifier la France à ses intérêts, de tout laisser aller en corruption et en décadence, de ne rien vouloir faire pour l'émancipation du peuple ; on la rendait solidaire des résistances aveugles d'un ministère composé d'hommes ou fort éloquents, ou fort habiles en petite administration, mais entièrement étrangers au grand esprit politique qui sauve et consolide les trônes. Il y eut une défection universelle. Personne ne prit le parti du malheureux roi. La majorité de la chambre des députés, les p[airs] les hauts administrateurs, les généraux, l'armée laissèrent faire[.] république s'établit après une lutte où des forces très-peu cons[idé]rables furent engagées. Tout le monde la salua, les uns par ent[hou]siasme, les autres par entraînement, beaucoup par effroi, et les [dif]ficultés ne commencèrent pour les républicains qu'après la vict[oire.] Elles se montrèrent aussitôt partout, excepté en Afrique.

Ce pays fut privilégié.

Depuis la soumission d'Abd-el-Kader, qui avait été transfé[ré en] France au château de Pau, tout prospérait en Algérie. Le duc d'[Au]male se préoccupait exclusivement de l'administration et de la c[olo]nisation, et pas le plus petit événement de guerre ne troubla[it ses] efforts.

Il venait de recevoir son frère de Joinville, exilé ou éloigné[, di]sait-on, par le ministère, dont il n'approuvait pas les résistan[ces,] quand la nouvelle de la révolution, de la fuite du roi, de l'insta[lla]tion d'un gouvernement provisoire éclata dans Alger comme un c[oup] de foudre en un ciel serein.

La situation de l'armée d'Afrique était difficile ; celle de Fra[nce] avait accepté le nouveau gouvernement. Néanmoins au premier mo[ment] les généraux présents à Alger et les officiers supérieurs se press[èrent] autour des princes, leur offrant contre la révolution l'appui de le[urs] épées. Mais ces jeunes gens, que frappait une catastrophe si gran[de] si imprévue et pour eux mêmes si peu méritée, refusèrent avec [no]blesse, en répondant qu'avant d'être princes ils étaient citoyens, [et] que le premier devoir du citoyen est de ne pas se mettre en révo[lte] contre le vœu de son pays. Ils s'attachèrent à maintenir la tranquil[lité] autour d'eux et à prévenir les effets fâcheux de toute effervescenc[e.] Ils ne cachèrent cependant rien de ce qui se passait en France. M[ais] telle était la soumission du pays, que nul parmi les Arabes ne s[on]gea à profiter du changement qui s'opérait dans la métropole p[our] renouveler la guerre.

Bientôt arriva un acte du gouvernement provisoire de Paris [qui] remplaçait le fils de Louis-Philippe comme gouverneur général. P[our] présider à la direction de la conquête, les membres du gouver[ne]ment suscitaient le héros du méchouar de Tlemcen, alors simple gé[gé]néral de brigade, et voici les termes dans lesquels ils l'annonçai[ent] à l'Afrique :

« SOLDATS DE L'ARMÉE D'AFRIQUE!

» Le gouvernement que la France vient de se donner porta, il [y a] un demi-siècle, sur la terre d'Afrique les couleurs sous lesquel[les] vous avez combattu il y a dix-huit ans.

» Vos luttes héroïques, vos travaux, votre infatigable persévé[ve]rance, cette vertu militaire, en un mot, dont vous avez donné t[ant] de preuves, le gouvernement républicain sait les apprécier, il sa[ura] les récompenser.

» Soldats ! la gloire que vous avez acquise en conquérant à [la] France la plus belle de ses propriétés nationales est un titre imp[é]rissable à la reconnaissance de la république.

» Le digne chef que le gouvernement provisoire a placé à vo[tre] tête a son entière confiance comme il a la vôtre.

» C'est dans vos rangs qu'il s'est illustré. En le suivant au chem[in] de l'honneur, vous vous montrerez fidèles à ce sentiment de la disci[ci]pline qui n'a jamais abandonné le soldat français.

» LES MEMBRES DU GOUVERNEMENT PROVISOIRE. »

Cet acte si vrai dans ses affirmations étant reçu, il n'y avait pl[us] pour les princes de raison de prolonger leur séjour en Algérie. Ap[rès] avoir pourvu à l'administration intérimaire en remettant son [com]mandement au général Changarnier jusqu'à l'arrivée du général C[a]vaignac, le duc d'Aumale fit ses adieux à cette terre où la politiq[ue] lui avait fait une royauté si courte. Il invita tout le monde à la co[n]corde. Ses derniers actes furent empreints du plus pur patriotis[me] et du désintéressement le plus noble.

« En présence des événements qui s'accomplissent en France et [de] leur influence possible sur la paix du monde, nous devons, dit[-il,] à ceux qui l'entouraient, nous tenir prêts avant tout à assurer l'int[é]grité du territoire français en Afrique et à défendre un sol qui e[st] aujourd'hui le sol national. »

Il engagea, en conséquence, les miliciens à s'exercer au tir, à chercher à se suffire à eux-mêmes. Il leur recommandait surtout [de] s'abstenir de toute dissension. « La population, ajouta-t-il, et l'ar[mée doivent rester dans la plus étroite union pour sauvegarder les i[nté]rêts de la France. »

Enfin il prit congé de l'armée et des habitants de l'Algérie par [une] proclamation qui mérite un souvenir. La voici :

« HABITANTS DE L'ALGÉRIE !

» Fidèle à mes devoirs de citoyen et de soldat, je suis resté [à] mon poste tant que j'ai pu croire ma présence utile au pays.

» Cette situation n'existe plus. M. le général Cavaignac est nomm[é] gouverneur général de l'Algérie. Jusqu'à son arrivée à Alger, le[s] fonctions de gouverneur général par intérim seront remplies pa[r] M. le général Changarnier.

» Soumis à la volonté nationale, je m'éloigne; mais, du fond d[e]

s mes vœux seront pour votre prospérité et pour la gloire
ce. que j'aurais voulu servir plus longtemps. »

te de cette proclamation les princes s'acheminèrent, sui-
ix des officiers qui avaient le courage de l'amitié, vers le
s attendait le vaisseau qui devait les conduire en exil. Sur
ge, les colons se découvraient et criaient *Vivent les prin-*
riez *Vive la France!* » leur dit d'Aumale.

on souhait suprême à un pays auquel lui et son frère n'a-
né que du dévouement, et qui, les enveloppant dans le
e la royauté, les rejetait pour obéir aux révolutions de la

racontons ces détails, c'est que, dans notre pensée, ils ont
lose de naïf et d'antique. Sur cette terre lointaine, a quel-
lieues de la France, nul ne se préoccupait d'intérêts ou
s; chacun se sacrifiait ou voulait se sacrifier à sa patrie.
coup raillé la lettre que le général intérimaire Changar-
t au gouvernement provisoire, je n'y vois, quant à moi,
d'un cœur emporté trop loin par la passion de l'éclat;
egistre cette lettre, c'est pour l'admirer, et non pour en
gueil, certain que sur les champs de bataille Changarnier
ces promesses superbes ou fût mort héroïquement.

e qu'il écrivit après le départ du duc d'Aumale :
e le gouvernement républicain d'utiliser mon dévouement
c.

licite le commandement de la frontière la plus menacée.
e de manier les troupes, la confiance qu'elles m'accordent,
ence éclairée par des études sérieuses, l'amour passionné
e, la volonté et l'habitude de vaincre me permettront sans
remplir avec succès tous les devoirs qui pourront m'être

ce que j'ose dire de moi ne cherchez pas l'expression d'une
érile, mais l'expression du désir ardent de dévouer toutes
s au salut de la république.

» CHANGARNIER. »

au général Cavaignac, infiniment plus modeste, il ne fut
s antique. Nous avons déjà transcrit trop de pièces dans ce
our en transcrire encore, nous ne répéterons donc pas la
ion du nouveau gouverneur.

emarquait des phrases comme celles-ci :
ensée est droite, mon intention est pure : ce que je crois
us le dirai; ce que je croirai mauvais n'aura pas mon ap-
ation seule est puissante; c'est à elle qu'on obéit, c'est à
est glorieux et doux d'obéir. »
dans il disait :
tion veut que vous soyez commandés avec fermeté, avec
ceux à qui elle confie son pouvoir sur vous, elle ordonne
oublier que vous êtes ses enfants. Elle veut que vos chefs
votre confiance, elle leur défend de l'obtenir par la fai-
l'oubli des devoirs. Vous me trouverez tel que beaucoup de
connaissent, car je ne suis pas nouveau parmi vous. Quant
os devoirs se résument en un mot : *l'obéissance;* l'obéissance
volonté d'un homme, mais à la loi militaire telle que *la loi*
»

e de ces phrases, chacun de ces mots peint l'homme.
te, à l'en croire, ce n'était pas à lui le général que l'on dé-
mmeur de commander l'armée d'Afrique, c'était à l'ombre
rère, le grand publiciste républicain Godefroy Cavaignac.
ette ombre si chère qui l'avait désigné au choix de la répu-
e héros de Tlemcen se trompait. Le doigt de la Providence,
t avoir à sauver notre pays, s'étendait sur lui. Elle avait
i lui l'homme du sacrifice, le *Décius* du gouffre.

CHAPITRE XXXVIII.

aux d'Afrique à Paris. — Bataille de juin — Mort de Négrier, de
r, de Damesme, de Bourgond, de Bréa. — Cavaignac chef du pouvoir
.

, en 1792, la France, pour la première fois, s'érigea en ré-
, elle eut à combattre l'Europe entière. On pouvait croire
48 les coalitions de l'Europe se renouvelleraient contre ce que
rains n'avaient pas voulu souffrir dans d'autres temps. D'un
té on pouvait regarder l'Algérie comme pacifiée, et croire
avait plus de gloire à y acquérir. Les hommes que nous
as à Constantine, à Oran, à Tlemcen, cherchent en consé-
a se rapprocher du théâtre probable des événements. Fatalité
cette ambition de bien faire ne doit les rapprocher que de la
u de la chute. Il ne leur est donné de servir leur pays que
ur pays lui-même.
ue habitant l'Afrique depuis quinze ans, le général Cavai-
mprit le premier la portée des événements intérieurs de la
Il pensa qu'il n'y avait nul avenir pour la nouvelle républi-
e peuple et l'armée, sortie du peuple, n'étaient pas intime-
is.
parti considérable à Paris après 1848 se défait de l'armée.

L'attitude des soldats, pendant et après les journées de février, ne
dissipait point ces défiances. Beaucoup de généraux furent frappés,
malgré leur soumission, dans le cours de leur carrière. Une sorte de
proscription malentendue pesa sur les troupes. Elles furent un instant comme exilées de Paris.

De l'Afrique, le général Cavaignac comprit la faute. Il la représenta au gouvernement provisoire, dont plusieurs des membres furent
froissés de cette franchise. On s'étonna de ce qu'un homme que la
république venait de tirer d'une sorte d'obscurité pour le mettre à la
tête de l'Algérie osât blâmer le gouvernement auquel il devait sa
nouvelle position. Il lui fut répondu avec dureté que l'on bornait ses
services au gouvernement de l'Algérie, dont il menaçait de quitter
la direction si justice n'était rendue à ses collègues.

Cette attitude du général Cavaignac, qui a été qualifiée de hau-
taine par beaucoup d'historiens, était une prévision de l'avenir.

Elle frappa d'ailleurs la partie modérée du gouvernement provisoire, et, après quelques semaines de disgrâce, le défenseur officieux
de l'armée fut appelé au ministère de la guerre. Tous ses compagnons
d'armes reparurent avec lui. Comme lui aussi, la bataille de juin les
trouva à leur poste.

On a accusé le général Cavaignac d'avoir provoqué cette bataille,
ou du moins de l'avoir laissée s'engager afin d'y être vainqueur et
d'y recueillir le pouvoir avec le succès. Jamais calomnie ne fut plus
démentie par la vie entière d'un homme. Chercher et ramasser dans
le sang une dignité suprême! mais c'eût été là un crime odieux, irré-
missible. La lutte de juin s'explique d'ailleurs naturellement par les
faits.

Bien qu'elle se fût élevée sans résistance, la république n'avait
satisfait qu'un petit nombre de gens convaincus. Personne en juin
n'était content, ni la bourgeoisie, ni le peuple : la bourgeoisie, à cause
des agitations inséparables d'un ordre de choses qui commence; le
peuple, à cause du manque de travail. On s'accusait mutuellement. Les
systèmes socialistes entretenaient la désunion. On avait été vingt fois
sur le point d'en venir aux mains, la dissolution des ateliers nationaux fut la goutte amère qui fit déborder le vase déjà rempli de res-
sentiments. Les partis monarchiques ne furent pas non plus étrangers
à la prise d'armes. L'histoire le sait et le dira dans un temps où les
esprits seront plus calmes.

Quoi qu'il en soit, dans cette lutte terrible, l'armée d'Afrique
montra tout son patriotisme. Elle n'avait que conquis l'Afrique, elle
conquit l'estime du monde entier en se mettant entre la république
qui fut sauvée par elle et une insurrection qui n'avait ni but ni
guides. Son sang le plus pur coula dans cette bataille de trois jours,
la plus importante et la plus disputée des temps modernes. Nous la
résumerons brièvement comme rentrant dans notre sujet.

Dès les préliminaires de la lutte, l'Assemblée nationale et la Com-
mission exécutive, qui formaient alors le gouvernement, reconnurent
Eugène Cavaignac comme l'homme de la situation; et la résolution
suivante fut prise.

« Par ordre du président de l'Assemblée nationale et de la Com-
mission du pouvoir exécutif, le général Cavaignac, ministre de la
guerre, prend le commandement de toutes les troupes, garde nationale, garde mobile et armée.

» Unité de commandement!

» Obéissance!

» Là sera la force, comme là est le droit.

» SENARD, président de l'Assemblée nationale;
» ARAGO, MARIE, GARNIER-PAGÈS, LAMARTINE, LEDRU-ROLLIN. »

Comme ministre de la guerre, le général avait déjà avec ses collègues pourvu au plus pressé. Il ne recula ni devant la responsabilité du pouvoir suprême, ni devant celle d'un combat gigantesque.

L'insurrection s'étendait sur la rive droite depuis le faubourg Pois-
sonnière jusqu'à la Seine, embrassant ainsi le faubourg Saint-Martin,
le faubourg du Temple et le faubourg Saint-Antoine; sur la rive
gauche, elle occupait le faubourg Saint-Marceau, Saint-Victor et le
bas du quartier Saint-Jacques; ces deux positions étaient reliées entre elles par l'occupation de plusieurs points, tels que l'église Saint-
Gervais, une partie du quartier du Temple, les abords de Notre-
Dame et le pont Saint-Michel. L'église Saint-Séverin servait de
quartier général et le faubourg Saint-Antoine de place d'armes. Partout où ils avaient pu, les insurgés, pour se tenir en communication
avec le dehors, s'étaient emparés des barrières, d'où ils avaient des
positions dominantes et véritablement formidables. L'insurrection
était ainsi à peu près maîtresse de l'immense demi-cercle sud, et sud
et sud-ouest qui forme la moitié de Paris. L'ordre d'attaque de la révolte était d'avancer vers le centre en faisant de chaque maison une
forteresse, et d'entourer, s'il se pouvait, l'hôtel de ville, où l'on crée-
rait un nouveau gouvernement. Des milliers de barricades s'élevaient
sur tous les points occupés. Il y en avait qui, construites dans les
règles de l'art, formaient de véritables ouvrages militaires. Les armes, les munitions, le courage ne manquaient nulle part. On était
d'autant plus sûr de vaincre que toutes les insurrections depuis 1789
avaient été victorieuses.

Le plan du général dictateur fut aussi habilement conçu que tenacement et vigoureusement exécuté. Il consistait à attaquer corps à corps l'insurrection au centre et de l'arrêter aux deux extrémités pour l'empêcher de s'étendre. Trois généraux, Bedeau, la Moricière et Damesme furent chargés de diriger les trois principales attaques.

La Moricière eut promptement arrêté l'insurrection à son extrémité nord en l'empêchant de s'étendre du faubourg Saint-Denis sur les boulevards, et il s'efforça, toujours luttant, de la comprimer depuis ce point jusqu'au faubourg Saint-Antoine.

Le général Bedeau prit le centre corps à corps, il eut bientôt dégagé les quais Saint-Michel, du Petit-Pont et l'entrée des rues Saint-Jacques et de la Harpe.

Appuyant ses opérations, le général Damesme attaquait l'aile sud de l'insurrection; il cherchait à la détacher du centre en emportant les barricades de la place Cambrai et les abords du Panthéon.

Le général Bedeau paya le premier sa dette. Il fut blessé et remplacé par le général Duvivier. Celui-ci, quoique pressé par les principales forces des insurgés, réussit, à force de courage, de persévérance, à faire un peu de vide autour de l'hôtel de ville. Il venait d'emporter de nombreuses barricades, de repousser de nombreuses attaques, quand il fut frappé d'une balle en allant faire une reconnaissance. Le général Perrot le remplaça, et, poussant de grands coups vers le nord, parvint à opérer sa jonction avec le général de la Moricière, qui avait emporté successivement le faubourg du Temple, les boulevards de la Bastille et commençait à assiéger le faubourg Saint-Antoine. Malheureusement, par défaut de soins, la blessure de Duvivier devint mortelle. Un mot sur ce brave général, et nous retournerons au combat de juin.

Depuis sept ans Duvivier n'était plus en Afrique, où nous l'avons vu si héroïque lors de la retraite de 1831, si administrateur à Bougie et à Guelma, si hardi à Constantine, à Blidah et à Médéah. Un instant on l'avait désigné pour commander en chef une expédition à Madagascar. Mais il fit une condition de combattre seul et sans l'Angleterre. L'expédition n'eut pas lieu.

Alors toute sa vie devint une vie de travail studieux. Il se remit à l'étude de l'arabe et du grec, fréquenta la société de nos plus célèbres érudits. Il avait conçu le projet de parcourir le Maroc, où il supposait avec beaucoup de savants qu'il serait possible de retrouver, dans d'antiques mosquées, les manuscrits perdus d'Aristote et d'autres écrivains du monde ancien. Rien n'égalait la pureté et la sobriété de ses mœurs. Que de fois il passa les nuits couché sur une simple peau de tigre! Toute son existence répondait à cette dureté pour lui-même. Ce studieux anachorète des camps vivait comme au désert, dit M. Villemain dans ses notes sur Montesquieu, de dattes et de riz.

A l'apparition de la République, son imagination s'enflamma. Il offrit ses services au gouvernement provisoire; se rappelant le parti qu'il avait tiré des enfants de Paris dans les gorges de l'Aoura, il proposa d'organiser en bataillons de volontaires toute la jeunesse disponible de la capitale, sous le nom de gardes mobiles. Cette organisation, faite en une seule nuit, réussit au delà de toute espérance. La place fut désencombrée comme par enchantement d'une foule de jeunes gens oisifs ou sans travail, et les gardes mobiles furent le principal instrument du salut de la république. On les vit partout aux premiers rangs, aux postes difficiles pendant l'insurrection. Ils attaquaient les barricades comme s'ils n'eussent pas connu le danger d'un tel assaut; ils allaient au feu comme ils étaient allés au jeu autrefois.

Duvivier, qui les avait organisés, ne les commandait cependant pas alors. Cent quatre-vingt-neuf mille suffrages l'avaient appelé à représenter le département de la Seine. Mais au premier mot il courut à l'hôtel de ville, où il devait trouver le coup mortel.

Duvivier était, sous beaucoup de rapports, un des hommes les plus complets de l'armée d'Afrique. Il n'avait pas seulement les qualités du soldat, il possédait celles du général et de l'administrateur. Son esprit ne s'occupait que de grandes choses, soit dans l'ordre militaire, soit dans l'ordre pratique, ou dans la science. Son Essai sur la défense des États, publié en 1836, est plein d'observations qui en font un écrit tout à fait hors ligne. Tout lui présageait un grand avenir quand il mourut. Il était âgé de cinquante-cinq ans. Il appartenait à l'armée depuis 1812; époque de son entrée à l'École polytechnique, où on l'avait admis à l'âge de seize ans. Sa première arme fut le génie, qu'il quitta pour organiser les zouaves en 1831.

Au physique, Duvivier était le guerrier dans toute la force du terme, front haut et large, yeux brillants et lançant l'éclair, tous les traits marqués au sceau du commandement. Il ne lui manqua que l'occasion pour être un vrai grand homme.

L'Assemblée constituante, quelques jours après sa mort, déclara, à l'unanimité, qu'il avait bien mérité de la patrie [1].

Pendant que Duvivier mettait le sceau à ses services, Damesme poursuivait les siens. Il révélait tout à coup les plus héroïques qualités. Il était aux prises avec d'indomptables ouvrages de défense et des cœurs plus indomptables encore, et n'avançait qu'à pas lents. Il fut blessé à l'attaque de Saint-Séverin, et laissa le commandement au lieutenant-colonel Thomas. Sa blessure aussi devait être mortelle.

[1] Sur la proposition de M. Degousée. Le décret comprenait aussi le colonel Charbonnel.

Damesme avait conquis ses principaux grades en Afrique, où il se distingua surtout comme chef de bataillon à l'Oa ranseris. Hom la fois énergique et bienveillant, il était, à la tête de la garde mobile le digne successeur de Duvivier. On ne peut pas en faire de plus bel éloge.

Mais, il faut être juste, tout le monde alors était héroïque, il n'y avait pas que les généraux et les soldats qui combattaient. Une foule de représentants du peuple animaient les troupes de leur présence, Arago, Recurt, Bixio, qui fut blessé; Dornès, qui fut frappé à mort; Duclerc, Havin, si conciliant et si courageux; Lasteyrie, Louis Blanc, Larabit, E. Lenglet, F. Degeorges, et cent autres, étaient aux points les plus menacés. Un martyr de la religion, le vénérable archevêque de Paris, tombait en voulant réconcilier ce peuple qui s'entr'égorgeait. Il y avait partout une grandeur triste et solennelle. Personne ne marchandait sa vie, ni là ni ici. On mourait pour sa cause avec un dévouement inouï; mais nous ne faisons que l'histoire de l'armée d'Afrique.

Le général de Bourgon, qui fut frappé à la barricade de la Chapelle-Saint-Denis, était aussi un soldat d'Algérie: mais, avant d'avoir servi là, il avait défendu la France comme volontaire à Reims et à Montmirail; il s'était distingué, en qualité de capitaine de dragons, à Ligny. En Afrique, il prit part, comme colonel, à toute la gloire que conquit le 1er régiment de chasseurs, et mérita d'être promu au grade de général de brigade en 1845. La révolution le trouva en disponibilité; mais le 20 juin il prit lui-même le fusil pour défendre l'ordre. Un représentant le rencontra portant le mousquet et lui demanda où il allait ainsi: « Vous le voyez, lui répondit Bourgon, on m'a ôté l'épée du commandement, j'ai pris le fusil de soldat. » Le lendemain on lui rendait son épée de général, et le surlendemain il était frappé à mort.

C'était aussi un des meilleurs généraux d'Afrique, ce Négrier auquel on ne peut reprocher que la dureté de son gouvernement à Constantine. Lui aussi fut frappé à mort en faisant son devoir à la fois comme général et comme questeur de l'Assemblée nationale.

Nommerons-nous aussi le brave Regnault, tombé également victime de cet affreux malentendu de trois jours, et cet infortuné général de Bréa, dont raconter la mort coûterait trop à notre patriotisme, les généraux Lafontaine, Korte et tant d'autres qui furent blessés.

C'est grâce à leur héroïsme et à celui de la représentation nationale que la paix se fit enfin au bout de trois grands jours par la reddition du faubourg Saint-Antoine.

Grand, prévoyant, impassible durant la lutte, ayant juré de mourir ou de sauver la république, Cavaignac laissa déborder son cœur après la victoire. Il avait supplié les insurgés de revenir à la voix de la raison. Il ordonna après la victoire qu'ils fussent épargnés. Nous n'en voulons pour témoignage que cette proclamation:

» La cause sacrée de la république a triomphé. Votre dévouement, votre courage inébranlable ont déjoué de coupables projets, fait justice de funestes erreurs. Au nom de la patrie, au nom de l'humanité tout entière, soyez remerciés de vos efforts, soyez bénis pour ce triomphe nécessaire.

» Ce matin encore l'émotion de la lutte était légitime, inévitable. Maintenant, soyez aussi grands dans le calme que vous venez de l'être dans le combat. Dans Paris, je vois des vainqueurs, des vaincus, que mon nom reste maudit si je consentais à y voir des victimes. La justice aura son cours, qu'elle agisse; c'est votre pensée, c'est la mienne.

» Prêt à rentrer au rang de simple citoyen, je reporterai autour de vous ce souvenir civique: de n'avoir, dans ces graves épreuves, pris à la liberté que ce que le salut de la république lui demandait lui-même, et de léguer un exemple à quiconque pourra être à son tour appelé à remplir d'aussi grands devoirs. »

On a dit qu'il ne tint pas les promesses de cette proclamation. On s'est trompé et l'on a trompé. Toutes les mesures qui adoucirent la position des vaincus lui furent dues. Il a dédaigné de se défendre; cet égard, et il a bien fait. Certains secrets du cœur n'ont pas besoin d'être dévoilés.

L'Assemblée constituante le récompensa en déclarant qu'il avait bien mérité de la patrie. Il eût pu alors prendre le pouvoir suprême. On lui offrit de détacher le titre de la Constitution qui traitait du pouvoir exécutif. Il refusa. Il ne voulut rien devoir qu'à la France. La France ingrate courut à d'autres destinées qu'à celles d'une république; mais, au moment où elle se détachait de son sauveur, par 503 voix contre 34, l'Assemblée nationale décida qu'elle persévérait dans son décret du 28 juin, ainsi conçu: « Le général Cavaignac, chef du pouvoir exécutif, a bien mérité de la patrie [1]. » Nous croyons que l'histoire aura la même persévérance que la représentation républicaine de 1848, et qu'en dernier ressort elle prononcera aussi en faveur d'un homme chez lequel tout fut antique, l'élévation, l'abnégation, les services et les disgrâces.

Nous reprenons maintenant l'histoire de l'armée d'Afrique, en Afrique même.

[1] Séance du 25 novembre.

CHAPITRE XXXIX.

…ion en Afrique. — Résumé de son histoire depuis 1830. — Les
…lonisateurs. — L'abbé Dupuch, les écrivains, les érudits.

…s principaux actes parmi ceux qui honorèrent le gouverne-
…a Constituante et celui du général Cavaignac fut l'essai de
…n algérienne au moyen duquel on se proposait à la fois de
…a conquête et de procurer à de nombreuses familles fran-
…avenir que la patrie leur refusait.

…i nous amène à résumer ici en peu de mots l'histoire de la
…n africaine. Notre petit livre ne serait pas complet s'il ne
…t pas un chapitre consacré à la toge au milieu de tant de
…plies du bruit des armes.

…0 ni 1831 ne virent de véritables tentatives de coloni-
…était assez de combattre. Cependant les armées entraî-
…ours à leur suite un certain commerce. Le commerce
…es vivres, des boissons et des habillements commença quel-
…ons qui ont survécu aux diverses crises de la conquête.
…rares émigrants vinrent aussi chercher du travail sur la
…rique.

…2 seulement la science se demanda quel parti on pouvait
…sol algérien. Un jardin d'essai, qui devait acquérir une
…lébrité et une utilité encore plus grande, fut fondé à Al-
…ême temps, les premiers colons furent établis autour de la
…uba et à Dely-Ibrahim. Mais la culture les dégoûta bientôt.
…nt la plupart cabaretiers ou gens de peine.

…3, l'administration militaire se livra à de grands travaux qui
…t autour des places où ils eurent lieu un certain essor in-
…e dessèchement des marais de Bone, celui de la plaine de
…furent entrepris.

…4, Bouffarik prit son origine dans le camp d'Haouch-
…Le jardin d'essai fut considérablement agrandi. Quelques
…rivèrent, mais en petite quantité.

…faut pas accuser la France de ce petit nombre. Les histo-
…souvent des parallèles entre les peuples en ce qui touche
…loniser. Ils se trompent presque tous. L'art de coloniser a
…tre soutenu par la nécessité. Car, on ne doit pas l'oublier,
…ur être colon plus de courage que pour être soldat. Le sol-
…e en troupe. Des officiers, des généraux veillent sur lui. Le
…souvent isolé et abandonné à ses propres forces. Lui aussi
…dans l'implacable situation d'avoir à quitter sa patrie, et ce
…seulement la mort qu'il affrontera sur la terre étrangère,
…ra endurer toutes sortes de privations, les fatigues, la ma-
…famine peut-être ; il sera à lui-même son intendant et l'in-
…e sa famille. Pour se défendre, pour défendre les siens, il
…'il ait à la fois les qualités du soldat et celles du comman-
…planté sa moisson, elle sourit au soleil ; l'Arabe la va venir
…il menacera également la femme et la fille. Que d'héroïsme
…aque ferme devient une citadelle, une petite Saragosse où
…t, mais que l'on ne rend pas.

…décider à affronter tant de périls, il faut véritablement
…sé par la passion des aventures ou par la nécessité. Or c'est
…té qui chasse de leur sol, où ils ne trouvent que misère, l'en-
…'Irlande et celui des montagnes allemandes. C'est elle qui
…mendiant et le vagabond de Londres sur les rivages de
…e. Mais la belle France est une terre clémente : elle a des
…rbes, un soleil ni trop chaud ni trop gris ; elle a des vignes
…au midi, des vergers ruisselants de fruits au nord : elle est
…quitter, une telle mère patrie ! les brumes d'Albion, la
…d'Erin, l'oppression des gouvernements d'Allemagne n'y
…s à l'émigration.

…and le colon français se décide à se rendre quelque part,
…bien décidé, quoique la poésie soit toujours pour quelque
…us sa décision. Il rêve sans doute beaucoup de chasse, de
…aventures ; mais, quand la première fièvre du décourage-
…'a pas tué, espérez tout de lui. Son activité, son initiative
…veilleuses. Qui a vu l'Afrique en 1834 la reconnaîtrait à
…ourd'hui, et cependant la population française y est encore
…à l'état d'exception.

…s ce que colonisent les autres nations, c'est surtout la terre
…à terre d'Amérique, celle d'Australie, celle où la propriété
…ur maître le premier qui vient. Mais en Afrique tout était
…inon cultivé. La propriété avait des possesseurs. De longs
…de parchemins arabes, transmis de générations en générations,
…t une séculaire transmission d'héritages. On venait troubler
…. Rien ne disait que les concessions accordées fussent vala-
…la preuve, c'est que souvent en Algérie le fisc reprit ce qu'il

…5, l'administration et quelques hommes de cœur rivalisèrent
…rer autour d'Alger un plus grand nombre d'émigrants. Qua-
…mmunes rurales furent fondées, comme nous l'avons vu ai-
…Pointe-Pescade, Bouzaréah, Dely-Ibrahim, Mustapha, El-
…mandréis, Birkadem, Kadous, Kouba, Hussein-Dey, Birtouta,
…a, Douéra et Mazafran. De hardis colons, comme le prince

de Bir et M. de Guilhem, qui s'établirent à la Rassauta et près du
marché de l'Arba, montrèrent qu'il suffisait d'un peu de confiance
pour réussir. D'autre part, de grandes relations d'affaires s'établirent
d'Alger avec la métropole. L'Algérie vendit à la France et à l'étranger pour près de deux millions cinq cent mille francs, et à la fin de
l'année, la population civile fut de 11,121 têtes, dont 4,888 Français
seulement. On peut considérer cette poignée d'hommes comme le
premier noyau de la colonisation.

En 1836, ce noyau grossit, et la population civile européenne
forma un chiffre de 14,56 habitants, dont 5,485 Français ; cependant le total du commerce diminua un peu. Mais la colonisation s'é-
tendit, aux environs d'Alger, où MM. Mercier et Saussine, Montaigu et de Tonnac s'établirent les premiers à la Régaya, le troisième
à l'Haouch-ben-Chenouf, sur le territoire des Beni-Moussa, et le
quatrième à Aïn-Kadra, — et aux environs de Bone, où l'on fonda le
camp de Dréan, dans la plaine de la Seybouse.

En 1837, le traité de la Taffna permit un développement tempo-
raire de la colonisation. On mit en culture une assez grande quantité
de terres. Des colonies militaires furent établies à Miserghin et aux
Figuiers, et l'on comptait autour d'Alger 6,935 hectares cultivés,
597 autour de Bone et 595 autour d'Oran. La population civile européenne s'était élevée à 16,770 habitants, dont 6,592 d'origine française. Les importations n'augmentèrent pas. On s'occupa par contre
de remplacer par des plantations les destructions opérées dans les
razzias : près de 400,000 pieds d'arbres furent plantés et 65,000 oliviers greffés.

L'année 1838 vit la colonisation s'étendre dans toutes les sphères.
Tous les villages déjà fondés augmentèrent en population. Ainsi, on
compta à Bouffarick cinq cents habitants et soixante maisons, et à
Dely-Ibrahim quatre cents habitants et quatre-vingt dix maisons.
D'autres points, comme la plaine de l'Outhan des Beni-Mouça, reçurent de hardis colons. Les postes du Fondouck, sur le Khamis, et de
Kara-Mustapha, sur l'Oued Kadarah, furent installés pour la protection de la Mitidja. On fonda ailleurs ceux de Maelma, de Mered, et
beaucoup d'autres qui devinrent des villages. Des cultivateurs s'établirent également à la Calle. Les camps retranchés de Koleah et de
Blidah devinrent l'origine d'une certaine culture européenne. Cependant la population civile continua à arriver lentement. A la fin de
l'année on ne comptait encore que deux mille soixante-dix-huit habitants européens non soldats, dont huit mille trente-quatre Français. L'augmentation du commerce était beaucoup plus vive. L'Algérie exporta en cette année pour près de 4,000,000 de francs.

Mais un fait considérable se produisit que nous ne saurions omettre.
La religion chrétienne prit officiellement possession de la conquête.
Il y eut un diocèse d'Alger, comme du temps de saint Augustin il y
avait un diocèse d'Hippone.

Circonstance remarquable, le gouvernement français choisit pour
évêque d'Alger l'homme qui était le plus complétement convenable à
cette mission. Aventureux, quelque peu poëte, d'un abord facile,
extrêmement politique, conciliant, l'abbé Dupuch était en outre un
esprit fort large et fort élevé. Il n'avait rien de l'ascète ni du fanatique. Dans ce pays, un dévot de l'école ultramontaine, un héritier
lointain de Torquemada, ou un élève des dominateurs du Paraguay,
eût tout perdu. L'abbé Dupuch fit, dès l'abord, connaître sa religion
en Algérie par des services. Il la rendit aimable, obligeante, bienfaisante. Il s'éleva même avec beaucoup de grandeur au-dessus des
préjugés de sa caste et de son culte. Il honora la religion des Arabes
partout où il la trouva sincère. Aucune persécution n'eut lieu par son
fait. Bien loin de là, l'Arabe, le Kabyle, quand ils le voulurent, trouvèrent en lui un pasteur aussi bien disposé que le Français même.
Que de relations n'établit-il pas avec les marabouts, avec les chefs
vénérés des tribus ! Que de concessions n'obtint-il pas d'Abd-el-Kader
lui-même, dont il fut l'ami peut-être le plus dévoué ! car seul, il ne
l'oublia pas dans sa captivité. En 1849 déjà, il demanda la mise en
liberté de l'émir et fit de lui un panégyrique qui, sincère sans doute
dans la pensée de l'évêque d'Alger, sinon conforme à la vérité absolue, ne fut pas sans influence sur la destinée du captif [1].

Quand on se reporte aux affreux massacres qui furent faits en
Amérique par les Espagnols sous le prétexte religieux, quand on se
souvient des croisades, on ne saurait trop admirer cet excellent esprit
du premier pasteur de notre conquête d'Afrique. Grâce à lui, la lutte
ne sortit pas de la politique. Si elle se compliqua de fanatisme, ce ne
fut que du côté des Arabes.

Parlerons-nous, après cela, du désintéressement d'Antoine Dupuch,
de sa générosité, qui le fit à la longue si pauvre, et qui, après l'avoir
jeté dans le cloître, nécessita l'intervention de l'État? Au Dieu de
paix ne plaise que nous fassions un crime à l'évêque d'Alger de s'être
mis quelquefois à l'unisson de nos généraux ! On n'a aucun mérite
à être grand quand il n'en coûte rien aux passions.

A la suite de l'abbé Dupuch, vinrent les sœurs de Saint-Joseph,
puis d'autres congrégations religieuses. Elles montrèrent toutes le
sentiment de leur mission.

En 1839, année de l'insurrection générale, les colons eurent fort

[1] *Abd-el-Kader au château d'Amboise*, par M. J.-Antoine Dupuch, ancien
évêque d'Alger, publié à Bordeaux.

à souffrir. Il leur fallut se défendre pied à pied, corps à corps. Dans cette lutte contre les postes arabes, se distinguèrent les de Vialar, de Tonnac, de Montaigu, de Saint Guilhem, les colons du hameau de Ben-Hoirlouse. Mais que de pertes pour tant d'héroïsme!

Cependant, cette année-là, il y eut un certain essor de la population civile. On compta vingt-six mille vingt-trois habitants européens, non soldats, dont environ douze mille Français. D'autre part, à Alger, à Bone, à Constantine, le négoce se développa. Il fallut créer un tribunal de commerce dans la capitale des possessions.

L'année 1840 fut aussi une année de guerre. Les exportations diminuèrent. La population n'augmenta que d'un millier d'âmes (vingt-sept mille deux cent quatre habitants civils, dont douze mille cent quatre-vingt-treize français).

Les succès de 1841 ranimèrent la colonisation. De grands travaux se firent dans les villes, qui prenaient peu à peu un aspect européen. Des cités entières, comme celle de Philippeville, fondée en 1838, sortirent comme de terre. D'un autre côté, on comprit que le meilleur moyen de lutter avec l'élément arabe était d'amener en Algérie une population capable de lui résister autant par les forces que par les arts et la civilisation. L'arrêté du 13 avril détermine les règles des

à 50 000.000 de francs la valeur des construction[s] et propriété[s euro]péennes. La population civile est de 59,186 habitants, dont 2[8] Français.

Ajoutons qu'alors la femme se montre comme élément de co[loni]sation. Le recensement de cette année atteste la présence en Al[gérie] de 14,569 femmes européennes, dont 9,062 marié[e]s.

Ce nombre augmente énormément en 1845, ainsi que celui de[s ha]bitants non militaires. Le chiffre de ceux-ci est de 75,170, dont [envi]ron 38,000 Français. La culture se développe. De nombreux [centres] de population sont fondés à Djemmâ-Ghazouat, à El-Arouc[h, la] Calle; on établit les villages de Vallée, Damrémont, Saint-Ant[oine;] on récolte dans les prairies appartenant à l'État pour 2,540,000 f[rancs] de fourrages; de riches plantations réparent les ravages des ra[...]

En 1845, ce qui dénote le plus la marche ascendante de la co[loni]sation, c'est la valeur des exportations commerciales. Elles se [mon]tent à près de 7,000,000 de francs La population civile croît [dans] une proportion analogue. Elle est de 96,619 personnes, dont [...] de 44,000 Français.

L'année 1846 vit s'accroître ce dernier chiffre, qui monta à 109[...] Les chemins, les routes, les écoles attirèrent plus que jamais [l'at]

Siège et prise de Zaatcha. — 26 novembre 1849.

concessions, fixe les centres autour desquels elles se forment. On essaye aussi de la colonisation par les soldats libérés, mais il y a toujours un peu de contrainte dans la colonisation militaire. Le soldat libéré en Algérie a depuis trop longtemps quitté sa patrie pour ne pas désirer la revoir. Les villages militaires sont aujourd'hui des villages complétement civils. Néanmoins tous les efforts réunis donnèrent un grand essor à l'ensemble du mouvement algérien. La soie, le coton, se cultivèrent; les forêts furent parcourues et étudiées. La population européenne non militaire grandit tout à coup jusqu'au chiffre de trente cinq mille sept cent vingt-sept habitants, dont quinze mille neuf cent quarante-sept Français.

Mais c'est de 1842 que date la vraie prospérité de la colonie. Les villages de Drariah, de Douerah, de l'Achour, d'Ouled-Fayet, de Cheragas et d'autres, sont fondés. On achève de grands défrichements, les villes nouvellement conquises se peuplent, deviennent commerçantes. On trouve le Français partout. La population européenne civile est de quarante-six mille cinq cents habitants, dont vingt et un mille Français.

En 1843, création de villages à Saoula, Baba-Hassen, Crescia, Saint-Ferdinand, Sainte-Amélie, Daouâda, Montpensier, Joinville, Mered, Saint-Jules, etc., dans la province d'Alger! Concession aux trappistes de Staouëli; fondation des pépinières de Guelma, de Misserghin, de Philippeville! Travaux de la Senia, de la Mina, du Sig; institution du service spécial de desséchement; amélioration des ports d'Alger, de Cherchell, d'Oran, Mers el-Kébir, Mostaganem, Philippeville, Bone, la Calle; fonds considérables et instruments de culture distribués, voilà les principaux faits de la colonisation! Aussi des capitaux énormes s'engagent en Algérie. On estime alors

[at]tention. Tous les centres de population se [développèrent; on] les communes de Saint-Louis, Nemours, Jo[inville, Sainte-Adél...] Saint-Eugène, Saint-Leu, Sainte-Barbe; les [villages de Saint-H...] lyte, Saint-André, de Stidia, de Sainte-Lé[onie; les agglomér...] des Toumietes, de Kantours, de Smendou. [Les richesses natur...] furent mieux connues, les richesses agric[oles augmentèrent consi...] dérablement.

En 1847, an de crise commerciale pour la [France, la coloni...] se ressentit du malaise général. La populatio[n diminua; elle tom...] 103 893 habitants. Cependant la fameuse ord[onnance du 28 septe...] institua en Algérie le régime municipal. On [créa aussi de nouv...] centres à la Mouzaïa, sur la Chiffa; on fonda [les villages de Boge] de Condé, de Saint-Charles, les communes [espagnoles de Christ...] San-Fernando, Isabelle.

L'année 1848, décisive pour la France, fut [aussi décisive pour l'Al]gérie. Le système de l'assimilation domina, [puisque le territoire] divisé, comme celui de la métropole, en dé[partements. D'un] côté, pour donner, comme nous l'avons di[t, quelque soulage...] aux classes peu aisées, un appel solennel fu[t fait aux colons. La] du 19 septembre leur promit un avenir que [tous ne trouvèrent...] où ils l'allèrent chercher.

Par une combinaison habile des meilleurs [travaux sur la colon...] tion, soit ceux des généraux de la Moricière, [Duvivier, Bugeaud,] ceux de l'administration de la guerre, quara[nte-deux centres de] pulation furent créés aux endroits les plus c[onvenables pour la...] ture et les mieux placés pour le commerce [et pour la défense,] les distribua, dans la province d'Alger, à [l'Afroun, Ben-Rou...] Marengo et Zurich, sur la route de Blida[h à Cherchell; à Ca...]

et Teferchoone, sur la route d'Alger à Cherchell; à Lodi, sur
e de Médéah à Milianah; à Damiette, près de Médéah; à Novi,
e Cherchell; à Montenotte, sur la route de Tenès à Orléans-
à la Ferme et à Ponteba, près de cette ville. Il y en eut neuf
province de Constantine, savoir : Jemmapes, Gastonville et
ville, dans le cercle de Philippeville; Héliopolis, Guelma,
mo et Petit, dans le cercle de Guelma; Mondovi n° 1 et Mon-
2, depuis De Barral, dans le cercle de Bone. Enfin il y en
ngt et un dans la province d'Oran, savoir : Fleurus, Assis-
, Assi-ben-Ferruh, Saint-Louis, Assi-ben-Okba, Assi-ben-
Mangin, aux environs d'Oran ; Saint-Leu, Damesme, Arzew,
-Magnin, Kléber, Mefessour et Saint-Cloud, autour d'Arzew;
ukir, Rivoli, Aïn-Nouissi, Tounin, Karouba, Aïn-Tideles et
el-Metin, autour de Mostaganem. Plus de 13.000 colons, par-
n un grand nombre de convois, partirent pour peupler ces
es. Une somme de 50,000,000 de francs fut votée pour leur éta-
ent. Tout cela se fit
réjudice de plusieurs
ns de villages, comme
Affreville, d'Arcole,
my. — 115,000 habi-
civils formaient à la
l'année la population
enne de l'Algérie.
s devrions nous arrê-
, pour ne pas antici-
ur les événements;
afin de ne pas scinder
umé de l'histoire de
colonisation, nous
nerons en peu de
es créations des an-
uivantes.
ont, en 1849, les vil-
le Négrier et de Bréa,
tres d'Ameur-el-Aïn,
nkika, Aïn-Meman,
rabout d'Abd-el-Ka-
Bou-Mefda et Aïn-Me-
ans la province d'Al-
d'Ahmer-ben-Ali et
assar dans le dépar-
t de Constantine; de
l'ouaria, Aïn-Sidi-
, Aïn-Boudinar, Pont-
heliff et Bou-Theles
la province d'Oran.
cette année-là même
nonce à la colonisation
Etat. On quitte le sys-
de la colonisation sub-
nnée pour celui de la
isation encouragée. La
ation civile diminue;
ombe au chiffre de
00 habitants. Mais le
erce de l'Algérie se dé-
pe ; il est de 7,700,000
s pour les productions
tées.
1850, on établit le vil-
mahonnais du fort de

Abd-el-Kader et Napoléon III au château d'Amboise.

, le pénitencier de Lambessa, les groupes d'habitations rurales
li-Mabrouck, Oued-Yakoub, Characat-Bouazen, Hamma, Aïn-
, Mansourah-la-Saysaf. Les routes deviennent sûres, des au-
s s'établissent aux points fréquentés. La justice, le commerce,
ruction, la civilisation entière, marchent d'un pas rapide.
fin même élan en 1851 et 1852, malgré l'arrivée de ces malheu-
s victimes de nos révolutions que l'on nomme les transportés.
ages, canaux d'irrigation, châteaux d'eau, acqueducs, routes
égiques, camps, hôpitaux, hospices, orphelinats, administration
e et militaire, culture, monts-de-piété, milices, exploitation des
s, des carrières, des mines, tout, en un mot, est dans un grand
rès. La population européenne, à la fin de 1851, est de 131,223
ants. Elle était en 1850 de 125,748. Une loi abolit la législation
nière qui s'oppose à la libre entrée des produits algériens dans
orts de France. Presque tous ces produits sont assimilés à ceux
l français lui-même.
t-il nécessaire de dire que cette amélioration annuelle ne se fit
ans de grands efforts? Faut-il nommer tous les hommes qui at-
èrent leur nom à quelque progrès? Faut-il répéter ici en quoi
istaient les plans de Clausel, ceux de Bugeaud, ceux de Du-
r, ceux de Cavaignac, de la Moricière, de Bedeau? Faut-il
ter aussi les noms de tant d'officiers supérieurs qui, comme
ron, Daumas, Randon, Saint-Germain, V. Thierry, Marcy-

Monge, comprirent que la conquête n'était qu'au prix d'un bon développement administratif? Faut-il citer les ingénieurs qui, comme
les Poirel, travaillèrent à l'amélioration des ports ; les marins qui,
comme E. Pacini, émirent de bonnes idées sur les travaux de défense
maritime; les architectes militaires qui construisirent les routes, les
aqueducs, qui dirigèrent les desséchements? Nous le voudrions, qu'il
nous serait impossible de le faire. Ce ne sont pas toujours les hommes
les plus utiles qui laissent le plus de renommée.

Il y a aussi dans l'ordre civil des noms inséparables de l'histoire
de la colonisation algérienne. Tels sont ceux de l'annaliste Pélissier,
de l'entraînant historien Galibert, de l'érudit Berbrugger, de l'habile
praticien et professeur de culture Hardy, de l'ingénieur des mines
Fournel, de cet autre ingénieur célèbre que l'on nomme Enfantin,
du savant sériciculteur Guérin-Menneville, des cultivateurs de tabac
Gros, Lebescheu et autres, des apiculteurs Claude et Lavieille. Nous
ne saurions oublier non plus toute cette cohorte de publicistes ou
d'historiens convaincus et
spéciaux qui, comme les
Cohen, les Bardy, les Ur-
bain, les Warnier, les Louis
Jourdan, les Robe, les Opi-
gez, les Foley, les Guyon,
les Cauvain, les Bouvy, les
E. Alby, les Mornaud, les
Fél. Jacquot, les de Bau-
dicourt, ont rendu tant de
services à la cause de l'Algérie. Il ne faut pas omettre
surtout celui du continua-
teur de Pélissier, de M. Hipp.
Peut, courageux écrivain
qui a consacré sa fortune et sa
vie à la colonisation, et aux
excellentes Annales duquel
nous avons puisé la plupart
des détails de ce chapitre.

Des étrangers distingués
ont aussi contribué à l'ex-
tension de notre colonie.
Parmi eux se place au premier rang le publiciste belge
Houry, qui, voué à l'extinc-
tion du paupérisme, a po-
pularisé notre colonie en
Belgique, et dont les plans
de toute sorte ont été main-
tes fois approuvés par nos
généraux. C'est à son imi-
tation que l'on a proposé
depuis la création d'une
série de villages qui cor-
respondraient à nos départements. Cela soit dit sans
diminuer en rien les louanges dues à ceux qui, comme
MM. H. Peut, Ducuing et
d'autres écrivains des plus
honorables, ont propagé
cette dernière idée, dont
la réalisation paraît dominer aujourd'hui parmi les
projets de colonisation.

CHAPITRE XL.

Années 1848, 1849 et 1850. — Reddition de l'ancien bey de Constantine. —
Période des aventuriers. — El-Hadj-Hamet, Sidi-Abd-el-Afiah, le faux Bou-
Maza. — Bou-Zian. — Siège de Ziatcha. — Prise de Bou-Saâda. — Prise
de Nahra. — Le général Herbillon. — Les colonels Canrobert et Carbuccia. —
Mort du général de Barral. — Rapport du gouverneur général d'Hautpoul.

Les années 1848 et de 1849 sont de celles qui font dire aux adversaires du système militaire en Algérie que si l'on avait suivi le
système de l'excellent gouverneur général Charron et tourmenté par
moins d'expéditions les tribus africaines, il n'y eut point eu lieu
à tant de combats et à une si longue guerre. En effet, nous n'avons
d'abord presque rien à signaler en 1848, si ce n'est l'apparition et la
reddition d'un schériff nommé Muley-Mohammed, et une expédition
peu importante dans cette Kabylie toujours mal soumise.

La période héroïque est passée, du moins du côté des Arabes. De
notre côté, c'est le second ban de l'armée d'Afrique qui s'élève,
tandis que les plus illustres représentants du premier, après avoir em-
brassé la vie politique, trouvent l'exil ou l'abandon au bout de leur
carrière, et cela au moment même où les représentants du second
ban les remplacent dans les dignités. Quant à la nationalité arabe,

elle ne trouve plus désormais pour la défendre que de véritables aventuriers. La chute définitive d'Abd-el-Kader, sa captivité, la soumission de l'ancien bey de Constantine, Achmet, qui, depuis ses revers, menait une vie d'aventures et d'abandon ; l'envoi réitéré des convois de colons la découragent si bien, qu'elle ne tente plus que des entreprises aussitôt étouffées par nos armes que commencées par le fanatisme uni à la crédulité.

C'est ainsi que les derniers jours de 1848 furent signalés par l'apparition d'un faux sultan, du nom d'Hadj-Hamet, dont la seigneurie éphémère n'eut qu'un jour.

El-Hadj-Hamet, après avoir essayé des prédications chez les Ouled-Sabens, vint s'établir chez les Medjouna, et là il recommença ses menées, qui lui procurèrent bientôt des adhérents. Encouragé par le grand nombre de ceux dont il était journellement entouré, il prit le titre de sultan du Dahra ; mais, par malheur pour lui, il se fit un ennemi personnel dans la personne d'un chef influent du pays, nommé El-Hadj-Lekhal. Celui-ci, ayant entendu dire qu'il tenait un conciliabule armé dans la contrée boisée qui s'étend entre les territoires des Ouled-Rhiah et des Ouled-Khelauff, marcha de ce côté avec tous les cavaliers du parti de la France. Il cacha si bien sa marche, qu'il surprit le faux sultan et ses principaux auxiliaires, et l'envoya prisonnier à Mostaganem sous forte conduite. Mais durant le trajet, Hamet profita d'un passage à travers les broussailles pour s'enfuir, accompagné d'un nègre qui lui servait de chaouch. Son escorte le poursuivit, et, craignant de ne pouvoir le reprendre, le tua de loin à coups de fusil.

En 1849, la province de Constantine et le pays entre Bougie et Sétif furent le théâtre de ces sortes d'aventures sur lesquelles nous passerons rapidement, et qui donnèrent aux généraux Herbillon et de Salles et à d'autres hardis capitaines l'occasion de se distinguer. Des rébellions soulevées sur d'autres points nécessitèrent des opérations hardies que le général Pélissier conduisit avec son succès et sa vigueur accoutumés.

Dans la province d'Alger, le colonel Daumas reçut l'ordre d'apaiser une révolte des Beni-Silem, des Baâta et des Beni-Quetoun. Il partit de Blidah le 16 avril avec le colonel Vergi. En quelques jours, malgré les difficultés du terrain, il s'acquitta de sa mission de manière à mériter les félicitations du gouverneur général Charron. Un instant les Kabyles crurent le surprendre par des assurances de paix. Ce fut lui qui les battit à Souk-el-Kebour-Sidi-Abd-el-Rhaman, où il défit les populations de vingt-cinq villages. Ses pertes furent presque insignifiantes. Un peu plus d'une semaine lui suffit pour apaiser une insurrection qui menaçait toute la contrée.

Parmi les événements qui eurent lieu dans la province de Constantine, nous distinguerons ceux qui nécessitèrent le siége de Zaatcha.

De tout temps l'Aurès avait été mal soumise, et des velléités d'indépendance ne cessaient de se manifester parmi les tribus des subdivisions de Batna et de Biskara. Elles étaient entretenues par divers chefs, entre autres par le schériff de Zaatcha, Bou-Zian, qui, se fiant à l'inaccessibilité de sa retraite, finit par prendre tout à fait une attitude hostile à notre domination. Il lia des intelligences avec les principaux chefs des tribus, notamment avec ceux des Ouled-Djellel et Sidi-Moktar, et parvint à soulever les populations qui s'étendent sur les rives de l'Oued-Sidi-Salah.

Un marabout célèbre de cette contrée, nommé Sidi-Abd-el-Afidh, avait d'abord résisté aux sollicitations de Bou-Zian ; mais, pressé par les instances des Sidi-Moktar et des Ouled-Djellel, il prit une attitude hostile. Il descendit jusqu'au village de Sériana, à la tête de quatre mille fantassins ou cavaliers de l'Aurès et du Zab-Chergui. Le kaïd des Ouled-Saoula, qui avait nom Si-el-Rey-ben-Chenaouf, prévint le commandant du cercle, M. de Saint-Germain. Celui-ci était un de ces hommes qui n'ont jamais marchandé leur vie. Il prit à peine le temps de rassembler cent quatre vingts chevaux et trois cents fantassins, et dès qu'il eut joint l'armée de Sidi-Abd-el-Afidh, il l'attaqua sans désemparer et avec des dispositions aussi habiles qu'audacieuses. L'étendard du marabout fut enlevé, ses troupes défaites. Mais Saint-Germain reçut à bout portant une balle dans la tête.

C'était un officier qui avait déjà donné plus que des espérances. Il appartenait à l'école de la colonisation et de l'assimilation. On lui devait l'état florissant du cercle de Biskara, à l'administration duquel il présidait depuis cinq ans.

Bou-Zian, qui était attendu par les populations réunies autour de Sidi-Abd-el-Afidh, n'arma pas à temps pour les secourir. Ayant appris leur défaite, il se renferma dans Zaatcha, où nos troupes, sous la conduite du général *Herbillon*[1], devaient bientôt aller l'investir.

Mais avant de les y suivre, nous avons à parler d'un faux Bou-Maza qui parut dans la Kabylie, et d'un petit différend élevé entre le Maroc et la France.

La Kabylie, où les Zaouaouas s'étaient soulevés et avaient été battus en juillet par le colonel Canrobert, semblait toujours destinée aux troubles. Le nom de Bou-Maza y était extrêmement célèbre et populaire parmi les tribus. Un certain Si-Boucif imagina de répandre

que Bou-Maza avait réussi à s'enfuir de sa captivité et à regagner le sol africain. Trouvant créance à ce bruit, il alla plus loin, et s'affirma lui-même comme étant Bou-Maza. On le crut d'autant mieux que dans le Djerjurah la figure et les traits de l'ancien schériff étaient peu connus. Il eut en peu de temps autour de lui quatre à cinq mille Kabyles. Après avoir noué des intelligences avec les tribus des pentes de la montagne, il se regarda comme assez fort pour descendre dans l'Oued-Sahel. Mais il trouva là un simple sous-lieutenant de zouaves, M. Beauprêtre, qui, bien que n'ayant à sa suite qu'un millier de cavaliers, et encore cavaliers indigènes, intimidés par les prédictions du schériff, ne réussit pas moins à battre le faux Bou-Maza, qui fut tué dans la déroute. (Octobre.)

Quant au différend entre le Maroc et la France, il fut aussi apaisé que soulevé. Notre consul, expulsé de Tanger, y fut réintégré avec tous les honneurs militaires et civils par le contre-amiral le Bobier de Tinan. Ce fut encore le célèbre Bou-Sélam qui présida à cette réintégration.

Cependant la rébellion menaçait de gagner tout le sud de la province de Constantine. Le général Herbillon alla mettre le siége devant la place qui était le centre d'où soufflait le vent de la révolte.

Zaatcha s'élève à l'extrémité sud de la province de Constantine dans l'espèce de désert qui s'étend au sud du kaïdat des Ouled-Ziad et de celui de Biskra.

Un petit village appelé Zaouia ou Mosquée la borne au nord. Il semble ne former qu'une seule masse avec les oasis de Lichena et Farfar. A son côté s'étend l'oasis de Bouch-grou, que trois kilomètres à peine en séparent. A l'ouest, l'oasis de Tolga est plus éloignée. Au sud s'étendent les oasis de Bigou, Ben-Thious, Mraïla, Maile. Tous les hommes de ces ksours étaient en armes.

« L'oasis de Zaatcha elle-même, dit M. le général Herbillon, présente l'aspect d'une haute futaie de palmiers, s'élevant comme par enchantement d'un sable aride. Elle est aux pieds de deux sources, peut contenir soixante-dix mille palmiers. Le sol est coupé de canaux d'irrigation, de murs de jardins d'autant plus élevés qu'on a plus abaissé le niveau du terrain pour améliorer l'irrigation ; quelques rues étroites et la base des murs sont restées au niveau du sol naturel. Des figuiers, des abricotiers peu élevés, s'ajoutent à des plantes rampantes pour arrêter la marche. C'est un dédale inextricable. Chaque jardin à enlever à l'ennemi nécessite une affaire.

» Zaatcha, ajoute le général Herbillon, ressemblait à une petite place construite au moyen âge. Des tours carrées s'élevaient de distance en distance et étaient reliées entre elles, sans intervalle, par des maisons toutes crénelées. Un chemin de ronde, abrité des coups du dehors par un mur, bordait le fossé. Les défenseurs pouvaient d'ailleurs circuler facilement, à la partie supérieure par des terrasses, à l'intérieur par des communications ouvertes exprès de maison en maison. »

Mais aucun des éclaireurs que l'on avait envoyés à Zaatcha n'avait apprécié la force de cette place et signalé les difficultés de l'attaque. Un très-petit nombre de troupes, comparativement à la force de résistance qu'on devait éprouver, fut dirigé sur ce point.

Le général Herbillon n'arriva que le 4 octobre devant Zaatcha qu'avec quatre mille hommes de toutes armes. On enleva bien vite, sous la direction du colonel Carbuccia, les premiers jardins et le village ou Zaouia ; mais il fallut s'arrêter sous un feu meurtrier qui en peu de temps nous valut des pertes considérables. Le général fit alors construire des ouvrages en vue d'un siége. Cette construction nous coûta encore un grand nombre de soldats et seize officiers. Chaque jour, pendant longtemps, ce furent de nouveaux sacrifices. On ne pouvait s'approcher de la place qu'en s'emparant des jardins. C'était pour chaque jardin une affaire dangereuse. L'ennemi ménageait son feu et, admirablement posté, ne tirait qu'à coup sûr.

Ainsi, le 9 octobre, le colonel du génie Petit, en se faisant donner des indications sur la place par le sous-lieutenant Siroka, attaché aux affaires arabes, s'oublie un instant à découvert : il a l'épaule fracassée et M. Siroka le cou traversé. M. le capitaine d'artillerie Besse rectifie le tir d'une pièce, il reçoit une balle au front. C'est au moment où nos artilleurs démasquent leur canon pour tirer qu'arrivent les coups les mieux ajustés. Un boulet fait-il un trou dans un mur de la place, ce trou vomit aussitôt la mort sur nos troupes. Nos ouvrages sont attaqués avec un héroïsme effrayant. Les sapeurs du génie sont décimés. Des Arabes viennent enlever les gabions qu'ils posent. La nuit, quand la lune ne brille pas, les défenseurs de la place allument de grands feux, au moyen desquels ils éclairent tout à coup nos travaux et fusillent nos travailleurs surpris. Cependant on finit par faire deux brèches et par combler le fossé devant la brèche de gauche.

Mais pendant que le général Herbillon est ainsi arrêté, de tous côtés dans la subdivision de Batna éclatent des symptômes d'insurrection. Il faut en finir. Le 20 octobre on tente un assaut... Toute l'audace de nos meilleurs soldats y échoue. On perd une foule d'hommes de tous les grades, et il faut se résoudre à prolonger un siége qui devient de plus en plus pénible.

En vain le général imagine, pour attaquer les intérêts des habitants, de couper les palmiers des jardins. Les défenseurs de l'oasis engagent des combats partiels autour de chaque arbre. En même

---

[1] Une transposition de ligne dans le tableau contenu en notre premier chapitre fait attribuer au général Pélissier le siége de Zaatcha. Il faut redescendre le nom du général Pélissier trois lignes plus bas au siége de Laghouat.

Tell et du désert on vient à leur secours. Le général est
dissiper par la force plusieurs rassemblements de nomades.
h même il est repoussé et contraint de se retrancher dans
Mais, rejoint successivement par les colonels de Barral et
et le commandant du génie Lebrettevillois, il reprend
ent l'offensive, marche contre les nomades, les surprend à
Ourlel, et leur inflige une si rude leçon, qu'ils se soumet-
eut alors ne s'occuper que du siége, et tenter l'assaut défi-
novembre.
ce temps, les deux brèches par lesquelles on avait tenté
u 20 octobre avaient été améliorées par l'artillerie et par le
nouvelle brèche était large, le fossé avait été comblé aux
s du passage.
ovembre dès sept heures et demie du matin, trois colonnes
rmées dans les tranchées sous le commandement de M. le
Barral au centre, par M. le lieutenant-colonel de Lourmel
et M. le colonel Canrobert à droite. Mais laissons parler le
i-même, et raconter la dernière journée de ce nouveau siége
sse.
gnal est donné. — La charge sonne. — Les trois colonnes
de leurs chefs s'élancent avec enthousiasme; à droite, le
Canrobert est fusillé des terrasses; quatre officiers, quinze
bonne volonté l'accompagnent en tête de la colonne; il
ent que deux officiers et deux soldats, encore sont-ils blessés
s. Rien n'arrête les zouaves, et bientôt le drapeau français
une des terrasses les plus élevées.
entre, le colonel de Barral rencontre de tels obstacles, qu'il
d'appuyer à droite, et bientôt il s'élance dans une des
averse la place.
ache, le lieutenant-colonel de Lourmel franchit rapidement
ers décombres et, malgré la vivacité du feu, il se trouve à
ètres au dessus du niveau d'une autre rue; il s'y précipite,
rès donne la main aux autres colonnes.
it heures et demie la plupart des terrasses et des rues sont
, mais pas un défenseur n'a fui. Le feu de l'ennemi se sou-
art des décombres et des étages supérieurs; il faut entamer
le chaque maison; de la terrasse on ne descend au premier
après un combat; on essuie à bout portant le feu d'un en-
idé franchement à sacrifier sa vie.
premier étage pour descendre au rez-de-chaussée on ne
'un seul trou étroit placé au milieu de la maison. Il éclaire
e rez-de-chaussée. C'est dans ce réduit obscur que sont réu-
ceux qui ont été chassés des étages supérieurs. La pièce est
Celui qui s'y aventure reçoit immédiatement une balle et ne
i répondre; la porte intérieure est murée, et l'on ne voit
ouvertures que des créneaux d'où partent de nouveaux coups
après un siége plus meurtrier que l'assaut. Si l'on fait
à la pioche, les travailleurs, les assaillants sont immédiate-
blés de balles. La mine devient le seul moyen de réduire ces
es, qui tirent encore de dessous les décombres où ils sont
»
Zian tient le dernier. Le 2e bataillon des zouaves, commandé
e Lavarande, est sur ses traces. L'héroïque défenseur de la
es nomades se réfugie dans une maison solide que l'on ébranle
de canon et que l'on renverse avec la mine. Bou Zian,
par le nombre, succombe alors avec tous les siens; mais dans
i suprême assaut, il a mis cinquante zouaves hors de combat.
ut plus de quatre heures pour réduire les autres maisons, et
comme dans celle de Bou-Zian. A la fin de la journée, un
et quelques femmes étaient seuls épargnés. Ce que la ville
t de cadavres, nul ne l'a jamais su au juste.
nt que tout ceci se passait, une expédition des plus pénibles
me temps des plus honorables avait lieu sur un autre point.
el Daumas, qui commandait, comme nous l'avons vu, à Bli-
honneur.
le de Bou-Saâda et ses environs étant en pleine révolte, cet
reçut l'ordre de dompter cette insurrection nouvelle. Il quitta
le 26 octobre, et à peine en route il fut attaqué par un enus terrible que l'Arabe: par le choléra. Ses troupes furent
s. Il fallut une énergie surhumaine pour retenir son
Plus d'une fois des cadavres entourèrent sa tente. A force de
rance, il arriva enfin le 13 novembre à Bou-Saâda après avoir
n route les Oulad-Fereudj. Là, son aptitude et les mesures
il décidèrent promptement les Arabes à se soumettre. Ils lui
ent même du renfort pour poursuivre dans leurs montagnes
ad-Rayts et les Oulad-Ameur-Beni-Fereudj. Quoique encom-
malades, sans moyens de transport, il atteint les rebelles, les
ur fait des prises considérables, et domine sur les crêtes in-
les du Djebel-Messâd, où il reçoit la soumission des tribus.
de novembre il était de retour à Blidah après avoir étouffé
surrection qui, victorieuse, se fût certainement étendue dans
de nos possessions, et rattaché à notre cause les populations
s vigoureuses.
autre côté, la prise de Zaatcha n'avait pas mis fin au soulè-
du sud de la province de Constantine; il restait en armes les

montagnes de l'Aurès, et principalement le pays de Nahra. Le colonel Canrobert et le colonel Carbuccia furent chargés d'en finir
avec les insurgés qui avaient cette ville pour place principale.
Comme l'a écrit le colonel Canrobert [1], le nœud de la question de
l'Aurès était dans Narah. Cette ville est composée des trois villages
de Sidi-Abdullah, Dar-ben Laharab et Teniat-Djemmâa. Ces villages
occupent un ravin profond dans les montagnes à cinq cents mètres
au-dessus de l'Oued-el-Abdi. Pour y arriver, il faut gravir les pentes
les plus difficiles et emporter des tours en pierre solidement construites et qui commandent les positions. De là il faut redescendre
dans une sorte d'entonnoir à pic sur lequel le feu des maisons de
Nahra porte à vif.
Trois chemins frayés mènent seuls à cette ville : l'un longe la rive
droite d'un torrent nommé Oued-Nahra, qui se jette dans l'Oued-
el-Abdi; les deux autres contournent les contre-forts de la rive gauche.
Le colonel Canrobert forma trois colonnes. L'une eut à suivre les
chemins de la rive gauche. Elle était aux ordres du commandant Lavarande. L'autre, dirigée par le colonel même, et en sous-ordre par
le commandant Bras-de-Fer, dût marcher par les escarpements de la
rive droite. Une troisième, commandée par le colonel Carbuccia,
devait, loin de tout chemin frayé, tourner la position de Nahra et
tomber sur les derrières de cette ville à l'improviste, quand les défenseurs de la place seraient aux prises avec les deux colonnes directes.
Si cette attaque, si bien combinée, ne réussissait pas, le colonel Canrobert avait un habile en cas : c'était de se jeter vers le col de Tizinto-
Zoughat, où l'Oued-Nahra a sa tête, et derrière lequel les gens de
Nahra avaient mis en sûreté leurs femmes, leurs enfants et leurs richesses dans les villages de Tanganiout et de Guellen. D'un autre
côté, le colonel Canrobert avait établi un camp près de Menna, camp
très-bien fortifié, et dont le commandant devait aussi, par une fausse
attaque, divertir les forces de l'ennemi.
Cette audacieuse combinaison, qui avait le tort de diviser beaucoup trop les moyens dont disposait M. Canrobert, ne pouvait réussir
qu'à force d'entrain et d'ardeur. Il fallait que chacun arrivât à point
nommé et qu'aucun obstacle n'arrêtât les colonnes. Tout cela eut
lieu. Les trois colonnes arrivèrent à heure précise à leur point d'assaut et se rejetèrent, pour ainsi dire, de l'une à l'autre les Kabyles,
qui se défendirent avec un courage digne d'un meilleur sort. Inves-
tie à six heures et demie, la ville était à nous à huit heures un quart.
Les troupes étaient animées de façon à ne pouvoir être retenues.
Tout ce qui se trouvait dans Nahra fut ou passé par les armes ou
écrasé par la chute des maisons et des terrasses, et avant la fin du
jour il ne restait de ce repaire du patriotisme et des entreprises des
Kabyles absolument rien debout. La mine avait tout fait sauter. Tel
fut l'effroi inspiré par cette expédition, qu'au retour nos soldats n'eurent pas à essuyer un seul coup de fusil.
Le reste de l'année 1850 fut signalé par des expéditions peu importantes soit dans la Kabylie, soit dans l'Aurès. Parmi celles de la
Kabylie, nous devons détacher l'action qui coûta la vie au brave de
Barral fait général après Z-atcha.
Cet officier opérait entre Sétif et Bougie. Son but était surtout de
châtier les Beni-Immel révoltés. Ceux-ci l'attendirent dans une position
qui leur semblait inexpugnable, sur des crêtes auxquelles on ne peut arriver que par des ravins. Ils étaient environ trois mille. De Barral venait
à peine de lancer son avant-garde. Il marchait à la tête des troupes
en ordre de combat, quand une balle le frappe en pleine poitrine.
Soutenu par le sentiment du devoir, il a la force de se contenir, fait
appeler le colonel de Lourmel qui commande sous ses ordres, lui
remet son épée et lui indique les moyens de vaincre. Cette blessure
était mortelle.
Un si triste événement était fait pour ralentir l'ardeur des soldats.
D'un autre côté, un convoi considérable embarrassait la marche de
la colonne. Le colonel de Lourmel s'arrêta pour le mettre à l'abri.
Les Beni-Immel s'imaginèrent que l'on reculait devant eux, ils descendirent de leur position et vinrent attaquer. Ce fut un coup de
fortune. En quelques minutes on les charge, on les hache, on les
poursuit, et le lendemain (22 mai) ce qui en reste demande l'aman.
Un village fut élevé en l'honneur de l'infortuné de Barral.
Pendant ce temps, le général Saint-Arnaud achevait la pacification
de l'Aurès, et rétablissait l'ordre troublé à Tebessa, dans la province
de Constantine.
Dans la province d'Oran, toutes les frontières marocaines étaient
encore une fois en agitation. On put craindre un instant que quelques tribus algériennes prissent part à ces troubles. Mais un événement, sur lequel la vérité n'est pas encore faite, acheva de détacher
la cause arabe de celle du Maroc. Bou-Hamedi, l'habile kalifa d'Abd-
el-Kader, réfugié aux environs de Fez, d'où on le représentait comme
devant un jour sortir pour proclamer de nouveau un ancien maître,
mourut subitement. On accusa les Marocains de l'avoir empoisonné,
et la plupart des réfugiés algériens dans le Maroc quittèrent pour
toujours ce pays. Une visite armée du général Mac-Mahon aux frontières acheva de dissiper les craintes de ce côté.
A la fin de 1850, presque tout semblait à jamais soumis, et voici
comment s'exprimait le gouverneur général, M. d'Hautpoul : « Cette
[1] 7 janvier 1850.

situation, disait-il, doit inspirer la plus grande confiance pour l'avenir. Certes, *tout n'est pas fini* ; il faudra s'attendre encore à des troubles, à des insurrections, à des combats, qui pourront nous coûter des pertes aussi regrettables que celle du général de Barral. — Mais, ajoutait M. d'Hautpoul, en voyant à quelle armée, à quels chefs, à quels agents la sécurité de l'Algérie est confiée, l'on peut être tranquille. »

CHAPITRE XLI.

Année 1851. — Moula-Ibrahim. — Bou-Bagla. — Le général Saint-Arnaud. — Expédition dans la Kabylie. — Défection des Flissas. — Opérations du gouverneur général.

Les agitations de l'Algérie, n'importe où elles ont lieu, se font toujours ressentir dans la Kabylie.

L'année 1851 fut inaugurée par l'insurrection du shérif Moula-Ibrahim, qui fit diverses razzias sur nos alliés les Ouled-Ali-ben-Themiou, les Beni-Ouelban, les Saridj et les Beni-Mekilleuh. Il fallut réprimer de la manière la plus sévère cette sauvage prise d'armes. Les Djouara, les Ouagenoun, les Beni-Ouakour payèrent pour les insurgés.

Mais la rébellion n'en gagna pas moins de proche en proche, et elle se déclara tout à coup dans ce groupe fédératif des Zaouas, les plus pauvres, mais les meilleurs soldats de la race kabyle. Nous avons eu Bou-Maza, voici venir parmi eux Bou-Baghla, l'homme à la mule, non moins entreprenant et non moins tenace que l'homme à la chèvre.

Le Bou-Baghla, après avoir prêché la guerre sainte contre les marabouts eux-mêmes, qu'il accusait de trahison, se jette, le 19 mars, sur la zaouïa de Si-ben-Ali-Shérif, marabout de Chellata. Il en attaque l'*azib*, et enlève des troupeaux immenses. La garnison d'Aumale sort contre ce hardi aventurier ; mais avant qu'elle soit arrivée sur ses traces, il est battu par les gens d'Illoula et forcé de se réfugier chez les Mzeldja. Mais là il se refait un parti. Toute la Kabylie se remue et lui envoie des contingents. Une partie de la garnison de Sétif a juste le temps de se porter aux Bibans pour empêcher la rébellion de passer dans la province de Constantine. Pendant ce temps le shérif, suivi de forces considérables, vient camper à Selloum sur la rive gauche de l'Oued-Sahel ; la garnison d'Aumale l'y attaque le 9 avril, et fait un carnage affreux de ses soldats. Bou-Baghla rentre chez les Zaoua, qu'il réussit à fanatiser malgré son échec. Il se trouve même bientôt assez fort pour aller à la tête des Beni-Aidel, des Ouled-Djelbl, des Ben-Immiel, des Senadhdja et autres tribus, essayer d'emporter le col de Thizy pour de là s'emparer de Bougie. Mais la garnison de cette place, composée de neuf cents hommes d'infanterie et de quelques chasseurs d'Afrique, se porte rapidement au-devant de lui, le bat, le repousse sur le col qu'il a franchi, et où les Mzaïa lui tuent une grande quantité d'adhérents. Bou-Baghla, qui avait promis aux siens une victoire complète, perd pour un instant son prestige. Cependant les tribus des montagnes de la rive droite de l'Oued-Sahel lui fournissent un asile, d'où il va continuer à défier nos efforts.

Cependant cette insurrection de la Kabylie pouvait devenir dangereuse. On songea à frapper un grand coup. Cette fois l'attaque devait venir par l'est. Ce fut le général Saint-Arnaud, le plus heureux jusqu'à présent des généraux du second ban de l'armée d'Afrique, alors commandant la province de Constantine, qui en fut chargé.

Lorsque M. Leroy-Saint-Arnaud fut nommé au commandement de l'expédition de Kabylie, il n'était guère connu que de l'armée d'Afrique. Arrivé en Algérie après avoir été l'un des seconds du général Bugeaud à Blaye, il n'en était, pour ainsi dire, plus sorti. Les bulletins de la conquête le nomment comme s'étant distingué à l'Oued-Ger (en 1839), où il n'était encore que capitaine de la légion étrangère ; au combat de Milianah, où il était chef de bataillon des zouaves sous les ordres du lieutenant colonel Cavaignac ; dans l'expédition des Flissas, en 1843, comme colonel du 53e de ligne, et dans toutes les expéditions contre Bou-Maza.

Malgré les attestations officielles, le nom de M. Leroy-Saint-Arnaud s'était peu répandu en France. L'auteur de ce résumé, en sa qualité de journaliste, avait besoin d'en connaître la signification, et, se trouvant dans le cabinet du très-honorable général Cavaignac, il prit la liberté de demander à l'ancien chef du pouvoir exécutif ce qu'il pensait de M. Saint-Arnaud. Voici ce que répondit cet homme de Plutarque :

— Saint-Arnaud, Saint-Arnaud, on lui donne l'expédition de Kabylie pour le faire général de division, et quand il sera général de division on le fera ministre de la guerre.

— Et quand il sera ministre, général ?

— Quand il sera ministre de la guerre, vous pouvez vous attendre au coup d'État.

A quelques mois de là, le général Saint-Arnaud, devenu général de division, était fait ministre, et pour la première fois nous le vîmes à cette place du champ de bataille politique qu'on appelle la tribune. On discutait la proposition des questeurs pour remettre à l'Assemblée législative le commandement des troupes. Un général

d'Afrique, M. Bedeau, demanda à M. Saint-Arnaud s'il était vrai qu'il eût fait enlever des casernes le texte de la constitution qui mettait la force armée à la disposition de l'Assemblée. Sans balbutier, sans chercher d'ambages, M. Saint-Arnaud répondit que très-certainement il avait fait enlever le texte en question.

Je compris tout aussitôt que le général Cavaignac avait dit vrai, et que si le coup d'État ne se faisait pas le jour même, il se ferait très-prochainement, et que M. Saint-Arnaud en serait l'instrument principal.

Je n'ajouterai rien à cet épisode. Tout le portrait de M. Saint-Arnaud est là.

Quant à l'expédition de Kabylie, il est certain que ce général était tout à fait propre à la bien conduire.

Cette expédition devait visiter les tribus contenues dans le triangle montagneux compris entre Philippeville, Djidjelli et Milah. M. Saint-Arnaud réunit dans cette dernière place les troupes qui devaient former. Voici le journal de ses opérations et des opérations corollaires d'après les documents [1] mêmes du ministère de la guerre. Nous les publions textuellement afin de n'être accusé par personne d'avoir apporté dans l'histoire les passions de la politique. On remarquera que dans ces documents, mis au jour sous le ministère de M. Saint-Arnaud, son nom seul est prononcé.

« Deux brigades, commandées par les généraux Bosquet et Luzy, ayant avec eux les colonels Espinasse, Marulaz, Jamin et d'autres, étaient organisées. Elles comprenaient douze bataillons (environ neuf mille cinq cents hommes) et huit pièces de campagne. Elles commencèrent leur mouvement le 8 mai et bivouaquèrent le 10 à l'Oued-Dja ; le 11, elles atteignirent le Fedj-Beïnem, et descendirent jusqu'au fond du ravin où coule l'Oued-Dja. Cinq à six mille Kabyles les attendent à la sortie de ce ravin. L'ennemi s'est fortement retranché dans les villages qui dominent le pays. Mais bientôt la position de Kazen est enlevée à la baïonnette par trois colonnes d'attaque qui s'élancent avec ardeur, renversent tout ce qu'elles rencontrent sur leur passage, et occupent les trois cols des Ouled-Askar. Les pertes de l'ennemi sont attestées par les nombreux cadavres qui couvrent le champ de bataille.

» Le lendemain 12, tandis que le reste de la division prend le repos qu'elle a bien gagné, quatre bataillons sans sacs et la cavalerie partent pour aller brûler les villages des Beni-Mimoun et des Ouled-Askar. Nos pertes sont minimes comparativement à celles éprouvées par les Kabyles, qui cherchent en vain à défendre leurs habitations.

» La journée du 13 fut meurtrière : le pays à parcourir était d'une extrême difficulté ; le sentier étroit dans lequel le convoi dut être engagé serpentait au milieu de taillis épais, dominés de tous côtés ; des positions que l'infanterie devait successivement occuper et évacuer en marchant. Des engagements très-vifs, où nos troupes conservaient, comme toujours, leur supériorité, avaient lieu en tête, en queue et sur les flancs.

» Le 14 mai, la division soutint, comme la veille, des engagements très-vifs, tout en continuant à descendre, au milieu de sentiers impraticables, vers l'embouchure de l'Oued-el-Kébir. Partout l'ennemi fut forcé de nous livrer passage.

Bientôt, le pays s'élargissant, on sortit du massif montagneux pour entrer dans la plaine. Le 15, avant de quitter le bivouac de Djenan, une attaque fut dirigée contre les plus beaux villages des deux rives de l'Oued-el-Kébir ; mais déjà l'ennemi n'opposait plus qu'une faible résistance.

» Le 16, M. le général Saint-Arnaud établissait le bivouac sous les murs de Djidjelli, où M. le gouverneur général était arrivé dans la nuit du 14 afin de juger par lui-même de la situation et aviser aux moyens de parer à toutes les éventualités.

» D'après ses ordres, une colonne de troupes fournie par la division d'Alger se porta en avant de Sétif, sur la route de Bougie, de manière à rétablir les communications entre ces deux villes et châtier les tribus qui s'étaient laissé entraîner par Bou-Baghla.

» Deux jours de repos furent donnés aux troupes du général Saint-Arnaud avant de reprendre leur marche victorieuse. M. le gouverneur général continua, le 17 au soir, sa route pour Philippeville.

» Dans la matinée du 19 la division quitte Djidjelli et va établir son camp à Dar-el-Guidjali, au centre des Beni-Amran. Dix bataillons sans sacs se forment en trois colonnes et s'élancent avec la cavalerie et l'artillerie sur les hauteurs que les masses kabyles occupent à gauche du camp. Rien ne peut résister à l'élan de nos soldats ; en peu d'instants, toutes les positions sont enlevées à la baïonnette, et l'ennemi, poursuivi pendant plus de deux heures, éprouve de grandes pertes. La cavalerie sabre bon nombre de fuyards ; plus de cinquante villages, entourés de vergers et de jardins, sont ravagés ; en outre les Beni-Amran, Beni-Khetab et Beni-Foughal, principales tribus du cercle de Djidjelli, comptent une centaine de morts et se retirent avec un très-grand nombre de blessés.

» Le lendemain 20, la division obtient un succès plus important et plus décisif. Les Kabyles couronnent une crête boisée à quatre kilomètres du camp ; leur gauche s'appuie à un ravin profond et ca-

<hr>

[1] Tableau des établissements français en Algérie (1851-1852).

tandis que leur droite touche à une plaine peu accidentée et
e par un plateau qui, s'abaissant par mamelons étagés, permet
ner la position et d'arriver par derrière jusqu'au ravin de
Les mouvements de nos troupes s'exécutent avec une célé-
mirable : la cavalerie sabre tout ce qu'elle rencontre dans la
et arrive bientôt au seul passage de retraite des Kabyles ;
jà l'infanterie, lancée au pas de course, occupe les princi-
auteurs ; l'ennemi est précipité dans le ravin, fusillé à bout
par nos soldats à travers les broussailles et les rochers. Il
ur le terrain trois ou quatre cents hommes, sans autre perte
re côté que trois tués et six blessés. Le général Saint-Arnaud
e lendemain la soumission des Beni-Ahmed, des Beni-Khetab
rois grandes fractions des Beni-Amran, es Achaïch, les Ou-
aïra et Ouled-ben-Achaïr.
24, la division arrive à Tibaïren, dans le Ferdjiouah ; le 25,
ataillons et deux obusiers de montagne se séparent de la co-
pour aller rallier les troupes opérant dans le cercle de Bougie.
peine arrivé au milieu de Beni-Foughal, le général Saint-Ar-
ttaque les rassemblements qui voulaient lui disputer le pas-
il les culbute pendant les journées des 26 et 27, leur tue
up de monde et incendie leurs villages, sans perte de notre
partir de ce moment, la division s'avance sans avoir à tirer
coup de fusil. Les Beni-Foughal viennent faire leur soumis-
livrer des otages ; la plupart des tribus situées à l'ouest
le même exemple en déclarant qu'elles renoncent à faire la
e résistance. La colonne retourne se ravitailler à Djidjelli.
ndant ces glorieuses et pénibles opérations, la colonne qui
ait le pays compris entre Bougie et Sétif avait à soutenir plu-
engagements avec les contingents que Bou-Baghla avait réunis.
23, un rassemblement kabyle se montre sur les hauteurs qui
ent le camp établi à Elma-ou-Aklou. Le commandant de la co-
prévient l'attaque de Bou-Baghla. Trois bataillons sans sacs
ent sur l'ennemi et le forcent à abandonner le terrain, où il
ne cinquantaine de tués. Les Kabyles sont poursuivis au loin ;
leurs villages sont brûlés. Cette affaire ne nous coûte qu'un
Le lendemain 24, une colonne légère sort du camp pour en-
e village assez important d'Elmaïca, chez les Ouled-Khalifa.
abyles, dispersés la veille, se rassemblent au plus tôt et veu-
fendre la position ; mais la colonne tient bon jusqu'à l'arrivée
e de la brigade qui s'avance à son secours. Les Kabyles, vi-
sement chargés par nos cavaliers, lâchent bientôt pied, et la
e rentre au camp sans coup férir.
jonction des troupes détachées de la division du général
Arnaud avec la colonne du cercle de Bougie s'effectue à Elma-
lou dans la journée du 30.
ans la subdivision de Médéah, les dispositions des Ouled-Nayl
tent, dans les premiers jours de mai, l'envoi dans le sud
colonne forte de quinze cents hommes d'infanterie et de cava-
elle s'établit à el-Hammam, rétablit le calme dans le pays et
la rentrée des impôts.
son côté, le général commandant la subdivision de Tlemcen
rt, avec la cavalerie disponible, les tribus qui avoisinent notre
re du Maroc. Il saisit cette occasion pour demander aux Beni-
un compte sévère de leurs incursions continuelles sur notre
re. Dans les journées des 8 et 10 mai, il se porte au milieu de
récoltes, qu'il détruit en partie. Les Beni-Draïr se dispersent
une fusillade insignifiante. Au nombre des hommes tués par
e trouve un shérif qui cherchait à les pousser à la guerre
Au bout de quelques jours, la colonne rentre à Tlemcen.
n aventurier, auquel Bou-Baghla avait confié la mission d'in-
le pays arabe de la division d'Alger, parcourait depuis quel-
mps les cercles de Boghar, Tenïet-el-Ahd et Milianah. Il avait
nom de Bou-Maza, et répandait le trouble sur son passage ;
ientôt, poursuivi avec vigueur par quelques cavaliers que di-
les officiers chargés des affaires arabes, cet agitateur est surpris
a journée du 3 juin chez les Ouled-Kosseir-Gharaba (subdivi-
Orléansville). Il est immédiatement mis à mort, et sa tête en-
à Milianah.
ais revenons aux opérations plus importantes qui se poursui-
ans les cercles de Sétif, Bougie, Djidjelli et Collo.
alliée, le 30 mai, par deux bataillons de la division du général
Arnaud, la colonne destinée à opérer dans le cercle de Bougie
en mouvement le 1er juin, et forme son camp de l'autre côté
ued-bou-Sellam, en se rapprochant de la montagne des Ghe-
occupée par le shérif Bou-Baghla. La fusillade s'engage bientôt
les cavaliers kabyles et le goum de Sétif. Quatre bataillons sont
s sur les pentes escarpées au haut desquelles se déploient les
aux du shérif. Le feu de l'ennemi ne peut ralentir l'élan de nos
es. Poussés par les zouaves qui gagnent leur gauche, les Kabyles
nissent les hauteurs, et descendent par leur droite le long de
ée de Bou-Sellam. Cette retraite leur est coupée, et la déroute
nt complète. Les pertes de l'ennemi se montent à plusieurs cen-
de morts et de blessés. La musique du shérif, sa tente, ses
es tombent en notre pouvoir ; plusieurs villages sont brûlés.
Baghla découragé cherche un refuge chez les Beni-Yala. Dès le

soir de ce glorieux combat, les Gheboula et les tribus voisines viennent au camp faire des offres de soumission.
» Reprenant le cours de ses opérations aux environs de Djidjelli,
le général de Saint-Arnaud quitte de nouveau cette ville, le 5, à la
tête de sa colonne, qu'il dirige vers l'ouest, au milieu des tribus qui,
quelques jours auparavant, s'étaient contentées de faire des promesses
qu'elles n'avaient nulle intention de tenir.
» Le 9, le général atteint les Beni-Aïssa, dont il brûle les villages.
Cet engagement suffit pour décider les rebelles à faire leur soumission. Le 10, la colonne bivouaque chez les Beni-Maad, tribu considérable où se trouvaient réunis tous les contingents des Ouled-Nabet,
Ouled-Ali et Beni-Marmi. Pendant deux jours, nos troupes eurent à
enlever les positions occupées et défendues avec acharnement par les
Kabyles. L'ennemi, poursuivi sur tous les points, perd beaucoup de
monde dans ces combats ; les Beni-Maad et les Beni-Marmi n'ont
d'autre parti à prendre que d'accepter nos conditions.
» La division marche, le 12, sur Ziama, et rencontre les contingents des Ouled-Nabet et des Beni-Segoual prêts à lui disputer le
passage du col qui sépare les bassins de l'Oued-Mansouria et de
l'Oued-Ziami. Les Kabyles ne pouvant résister à l'ardeur de nos
troupes, lâchent bientôt pied et nous abandonnent la position. Le
soir même, le général voit arriver au camp les Ouled-Nabet et les
Beni-Segoual, qui demandent l'aman.
» Cet exemple était suivi le lendemain par les Beni-Bou-Youcef
du cercle de Bougie.
» La soumission des tribus placées à l'ouest se trouvant ainsi complétée, le général de Saint-Arnaud put rentrer le 16 à Djidjelli, et se
préparer à visiter le massif de Collo.
» Pendant ce temps, nous continuions nos opérations contre le
shérif Bou-Baghla et poursuivions notre marche sur Bougie sans rencontrer de résistance sérieuse. Le shérif, suivi d'un petit nombre de
cavaliers, reculait devant la colonne, qui, le 15 juin, arrivait sous
Bougie, après avoir obtenu la soumission de toutes les tribus placées
sur son passage.
» Rallié par deux bataillons qui étaient dans la place, le général se
remet en marche le 17, par la vallée de l'Oued-Sahel, en suivant les
traces de Bou-Baghla, qui s'efforce de pousser les Beni-Immel à nous
faire une vigoureuse résistance ; le 18, une reconnaissance de cavalerie sort de notre bivouac sur l'Oued-Amacin, et va incendier les
moissons sous les yeux du shérif ; celui-ci refuse le combat, et juge
prudent d'abandonner les Beni-Immel, et de se réfugier chez les
Ouzellaguen, sur la rive gauche de l'Oued-Sahel. Au bout de quatre
jours, les Beni-Immel se décident à faire leur soumission. L'exemple
porte bientôt ses fruits, et la terreur devient générale. Les Beni-
Mansour, les Tifras et les Beni-Ourghlis s'empressent de demander
l'aman, tandis que les Messissa, Mellaha et Beni-Aïdel entrent en
pourparlers.
» Le 24 juin, la colonne bivouaque chez les Ouzellaguen, et, le 25,
elle se trouve en présence des contingents kabyles entourant le village
d'Iril-Netara. Trois colonnes sont aussitôt formées et lancées sur l'ennemi. Malgré les difficultés sans nombre que présente le terrain, nos
braves soldats enlèvent en quelques instants le village d'Iril-Netara,
chassent les Kabyles qui s'y étaient retranchés, et poursuivent le
shérif jusqu'au col d'Akfadou. Après avoir incendié plusieurs villages
des Ouzellaguen, nos troupes regagnent leur camp sans que leur arrière-garde soit inquiétée dans sa marche. Les pertes des Kabyles,
dans cette journée, avaient été considérables, et nos colonnes quittèrent les villages en feu par des sentiers jonchés de cadavres d'hommes et de chevaux tués à l'ennemi.
» Deux jours après, les Ouzellaguen, dont nous voulions la complète soumission, se décident à rompre les négociations qu'ils avaient
entamées, et à courir de nouveau aux armes ; les Zouaoua conduits
par Bou-Baghla jurent de les défendre. Le 27, le combat s'engage ;
mais bientôt nos soldats gravissent au pas de course les pentes des
crêtes occupées et défendues par les Kabyles ; ceux-ci lâchent pied,
et regagnent en toute hâte le col des Beni-Idjer, d'où le shérif regardait prudemment la déroute de ses partisans. La leçon avait été
rude ; le soir, tous les Ouzellaguen, sans exception, se rendent à merci.
» Pendant que ces événements s'accomplissaient dans la vallée de
l'Oued-Sahel, le général de Saint-Arnaud continuait à soumettre les
tribus à l'est de Djidjelli. Parti de cette ville le 18 juin, il allait camper sur l'Oued-Menchar, et gagnait le lendemain le pays des Beni-
Ider, qui tentèrent vainement de lui disputer le passage, et durent
s'éloigner en désordre après avoir laissé une quarantaine de cadavres
sur le terrain. Trois des cinq fractions dont se compose la tribu
viennent, le 20, demander l'aman ; mais les deux autres refusent
toute soumission, et essayent, par une attaque de nuit, de surprendre
notre bivouac ; cette folle tentative échoue devant la bravoure et le
sang-froid de nos soldats.
» Le 21, la colonne arrive au sommet du Tahar, position militaire
qui domine le territoire des Ouled-Askar, la vallée de l'Oued-el-
Kebir et une grande étendue du pays. Culbutés par quelques bataillons lancés sans sacs, les Beni-Ider savent ce que leur coûte leur
velléité de résistance ; le même jour, toutes les fractions se soumettent sans condition.

» La journée du 22 est employée à donner la chasse aux contingents qui se montrent sur les crêtes en vue du camp; le soir, les Beni-Mamer et les Beni-Ftah arrivent auprès du général, et, le lendemain, les Ouled-Asker implorent également l'aman.

» Arrivée le 24 sur le territoire des Beni-Habibi, la colonne est accueillie à coups de fusil; mais les Kabyles payent cher cet acte d'hostilité. Leurs villages sont enlevés de vive force par nos bataillons, dont l'élan est irrésistible. L'ennemi laisse sur le terrain plus de 200 cadavres. A partir de ce moment la soumission des Beni-Habibi est complète.

» Le général de Saint-Arnaud quitte le 26 la position de Tabenna et descend à Kounar, sur le bord de la mer, pour se ravitailler; pendant cette marche, l'arrière-garde se voit tout à coup assaillie avec acharnement par trois mille Kabyles. Le terrain est disputé pied à pied; on se mêle, on lutte corps à corps avec ces intrépides montagnards qui ne battent en retraite qu'après plusieurs retours offensifs vigoureusement soutenus par l'arrière-garde; cent vingt Kabyles sont étendus sur le terrain; deux cent cinquante sont blessés. Les contingents de quatorze tribus avaient pris part à cette sanglante affaire, qui compléta pour nous les résultats obtenus par les combats précédents. Les Ledjeunah et les Beni-Salah nous livrent immédiatement des otages et demandent grâce.

» En ce moment, sur un autre point de l'Algérie, éclatait une insurrection qui aurait pu devenir sérieuse si des mesures énergiques n'avaient pas été prises pour l'étouffer. Deux colonnes parties d'Orléansville et de Mostaganem durent se mettre en campagne pour faire rentrer dans le devoir la grande tribu des Achacha qui refusaient le payement de l'impôt et voulaient prendre les armes. Arrivées le 28 juin dans le Dahara, sur le territoire des rebelles, les deux colonnes eurent bientôt raison de cette tentative insensée. Un rude châtiment fut infligé aux Achacha; de nombreux troupeaux et beaucoup de prisonniers leur furent enlevés; nos troupes ne regagnèrent leurs garnisons qu'après l'acquittement des impôts et le désarmement de la tribu entière.

» La complète soumission des Ouzellaguen, après la journée du 27 juin, avait permis à la colonne de Bougie de se diriger sur Akbou le 30, et d'y séjourner les 1er et 2 juillet. Réunis sur ce point, les gens d'Illoula, Ouzellaguen, Beni-Ourghlis, Beni-Aïdel et Beni-Abbès, jurent, entre les mains de notre marabout de Chellata, Si-ben-Ali-Shérif, une alliance pour le maintien de la paix du pays contre les tentatives de Bou-Baghla ou de tout autre agitateur. Des otages furent donnés comme garants de la sincérité de cette confédération.

» Le 3, nos troupes pénètrent chez les Ouled-sidi-Yahia-el-Aïdli, marabouts des Beni-Aïdel, qui avaient recueilli chez eux Bou-Baghla alors qu'il insurgeait la rive droite de l'Oued-Sahel. Un sévère exemple était nécessaire; la colonne brûla les villages et les moissons des partisans du shérif.

» Le 7, elle se porta chez les Beni-Abbès, qui vinrent à sa rencontre, à l'exception d'une seule fraction, les Beni-Aïal, se croyant à l'abri de nos atteintes parce qu'ils occupaient, au pied de Kalaa, un village réputé inexpugnable. Leur résistance ne put tenir contre l'élan de nos soldats, qui enlevèrent la position avec leur ardeur ordinaire. Les Beni-Aïal n'eurent bientôt d'autre parti à prendre, pour éviter une ruine complète, que de se rendre à discrétion et d'amener des otages.

» Le 8 juillet, le dernier prestige de Kalaa tombait; cette ville, que les Kabyles considéraient comme leur citadelle inviolable, était visitée par un détachement d'officiers de toutes armes.

» La tâche imposée aux troupes envoyées du côté de Bougie se trouvait ainsi glorieusement terminée. Les deux rives de l'Oued-Sahel avaient été pacifiées; Si-ben-Ali-Shérif avait été réinstallé dans sa zaouïa de Chellata avec les honneurs de la guerre et un accroissement d'influence, Bou-Baghla refoulé jusque dans les montagnes des Zouaoua, et son impuissance démontrée de manière à convaincre les plus incrédules.

» Le 11, les troupes composant la colonne de Bougie se séparèrent sous Kalaa et se dirigèrent sur leurs garnisons habituelles.

» M. le général de Saint-Arnaud, qui venait de soumettre à notre autorité toutes les tribus du cercle de Djidjelli, put se porter sur la rive droite de l'Oued-el-Kebir afin de continuer la rude mission qu'il avait à remplir aux environs de Collo.

» Le 1er juillet, la division arrive à Bou-Adjoul, chez les Bel-Aïd, dont tous les contingents sont en armes, plusieurs colonnes lancées sur les rassemblements kabyles les mettent en complète déroute et leur tuent une quarantaine d'hommes.

» En pénétrant le 2 chez les Beni-Meslem, M. le général de Saint-Arnaud trouve leurs villages défendus par quinze cents fusils. L'impétuosité et la bravoure de nos soldats ont bientôt raison de la résistance qui leur est opposée. Les Beni-Meslem battus sur tous les points viennent faire leur soumission en offrant le payement de l'impôt. Néanmoins, la nuit suivante, notre camp est attaqué par des contingents des Ouled-Aïdoun, Ouled-Attia, Ouled-Aouhat. L'ennemi, attendu à dix pas avec le plus grand sang-froid par nos troupes, est promptement culbuté et se retire en désordre laissant entre nos mains une douzaine de cadavres.

» Le 4, la division arrive sur le territoire des Djebala, qui occupent les crêtes et paraissent disposés à défendre leurs villages; des colonnes légères enlèvent les positions au pas de course, brûlent trois villages, et s'élancent dans toutes les directions à la poursuite des fuyards. Cette action vigoureuse décide la soumission immédiate des Djebala et des Beni-Fergan.

» Le général de Saint-Arnaud se porte, le 6, chez les Mechat, il trouve également sous les armes de nombreux rassemblements. Le succès de notre attaque est complet, et le soir la division établit son bivouac chez les Ouled-Aïdoun.

» Avant de pénétrer dans le massif de Collo, le général fit venir des vivres de Milah, sous la protection de cinq cents hommes d'infanterie et des goums, et évacua sur cette ville ses blessés et ses malades. Ce temps de repos donné à la colonne est employé à peser sur les tribus des environs de manière à les dégoûter de la résistance. Au bout de quelques jours, les Ouled-Aïdoun, les Ouled-Ali, Ouled-Aouhat, les Beni-Aïcha, les Beni-Khetab-Chéraga et les Ouled-Askar, une des plus puissantes tribus du Zouagha, renoncent à la lutte et reconnaissent notre autorité.

» Chaque jour de marche de la colonne se dirigeant sur Collo est signalé par de nouveaux succès. Le général quitte, le 12 juillet, le bivouac d'El-Milia, et fait incendier les villages de la seule fraction des Ouled-Aïdoun restée insoumise. Les pertes des Kabyles sont considérables; les nôtres, au contraire, insignifiantes.

» Le 13, les Ouled-Aïdoun insoumis, les Beni-Toufout de la montagne, les Ouled-Attia, les Beni-Ishak, les Achach, attendent la colonne dans le lit de l'Oued-Yzougar, dans l'espérance qu'ils pourront lui disputer le passage. Une fusillade de flanc amuse l'ennemi tandis que le général engage le gros de sa colonne sur les crêtes et vient établir son bivouac sur l'Oued-Driouat, affluent de l'Oued-Guebli.

» Le lendemain, la colonne arrive à el-Hammam, et, le 15, elle bivouaque sous Collo.

» La terreur était grande dans cette ville, car, avant l'arrivée de nos troupes, le kaïd des Beni-Mehenna avait voulu rassurer les Colliottes en tentant un coup de main sur les Achach insoumis; malheureusement il avait échoué, et les Achach, à leur tour, soutenus par les Beni-Ishak, vinrent menacer la ville. Elle n'évita leur attaque que par suite de la présence de la corvette à vapeur le *Titan* qui, embossée dans la rade à une petite portée de canon, suffit pour tenir les Kabyles en respect.

» Le 16, les villages des Achach sont brûlés par deux colonnes légères qui tuent en outre à l'ennemi une trentaine d'hommes.

» La division enlève, le 17, les quatorze villages des Beni-Ishak et met en déroute un rassemblement de sept cents fusils environ des Ouled-Attia, Beni-Ishak, Aïchaoua, qui, établi dans une bonne position, semble en mesure de faire une vigoureuse résistance. Attaqué de front par nos soldats, les Kabyles cherchent leur salut dans un ravin profond; mais bientôt une charge de cavalerie leur coupe la retraite, tandis que l'infanterie les poursuit la baïonnette dans les reins; plus de cent cadavres ennemis restent sur le terrain.

» Le lendemain, les Achach demandaient grâce en ramenant au camp les chevaux enlevés par eux au commencement de la campagne aux cavaliers de l'escorte qui suivaient à Collo le commandant supérieur de Philippeville.

» La soumission de toutes les tribus du cercle de Collo se trouva complétée par les résultats obtenus dans les deux dernières journées. Les Aïchaoua étaient neutralisés par l'influence du kaïd pris dans leur sein et placé à la tête des Colliottes; les Achach avaient reconnu notre autorité; les Beni-Ishak étaient réduits à l'impuissance par l'incendie de leurs villages et la perte de la plupart de leurs défenseurs; les Ouled-Attia, rudement châtiés, avaient regagné en toute hâte le sommet de la montagne d'El-Gouffi. Le temps était venu pour nos troupes de prendre dans leurs garnisons un repos nécessaire après une série d'opérations pendant lesquelles elles avaient, malgré les difficultés du terrain, tenu la campagne durant quatre-vingts jours, parcouru six cent quarante kilomètres, vaincu les Kabyles dans six rencontres différentes. La colonne se sépare; trois bataillons se rendent à Philippeville; sept bataillons sont dirigés par la vallée de l'Oued-Guebli, afin que leur passage imprime une crainte salutaire aux tribus voisines de nos colonies agricoles. »

Le général Saint-Arnaud fut peu de temps après appelé en France, où il eut aux événements de décembre 1851 la part que tout le monde sait.

Pendant ce temps, les troupes de la subdivision de Bone repoussaient une fausse attaque de contingents tunisiens commandés par le kaïa du Kef. D'un autre côté, Bou-Baghla, qui s'était réfugié chez les Beni-Sedka, inquiéta les populations de l'aghalik de Sebaou. Il fut encore chassé de là et forcé de se retirer plus avant dans les montagnes. Il réussit de sa retraite à soulever les Flissahs, contre lesquels il fallut conduire une expédition dans laquelle le gouverneur général intérimaire fit preuve d'un grand talent. En quelques jours il dispersa tous les principaux alliés de Bou-Baghla, repoussa ou prévint les attaques de celui-ci, et obtint la soumission des Flissahs.

Une trahison sanglante des Larbaâ dans le sud de la province d'Al-

en à la même époque. Elle motiva une vengeance à laquelle
...terons bientôt.

CHAPITRE XLII.

...ts militaires de 1852 — Encore Bou-Baghla — Mise en liberté d'Abd-
el-Kader. — L'émir à Paris. — Son envoi à Brousse.

...énements accomplis en France en décembre 1851 ne pro-
...t aucun effet en Afrique. Leur seul résultat fut d'y envoyer
...eaux colons temporaires sous le nom de transportés. Les in-
...ne parurent pas se douter du changement de gouvernement.
...nt l'homme à la mule, entêté comme son nom, ne se tenait
...battu. Les Kabyles attendaient un chef des chefs, un vain-
...r excellence, un moula-sad qui devait nous chasser de l'Afri-
...à beaucoup de tribus regardaient Bou-Baghla comme étant
...promis. Il eut en effet de nouveaux succès aussitôt que les
...expéditionnaires furent rentrés. Mais nos alliés les Beni-
Idjer lui infligèrent une défaite sanglante le 27 janvier, et le for-
...se retirer derrière les Beni-Idjer. Un autre bien plus grand
...ur lui, ce fut la soumission du chef politique et religieux de
...e confédération des Zaouas, Sidi-el-Djoudi.
...même époque, des troubles eurent lieu du côté des Larbaâ et
de Tadjemour et de Laghouat. Il devint également néces-
...mettre un terme aux entreprises des maraudeurs du Maroc,
...aient une véritable petite armée composée des Beni-Drar,
...ouer et des Ouled-Sgher. Ils furent taillés en pièces. On prit
...upeaux et l'on détruisit leurs douairs.
...geait aussi nécessaire de recommencer une expédition de
..., dont le but devait être de mettre une garnison française à
...à, un certain Bou-Seba avait remplacé Bou-Baghla. Ses con-
...furent battus le 21 avril. D'un autre côté, le shérif d'Ouar-
...s le cercle de Biskra, entrait en révolte ouverte et poussait
...Ziban. Il fut également battu à Lalifia près de Mili. Mais
...sion produite par lui et par diverses insurrections dans la
...e de Constantine, notamment par celle des Ouled-Dhan, força
...ne expéditionnaire de Kabylie à rentrer vers le sud-est pour
...r le pays, où tout était en mouvement. Des attaques, dirigées
...es Beni-Salah, les Hanenchas et les Ouled-Dhan, mirent seules
...e momentané à l'insurrection. Elle recommença bientôt chez
...ed-Mahboub, qui, cernés par trois colonnes, perdirent en une
...urnée douze mille têtes de bétail (17 octobre).
...cette époque avait lieu en France un grand événement.
...apoléon Bonaparte, président de la république, au retour
...yage dans le midi de la France, rendait tout à coup la liberté
...el-Kader. Nous allons laisser parler le *Moniteur* au sujet de
...nement considérable, dont nous abandonnons l'appréciation à
...

« Paris, 17 octobre.

...prince a marqué la fin de son voyage par un grand acte de
...et de générosité nationale; il a rendu la liberté à l'ex-émir
...Kader. Depuis longtemps cet acte était arrêté dans sa pensée;
...lu l'accomplir aussitôt que les circonstances lui ont permis
...re sans aucun danger pour le pays les inspirations de son
...Aujourd'hui la France a dans sa force et ses droits une trop
...e confiance pour ne pas se montrer grande envers un ennemi

...retour de son voyage, le prince s'est arrêté au château d'Am-
...l s'y est fait présenter Abd-el-Kader, et lui a appris en ces
...la fin de sa captivité :

« ABD-EL-KADER,

...viens vous annoncer votre mise en liberté. Vous serez conduit
...usse, dans les États du sultan, dès que les préparatifs néces-
...seront faits, et vous y recevrez du gouvernement français un
...ment digne de votre ancien rang.
...puis longtemps, vous le savez, votre captivité me causait une
...véritable, car elle me rappelait sans cesse que le gouverne-
...qui m'a précédé n'avait pas tenu les engagements pris envers
...nemi malheureux, et rien à mes yeux de plus humiliant pour
...uvernement d'une grande nation que de méconnaître sa force
...oint de manquer à sa promesse. La générosité est toujours la
...leure conseillère, et je suis convaincu que votre séjour en
...nie ne nuira pas à la tranquillité de nos possessions d'Afrique.
...tre religion, comme la nôtre, apprend à se soumettre aux dé-
...de la Providence. Or, si la France est maîtresse de l'Algérie,
...que Dieu l'a voulu, et la nation ne renoncera jamais à cette
...uête.
...ous avez été l'ennemi de la France, mais je n'en rends pas
...s justice à votre courage, à votre caractère, à votre résigna-
...dans le malheur; c'est pourquoi je tiens à honneur de faire
...r votre captivité, ayant pleine foi dans votre parole. »
...s nobles paroles ont vivement ému l'ex-émir. Après avoir
...é à Son Altesse sa respectueuse et éternelle reconnaissance,
...ré, sur le livre sacré du Koran, qu'il ne tenterait jamais de

troubler notre domination en Afrique, et qu'il se soumettait, sans
arrière-pensée, aux volontés de la France. Abd-el-Kader a ajouté
que ce serait bien mal connaître l'esprit et la lettre de la loi du prophète, que de penser qu'elle permet de violer les engagements pris
envers les chrétiens, et il a montré au prince un verset du Koran
qui condamne formellement, sans exception ni réserve aucune, quiconque viole la foi jurée, même aux *infidèles*.

» Aux yeux de tous les Arabes intelligents, la conquête de l'Afrique est aujourd'hui un fait accompli; ils voient dans la constante
supériorité de nos armes l'éclatante manifestation de la volonté de Dieu.

» La politique loyale et généreuse est la seule qui convienne à une
grande nation; la France saura gré au prince de l'avoir suivie.

» Abd-el-Kader restera au château d'Amboise jusqu'à ce que toutes
les mesures soient prises pour assurer sa translation et sa résidence à
Brousse. »

Maintenant, quelle était la véritable pensée de Louis-Napoléon Bonaparte en mettant Abd-el-Kader en liberté? Était-elle seulement le
résultat d'une conviction relative aux engagements du gouvernement
de Louis-Philippe? Était-elle une représaille à l'adresse des généraux d'Afrique qui avaient été opposés à la politique du président de
la république? Était-elle le résultat du souvenir de la conduite des
Anglais à la suite de la confiance mise en eux par Napoléon vaincu
à Waterloo? S'il nous est permis de dire notre opinion, la voici.
Déjà les symptômes des troubles qui agitent aujourd'hui l'Orient sur-
gissaient. Il pouvait être un jour avantageux à la France d'avoir dans
l'Asie-Mineure un allié aussi entreprenant et aussi célèbre qu'Abd-
el-Kader, lequel pouvait, de quelque côté qu'il se déclarât, mettre
un grand poids dans la balance. Nous croyons que ce fut là une des
prévisions du président de la république, habitué, comme on le sait,
à garder secrètes ses pensées d'avenir.

Quoi qu'il en soit, la promesse faite à Abd-el-Kader fut promptement tenue. Quelques jours après l'entrevue d'Amboise, il obtenait
l'autorisation de se rendre à Paris, où la légèreté de notre caractère
national l'accueillit en héros. Laissons parler encore ici le journal du
gouvernement.

« Paris, 30 octobre.

» M. le ministre de la guerre a présenté aujourd'hui à S. A. le
prince président, au château de Saint-Cloud, Abd-el-Kader. M. le
général Saint-Arnaud était accompagné de M. le général Daumas,
directeur des affaires de l'Algérie, et l'émir de M. le chef d'escadron
d'artillerie Boissonnet, commandant du château d'Amboise; de
M. Bellemare, attaché au ministère de la guerre; et enfin de Sy-
Allah et de Kara-Mohammed : le premier, cousin du fameux kalifa
Ben-Allah; le second, ancien agha de la cavalerie régulière de l'émir,
aujourd'hui son intendant.

» Pour la première fois peut-être aujourd'hui le palais de Saint-
Cloud a entendu la prière d'un musulman. En attendant l'arrivée du
prince, Abd-el-Kader a voulu accomplir ses devoirs religieux, et
sans doute en s'adressant à Dieu il n'a pas oublié le généreux bien-
faiteur qui lui a rendu la liberté.

» Abd-el-Kader a été accueilli par Son Altesse avec une bienveillance marquée. Le prince, qui était entouré de tous les membres du
cabinet et de la plupart de ses aides de camp, a relevé Abd-el-Kader
qui s'inclinait pour lui baiser la main, et l'a serré dans ses bras avec
effusion.

» Après ces salutations, Son Altesse a offert à Abd-el-Kader de
lui faire visiter le palais; mais l'émir a voulu auparavant renouveler
solennellement le serment qu'il avait fait à Amboise, et il a demandé
au prince la permission de lui adresser quelques paroles dont voici
le résumé :

« MONSEIGNEUR,

» Vous avez été bon, généreux pour moi; je vous dois la liberté
» que d'autres m'avaient promise, que vous ne m'aviez pas promise,
» et que cependant vous m'avez accordée. Je vous jure de ne jamais
» violer le serment que je vous ai fait.
» Je sais qu'on vous dit que je manquerai à mes promesses, mais
» ne le croyez pas; je suis lié par la reconnaissance et par ma parole;
» soyez assuré que je n'oublierai pas ce que l'une et l'autre imposent
» à un descendant du prophète et à un homme de ma race. »
» Puis l'émir a ajouté :
« Je ne veux pas vous le dire seulement de vive voix, je veux en-
» core laisser entre vos mains un écrit qui soit pour tous un témoi-
» gnage du serment que je viens de renouveler. Je vous remets donc
» cette lettre; elle est la reproduction fidèle de ma pensée. »
» Le prince a répondu à Abd-el-Kader qu'il était d'autant plus touché de cette démarche qu'il n'avait exigé de lui aucune promesse,
qu'il avait eu confiance en lui et qu'il avait trouvé une suffisante
garantie dans la connaissance de son caractère.

» Il a ajouté que cette démarche spontanée de l'émir était une
preuve qu'il avait eu raison de croire en lui.

» Voici la traduction de l'acte remis par Abd-el-Kader à son Altesse :

« Louange au Dieu unique!

» Que Dieu continue à donner la victoire à Napoléon, à notre seigneur, le seigneur des rois! Que Dieu lui vienne en aide et dirige ses actions!

» Celui qui est actuellement devant vous est l'ancien prisonnier que votre générosité a délivré, et qui vient vous remercier de vos bienfaits, Abd-el-Kader, fils de Mauhi-ed-Din.

» Il s'est rendu près de Votre Altesse pour lui rendre grâce du bien qu'elle lui a fait et pour se réjouir de sa vue; car, j'en jure par Dieu, le maître du monde, vous êtes, monseigneur, plus cher à mon cœur qu'aucun de ceux que j'aime. Vous avez fait pour moi une chose dont je suis impuissant à vous remercier, mais qui n'était pas au-dessus de votre grand cœur et de la noblesse de votre origine. Vous n'êtes point de ceux qu'on loue par le mensonge et que l'on trompe par l'imposture.

» Vous avez cru en moi, vous n'avez pas ajouté foi aux paroles de ceux qui doutaient de moi; vous m'avez mis en liberté, et moi je vous ai juré solennellement, *par le pacte de Dieu, par ses prophètes et ses envoyés* [1], que je ne ferai rien de contraire à la confiance que vous avez mise en moi, que je ne manquerai jamais à mes promesses, que je n'oublierai jamais vos bienfaits, que jamais je ne remettrai le pied en Algérie. Lorsque Dieu a voulu que je fisse la guerre aux Français, je l'ai faite; j'ai fait parler la poudre autant que je l'ai pu; et quand il a voulu que je cessasse de combattre, je me suis soumis à ses décisions et je me suis retiré. Ma religion et ma noble origine me font une loi de tenir mes serments et de repousser toute fraude. Je suis *chérif* (descendant du prophète), et je ne veux pas que l'on puisse m'accuser d'imposture. Comment cela serait-il possible quand votre bonté s'est exercée sur moi d'une manière si éclatante? Les bienfaits sont un lien passé au cou des gens de cœur.

» Je suis le témoin de la grandeur de votre empire, de la force de vos troupes, de l'immensité des richesses de la France, de l'équité de ses chefs et de la droiture de leurs actions. Il n'est pas possible de croire que personne puisse vous vaincre et s'opposer à votre volonté, si ce n'est le Dieu tout-puissant.

» J'espère de votre bienveillance et de votre bonté que vous me conserverez une place dans votre cœur, car j'étais loin, et vous m'avez placé dans le cercle de vos intimes; si je ne les égale pas par mes services, je les égale du moins par l'amitié que je vous porte.

» Que Dieu augmente l'amour dans le cœur de vos amis et la terreur dans le cœur de vos ennemis!

» Je n'ai plus rien à ajouter, sinon que je me confie à votre amitié. Je vous adresse mes vœux et vous renouvelle mon serment.

» (Écrit par Abd-el-Kader-ben-Mahhi-ed-Din. 30 octobre 1852.) »

» Après le discours de l'émir, le prince lui a fait visiter le palais. Dans la conversation, quelques paroles heureuses ont été prononcées par Abd-el-Kader.

» On le présentait à M. le ministre de la justice, qui lui faisait remarquer combien peu de rapports il y avait entre ses attributions et celles du ministre de la guerre:

« Un bon empire, a dit l'émir, s'appuie sur la justice et sur l'armée. »

» A plusieurs reprises, Abd-el-Kader a insisté sur l'erreur généralement accréditée qu'un musulman n'était pas tenu par le serment fait à un chrétien; il a protesté énergiquement contre cette croyance.

» L'émir, en parlant au prince de sa reconnaissance, lui a dit:

« Mes os sont vieux; quant au reste de mon corps, il a été renouvelé par vos bienfaits. »

» Son Altesse a bien voulu conduire lui-même Abd el-Kader dans sa visite aux écuries. Il lui a montré ses chevaux de prédilection, que l'émir a beaucoup admirés. Il a été étonné de la beauté des écuries: « C'est un petit palais, » a-t-il dit.

» Son Altesse a annoncé à Abd-el-Kader qu'il le ferait assister prochainement à une grande revue de cavalerie et que pour cette revue il lui prêterait un cheval arabe. Le prince a outé que, comme depuis longtemps l'émir n'avait pas monté à cheval, il l'invitait à venir essayer lundi celui qu'il lui destine.

» Cette bienveillance, ces attentions de la part de Son Altesse ont profondément ému Abd-el-Kader. L'émir a quitté Saint-Cloud à deux heures. Sa visite, qui a duré près d'une heure et demie, a vivement impressionné tous les assistants: ils ont tous été frappés de la noblesse et de la dignité de ses manières. »

Le lendemain, le ton était donné. Abd-el-Kader, jusqu'à son départ, fut l'objet de l'empressement de tout le monde officiel et d'une partie du public. Des directeurs de théâtre annoncèrent même sa venue sur leurs affiches. Son audience d'adieu eut lieu le 8 novembre. Voici encore comment le *Moniteur* la raconta:

« Paris, 8 novembre.

» M. le ministre de la guerre a présenté aujourd'hui à S. A. le prince Louis Napoléon Abd-el-Kader, qui doit quitter demain Paris pour retourner à Amboise.

» Le prince a accueilli l'émir avec sa bonté accoutumée, et lui a annoncé qu'il allait lui envoyer à Amboise un sabre arabe: « Ce sabre, a dit Son Altesse, je vous le donne parce que je suis sûr que vous ne le tirerez jamais contre la France. »

[1] C'est le plus grand serment que puisse faire un musulman.

» Abd-el-Kader a renouvelé au prince l'assurance de sa reconnaissance et de son absolu dévouement.

» En quittant Son Altesse, l'émir a déposé entre ses mains la [lettre] dont voici la traduction:

« Louange au Dieu unique!

» Que Dieu prolonge les jours de monseigneur Louis-Napol[éon] » qu'il lui donne la victoire et le bonheur le plus complet!

» Vous m'avez fait l'accueil le plus bienveillant; vous m'ave[z ac] » cordé des honneurs que pas un autre que vous n'eût accordé[s à] » homme comme moi. Personne ne s'étonne de vos actes géné[reux] » car c'est vous chez qui ils ont établi leur demeure; c'est vou[s qui] » enseignez ces actes au monde.

» Que votre règne se prolonge autant que la durée du soleil [au] » tant que le niveau des mers, et puissiez-vous accomplir tous [vos] » désirs!

» Je retourne à Amboise, car je sais que vous êtes occupé d'[aut] » res considérables (que Dieu vous soit en aide!); mais je suis [cer] » tain que vous ne m'oublierez pas plus si j'habite Amboise qu[e si] » j'habitais Paris.

» Je sais que la France demande que vous soyez nommé e[mpe] » reur; vous méritez ce titre à cause de tout ce que j'ai vu, de [tout] » ce que j'ai appris.

» J'espère que vous me donnerez la permission de venir à cett[e oc] » casion me réjouir à Paris avec tous ceux qui vous aiment, e[t je] » vous le jure, à moi seul je prendrai la moitié de la joie; je [ne] » laisserai que l'autre moitié à partager entre tous vos autres am[is]

» Le salut de la part de celui qui vous remercie de vos bien[faits.]

» Abd-el-Kader-Ben-Mahhi-ed-Din.

» (Écrit cinq jours avant la fin de Moharren 1269 de l'hégire.)

Voici enfin comment l'émir récompensa l'auteur de sa mis[e en] liberté, toujours selon le *Moniteur*.

« Paris, 22 novembre.

» L'émir Abd-el-Kader a voulu donner une nouvelle preuve [de sa] reconnaissance et de son dévouement pour le prince.

» Il a demandé à prendre part au scrutin pour le rétablissemer[nt de] l'empire, et a adressé au maire d'Amboise la lettre suivante:

« Louanges infinies à Dieu pour ses graces infinies!

» A monsieur le premier magistrat de la ville, Trouvé, m[aire] » d'Amboise, salut!

» (L'émir) Sid-el-Hadj Abd-el-Kader a l'honneur de vous der[man] » der à exercer le droit des citoyens de France pour la nomina[tion] » du sultan, car nous devons aujourd'hui nous regarder comme F[ran] » çais par l'amitié et l'affection qu'on nous témoigne et par les [bons] » procédés qu'on a pour nous.

» Nos enfants ont vu le jour en France, vos filles les ont alla[ité] » nos compagnons morts dans votre pays reposent parmi vous » S. A. I. le sultan, juste entre les justes, généreux entre les g[éné] » reux, nous a rangés au nombre de ses enfants, de ses soldat[s en] » daignant me remettre un sabre de ses mains impériales. Dieu [soit] » propice au prince! Qu'il perpétue sa puissance, sa grandeur e[t sa] » gloire! *Amen!* »

» (Écrit par El-Aadj-Mustapha-ben-Ahmed-ben-El, le 9 de [Sa] » far 1269. Thami (khalifa), par ordre de Sid-el-Hadj Abd-el-K[ader] » (20 novembre 1852). Dieu soit en aide à tous, et nous dirige [dans] » la voie du bien (pour traduction) par sa grâce et sa protect[ion] » *Amen!* »

» Le maire de la ville d'Amboise a cru devoir obtempérer au [vœu] exprimé par l'émir, et a reçu son vote et celui de ses officiers [dans] une urne spéciale. »

Après cet acte, Abd-el-Kader revint encore une fois à Paris, [où] il fut présenté au chef de l'État le 3 décembre. A un mois de là [le] journal officiel annonçait successivement son arrivée à Messine su[r la] frégate *le Labrador*, sa visite à l'Etna, sa présentation au sulta[n à] Constantinople, et enfin son arrivée à Brousse le 17 janvier 1853.

CHAPITRE XLIII.

Derniers événements de l'Afrique. — Siége et prise de Laghouat. — Appré[cia]tion générale.

Les Arabes sont presque aussi oublieux que nous. Le nom d'A[bd-]el-Kader était presque déjà oublié d'eux quand la politique du g[ou]vernement français envoya libre sur les rives de l'Asie celui qui a[vait] si longtemps tenu nos armes en échec.

Aucun trouble ne se manifesta.

Les troubles qui eurent lieu furent la suite des événements imm[é]diatement précédents.

Les principaux eurent lieu à Laghouat, dont le général Péliss[ier] fut obligé d'entreprendre le siège.

Laghouat ou El-[A]ghouat, chef-lieu de l'aghalik de ce nom, est [si]tué à l'extrémité sud de la province d'Alger, vers la région des sabl[es.] Nous avions été l'année précédente obligés d'y remplacer un [ag]ha vieux et incapable, nommé Ben-Salem. L'officier indigène laissé

ls de ce chef fut obligé de quitter la ville et de se retirer à

ubles qui le forçaient à abandonner Laghouat étaient causés
érif de Ouargla, quartier ou khalifalik qui s'étend au sud
uat au delà même des sables. Ce shérif, déjà plusieurs fois
nos troupes, menaçait de révolter toutes les frontières du
e colonne mobile partie de Djelfa tomba tout à coup sur ses
étaient campés à Aïn-Reig, leur tua deux cents hommes et
deux mille chameaux. Après ce désastre, Mohamed-ben-
c'était le nom du shérif de Ouargla, s'enfuit du côté d'El-
Les habitants l'y reçurent, et il jura de s'ensevelir avec
les décombres de la ville, vers laquelle le général Pélissier
toute hâte. Il y était le 3 décembre avec des forces suffi-

ce qu'il avait à assiéger et à prendre est dominée par le ma-
e Sidi-el-Hadj-Aïssa. De là on peut foudroyer El-Aghouat
éfense consiste en trois grandes tours reliées par des cour-

éral Pélissier fait enlever le marabout par le capitaine du
non et le brave Morand. Aussitôt, malgré le feu des assié-
batterie est établie sur ce point culminant pour ouvrir la
r laquelle on entrera le lendemain.

ces opérations, le général Jusuf, qui commandait sous le
élissier, prit position à l'est de la ville, avec ordre de tenter
ade de ce côté dès qu'un signal lui apprendrait l'attaque par
. Enfin, la cavalerie, disposée en pelotons, cerna l'oasis de
à n'en rien laisser échapper.

matin, la batterie de Sidi-el-Hadj-Aïssa fait merveille. Mal-
ment le général Bouscaren y est frappé d'un coup qui doit
tel. Ce triste incident n'arrête pas l'activité du feu, qui,
r le lieutenant Caremel, ne tarde pas à ouvrir la brèche.
ôt qu'on a reconnu celle-ci comme praticable, deux colonnes
, aux ordres des commandants Barrois et Malafosse, appuyées
serve que dirige Morand, y pénètrent avec un entrain indes-
. Le général en chef et son état-major les y suivent. Une ar-
quelle rien ne résiste entraîne tout le monde. On se porte
aison du schériff, que le colonel Deligny fait enfoncer.
courant à cet assaut que Morand est frappé d'une balle, qui,
e coup reçu par Bouscaren, sera mortelle.

mmandant Morand était l'aîné des trois fils du comte Moun des meilleurs généraux de l'empire. Il aurait voulu entrer
er à Lhagouat, comme son père était entré le premier à Mos-
n cœur bouillant ne le jeta qu'au-devant de la mort. Ses
ont l'un servait avec lui, dont l'autre, Alphonse Morand,
e nos marins les plus distingués, ne déméritent pas d'un si
u.

dant l'attaque continue. Tandis que l'on entre par la brèche,
écute du côté est l'escalade qui lui a été commandée. Il le
sa rapidité accoutumée et bientôt son guidon de comman-
flotte avec celui du général en chef sur la Kasbah d'El-

..
malgré ces succès rien n'est fini, il faut prendre chaque mai-
e foule de combats particuliers s'engagent comme en 18.7 à
. Partout les soldats du schériff et les habitants, malgré leur
, ont le dessous. Les cours de quelques maisons sont inondées
, et, suivant l'expression littérale du général Pélissier, pavées
vres.

ues cavaliers seulement s'échappèrent par stratagème. Pres-
e la population fut détruite.

Comme bravoure, chacun, du côté de la France, avait fait son devoir. Aussi jamais on ne cita dans un bulletin plus de braves que
n'en cita le général Pélissier [1].

La prise de Laghouat termina l'insurrection sur le point sud de
l'Algérie. Toutes les populations que l'on appelle saharrennes parurent soumises, et la bordure du midi de nos provinces rentra dans le
devoir comme la bordure ouest et la bordure sud-est.

Ce fut le dernier fait d'armes considérable de l'armée d'Afrique.
L'année 1853 n'a vu que des expéditions peu importantes.

Ainsi que nous le disions ailleurs, l'œuvre de la conquête paraît
finie. Quelques écrivains voudraient engager la France à la continuer
du côté du Maroc. Nous espérons qu'elle résistera à cet entraînement.
Elle a désormais autant de territoire qu'elle en peut garder et coloniser sans sacrifices trop pénibles. L'épée a accompli son rôle. Elle
l'a accompli dignement, en peu d'années comparativement aux difficultés de l'entreprise. La gloire a été grande, les Arabes ont succombé en gens qui méritaient la liberté. Nous leur devons maintenant notre civilisation, et, nous le répétons, cette partie de la conquête ne sera pas la moins difficile et la moins honorable. Jamais le
cedant arma togæ n'aura nécessité des précautions plus habiles.

Il faut garder et coloniser : garder sans vexations, coloniser avec
grandeur.

Quant à nous, si, dans cette rapide esquisse, nous avons pu dissiper quelques-uns des préjugés répandus sur notre armée d'Afrique,
si nous avons restitué à des généraux frappés depuis par nos révolutions une partie de leur véritable illustration, si nous avons résumé
leur histoire de vingt-trois ans en termes qui ne seront pas trop au-
dessous de l'entreprise, cela nous suffira. L'avenir fera le reste.

Mais que, dans tous les cas et quelles que soient les destinées de
notre patrie, que la France n'oublie pas tout le sang qu'a coûté l'Algérie. Traîtres qui parleraient jamais d'elle autrement que d'une seconde France!

[1] Dans l'état-major, les commandants Cassaigne et Joinville, les capitaines Henson, Faure, Beaudoin, le lieutenant Perseval ; parmi les officiers détachés aux affaires arabes, le lieutenant-colonel Deligny, le capitaine Gruard, les lieutenants Signol et Rittler, l'aga Si-Ahmet-Ould-Kader et le chaouch Ahmed-ben-Abdallah ; dans l'artillerie, le lieutenant Caremel, les maréchaux des logis Millot et Lombard, les brigadiers Laulagnet et Gicy, les canonniers Everard, Charles et Heitz ; l'adjudant Botulle ; dans le génie, les capitaines Brunon et Schvennagel et le caporal Bonnet ; dans le 50e de ligne, le lieutenant Brandt, le grenadier Paget, le voltigeur Hem ; dans le 60e, le colonel Linières, le commandant Danget, le capitaine Lafond, les lieutenants Aussillous et Fay, les grenadiers Carbonnel, Marland et Vernis ; dans le 1er régiment de zouaves, le capitaine Bossières, les lieutenants Boquet et Romieu, le chirurgien major Molard, le sous-lieutenant Romieu, l'adjudant Vinconti, le sergent Escolasse ; au 2e des zouaves, les commandants Morand et Malafosse, les capitaines Defresne, Abatucci, Fermer, Ziegowitz, le lieutenant Kleber, le porte-drapeau Guyon, l'adjudant Castan, les sergents Vanderbach, Girariot, Vernard, Dejenne, les lieutenants Louis Morand, Lemontanier, de Norvins, le fourrier Bosc, les zouaves Giboteau, Nivières, Dier, Hardas, Labalme, le clairon Hitz ; au 1er bataillon d'Afrique, le commandant Liebert, le sous-lieutenant Viardot, le sergent Meyer ; au 10e de ligne, le commandant Pein ; au 2e bataillon d'Afrique, le capitaine Girard, les lieutenants Entz et Lafond ; aux tirailleurs indigènes d'Alger, le commandant Rose, le capitaine Gacobbe, le sous-lieutenant Chazotte, le lieutenant Chbbli, le sergent Mohammed-Abd-el-Kader ; aux tirailleurs indigènes de Constantine, Mohammed-ben-Thayeb ; au 1er de spahis, le commandant Frank, le capitaine Dubarrail, l'adjudant Sève ; au 2e de chasseurs d'Afrique, le lieutenant Grangeneuve, le trompette Grumbach ; au 2e de spahis, le fourrier Vasse, le spahis Mohammed Ould-el-Akersch ; au 1er de chasseurs, le lieutenant colonel Lichin, le capitaine de Stael, le maréchal des logis Carcasson, le chasseur Dusy.

TABLE DES CHAPITRES.

Assaut et prise de Laghouat.

FIN D'ABD-EL-KADER.

BLICATIONS POPULAIRES ILLUSTRÉES

USTAVE BARBA, LIBRAIRE-ÉDITEUR.

GÉOGRAPHIE UNIVERSELLE DE MALTE-BRUN

ILLUSTRÉE PAR

GUSTAVE DORÉ

ACCOMPAGNÉE D'UN NOUVEL

ATLAS POPULAIRE

DIVISÉ ET DRESSÉ PAR NATIONALITÉS

PAR A. H. DUFOUR.

100
CARTES GÉOGRAPHIQUES
COLORIÉES
dressées et divisées
PAR NATIONALITÉS
PAR
A. H. DUFOUR.
à 20 c.

100
LIVRAISONS DE T[...]
IMPRIMÉES PAR H. PL[...]
300 VIGNETT[...]
gravées
PAR
J. BEST.
à 20 c.

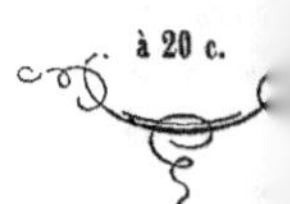

Si l'histoire naturelle a fait tant de progrès depuis la fin du siècle dernier ; si l'étude s'en est popularisée, c'est parce qu'un homme de génie, rassemblant dans une œuvre immense des milliers de matériaux épars, les a colorés de son style magique, a rendu la science attrayante, et l'a mise à la portée de tous.

Or peut dire de Malte-Brun que c'est le Buffon de la géographie. Il n'existait avant lui que des traités arides qui n'avaient pour lecteurs que les hommes spéciaux. Malte-Brun a vivifié la géographie. A de sèches nomenclatures il a substitué des tableaux pleins d'animation ; il a su rattacher à la description du globe l'histoire des peuples, la philosophie historique, l'astronomie, la physique, la zoologie, la botanique, la peinture de tous les êtres créés. La masse considérable de faits qu'il avait recueillis, groupée avec un art infini, a formé un ensemble d'un intérêt puissant ; l'étude de la géographie, jusqu'alors restreinte, s'est répandue dans toutes les classes. La régénérer, lui donner une impulsion féconde, lui ouvrir des voies nouvelles, telle a été la mission de Malte-Brun.

Aussi avons-nous jeté les yeux sur la Géographie universelle, lorsque, encouragé par le succès de la *France illustrée*, nous avons voulu entreprendre pour le monde entier une publication pareille à celle que nous avions consacrée exclusivement à notre patrie. Nous songions à faire paraître une géographie populaire, complète, exécutée avec luxe, accompagnée de cartes indispensables, et présentant toutefois des conditions de bon marché exceptionnelles. La *Géographie universelle* de Malte-Brun devait être naturellement l'objet de notre choix.

Il importait de mettre ce livre au courant des connaissances actuelles, d'y insérer les documents nouveaux, d'y enregistrer les découvertes récentes. Ce travail était dans la pensée de l'illustre écrivain qui, depuis l'apparition de ses premiers volumes, jusqu'à sa mort, n'avait cessé de remanier son œuvre, d'y introduire des améliorations, de tenir compte des changements qu'amenaient les révolutions politiques. Cette tâche difficile a dû être continuée. Elle a été consciencieusement accomplie par des membres distingués de la Société de géographie, qui ont eu soin de suivre les données de l'auteur, de respecter la forme élégante et pittoresque de l'ouvrage, en même temps qu'ils opéraient une révision indispe[nsable].

Notre savant géographe A. H. Dufour a bien voulu nous prêter [con]cours, et composer un nouvel atlas de 100 cartes, dont on vante [au] titre la finesse, la netteté et l'exactitude. Cet atlas, contenant to[us les] chemins de fer, est divisé par nationalités, suivant un plan dont [Malte-]Brun avait souvent désiré la réalisation. M. Dufour, qui a eu l'h[onneur] de connaître le grand géographe et de travailler avec lui, était pl[us] que tout autre à lui servir pour ainsi dire d'exécuteur testamentaire [en ce] qui concerne l'Atlas par nationalités. Cette division, déjà adoptée p[ar le] texte, outre qu'elle est claire et logique, permet aux acquéreurs de p[rendre] séparément, à leur choix, la géographie complète de chaque pays.

Un artiste qui, dès ses débuts, s'est placé au premier rang, M. G[ustave] Doré, s'est chargé des illustrations. On connaît son talent origi[nal et] varié ; on sait surtout qu'il excelle à saisir les traits distinctifs des [êtres] qu'il reproduit. N'était-ce pas à lui qu'il appartenait d'enrichir d[e vi]gnettes la vaste encyclopédie géographique de Malte-Brun ? M. Gustave [Doré] fait passer tour à tour sous nos yeux les populations diverses de la terr[e,] leurs costumes et leurs types particuliers ; la végétation, les paysag[es du] monde entier en ce qu'ils ont de plus caractéristique ; les anima[ux de] chaque climat surpris dans les allures qui leur sont le plus familière[s. Ses] dessins sont non-seulement des œuvres d'art, mais encore des docu[ments] précieux, puisés aux meilleures sources, dignes d'être admirés p[ar les] peintres et consultés par les savants.

Afin que l'exécution matérielle du livre fût en rapport avec son i[mpor]tance, nous avons confié la gravure des vignettes à M. J. Best, la [partie] typographique à M. Henri Plon ; les caractères neufs, fondus tout ex[près,] sont d'une netteté remarquable, et le tirage est fait avec le plus [grand] soin sur le papier du Marais.

Nos souscripteurs pourront s'assurer, par l'examen des premières li[vrai]sons, que nous n'avançons rien d'exagéré ; que, malgré l'excessive m[odi]cité du prix, nous n'avons reculé devant aucun sacrifice ; que nous t[enons] scrupuleusement toutes nos promesses, et que nous offrons au publ[ic un] beau livre à bon marché.

GUSTAVE BARBA.

ON PEUT TOUJOURS SOUSCRIRE AU CHOIX :

1° Par LIVRAISON contenant 16 pages de texte et la Carte, 40 c. — 2° Par SÉRIE de 5 Livraisons et 5 Cartes, 2 fr. 1[0.]

3° Par VOLUME contenant 20 feuilles de texte et 20 Cartes, 8 fr. — 4° Par PAYS séparés.

LA GÉOGRAPHIE COMPLÈTE (texte). 20 fr. — L'ATLAS POPULAIRE COMPLET. 20 f[r.]

Il paraît régulièrement une double Livraison (Texte et Carte) le mercredi de chaque semaine.

Publiée par GUSTAVE BARBA, Libraire-Éditeur, 31, rue de Seine, à Paris.

PARIS. TYPOGRAPHIE DE HENRI PLON, 8, RUE GARANCIÈRE.